匡亚明 主编

中国思想家评传丛书

范晔评传

瞿林东 李 珍 著

南京大学中国思想家研究中心

南京大学出版社

中国思想家评传丛书

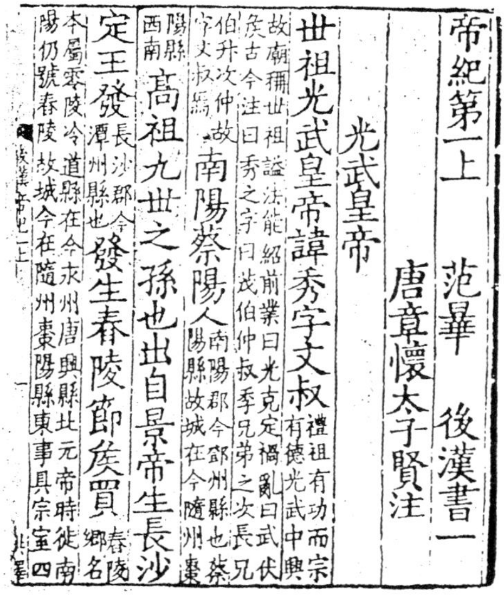

帝紀第一上　范曄　後漢書一

唐章懷太子賢注

光武皇帝

世祖光武皇帝諱秀字文叔禮祖有功而宗有德光武中興故廟稱世祖謚法能紹前業曰光克定禍亂曰武伏侯古今注曰秀之字曰茂伯仲叔季兄弟之次長兄伯升次仲故字文叔焉南陽蔡陽人南陽郡今鄧州縣也蔡陽縣故城在今隨州棗陽縣西南高祖九世之孫也出自景帝生長沙定王發長沙郡今潭州縣也發生舂陵節侯買舂陵鄉名本屬零陵今道縣在今永州唐興縣北元帝時徙南陽仍號舂陵故城今在隨州棗陽縣東事具宗室四

书影一　影宋绍兴刊本

黨錮列傳第五十七　後漢書六十七

唐章懷太子賢注

孔子曰性相近也習相遠也言嗜惡之本同而遷染之塗異也 [illegible] 夫刻意則行不肆牽物則其志流刻意刻削其意不得自恣也 [illegible] 是以聖人導人理性裁抑宕佚慎其所與節其所偏雖情品萬區質文異數至於陶物振俗其道一也 [illegible] 叔末澆訛王道陵缺而猶假仁以効己憑義以濟功舉中於理則強梁褫氣 [illegible] 片言違正則廝臺解情蓋前哲之遺塵有足求者 [illegible]

书影二　明毛氏汲古阁刊本

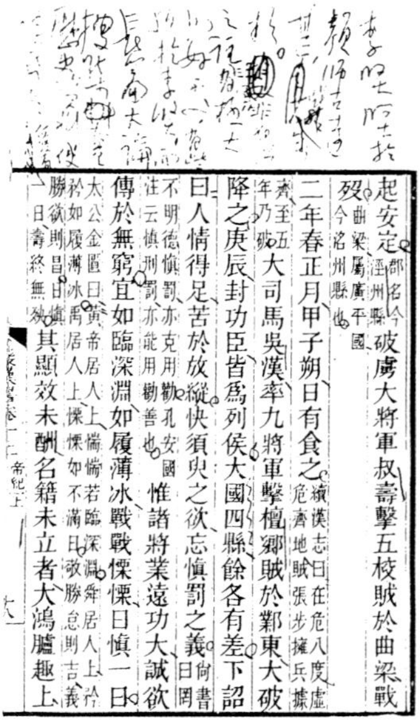

起安定郡名今涇州縣破虜大將軍叔壽擊五校賊於曲梁戰歿曲梁屬廣平國今洺州縣也

二年春正月甲子朔日有食之續漢志曰在危八度虛危齊地賊張步擁兵據齊至五年乃破大司馬吳漢率九將軍擊檀鄉賊於鄴東大破降之庚辰封功臣皆爲列侯大國四縣餘各有差下詔曰人情得足苦於放縱快須臾之欲忘慎罰之義尚書曰周不明德慎罰亦克用勸孔安國注云慎刑罰亦能用勸善也惟諸將業遠功大誠欲傳於無窮宜如臨深淵如履薄冰戰戰慄慄日慎一日太公金匱曰黃帝居人上惴惴若臨深淵舜居人上矜矜如履薄冰禹居人上慄慄如不滿日敬勝怠則吉義勝欲則昌日慎一日壽終無殃其顯效未酬名籍未立者大鴻臚趣上

後漢書卷一上　帝紀一上

书影三　毛泽东评点《后汉书》(部分)

线装书局一九九六年出版线装本

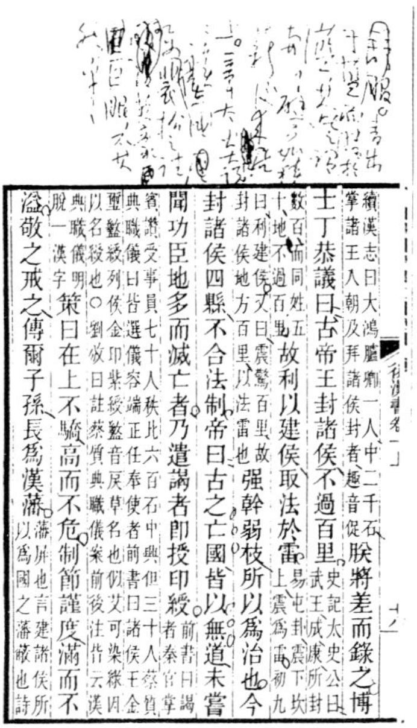

續漢志曰大鴻臚卿一人中二千石掌諸王入朝及拜諸侯封者趣音促朕將差而錄之博士丁恭議曰古帝王封諸侯不過百里史記太史公曰武王成康所封數百而同姓五十地不過百里故利以建侯取法於雷易屯卦震下坎上震爲雷初九曰利建侯又曰震驚百里故封諸侯地方百里以法雷也强幹弱枝所以爲治也今封諸侯四縣不合法制帝曰古之亡國皆以無道未嘗聞功臣地多而滅亡者乃遣謁者即授印綬前書曰謁者秦官掌賓讚受事員七十人秩比六百石中興但三十人蔡質漢典職儀曰皆選儀容端正任奉使者前書曰諸侯王金璽盭綬列侯金印紫綬盭音戾草名也似艾可染綠因以名綬也○劉攽曰註蔡質典職儀案前後注皆云漢典職儀明脫一漢字策曰在上不驕高而不危制節謹度滿而不溢敬之戒之傳爾子孫長爲漢藩藩屏也言建諸侯所以爲國之藩蔽也詩

後漢書卷一

书影四　毛泽东评点《后汉书》(部分)

线装书局一九九六年出版线装本

《中国思想家评传丛书》序

匡亚明

伟大的中华民族在长达五千年连绵不断的曲折发展过程中，像滚滚东流的长江那样，以磅礴之势，冲破了重重险阻，奔腾向前，现在更以崭新面貌，雄姿英发，屹立于世界民族之林。这是人类历史上的一个奇迹。产生这一奇迹有诸多原因，其中十分重要的一点，就是我们勤劳、勇敢、智慧的各族人民，在长期的生产活动、社会活动、思维活动和对外交往以及抗击外来侵略过程中，逐渐创造、积累、发展了具有以生生不息的内在思想活力为核心的优秀传统思想文化。这是一种伟大、坚强的精神支柱，是我们民族凝聚力和生命力之所在，是历史留给我们所有海内外炎黄子孙引以自豪的无价之宝。

当然，和各国各种不同传统思想文化一样，在中华民族的思想文化传统中，也是既有精华，又有糟粕，因而全盘肯定或全盘否定，不对；一知半解、信口开河或裹足不前、漠然置之，也不对。郑重而严肃的态度应该是对它进行实事求是的科学的研究和分析，取其精华，弃其糟粕，继承和弘扬这份瑰宝，振兴中华，造福人类。人类历史发展的连续性，就是在不断去粗取精、继往开来和改革创新过程中实现的。继往是为了开来，开来不能离开继往。民族虚无主义和复古主义，都是违背历史发展的辩证规律的。

现在我们国家正处在一个新的继往开来迈向四化的关键时刻。继往就是继民族优秀传统之往，开来就是开社会主义现代化建设之来。对中国传统思想文化从广度和深度上进行系统研究，实现去粗取精的要求，正是继往开来必须完成的紧迫任务。我认为这是中国各族人民，首先是文化界、学术界、理论界义不容辞的光荣职责。但面对这一时间上长达五千年，内容上涉及人文科学、自然科学等各个领域的传统思想文化，将从何着手呢？毛泽东同志早在1938年就说过："从孔夫子到孙中山，我们应当给以总结，承继这一份珍贵的遗产。"[①]这是很有远见而又切合实际的英明建议。从孔子到孙中山这两千余年是中国历史上思想文化最丰富的时期，如果总结了这段历史，也就基本上总结了五千年传统思想文化的主要内容。当然，基本上不等于全部。孔子以前和孙中山以后的情况，可以另行研究。因此，我认为首先最好是在时间上从孔子开始到孙中山为止，方法上采取

① 毛泽东《中国共产党在民族战争中的地位》，《毛泽东选集》第2卷，人民出版社1952年版，第522页。

《中国思想家评传丛书》的形式作为实现这一任务的开端。这就是从这段历史的各个时期、各个领域和各个学科(包括文、史、哲、经、教、农、工、医、政治等等)有杰出成就的人物中,遴选二百余人作为传主(一般为一人一传,少数为二人或二人以上合传),通过对每个传主的评述,从各个侧面展现那些在不同时期、不同领域中有代表性人物的思想活力和业绩,从而以微见著、由具体到一般地勾勒出这段历史中中国传统思想文化的总体面貌,揭示其积极因素和消极因素的主要内涵,以利于开门见山、引人入胜地批判继承、古为今用,也为进一步全面系统地总结中国传统思想文化打下基础。自从毛泽东同志提出上引建议后,半个世纪以来,不少专家学者已从各个方面作了许多工作,但对全面完成这个任务来说还远远不够,还要在深度和广度上继续努力。作为"抛砖引玉",本《丛书》只是这个继续努力所应完成的工作的一部分。《丛书》凡二百部,约四千万言,自1990年开始陆续出版,争取十到十五年全部出齐。

《丛书》所以用"中国思想家评传"命名,主要是考虑到中国传统思想文化中的核心是生生不息的内在思想活力,而历史事实也反复证明,凡是在各个不同时代不同领域和学科中取得成就者,大多是那些在当时历史条件下自觉或不自觉地认识和掌握了该领域事物发展规律的具有敏锐思想的人。他们取得成就的大小,取决于思想上认识和反映这些规律的程度如何。思想并非先验之物,它所以能反映和掌握这些规律,主要是通过社会实践和对前人思想成果的借鉴和继承。思想一旦形成,反过来在一定程度上又对实践起决定性指导作用。

韩愈说的“行成于思，毁于随”[1]，列宁说的“没有革命的理论就不会有革命的运动”[2]，这些话，虽所处时代和所持立场不同，所要解决的问题的性质也不同，但就认识论中思与行、理论（思想的高度概括）与实践的关系而言，确有相通之处，即都强调思想对实践的指导意义和作用。因此我们以“中国思想家评传”命名，就是力图抓住问题的核心，高屋建瓴地从思想角度去评述历史人物，以便对每个传主在他所处时代的具体情况下，如何在他所从事的领域中，克服困难，施展才华，取得成功，做出贡献，从思想深处洞察其底蕴。历史上各个时代富有思想因而能在有关方面取得成就的人，直接阐述自己思想观点的论著虽亦不少，但大量的则是其思想既来自实践（包括对前人、他人实践经验的吸取）、又渗透在自己创造性实践之中，集中凝聚在他自己的业绩和事功上，而没有留下论著。另一些人却只留下著作而无其他功绩，对这些人来说，他那些有价值的著作就理所当然地是他的伟大业绩和事功。如果论述一个人的思想而不联系他的业绩（包括著作），必将流于空洞的抽象；同样，如果只讲一个人的具体业绩而不结合他的思想活动，又必将成为现象的罗列。评价思想和评价业绩，两者不应偏废。而不断在实践中丰富和深化的思想活力则是经常起主导作用的因素，强调这个因素，引起人们的正视和反思，正是我们的主旨和目的。当然，思想和思想家，思想家和实践家，都是既有区别又有联系的不同概念，忽视这一点是不对

---

① 韩愈《进学解》，中华书局《四部备要》东雅堂本《韩昌黎全集》卷十二，第3页。

② 列宁《怎么办》，《列宁选集》第1卷，人民出版社1976年版，第241页。

的。《丛书》的重点则是放在两者的联系和结合上。至于如何使两者很好联系和结合而又着意于剖析其思想活力，各占多少篇幅或以何种方式表达，则自当由作者根据传主的具体情况创造性地作出妥善安排。

自从人类历史上产生了马克思主义，不仅全人类解放和发展有了划时代的明确方向，学术研究也有了更严密的科学方法，即辩证唯物主义和历史唯物主义的世界观和方法论。根据这一科学方法，在研究和总结中国传统思想文化，特别是联系到《丛书》的撰著时，我认为下列几点应特别引起重视。

一、坚持实事求是的原则。实事求是是贯串在马克思实际活动和理论研究中的主线，离开了它也就离开了马克思主义。只有切实掌握了客观情况，才能得出正确的认识和判断。前者为“实事”，后者为“求是”，二者相结合，就叫实事求是。事不实则非夸即诬。为了弄清情况，就必须对情况的本质与现象、整体与局部、真与伪、精与粗，作出区别、梳理和取舍，这样才能掌握情况的实质，达到“实事”的要求；然后进一步加以分析研究，找出事物本身固有的真相而非主观臆测的假象，并验证其是否符合人民利益和人类历史前进方向，是否反映科学、技术、文化、艺术的发展规律，这样才能得出正确的认识和判断，达到“求是”的要求。实事求是是治学的基本功夫，是对每个传主的功、过、是、非作出公正评价的必要前提。不论古今中外，对历史人物过高或过低的不公正评价，大都由于未能认真坚持实事求是原则的缘故。

二、坚持批判继承的原则。马克思主义学说就是批判的学说，而批判是为了继承、发展和创新。这就需要我们在实事求是的基础上，既要继承发扬传主业绩和思想中的积极因素，又要批判清除其消极因素。凡传主业绩和思想中体现了诸如爱国主义、民主意识、科学见解、艺术创造和艰苦奋斗、克己奉公、追求真理的精神，即在符合历史前进要求的“立德”、“立功”、“立言”诸方面有显著成就等积极因素者，必须满腔热情地加以继承和弘扬，并紧密结合当前社会主义建设实际，使之深入人心，蔚然成风；凡反映有诸如封建迷信、专制独裁、愚昧落后、丧失民族尊严和违背科学进步等消极因素者，必须以历史唯物主义的观点加以批判，清除其一定程度上至今尚起作用的消极影响，而消极因素经过彻底批判后可转化为有益的教训；凡积极因素和消极因素相混者，更当加以认真清理和扬弃，既发扬其积极因素又摒弃其消极因素。我们力求一点一滴、切实认真地探索各个传主思想和业绩中珍贵的积极因素，使之成为全国各族人民正在从事的继往开来伟大历史工程的组成部分。

三、坚持“百花齐放”、“百家争鸣”的原则。“百花齐放”和“百家争鸣”，是发扬学术民主、促进学术繁荣的正确原则和巨大动力。前者强调一个“齐”字，后者强调一个“争”字，是表示学术上平等、民主和自由的两种不同状态；前者突出的是统一与和谐，后者突出的是区别与争论；两种状态又统一于不断地相互促进和相互补充、转化的持续发展提高过程之中。“百花齐放”、“百家争鸣”的原则体现在撰著评传时，应从“齐放”和“争鸣”出发，综合中外各个时期对有关传主的不同评价，吸取符合客观存在的对的东西，摒弃其违反客观存在的不实的东西，然后创造性地提出经过自己独立思考的、赶前人或超前人的一家之言。同时，对整个《丛书》而言，也有个共性、个性又统一又区别的问题。这就是一方面作者应把“实事求是”、

“批判继承”和“百花齐放”、“百家争鸣”这几点作为大家的共性(统一与共识);另一方面,对每部评传的立意、结构和行文(文体、文风和文采等),则主要是作者的创造性思维劳动和雅俗共赏的文字表达艺术的成果,是彼此的个性(区别),不宜也不应强求一律。评传作者都有充分自由去发扬这一个性,力求在对每一传主的评述中探索和展示其积极因素,使之和正在变革中国面貌的伟大社会主义建设实践融为一体,丰富其内容,促进其发展,而不是仅仅停留在对传主思想业绩的一般性诠释上。

我认为,以上三点大体上可以表达《丛书》所遵循的主要指导思想,但也不排除用其他思想和方法得出的有价值的研究成果。

感谢所有关心和支持《丛书》工作的单位和个人,特别感谢《丛书》的名誉顾问和学术顾问。他们的热情关心、支持和指教,使《丛书》工作得以顺利进行。更要感谢所有承担评传撰著任务的老中青学者,他们都以严谨的治学态度,作出了或正在作出对学术、对民族、对历史负责的研究成果。没有他们的积极合作,《丛书》工作的开展是不可能的。《丛书》副主编和中国思想家研究中心、南京大学出版社,在制定《丛书》规划,约请和联系国内外学者,审定书稿以及筹划编辑出版等方面,克服重重困难,做了大量工作,他们的辛勤劳动是《丛书》能按预定计划出版的必要前提。

现在《丛书》开始出版了,我作为年逾八旬的老人,看到自己迫于使命感而酝酿已久的设想终于在大家支持合作下实现,心情怡然感奋,好像回到了青年时代一样,体会到“不知老之将至”的愉悦,并以这种愉悦心情等待着《丛书》最后一部的问世;特别盼望看到它在继承中华民族传统思想文化的珍贵遗产方面,在激励人心、提高民族自尊心和爱国主义思想方面,在促进当前建设有中国特色的继往开来的社会主义现代化物质文明和精神文明的历史性伟大事业中,能起到应有的作用。我以一颗耄耋童心,默默地祝愿这一由一批老中青优秀学者经长年累月紧张思维劳动而作出的集体性学术成果能发出无私的熠熠之光,紧紧伴照着全民族、全人类排除前进道路上的各种障碍,走向和平、发展、繁荣、幸福的明天!

热诚欢迎国内外同仁和各界人士不吝赐教,以匡不逮。是为序。

1990 年 10 月 7 日

内容简介

范晔生活于东晋、南朝刘宋之际，是刘宋时期杰出的史学家。他以多才多艺为世所重。然其性格狂傲不羁，终为他人所利用，堕入政治陷阱，酿成人生悲剧。他一生的重大成就，是撰写了《后汉书》。范晔著史，注重“自得”，所著《后汉书》，是众多东汉史著作中唯一得以完整保存至今者，在中国史学史上占有重要的地位。范晔发展了“以类相从”的类例思想，并在吸收前人之长的基础上，在书中专列文苑、宦者、独行、逸民、方术、列女、党锢等类传，全面展示了东汉一朝的社会历史面貌，对后世正史撰述产生了深远的影响。范晔以“纵放”的笔势撰写的史论，综括东汉皇朝兴衰，并对影响东汉历史的重大问题，提出了独到的认识。他对谶纬之说多有批评，直言“天下决无佛鬼”，主张从“人”的角度看待历史发展进程，从时势、风气、机运等客观标准出发评价历史人物的功过是非；他主张以儒家的“德政”、“王化”目标来治理国家，故而充分强调了儒学对稳固政治统治的作用，宽厚为政的重要意义，以及在民族问题上的“怀柔”政策；在对多民族国家历史的关注方面，范晔也表现出一个优秀史家的理性思考。本书以史学思想、历史思想、政治思想、民族思想、伦理思想为重点，阐述了范晔的思想面貌及其价值。

A Brief Introduction

Fan Ye was an outstanding historian in the Liu Song Period of the Southern Dynasties. He was gifted in many ways and thought highly by the people at that time. *Hou Han Shu* composed by Fan Ye is the only one that has been preserved intact in many books on the history of Eastern Han Dynasty. It is an important work in the history of Chinese historiography. On the basis of others' good points, Fan Ye showed the social history of the Eastern Han Dynasty comprehensively by a series of new biographies. The historical commentary written by Fan Ye summed up the rise and fall of the Eastern Han Dynasty, and advanced original views about the vital problems in its history. Fan Ye criticized the divination combined with mystical Confucianist belief, stated that there was no ghost in the world resolutely, held that people should understand the development of society from the angle of humanity. He advocated governing country by the benevolent rule of the Confucianists, and laid stress on the significance of the Confucianism and the governing principles of tolerant and generous. In the respect of paying close attention to the history of multinational country, Fan Ye also possessed the spirit of a rational historian an excellent historian's rational spirit.

目次

CONTENTS

卷首语

范晔是南北朝时期最优秀的史学家，他生活在晋宋更迭时代。这一时期阶级矛盾、民族纷争十分突出，统治集团内部斗争异常激烈，这一方面激发了范晔撰写史书、探究历史上是非得失的兴趣，使他得以留下一部千古名著《后汉书》；另一方面，也导致了他成为统治集团内部斗争的殉葬者。历史常有惊人的相似之处。范晔在《后汉书》中写了《党锢传》，反映了东汉时期统治阶层中尖锐而复杂的矛盾和斗争，而他本人却成了刘宋皇朝政治生活中没有“党锢”而近似“党锢”的牺牲品。

范晔撰写《后汉书》，重在对史事的“整理”和评论，而其间所贯串始终者，是追求“自得”之学。在范晔撰写《后汉书》之前，已有诸家同名或同类著作；在其撰写《后汉书》之后，也有诸家同名或同类著作。随着岁月的逝去，诸家之书多已遗佚，而范晔的《后汉书》却粲然流传至今，成为“二十四史”中的优秀著作之一。

范晔的《狱中与诸甥侄书》，古今学人多有以其为《后汉书》自序者，然《狱中与诸甥侄书》未言其先人与家世，足见其不符合时人作自序之体例，似不应作自序看待。其实，此文乃是作者关于《后汉书》精义所在的自白，也是作者对他自己激越而悲怆人生的绝唱。

范晔的思想，不论在政治方面、民族方面、伦理方面，还是在历史方面和史学方面，主要都见于他撰写的《后汉书》。唯其如此，它在中国史学史和中国思想史上都占有重要而独特的一页。

第一章　时代与家世

范晔是中国古代杰出的史学家。他生活在晋、宋之际，同任何有所作为的人一样，他的生平与事业，都脱离不开时代的影响。

范晔，字蔚宗，东晋南朝宋顺阳（今河南淅川县）人[①]。他生于东晋安帝隆安二年（398），卒于宋文帝元嘉二十二年（445），终年48岁。在他的短暂的生命历程中，前半段是在东晋末年度过的，后半段是在刘宋皇朝中走过来的。他的家族，经历了晋宋更迭，自也有一段兴衰荣枯的历史，这无疑也影响

① 此据《宋书》卷六九《范晔传》，中华书局点校本，1974。然《宋书》卷六〇《范泰传》称泰为顺阳山阴人，说法不一。今人周一良参考诸书，认为所谓"山阴县"，必误无疑；而顺阳者，当系郡名，范氏出于何县，未迹可知（参见周一良：《魏晋南北朝史札记》中华书局1985年版，第177—179页）。又据龚剑锋《范晔籍贯考》一文考证："范晔籍贯乃东晋、南朝宋代之顺阳郡顺阳县。顺阳县，今属河南省淅川县，而不属湖北省光化县（今老河口市）和河南省内乡县。"见《史学史研究》1987年第1期。今从后说。

到范晔的际遇和命运。

一、桓玄之变与晋、宋更迭

东晋一朝，皇权式微。其中期以后，形势尤为严峻。大将桓温以“北伐”的名义，扩大自己的影响；乘“北伐”之机会，培植自己的势力，以至于势倾朝野，恣意废立。是时，东晋皇朝实已处于风雨飘摇之中。

桓温(312—372)是谯国龙亢(今安徽怀远西北)人，出身士族，其父曾任宣城太守。桓温成年后，与皇室司马氏联姻，娶晋明帝之女南康长公主为妻，拜驸马都尉。历仕康帝、穆帝、哀帝、废帝、简文帝数朝。晋穆帝时，他已经做到了侍中、大司马、都督中外诸军事这样的高位，总揽朝廷军政大权，于是其代晋之心，与日俱增。史载：

> [桓温]以雄武专朝，窥觎非望，或卧对亲僚曰：“为尔寂寂，将为文、景所笑。”众莫敢对。既而抚枕起曰：“既不能流芳后世，不足复遗臭万载邪！”①

由此可以看出，桓温在政治上不是一个等闲之辈。他的多次北伐，为他积累了战功，也为他积累了政治谋划。这个谋划的核心，一是收复中原，二是取代晋室。桓温的北伐，规模较大的有三次。晋穆帝永和二年(346)，桓温率军自江陵西征李

① 《晋书》卷九八《桓温传》，中华书局点校本，1974。以下记桓温事凡不注明出处者，均同此。

势，次年，灭成汉，平定蜀地，获胜而还。永和四年(348)晋升为征西大将军，封临贺郡公。永和十年(354)，水陆进军，北伐前秦，大败前秦军于蓝田，屯军灞上，前秦苻坚退守长安。晋军后因军粮不继而撤军。永和十二年(356)，桓温再次北伐，收复洛阳，但未能坚守，数年后洛阳为前燕所占领。升平四年(360)，桓温被封为南郡公。晋废帝太和四年(369)，桓温率五万大军自姑孰(今安徽当涂)出发，北伐前燕，一路所向无敌，七月，晋军进至枋头(今河南汲县东北)。前燕一方面由慕容垂率军五万抵抗晋军，一方面向前秦请求救兵。桓温在枋头犹豫徘徊，坐失战机，先后遭到前燕军、前秦军的沉重打击，五万军队损失殆尽。此次北伐，终以惨败告终[①]。

桓温北伐的结局，有其个人的原因，也有客观方面的原因。从客观上看，东晋门阀士族中有些人已在江南站稳脚跟，安于现状，不把收复中原看作最重要的事情。他们的这种态度时时影响到皇室的决策。一个极明显的事例是，当桓温北伐取得一定胜利时，曾上疏提出还都洛阳的建议，主张：

> 自永嘉之乱，播流江表者，请一切北徙，以实河南，资其旧业，反其土宇，勤农桑之务，尽三时之利，导之以义，齐之以礼，使文武兼宣，信顺交畅，井邑既修，纲维粗举。

他还尖锐地指出："夫人情昧安，难与图始；非常之事，众人所疑。"从客观形势看，桓温的这些看法，是有道理的，反映了他

---

① 参见《晋书》卷八《穆帝废帝本纪》。

在政治上谋求统一的思想。然而，在有些人看来，这是绝对不能接受的。诚如当时的散骑常侍、领著作郎孙绰上疏反对桓温迁都之议所说："昔中宗（按：指晋元帝——引者）龙飞，非惟信顺协于天人，实赖万里长江画而守之耳。今自丧乱已来，六十余年，河、洛丘墟，函夏萧条。士民播流江表，已经数世，存者老子长孙，亡者丘陇成行，虽北风之思感其素心，目前之哀实为交切。"①

这些话也不是没有一点道理，但从根本上考察，它的确反映了一部分门阀士族的心态。这种心态从早先王羲之致函北伐将领殷浩，指责他"北伐"无功、复谋再举的激烈言辞，也表现得再清楚不过了。王羲之这样写道：

> 自寇乱以来，处内外之任者，未有深谋远虑，括囊至计，而疲竭根本，各从所志，竟无一功可论，一事可记，忠言嘉谋弃而莫用，遂令天下将有土崩之势，何能不痛心悲慨也。任其事者，岂得辞四海之责！追咎往事，亦何所复及，宜更虚己求贤，当与有识共之，不可复令忠允之言常屈于当权。今军破于外，资竭于内，保淮之志非复所及，莫过还保长江，都督将各复旧镇，自长江以外，羁縻而已。任国钧者，引咎责躬，深自贬降以谢百姓，更与朝贤思布平政，除其烦苛，省其赋役，与百姓更始，庶可以允塞群望，救倒悬之急。②

---

① 《资治通鉴》卷一〇一，晋哀帝隆和元年，中华书局点校本，1956。下引此书，均同此版本，不一一注明。

② 《晋书》卷八〇《王羲之传》。

这一番话，好像是在为着“与百姓更始”，其实还是为了自保自安，即守住长江就行了，连淮河都不必去考虑。这就难怪桓温的迁都洛阳之议，“表疏十余上，不许”[①]。桓温得到的最后答复是：

> 在昔丧乱，忽涉五纪，戎狄肆暴，继袭凶迹，眷言西顾，慨叹盈怀！知欲躬率三军，荡涤氛秽，廓清中畿，光复旧京，非夫外身殉国，孰能若此者哉！诸所处分，委之高算。但河洛丘墟，所营者广，经始之勤，致劳怀也。

这道诏书，肯定了桓温的志向，也委婉地拒绝了他的迁都之议，而理由却是“所营者广，经始之勤，致劳怀也”，安逸之心，见于字里行间。桓温以及他人的“北伐”以失败而告终，上述事实，当是根本原因之一。

桓温北伐以失败告终，还有主观上的原因，这就是他在自己的势力不断扩张之时，逐渐形成了取代晋室的政治目标。对于这一点，时人洞若观火。早在桓温即将西征成汉之时，人们多认为桓温“众少而深入，皆以为忧，惟刘惔以为必克。或问其故，惔曰：‘以博知之。温，善博者也，不必得则不为。但恐克蜀之后，温终专制朝廷耳”[②]。果然，“温既灭蜀，威名大振，朝廷惮之”[③]。这就意味着，桓温“北伐”之举，如有战功，

① 《晋书》卷九八《桓温传》。
② 《资治通鉴》卷九七，晋穆帝永和二年。
③ 《资治通鉴》卷九八，晋穆帝永和四年。

“威名”和猜忌都会同时加重。关于这一点，就连前秦的谋臣申胤都看得十分明白，他在回答别人的咨询时说：

> 以温今日声势，似能有为，然在吾观之，必无成功。何则？晋室衰弱，温专制其国，晋之朝臣未必皆与之同心。故温之得志，众所不愿也，必将乖阻以败其事。①

显然，对于桓温来说，这的确是一个无法摆脱的困境。

但是，桓温还是依仗自己的权势，以行废立之事来实现自己取代晋室的政治目标。晋废帝太和六年(371)，桓温采纳郗超提出的废立之计，废去司马奕而立简文帝，威势益发显赫，就连侍中谢安见了桓温，也都“遥拜”，其他人就更不用说了。简文帝只做了一年多时间的皇帝就死去了。桓温原以为简文帝在临终前会“禅位”于他，可是简文帝并没有这样做，而是在遗诏中说：“大司马温依周公居摄故事。”又说：“少子可辅者辅之，如不可，君自取之。”可是这份诏书被大臣王坦之当着简文帝的面毁掉了，把遗诏改为“家国事一禀大司马，如诸葛武侯、王丞相故事”。这一结局，是桓温不能满意的，在他看来，自己至少也当得到“居摄”的权位才是，故甚愤怨，致书其弟桓冲说：“遗诏使吾依武侯、王公故事耳”②。如此看来，桓温的恢复中原也好，迁都洛阳也好，虽在大局上或有可取之处，但在主观上取代晋室的政治欲望使他不可能得到更多人的支持，

① 《资治通鉴》卷一〇二，海西公太和四年。
② 《资治通鉴》卷一〇三，晋简文帝咸安二年。

同时也为他的政治道路设下了层层障碍，下面所说的一件事实，可以十分真切地证明这一点。

晋孝武帝即位后，在诏书中反复强调："先帝遗敕云：'事大司马如事吾。'""大司马社稷所寄，先帝托以家国。"这时桓温虽已病重，精神恍惚，但还是"讽朝廷加己九锡"，并"累相催促"。而执掌朝政的谢安、王坦之"闻其病笃，密缓其事"，以致于"锡文未及成而薨"。桓温在政治上的追求真是一个极大的悲剧。

唐初史家这样评论桓温，称赞他"挺雄豪之逸气，韫文武之奇才"，"独克之功，有可称矣"；批评他"挟震主之威，蓄无君之志"，"实斧钺之所宜加，人神之所同弃"。[①] 从皇权至高无上的观念来看，对桓温作这样的评价，是不足为怪的。

桓温有六子：熙、济、歆、祎、伟、玄。桓玄(369—404)是桓温的少子，也最为桓温所器重，以其为嗣，袭爵南郡公，时年仅五岁。在取代晋室的政治目标上，桓温没有做到的，桓玄后来一度做到了。而桓玄之变，也就成了晋、宋之际的一个历史转折点。

东晋皇室因考虑到桓温在政治上有代晋之图谋，而时议亦谓桓温"有不臣之迹"[②]，故对其后人多有忌讳而少信任之感。桓玄直到 23 岁时，才被"拜太子洗马"，做了太子的属官。晋孝武帝太元(376—396)末年，桓玄出补义兴太守，郁郁不得志，曾登高望震泽，叹曰："父为九州伯，儿为五湖长！"自以为出于"元勋之门"而受谤于世，心甚不平，于是上疏晋孝武帝，

---

① 《晋书》卷九八《桓温传》后论。

② 《晋书》卷九九《桓玄传》，下引本传，不一一作注。

写道：

> 臣闻周公大圣而四国流言，乐毅王佐而被谤骑劫，《巷伯》有豺兽之慨，苏公兴飘风之刺，恶直丑正，何代无之！先臣蒙国殊遇，姻娅皇极，常欲以身报德，投袂乘机，西平巴蜀，北清伊、洛，使窃号之寇系颈北阙，园陵修复，大耻载雪，饮马灞浐，悬旌赵魏，勤王之师，功非一捷。太和之末，皇基有潜移之惧，遂乃奉顺天人，翼登圣朝，明离既朗，四凶兼澄。向使此功不建，此事不成，宗庙之事岂可孰念！昔太甲虽迷，商祚无忧；昌邑虽昏，弊无三孽。因兹而言，晋室之机危于殷、汉，先臣之功高于伊、霍矣。而负重既往，蒙谤清时，圣世明王黜陟之道，不闻废忽显明之功，探射冥冥之心，启嫌谤之途，开邪枉之路者也。先臣勤王艰难之劳，匡复克平之勋，朝廷若其遗之，臣亦不复计也。至于先帝龙飞九五，陛下之所以继明南面，请问谈者，谁之由邪？谁之德邪？岂惟晋室永安，祖宗血食，于陛下一门，实奇功也。

从桓玄登高赋诗来看，他是一个在政治上不安分的人，这同桓温是一脉相承的。而从这份上疏中，可以看出，他是一个不讲道理、颠倒黑白的小人，在这一点上，他却不同于其父桓温。把有“不臣之迹”的桓温说成是“功高于伊、霍”，把时人的评议说成是流言和谤语，同时伸手向皇室要权力、要地位，甚至还要反问：“请问谈者，谁之由邪？谁之德邪？”不难看出，野心和厚颜，正是桓玄用以作为座右铭的两条“原则”。当然，他的这份上疏，没有得到皇室的理睬。

正当桓玄优游无事之际，荆州刺史殷仲堪看中了他。晋安帝隆安元年(397)，恰值中书令王国宝谋划削弱方镇势力，仕途不得志的桓玄游说殷仲堪联合南兖州刺史王恭起兵，以讨王国宝为名，对抗朝廷。最高统治集团内部矛盾重重，为平息方镇起兵，乃以罪诛王国宝。不久，朝廷命桓玄为广州刺史，桓玄受命不行。此时，王恭联合豫州刺史庾楷再次起兵，反对当国的司马道子、司马元显，桓玄、殷仲堪、杨佺期等一时响应。后王恭败死，庾楷军败后，奔于桓玄军下。朝廷诏命桓玄为江州刺史，玄被殷仲堪、杨佺期等推为盟主，这是桓玄得志之始。然桓玄、杨佺期各怀异心，彼此不协，发生了内讧。朝廷为了利用桓、殷、杨之间的矛盾，使其互相牵制，乃分杨佺期所督四郡与桓玄，杨既忿且惧，后殷、杨二人均被桓玄所败，杀之。桓玄平定荆、雍二州后，被任命为江州、荆州刺史，都督江、荆、司、雍、秦、梁、益、宁八州军事。时孙恩起事，桓玄利用朝廷惶恐之机，扩张自己的势力，"树用腹心，兵马日盛，屡上疏求讨孙恩"，朝廷知其别有用心，"诏辄不许"。当然，桓玄从未停止过扩张自己的势力。至晋安帝隆安末年，桓玄"自谓有晋国三分之二"，并致书司马道子，对朝廷执政者予以威胁："今之贵要腹心，有时流清望者谁乎？"①

晋安帝元兴元年(402)，"下诏罪状桓玄"，以尚书令司马元显率军讨伐桓玄。桓玄以攻为守，"抗表传檄，罪状元显，举兵东下"。司马元显大为惊恐，其所率各部，或溃或降。桓玄顺利进入京师，矫诏称："义旗云集，罪在元显"，加己总百揆、

① 《资治通鉴》卷一一二，晋安帝隆安五年。

侍中、都督中外诸军事、丞相、录尚书事、扬州牧，独揽朝政。桓玄徙司马道子于安成郡，杀司马元显于市，并对旧有朝廷官员或杀或流，任命亲信掌管朝廷与地方重镇要务。元兴二年(403)，以桓玄为大将军。桓玄自知“怨满天下，欲速定篡逆”，其党羽殷仲文、卞范之等又从中催促。于是桓玄矫诏加己相国、总百揆，封南郡、南平、宜都、天门、零陵、营阳、桂阳、衡阳、义阳、建平十郡，为楚王，加九锡备物，楚国置丞相以下官员，一遵旧典。同年十一月，桓玄矫制建天子旌旗，逼晋安帝“禅位”，自为天子，国号“楚”，改元“始建”，旋又改为“永始”，迁晋帝于永安宫。自隆安元年(397)至元兴二年(403)，桓玄从表示对抗晋廷至其终于以晋帝“禅位”而代晋建楚，首尾不过六年时间，这一方面可以看出桓玄的政治图谋同桓温如出一辙，而在实施步骤上又远远超过了桓温；另一方面也可以看出东晋皇朝统治集团的腐朽无能和内部矛盾重重，人们明明知道桓玄有“篡逆”之志而又不能采取有力措施加以制止，以致坐视其一步步地实现取代晋室的计划，这无疑助长了桓玄的政治气焰。

桓玄以楚代晋后，好行小惠而大纲不理，“罪无轻重，多被原放”，抚恤乞者而纠擿大臣，如“尚书答‘春蒐’字误为‘春菟’，凡所关署皆被降黜”。又修殿宇，造大辇，大兴土木，骄奢荒侈，游猎无度，以夜继昼，“禁内欢杂，无复朝廷之体”，凡此等等，更加激化了原有的种种矛盾，“于是百姓疲苦，朝野劳瘁，怨怒思乱者十室八九焉”。

在这种形势下，东晋大将刘裕等秘密商讨“兴复晋室”之事。史载：

> 刘裕与何无忌同舟还京口，密谋兴复晋室。刘迈弟毅家于京口，亦与无忌谋讨玄。无忌曰：“桓氏强盛，其可图乎？”毅曰：“天下自有强弱；苟为失道，虽强易弱，正患事主难得耳。”无忌曰：“天下草泽之中非无英雄也。”毅曰：“所见唯有刘下邳。”无忌笑而不答，还以告裕，遂与毅定谋。①

这年二月，刘裕等起事，斩桓修于京口，斩桓弘于广陵，进军建康。桓玄等一时奔溃，退至江陵。刘裕乃以武陵王司马遵总摄万机。桓玄退至江陵，谓之“迁都”，纠集二万军队，东下抵抗刘裕诸军，遭到惨败，于是西奔汉中，中途为其部下所杀。《晋书·桓玄传》记载了桓玄被杀的情景：

> 时益州刺史毛璩使其从孙祐之、参军费恬送弟璠丧葬江陵，有众二百，璩弟子修之为玄屯骑校尉，诱玄以入蜀，玄从之。达枚回洲，恬与祐之迎击玄，矢下如雨。玄嬖人丁仙期、万盖等以身蔽玄，并中数十箭而死。玄被箭，其子昇辄拔去之。益州督护冯迁抽刀而前，玄拔头上玉导与之，仍曰：“是何人邪？敢杀天子！”迁曰：“欲杀天子之贼耳。”遂斩之，时年三十六。

至此，桓玄之变也就基本上终结了。剩下的一些战事，不过余波而已，对于刘裕诸人来说，已经算不上什么大不了的事

① 《资治通鉴》卷一一三，晋安帝元兴三年。按：刘裕时镇下邳。

情了。

但是，对于桓玄这个人，这里还是有必要再说一说的。

桓玄在自矜跋扈方面，继承了桓温的秉性，在厚颜无耻方面，却又超过了他的先人。这样的事例甚多。例如：元兴二年(403)，桓玄为欺骗舆论，“诈表请平姚兴”，而他事实上并无此实力和胆略，故“又讽朝廷作诏，不许”，然后又向人们宣告：“奉诏故止”。桓玄被“封”为“楚王”后，上表伪称请求“归藩”，继而“又自作诏留之，遣使宣旨”，他“又上表固请，又讽天子作手诏固留焉”。凡此等等。唐代史家称他“好逞伪辞，尘秽简牍，皆此类也”。若非厚颜无耻之人，怎会做到这一步！

更为可笑的是，自刘裕等起兵讨伐桓玄，桓玄在向荆州败退途中，“于道作起居注，叙其距(拒)义军之事，自谓经略指授，算无遗策，诸将违节度，以致亏丧，非战之罪。于是不遑与群下谋议，唯耽思诵述，宣示远近”。本人为自己作“起居注”，这在中国史学上，是绝无仅有之事。桓玄退守荆州，谓之“迁都”，荆州郡守们考虑到桓玄播越不宁，乃遣使通表，表示慰问，桓玄不予接受，一定要地方官员“表贺迁都”。如此看来，桓玄完全是一个丧失了理性的政治赌徒，所以才会做出这些反常的事情。

早在桓玄身居太尉之职掌朝廷兵事、炙手可热之时，已有人预见到他的败亡。史载，袁虔之与后秦姚兴有一番对话：

袁虔之等至长安，秦王兴问曰：

> “桓玄才略何如其父？卒能成功乎？”虔之曰：“玄乘晋室衰乱，盗据宰衡，猜忌安忍，刑赏不公，以臣观之，不如其父远矣。玄今已执大柄，其势必将篡

逆,正可为他人驱除耳。”①

在这个问题上,袁虔之所说,可谓确论,其预见也十分正确。

历史已经表明,桓玄之变,促成了刘裕的崛起,从而也就成了晋、宋更迭的一个契机。

刘裕(363—422),字德舆,小名寄奴,原籍彭城(今江苏徐州),史书上说他是汉高帝弟楚元王交之后②。从本质上看,刘裕所走的政治道路,与桓温、桓玄并没有什么不同。但是,刘裕确也有不同于桓氏父子的地方。一是他出身贫贱,“仅识文字,以卖履为业,好樗蒲(按此为一种民间博戏——引者),为乡闾所贱”③。二是从晋安帝隆安三年(399)至晋恭帝元熙元年(419)整整 20 年间,刘裕参与战事无数,东征西讨,北伐南攻,可谓战功赫赫,这不仅是桓氏父子所不及,就是刘裕同时期的其他晋臣都无法比拟的。史载:

——隆安三年(399),刘裕在前将军刘牢之手下为参府军事,与孙恩作战。

——元兴元年(402),刘裕在镇北将军刘牢之手下参其军事,西伐荆州刺史桓玄,兵败。

——元兴二年(403),桓玄命刘裕击卢循。

——元兴三年(404),刘裕与何无忌、刘毅等 27 人率众反对桓玄称帝,众推刘裕为盟主,移檄京邑,文曰:“自玄篡逆,于今历年,亢旱弥时,民无生气。加以士庶疲于转输,文武困于

---

① 《资治通鉴》卷一一二,晋安帝元兴元年。

② 见《宋书》卷一《武帝本纪上》。

③ 袁枢《通鉴纪事本末》卷一九《刘裕篡晋》,中华书局 1964 年版。

造筑，父子乖离，室家分散……凡在有心，谁不扼腕。裕等所以叩心泣血，不遑启处者也。是故夕寐宵兴，援奖忠烈，潜构崎岖，险过履虎。……义众既集，文武争先，咸谓不有一统，则事无以辑。裕辞不获已，遂总军要。庶上凭祖宗之灵，下罄义夫之力，剪馘捕逆，荡清京辇。”①一是盟主，二有檄文，这就在名义上确定了刘裕在平定桓玄之变中的突出地位。这一年，刘裕任都督扬、徐、兖、豫、青、冀、幽、并八州诸军事，领军将军、徐州刺史。

——义熙元年(405)，刘裕以功改授都督十六州诸军事，加领兖州刺史。

——义熙二年(406)，刘裕因“唱义盟主”封镇军将军。

——义熙四年(408)，刘裕入朝辅政，授侍中、车骑将军、开府仪同三司、扬州刺史、录尚书，总揽朝政。

——义熙六年(410)，刘裕攻灭南燕，收复青、兖二州，还军平卢循。

——义熙七年(411)，刘裕为太尉、中书监。

——义熙八年(412)，刘裕消灭异己刘毅、诸葛长民、司马休之等。

——义熙九年(413)，刘裕西攻谯纵，收复巴蜀。

——义熙十二年(416)，刘裕率军伐后秦，攻克洛阳，收复长安，后秦亡。

在这个过程中，刘裕还实行了一些改革措施，如依界“土断”、省并郡县、息民简役等。这些措施产生了一定的积极作用，反映了刘裕在政治上的作为。

① 《宋书》卷一《武帝本纪上》。

同年,刘裕进位相国,总百揆,领扬州牧,封十郡,为宋公,备九锡之礼,位在诸侯王之上。义熙十四年(418),刘裕命王韶之杀害晋安帝,立琅邪王司马德文为帝,是为晋恭帝。恭帝元熙元年(419),进宋公刘裕为宋王。次年,刘裕逼恭帝退位,历史重演了一出"禅位"的剧目,史载:

宋王欲受禅而难于发言,乃集朝臣宴饮,从容言曰:"桓玄篡位,鼎命已移。我首唱大义,兴复帝室,南征北伐,平定四海,功成业著,遂荷九锡。今年将衰暮,崇极如此,物忌盛满,非可久安;今欲奉还爵位,归老京师。"群臣惟盛称功德,莫谕其意。日晚,坐散。中书令傅亮还外,乃悟,而宫门已闭,亮叩扉请见,王即开门见之。亮入,但曰:"臣暂宜还都。"王解其意,无复他言,直云:"须几人自送?"亮曰:"数十人可也。"即时奉辞。亮出,已夜,见长星竟天,拊髀叹曰:"我常不信天文,今始验矣。"亮至建康。

夏四月,征王入朝。王留子义康为都督豫、司、雍、并四州诸军事、豫州刺史,镇寿阳。

……

六月壬戌,王至建康。傅亮讽晋恭帝禅位于宋,具诏草呈帝,使书之。帝欣然操笔,谓左右曰:"桓玄之时,晋氏已无天下,重为刘公所延,将二十载;今日之事,本所甘心。"遂书赤纸为诏。甲子,帝逊于琅邪第,百官拜辞,秘书监徐广流涕哀恸。①

① 袁枢《通鉴纪事本末》卷一九《刘裕篡晋》,中华书局1964年版。

至此，刘裕取代了晋室，做了皇帝，因先后被晋帝封为宋公、宋王，故建国号为宋，建元永初，史称宋武帝。刘裕称帝后，奉晋恭帝为零陵王。一年后，先后派人鸩毒、掩杀，晋恭帝死。

沈约《宋书·武帝本纪》共三卷，收入了晋帝封刘裕宋公、宋王及"禅位"诏书，它们不仅是官样文章，而且均系刘裕命人所作，自不能反映历史的真相。司马光撰《资治通鉴》，时代相去已远，事实也更清楚，故于这一段历史变故，记载较为真切。

对于刘裕的所作所为，当时人有一种说法，就他的前景描绘出一幅生动的政治图画。这是在他代晋之前的义熙十三年(417)。史载，北魏君主拓跋嗣与史臣崔浩有一段对话：

> 崔浩侍讲在前，嗣问之曰："刘裕伐姚泓，果能克乎？"对曰："克之。"嗣曰："何故？"对曰："昔姚兴好事虚名而少实用，子泓懦而多病，兄弟乖争。裕乘其危，兵精将勇，何故不克！"嗣曰："裕才何如慕容垂？"对曰："胜之。垂藉父兄之资，修复旧业，国人归之，若夜虫之就火，少加倚仗，易以立功。刘裕奋起寒微，不阶尺土，讨灭桓玄，兴复晋室，北禽慕容超，南枭卢循，所向无前，非其才之过人，安能如是乎！"嗣曰："裕既入关，不能进退，我以精骑直捣彭城、寿春，裕将若之何？"对曰："……裕克秦而归，必篡其主。"①

崔浩是北魏的史家，他的这些评论，注意到了刘裕的出身、战

---

① 《资治通鉴》卷一一八，晋安帝义熙十三年。

功和才能，也注意到了刘裕的政治意图，可谓确论。

关于桓玄之变与晋宋更迭，《宋书》的评价和《晋书》的评价是有所不同的。这反映了南朝史家所处时代对他们的价值观念与伦理观念的影响；同样，唐初史家重修《晋书》时，历史条件和政治局面已不同于南朝，因而在认识上和评价上，也自会有所不同。下面是《宋书》的有关评论——

> 史臣曰：汉氏载祀四百，比祚隆周，虽复四海横溃，而民系刘氏，惵惵黔首，未有迁奉之心。魏武直以兵威服众，故能坐移天历，鼎运虽改，而民未忘汉。及魏室衰孤，怨非结下。晋藉宰辅之柄，因皇族之微，世擅重权，用基王业。至于宋祖受命，义越前模。晋自社庙南迁，禄去王室，朝权国命，递归台辅。君道虽存，主威久谢。桓温雄才盖世，勋高一时，移鼎之业已成，天人之望将改。自斯以后，晋道弥昏，道子开其祸端，元显成其末衅，桓玄藉运乘时，加以先父之业，因基革命，人无异心。高祖地非桓、文，众无一旅，曾不浃旬，夷凶翦暴，祀晋配天，不失旧物，诛内清外，功格区宇。至于钟石变声，柴天改物，民已去晋，异于延康之初，功实静乱，又殊咸熙之末。所以恭皇高逊，殆均释负。若夫乐推所归，讴歌所集，魏、晋采其名，高祖收其实矣。盛哉！①

这里强调的是晋皇室的无能，所谓“君道虽存，主威久谢”，弦

① 《宋书》卷三《武帝本纪下》。

外之音是“移鼎”、“革命”本不可避免，只是桓温、桓玄父子不宜担此鼎革之任而已。同时，又强调了晋恭帝的“高逊”，其实是释放了历史的重负。这便是《宋书》评论的基调。

再看唐初史家是怎样评论同一历史事件的——

史臣曰：桓玄篡凶，父之余基。挟奸回之本性，含怒于失职；包藏其豕心，抗表以称冤。登高以发愤，观衅而动，窃图非望。始则假宠于仲堪，俄而戮殷以逞欲，遂得据全楚之地，驱劲勇之兵，因晋政之陵迟，乘会稽之酗蒨，纵其狙诈之计，扇其陵暴之心，敢率犬羊，称兵内侮。天长丧乱，凶力实繁，逾年之间，奄倾晋祚，自谓法尧禅舜，改物君临，鼎业方隆，卜年惟永。俄而义旗电发，忠勇雷奔，半辰而都邑廓清，逾月而凶渠即戮，更延坠历，复振颓纲。是知神器不可以暗干，天禄不可以妄处者也。夫帝王者，功高宇内，道济含灵，龙宫凤历表其祥，彤云玄石呈其瑞，然后光临大宝，克享鸿名，允徯后之心，副乐推之望。若桓玄之幺么，岂足数哉！适所以干纪乱常，倾宗绝嗣，肇金行之祸难，成宋氏之驱除者乎！①

显然，这里所强调的是“神器不可以暗干，天禄不可以妄处”，强调的是帝王的神圣与权威；其所斥责的是“桓玄篡凶，父之余基”。

从历史的角度来看，上述两种评论的差别，是不足为怪

① 《晋书》卷九九《桓玄传》。

的。魏晋之际、晋宋之际、宋齐之际、齐梁之际，朝代更迭，屡屡发生，即使是正直的史家，也不便在“禅代”问题上发表太多的、直率的评论，而只能运用隐晦的书法来坚持直书的原则。唐初则不然，政治大一统的局面经过隋朝的经营和唐朝的发展，“天下一家”思想的形成和对于皇权的进一步巩固，乃是当时形势使然。在这种历史条件和政治局面下，史家的批判重点自然有所不同。中国史家有“知人论世”的优良传统，对此，我们也应以“知人论世”的原则和方法视之。

二、东晋、南朝撰史之风

魏晋南北朝时期，是中国古代史学走向多途发展的时期。其间，又以东晋、南朝撰史之风尤盛。

东晋、南朝撰史之风表现为三个发展趋势和一个突出特点，即知名史家接踵而至的趋势、皇朝史撰述走向兴盛的趋势、私人著史蔚为风气的趋势及史书种类和数量剧增的特点。正是这些趋势和特点造成了东晋、南朝史学的历史价值和史学价值。

三种趋势

首先，说知名史家接踵而至的趋势。唐人刘知幾《史通·史官建置》写道：

> 当魏太和中，始置著作郎，职隶中书，其官即周之左史也。晋元康初，又职隶秘书，著作郎一人，谓

之大著作，专掌史任，又置佐著作郎八人。宋、齐已来，以“佐”名施于“作”下。旧事，佐郎职知博采，正郎资以草传，如正、佐有失，则秘监职思其忧。其有才堪撰述，学综文史，虽居他官，或兼领著作。亦有虽为秘书监，而仍领著作郎者。若中朝之华峤、陈寿、陆机、束晳，江左之王隐、虞预、干宝、孙盛，宋之徐爰、苏宝生，梁之沈约、裴子野，斯并史官之尤美，著作之妙选也。而齐、梁二代又置修史学士，陈氏因循，无所变革，若刘陟、谢昊、顾野王、许善心之类是也。

此处所谓“中朝”，系指曹魏、西晋；而“江左”则专指东晋。由此可见，因魏晋以来朝廷重视修史，故东晋、南朝时期，史家辈出，其知名者亦多，刘知幾所举，其要者而已。诚如《隋书·经籍志二》史部大序所言：“尸素之俦，盱衡延阁之上，立言之士，挥翰蓬茨之下。”在史官修史不甚得力的情况下，私家撰史就成了重要的史学活动。这种情况充分表明，东晋、南朝时期，不仅各个皇朝重视修史，而且在广大的士人中间，对研究历史、撰写史书感兴趣的人逐渐多了起来。刘知幾这里所举的，只是有“史官”名分的史家，而没有史官名分的史家如东晋之袁宏，宋之范晔、何承天、裴松之、裴骃、何法盛，齐之江淹、臧荣绪、檀道鸾，梁之萧该、刘孝标、萧方、吴均、萧大圜、任昉、刘昭、王僧孺，齐之萧子显，陈之姚察、陆琼、许亨、何之元等，皆致力于史学，其中有的卓然名家。因此可以认为，东晋、南朝史家的层出不穷，实为两汉、隋唐间史学发展中一大突出变化。

其次，说皇朝史撰述走向兴盛的趋势。魏晋南北朝时期是中国史学上撰写皇朝史最为兴盛的时期，以至于出现了“一代之记，至数十家”的局面[①]。其中，东晋、南朝所撰皇朝史的数量是最多的。刘知幾在《史通·古今正史》中盛赞袁宏、范晔二人所撰的东汉史，认为：“世言汉中兴史者，唯范、袁二家而已。”他提到东晋、南朝时期撰写东晋史的史家，有邓粲、孙盛、檀道鸾、王诏之、何法盛、臧荣绪；撰写宋史的史家，有何承天、王谦之、裴松之、孙冲之、苏宝生、徐爰、沈约、裴子野；撰写齐史的史家，有江淹、沈约、萧子显、吴均等；撰写梁史的史家，有沈约、周兴嗣、鲍行卿、谢昊、何之元、刘璠、姚察等。刘知幾所说的“正史”，包含纪传体皇朝史和编年体皇朝史，其中大多见于《隋书·经籍志二》所著录。由此可见其兴盛局面之一斑。

在皇朝史撰述兴盛的局面中，尤以撰写东汉史和晋史最为突出。关于东汉史撰述，《隋书·经籍志二》史部正史类著录的，有谢沈《后汉书》、张莹《后汉南记》、袁山松《后汉书》、范晔《后汉书》；其古史类著录的，有袁宏（彦伯）《后汉纪》、张璠《后汉纪》。以上纪传体者四家、编年体者二家皆出自东晋、南朝史家之手。关于晋史撰述，《隋书·经籍志二》史部正史类著录的，有王隐《晋书》、虞预《晋书》、朱凤《晋书》、何法盛《晋中兴书》、谢灵运《晋书》、臧荣绪《晋书》、萧子云《晋书》、萧子显《晋史草》、郑忠《晋书》、沈约《晋书》、庾铣《东晋新书》；其古史类著录的，有干宝《晋纪》、孙盛《晋阳秋》、刘谦之《晋纪》、徐广《晋纪》、檀道鸾《续晋阳秋》、郭季产《续晋纪》。以上纪传体者十一家、编年体者八家，皆出自东晋、南朝史家之手。当然，

---

① 《隋书》卷三三《经籍志二》史部大序，中华书局 1973 年版。

这些皇朝史撰述，虽然有的早已逸佚，有的未曾完稿，但从史学发展的趋势来看，当时的皇朝史撰述无疑是处在兴盛的阶段，而这一发展趋势一直延续到唐初。

近人王仲荦乃治魏晋南北朝史之名家，他曾列表以明这个时期皇朝史撰述的面貌，现将其关于晋史撰述之表移用于此，以便于浏览，亦以见前辈学者考索之劳：

晋史撰述简表①

书名	卷数	著者		存亡	附考
《晋书》	九十三卷	晋	王隐	佚	所记皆西晋事
《晋书》	四十四卷	晋	虞预	佚	所记皆西晋事
《晋书》	十四卷	晋	朱凤	佚	迄东晋元帝
《晋书》		晋	谢沈	佚	
《晋中兴书》	七十八卷	晋	何法盛	佚	所记皆东晋事
《晋书》	三十六卷	晋	谢灵运	佚	未完稿
《晋书》	一百十一卷	齐	臧荣绪	佚	
《晋书》	一百二卷	梁	萧子云	佚	
《晋史草》	三十卷	梁	萧子显	佚	未完稿
《晋书》	七卷	梁	郑忠	佚	
《晋书》	一百一十卷	梁	沈约	佚	未完稿
《东晋新书》	七卷	梁	庾铣	佚	未完稿　以上纪传体
《晋纪》	四卷	晋	陆机	佚	仅记宣、景、文三世事

① 引自王仲荦《魏晋南北朝史》，上海人民出版社2003年版，第831页。

续表

书　名	卷数	著者	存亡	附　考
《晋纪》	二十三卷	晋　干宝	佚	迄愍帝
《晋纪》	十卷	晋　曹嘉之	佚	
《汉晋春秋》	四十七卷	晋　习凿齿	佚	迄愍帝
《晋纪》	十一卷	晋　邓粲	佚	迄东晋明帝
《晋纪》	三十二卷	晋　孙盛	佚	迄东晋哀帝
《晋纪》	二十三卷	宋　刘谦之	佚	
《晋纪》	十卷	宋　王韶之	佚	起孝武帝，迄安帝义熙九年
《晋纪》	四十五卷	宋　徐广	佚	起海西公，迄孝武帝
《续晋阳秋》	二十卷	宋　檀道鸾	佚	起海西公，迄安帝
《续晋纪》	五卷	宋　郭季产	佚	以上编年体

据上表可知：第一，撰述晋史，尤为东晋、南朝史家所关注，故撰述者尤多。在诸家晋史撰述者中，只有陆机是西晋人，其余二十二家皆为东晋、南朝人，即东晋、南朝各十一人。第二，东晋史家关注晋史撰述，无疑是出于对本朝史的重视，无论是司马氏代魏，还是晋室的“中兴”，都会激励史家的撰述热情。南朝史家之所以关注晋史撰述，一方面是晋朝历史离去未久，人们对它的记忆自亦比较鲜明，故容易引起人们的撰述兴趣；另一方面是表现出南朝史家对于撰写前朝史的关注，从而继承并强化了中国古代史家为前朝修史的优良传统。

从东晋、南朝关于东汉史和晋史的撰述，可以窥见这个时期皇朝史撰述之兴盛的面貌。正如《隋书·经籍志二》史部正史类小序所概括的那样:“晋时,巴西陈寿删集三国之事,唯魏帝为纪,其功臣及吴、蜀之主,并皆为传,仍各依其国,部类相从,谓之《三国志》。……自是世有著述,皆拟班、马,以为正史,作者尤广。一代之史,至数十家。”其古史类小序亦云:晋太康年间,汲冢竹书面世以后,有些学者“以为《春秋》则古史记之正法,有所著述,多依《春秋》之体”,这主要是指编年体皇朝史的撰述而言。把“正史”(纪传体皇朝史)和“古史”(编年体皇朝史)结合起来考察,则“一代之史,至数十家”,正是皇朝史撰述之兴盛局面的极好的概括。

再次,说私家著史蔚为风气的趋势。如前所述,《隋书·经籍志》的作者已经十分明确地指出“立言之士,挥翰蓬茨之下”的私家著史之风,这可以看作是魏晋南北朝史学发展的又一个趋势,而东晋、南朝的史学则最能反映这一客观趋势。上文列举所谓没有史官身份的史家,其出于东晋、南朝者即是一个有力的证明。唐代史学批评家刘知幾的《史通》一书,以《六家》、《二体》总括史学的流变和史书的形式,以《古今正史》和《杂述》统领史书的内容和种类,其中都不乏私家撰述。

近人金毓黻在其所著《中国史学史》[①]一书中,对中国古代的私家著史活动多有论述。他对魏晋南北朝至唐初私家修史作了如下概括:

> 自马、班二氏出,已大畅私家修史之风,迨魏晋南北朝,以迄唐初,而私家修史尤盛,大别言之,可分

① 金著《中国史学史》撰于1938—1939年,1944年由重庆商务印书馆出版。参见河北教育出版社2000年金著《中国史学史》重印前言。

> 五类：其一为后汉史、其二为三国史、其三为晋史、其四为十六国史、其五为南北朝史。凡此五类之史，初皆由多家纂集，最后勒定一编。然其源虽同，其流则异，如刘宋以前，后汉史有九家，自范晔《后汉书》成，而九家之书皆废。又如唐以前晋史有十八家，唐太宗官修之《晋书》成，而十八家之书皆废。陈寿《三国志》未成之前，三国之史，各有作者，不只一家，自陈书行，而诸家之书，日就湮废，正与汉晋二史同符，此之谓源亡流存，一例也。晋代之十六国，亦各有史，流传颇盛，后魏崔鸿本之，以作《十六国春秋》，诸国之史，既渐以湮废，而自宋以来，鸿之本书，亦不见著录，此之谓源流俱绝，二例也。南朝有宋、齐、梁、陈四书，北朝亦有魏、齐、周、隋四书，李延寿因之以撰《南史》、《北史》，今则八书俱存，与南北史并列于正史，此之谓源流俱存，三例也。①

这里所列举的，多是朝代史，大致属于“正史”范围。可见“正史”撰述，亦颇受私家关注。作者对这些朝代史的“源”和“流”作了分析，区别出了三种情况，是很有见地的考察方法。

在这种考察的基础上，金氏进而指出：

> 综上所述，源流略具，官修之史，十才一二，私修之史，十居八九，其上者如陈寿《国志》、范晔《后书》、李延寿《南、北史》，次者如司马彪之《续汉志》、华峤

① 金毓黻《中国史学史》，河北教育出版社2000年版，第73页。

之《汉后书》、臧荣绪之《晋书》，皆私史也。沈约《宋书》，名为敕修，实出一人之手，亦私史之比也。故论本期之史，以私修者为多为佳，而官修之史，不过随以附见而已。①

这一段评论，对于私修之史，或有过分夸大之处，一则是把私修、官修的界限简单化或绝对化，如陈寿身居史职撰《三国志》；沈约奉命修《宋书》而又多继承前朝修史成果；李延寿为史官，利用史馆文献撰《南史》、《北史》，并经令狐德棻审阅、修改，上奏朝廷，唐高宗亲自为之作序等等，似都不能视为严格意义上的私家修史之举。二则是作者对于这一时期的官修史书如萧子显《南齐书》、魏收《魏书》、唐修“五代史”、《五代史志》及《晋书》的成就估计不足，认为它们不过是随私史“附见而已”，这一结论，似还可以斟酌。当然，作者指出这一时期私家修史在数量上多于官修史书的状况，可以增进人们对中国史学史上私人历史撰述之重要性的认识。

还有一点是值得注意的，即作者对这个时期的“史家等第”作了如下判断：“本期史家等第，亦可一为榷论，陈寿、范晔、沈约、李延寿，是为上选，司马彪、华峤、袁宏、习凿齿、干宝、臧荣绪、崔鸿、裴子野、王劭，抑其次也。其余诸家半归散佚，就其存者论之，非上述诸家之比矣”②。这里所提到的史家，除陈寿、司马彪、华峤是西晋人，崔鸿是北朝人，王劭是隋朝人，李延寿是唐初人，其余都是东晋、南朝人。当然这一判

① 金毓黻《中国史学史》，第 104 页。

② 金毓黻《中国史学史》，第 106 页。

断，在所谓“上选”与“其次”之间，也还有可以进一步讨论的余地，但作者的这一判断却是很有启发的。值得注意的是，这里也仅限于对朝代史的考察，如从刘知幾在《史通》的《古今正史》和《杂述》篇中所论列的角度来看，那么范围就更加开阔了。

东晋、南朝私人著史的蔚为风气，不仅大大促进了当时史学的发展，而且对后来的史学的进程也产生了很大的影响。

多途发展

由于东晋、南朝时期知名史家层出不穷的趋势、皇朝史撰述走向兴盛的趋势和私人著史蔚然成风的趋势，以及这几种趋势的汇合，使这时期的史学面貌呈现出一个非常显著的特点，即史学的多途发展。当然，这也是魏晋南北朝时期史学的显著特点，是秦汉时期史学所不能比拟的。史风之盛和史家辈出，这一方面是这时期各个皇朝对修史的重视，史官制度有相应的发展，造就了众多的史家；另一方面是这时期历史的急剧变动，如政治割据、皇朝更迭、门阀制度的影响、民族的迁移和组合等，都从不同的方面产生作用，使私人撰史蔚为风气，自也涌现出一批“在野”的史家。在史官任非其才时，这种“在野”史家的地位就更为突出了。

历史运动日趋复杂和史家队伍的扩大，促进了历史撰述数量的剧增和历史撰述内容的丰富。魏晋南北朝时期史书数量的剧增和种类的繁多，可以从《隋书·经籍志》同《汉书·艺文志》所著录的史书的比较中得其大体。《汉书·艺文志》撰成于一世纪末，它以史书附于《春秋》家之后，凡 12 种，522

篇。《隋书·经籍志》撰成于唐高宗显庆元年(656),上距班固去世之年(92 年)凡 564 年。其中,前 120 余年是为东汉,后 60 余年是为隋与唐初,中间 370 年左右是为魏晋南北朝,而东晋、南朝则相沿近 280 年。《隋书·经籍志》以四部分类,其史部大序称:"班固以《史记》附《春秋》,今开其事类,凡十三种,别为史部。"它继承了前人的四部分类法,而在对史书的内容区分上又比梁人阮孝绪《七录》不仅多出一种,而且更加严谨。这 13 种史书是:正史、古史、杂史、霸史、起居注、旧事、职官、仪注、刑法、杂传、地理、谱系、簿录,总共 817 部,13264 卷;通计亡书,合 874 部,16558 卷①。这些书,除极少数是东汉、隋朝的史家所撰外,绝大部分产生于魏晋南北朝时期。它们约占《隋书·经籍志》所录四部书总数的五分之一弱,卷数的三分之一强。可以这样认为:中国史学从兴起以后,曾一度附属于经学;司马迁倡导"成一家之言",对强调和提高史学家的自觉意识有很大的积极作用;而史学之真正成为泱泱大国,则是在这个时期形成的。在魏晋南北朝史家的撰述中,除三国、西晋和十六国、北朝史家所撰外,大部分则出于东晋、南朝史家之手笔。

这个时期史学的多途发展,集中表现出史学家对史学内容认识的开阔和撰述的热忱。如:于"正史",上文已经讲到,自西晋以下,"世有著述,皆拟班、马,以为正史,作者尤广。一代之史,至数十家"。于杂史,自东汉末年,"灵、献之世,天下大乱,史官失其常守。博达之士,愍其废绝,各记闻见,以备遗

① 《隋书·经籍志》史部大序。据清人姚振宗《〈隋书·经籍志〉考证》统计,实际著录 803 部,附著亡书 64 部,合计 867 部。

亡。是后群才景慕,作者甚多,名目转广”。于起居注,“近代已来,别有其职”。于旧事,“搢绅之士,撰而录之,遂成篇卷”。于职官,“宋、齐已后,其书益繁”。于杂传,“因其事类,相继而作者甚众,名目转广”。于谱牒,“晋世,挚虞作《姓族昭穆记》十卷,齐、梁之间,其书转广”。等等。这些都是“史官之事”或“史之职也”①。这里说到的“作者”、“博达之士”、“搢绅之士”之所以热衷于撰写历史,还有一个原因,那就是魏晋以来,经学地位受到一定程度的挑战,客观上使史学的地位凸现出来。可以说,这是当时学术思潮变化的一个反映。

综观刘知幾《史通》的《六家》、《杂述》、《古今正史》等篇,亦可说明这一时期史学的多途发展。其《杂述》篇云:“偏记小说,自成一家。而能与正史参行,其所由来尚矣。”“爰及近古,斯道渐烦。史氏流别,殊途并骛。”他说的“近古”,指的是两汉魏晋南北朝;从其所举之书来看,则主要出自魏晋南北朝。刘知幾把“史氏流别”概括为10种:

一曰“偏记”,如王韶之《晋安帝纪》、姚最《梁昭后略》,是“权记当时,不终一代”。

二曰“小录”,如戴逵《竹林七贤论》、王粲《汉末英雄记》、萧世诚(梁元帝)《怀旧志》、卢思道《知己传》,是“独举所知,编为短部”。

三曰“逸事”,如葛洪《西京杂记》、顾协《琐语》、谢绰《宋拾遗》,是补国史之遗逸。

四曰“琐言”,如刘义庆《世说新语》、裴启《语林》、孔思尚《宋齐语录》、阳玠松《谈薮》,此乃“街谈巷议,时有可观”。

---

① 以上均见《隋书·经籍志二》诸小序。

五曰“郡书”，如周斐《汝南先贤传》、陈寿《益部耆旧传》、虞预《会稽典录》，是记“人物所生，载光郡国”。

六曰“家史”，如殷敬《殷氏家传》、《孙氏谱记》（无撰人名）、陆景献《吴郡陆氏宗系谱》，是记“高门华胄，奕世载德”。

七曰“别传”，如赵采《忠臣传》、徐广《孝子传》，是记“百行殊途，而同归于善”者。

八曰“杂记”，如祖台之《志怪》、干宝《搜神记》、刘义庆《幽明录》、刘敬叔《异苑》，这是“求其怪物，有广异闻”。

九曰“地理书”，如盛弘之《荆州记》、常璩《华阳国志》、辛氏《三秦》、罗含《湘中山水记》，记一方之物产、风俗。

十曰“都邑部”，如潘越《关中记》、陆机《洛阳记》、《建康宫殿》（撰人无考），此记“帝王桑梓”，“书其轨则”，“龟镜将来”。

在这10类“史之流别”中，刘知幾共列举40种书作为论证之例，上面举出的32种都是魏晋南北朝时期的作品。这是从一个重要的方面反映出此时史学的多途发展的生动面貌。

此外，梁朝太子萧统编纂《文选》，专立“史论”一目。其序称：“至于记事之史，系年之书，所以褒贬是非，纪别异同，方之篇翰，亦已不同。若其论赞之综辑辞采，序述之错比文华，事出于沈思，义归乎翰藻，故与夫篇什。”《文选·史论》除收班固《汉书·公孙弘传·赞》一首外，其余所收录者则为干宝、范晔、沈约等之论赞。《文选》是诗文总集，但“史论”以专题出现，这还是第一次，说明史论在这个时期也有了相当的发展。值得注意的是，这个时期在史注方面也涌现出一批名家，如杜预《春秋左氏经传集解》、裴骃《史记集解》、晋灼《汉书集注》、臣瓒《汉书音义》、裴松之《三国志注》、刘昭《后汉书注》、刘孝标《世说新语注》。史论和史注的受到重视，亦为此时史学之多途发展的两个重要方面。所有这些，显示出史学多途发展的盎然生机。而南朝人刘勰撰《文心雕龙》，其《史传》篇是讨论史学发展的专文，也是一篇史学批评的杰作，它预示了史学工作即将进入一个更加自觉的历史时期。

历史价值和史学价值

东晋、南朝的史学以其鲜明的时代特点和多方面的成就，显示出其重要的历史价值和突出的史学价值。

史学是关于历史的记述和解说，而每一时代的史学又都会在不同程度上打上时代的烙印，反映出时代的要求和这一时代的人们的认识水平。

从史学与时代的关系来看，东晋、南朝史学在反映这个时期的时代特点方面，具有不可忽视的作用。举其荦荦大者如：

——反映朝代更迭之际的政治局势。如干宝《晋纪·总论》，一方面论述了魏晋"禅代"的复杂情势，一方面也揭示了西晋末年政治腐败、风俗凋敝的种种颓势。读来使人感到震撼。其中有一段文字写西晋兴亡之由，十分中肯，节录如下：

> 今晋之兴也，功烈于百王，事捷于三代，盖有为以为之矣。宣、景遭多难之时，务伐英雄，诛庶桀以便事，不及修公刘、太王之仁也。受遗辅政，屡遇废置，故齐王不明，不获思庸于亳；高贵冲人，不得复子明辟。二祖逼禅代之期，不暇待三分八百之会也。是其创基之本，异于先代者也。又加之以朝寡纯德之士，乡乏不二之老，风俗淫僻，耻尚失所，学者以

《庄》、《老》为宗而黜《六经》，谈者以虚薄为辩而贱名(检)[俭][①]，行身者以放浊为通而狭节信，进仕者以苟得为贵而鄙居正，当官者以望空为高而笑勤恪，是以目三公以萧杌之称，标上议以虚谈之名。……由是毁誉乱于善恶之实，情慝奔于货欲之涂。选者为人择官，官者为身择利，而秉钧当轴之士，身兼官以十数。大极其尊，小录其要，机事之失，十恒八九。而世族贵戚之子弟，陵迈超越，不拘资次。悠悠风尘，皆奔竞之士，列官千百，无让贤之举。……礼法刑政于此大坏，如室斯构而去其凿契，如水斯积而决其堤防，如火斯畜而离其薪燎也。国之将亡，本必先颠，其此之谓乎！……故贾后肆虐于六宫，韩午助乱于外内，其所由来者渐矣，岂特系一妇人之恶乎！怀帝承乱之后，得位羁于强臣；愍帝奔播之后，徒厕其虚名。天下之政，既已去矣，非命世之雄，不能取之矣！[②]

这一段文字，指出司马氏建立西晋即所谓“创基立业，异于先代”，实为精辟之论，显示出干宝的理论勇气。继而又分析西晋统治存在的弊端：朝中无中流砥柱之臣，朝外有“耻尚失所”之士；贵戚子弟“悠悠风尘”无不为己；其末年则皇帝受制于强臣，贾后肆虐于六宫，故西晋之败亡已不可挽回。这些分析，全面而直率，词激而意深，有贾谊《过秦论》之遗风。这篇

① “检”当作“俭”，据中华书局李善注《文选》卷四九改。
② 《文选》卷四九，中华书局1977年版。

史论的最后表明“大命重集于中宗之皇帝”,暗示着晋室的“中兴”。

沈约的《宋书》、萧子显的《南齐书》,也都涉及朝代更迭之事,即晋、宋“禅代”与宋、齐之变。这些都反映了东晋、南朝的政治大局。

——反映了门阀士族的思想要求。东晋、南朝是门阀士族掌握政治权力和影响政风、世风的时代。门阀士族的思想要求是重谱学、笃名教。唐代著名谱学家柳芳指出:

> 魏氏立九品,置中正,尊世胄,卑寒士,权归右姓已。其州大中正、主簿,郡中正、功曹,皆取著姓士族为之,以定门胄,品藻人物。晋、宋因之,始尚姓已。然其别贵贱,分士庶,不可易也。于时有司选举,必稽谱籍,而考其真伪。故官有世胄,谱有世官,贾氏、王氏谱学出焉。由是有谱局,令史职皆具。①

这一段话,把士族、谱籍、世胄、世官、谱学、谱局等之间的关系揭示得十分清晰。正是由于谱学在政治、思想和世风上具有如此重要地位,故唐初史家撰《隋书·经籍志二》乃以“谱系篇”为史部十三类之一。其小序称:“晋亡,挚虞作《族姓昭穆记》十卷,齐、梁之间,其书转广。”又说:“其中国士人,则第其门阀,有四海大姓、郡姓、州姓、县姓。”可见,谱学的发展在东晋、南朝实为社会生活中的一件大事。萧子显《南齐书》记东晋、南朝贾弼之及其子、孙三世治谱学,以及萧齐王俭随之而

① 《新唐书》卷一九九《儒学中·柳冲传》,中华书局1975年版。

起关注谱学事，他写道："先是谱学未有名家，[贾]渊祖弼之广集百氏谱记，专心治业。晋太元中，朝廷给弼之令史书吏，撰定缮写，藏秘阁及左民曹。渊父及渊三世传学，凡十八州士族谱，合百帙七百余卷，该究精悉，当世莫比。[齐]永明中，卫军王俭抄次《百家谱》，与渊参怀撰定。"①《隋书·经籍志二》史部"谱系篇"的著录，虽已看不到贾渊祖孙三代人致力于谱学的具体面貌，但萧齐王俭以下的谱学之书，仍可以反映出那时谱学发展的盛况。

笃于名教，也是门阀士族的思想要求。《后汉纪》作者袁宏对"名教"的解释具有突出的代表性。他写道："君臣父子，名教之本也。"这是以君臣父子并列，而且以君臣列前，父子列后。实际上，袁宏更重视父子关系，他是以父子关系为君臣关系之本。他说：

> 高下莫尚于天地，故贵贱拟斯以辩物；尊卑莫大于父子，故君臣象兹以成器。天地，无穷之道；父子，不易之体。夫以无穷之天地，不易之父子，故尊卑永固而不逾，名教大定而不乱，置之六合，充塞宇宙，自今及古，其名不去者也。未有违失天地之性而可以序定人伦，失乎自然之理而可以彰名治体者也。②

袁宏的这些话，是以自然之理来阐述人伦，从而给"君臣父子"关系罩上了永恒不变的理论光环。从政治上看，一方

---

① 《南齐书》卷五二《文学·贾渊传》，中华书局 1972 年版。
② 《后汉纪》卷二六。

面，这是门阀士族面对皇权更迭、“禅代”之变而提出的治国原则；另一方面，这也是门阀士族为巩固自己家族在政治统治中的地位而提出的治家理念。因此，所谓“君臣父子，名教之本”，还表现在重视“家风”、“家庆”即家族的名声与荣誉方面。故《隋书·经籍志二》史部“杂传篇”不仅著录了不同种类的传记，而且著录了许多“家传”、“家纪”、“家训”，就是这方面的一个有力的明证。

——反映民族间的迁移、矛盾和组合。东晋、南朝时期，北方存在十六国和北朝。从政治上看，南北处于分裂、对峙状态；从民族关系上看，北方一些少数民族进入中原，使中国历史上的多民族国家进入了一个民族迁移、矛盾和重新组合的过程。这种形势，在东晋、南朝史学上也有突出的反映。如沈约《宋书》有《索虏传》，萧子显《南齐书》有《魏虏传》，对以北方少数民族贵族为主建立的皇朝表示蔑视。当然，与此同时，北朝史学也有相应的反映，如魏收《魏书》中有《岛夷桓玄传》、《岛夷刘裕传》、《岛夷萧道成传》、《岛夷萧衍传》，从东晋末年直到萧梁，都在其视野之内。

值得注意的是，在这种对峙和矛盾斗争的记述中，仍不乏南北的交往、联系和统一意识，以及民族融合进程等方面的记载。如《南齐书·魏虏传》记萧齐使臣出使北魏，“太后冯氏悦而亲之。冯氏有计略，作《皇诰》十八篇，伪左仆射李思冲称史臣注解。”又说：“佛狸已来，稍僭华典，胡风国俗，杂相揉乱。”作者还提到南朝蒋少游，称北魏“虏宫室制度，皆从其出”。同卷记北魏孝文帝善待南朝使臣，云：“每使至，宏亲相应接，申以言义。甚重齐人，常谓其臣下曰：‘江南多好臣。’”又记王肃其人，为北魏“制官品百司，皆如中国”，等等。透过这些记述，可以窥见在史家思想的深层处，在政治、民族、制度、文化等方面，都蕴含着鲜明的统一意识。同样，在上述《魏书》各传中，也有类似的记述，反映出类似的思想。

还有一点也是不可忽略的，这就是萧梁时期的阮孝绪所撰的《七录》。其序文总结了自刘向、刘歆父子校书以来，下至魏晋、南朝学人关于历史文献的整理与分类的历史。其“七录”中之“记传录”分为国史、注历、旧事、职官、仪典、法制、伪史、杂传、鬼神、土地、谱状、簿录等十二部，其中“伪史部”包含二十六种，当是十六国、北朝史家所撰史书[①]。可见，在阮孝绪看来，南北朝的对立并不妨碍他对全国历史文献的考察和论述；他把关于十六国、北朝的史书称为“伪史”，是自认南朝为正统而又不否认北朝的存在。这种意识，在《宋书》、《南齐书》中也有反映，即在称“虏”的同时，也时时称“僭”、“伪”，从而淡化了“华夷之辨”，透露出统一多民族国家的意识。

东晋、南朝史学的成就对后来史学的发展产生了重大影响，反映了它的重要的史学价值。

其一，涌现出一批名著和名注。东晋袁宏所撰《后汉纪》、南朝宋范晔所撰《后汉书》，是两部优秀的东汉史著作。唐人刘知幾在总结东汉史的撰述时，写道：“至宋宣城太守范晔，乃广集学徒，穷览旧籍，删烦补略，作《后汉书》，凡十纪、十志、八十列传，合为百篇。会晔以罪被收，其十志亦未成而死。先是，晋东阳太守袁宏抄撮《汉氏后书》，依荀悦体，著《汉后纪》三十篇。世言汉中兴史者，唯范、袁二家而已。”[②]这两部书，

① 《广弘明集》卷二，上海古籍出版社 1991 年版。

② 《史通·古今正史》。

尤其是范晔的《后汉书》，至今仍是人们认识东汉历史的最重要的名著。东晋、南朝史家重视注史，出现了许多史书名注，如刘昭《续汉书志注》、裴松之《三国志注》、裴骃《史记集解》、刘孝标《世说新语注》等。其中《三国志》裴松之注、《世说新语》刘孝标注，都以补充史事为主，具有很高的文献价值。裴松之肯定《三国志》“铨叙可观，事多审正”，是“近世之嘉史”，惋惜它“失在于略，时有所脱漏”，于是“采三国异同”为之作注。所注的内容是：“其寿所不载，事宜存录者，则罔不毕取以补其阙。或同说一事而辞有乖杂，或出事本异，疑不能判，并皆抄内以备异闻。若乃纰缪显然，言不附理，则随违矫正以惩其妄。其时事当否，及寿之小失，颇以愚意有所论辩”①。这一段话说明作者作注的宗旨和方法，具有理论的价值。从“补其阙”、“备异闻”、“惩其妄”、“有所论辩”来看，裴注的内容是很丰富的，其着眼点在于对文献的搜求，即所谓“务在周悉，上搜旧闻，旁摭遗逸”。因此，裴注重在具有补充文献的价值。《三国志·魏书·武帝纪》记建安元年曹操用“枣祗、韩浩等议，始兴屯田”，意甚简略。裴注引王沉《魏书》所记，补充了屯田的背景、曹操的屯田令、田官的设置、屯田的效果等史实。又建安九年下记曹操令：“河北罹袁氏之难，其令无出今年租赋。”接着说道：“重豪强兼并之法，百姓喜悦。”裴注引王沉《魏书》所载曹操令的内容，包含租赋制度的改革办法和征收的具体数量，是中国古代租税史上的重要文献。裴注还有考史和评史方面的价值，这除了它所征引的文献外，也见于裴松之在注中所写的按语。裴注的价值还在于它储存了大量的已佚文

① 裴松之《上〈三国志〉表》。

献。一般地说，裴注征引文献比较完整，文字也多，如在《三国志·魏书·文帝纪》所记汉献帝禅位诏册之下，注引《献帝传》7000余字，以为“补阙”；同时，裴注所引之书多至210种[①]。由于这两个原因，使裴注保存了丰富的文献，总计达32万多字，只比正文少4万余字[②]。裴注所引魏晋人著作，今已十不存一，这就更突出了它的文献价值。过去有人以裴注贬低原书，说《三国志》应当重作；也有人对裴注价值评价不高，说裴注所载“皆寿书之弃作”[③]。这两种看法都失于片面。《三国志》和裴注是名作和名注的关系，是不能相互替代的。从史注发展来说，《三国志》开创了新的注史方法，在史学史上是值得重视的。

《世说新语》是一部笔记小说集，原为八卷，刘孝标注本为十卷，今传本分上、中、下三卷。这书分德行、言语、政事、文学、方正、雅量等三十六门，记东汉末年至东晋末年间士大夫的言谈轶事，对于反映魏晋时期门阀士族的思想、生活及清谈放诞的风气，有重要的历史价值。刘孝标仿《三国志》裴松之注，广征博引，采撷文献四百余种，以注《世说新语》，这就更加提高了它的历史文献价值。清人沈家本（1840—1913）辑有

① 见王仲荦《魏晋南北朝史》下册，上海人民出版社2003年版，第830页。按赵翼《廿二史札记》卷六“裴松之《三国志注》条”说，裴注引据书有150余种（原文说是50余种，误，见王树民校证本，中华书局1984年版）。

② 历来有一种说法，认为“裴注多过陈寿本书数倍”，现经研究者反复细致统计，陈寿本书为36万多字，裴注为32万多字，正文比注文实多出4万余字。参见王廷洽及崔署庭文，载《上海师院学报》1983年第4期、《古籍整理研究学刊》（东北师范大学）1985年第3期、《华中师范大学学报》1990年第2期。

③ 叶适《习学记言序目》卷二八。

《世说新语注所引用书目》，其中经部三十五家，史部二百八十八家，子部三十九家，集部四十二家，释氏十家，凡四百一十四家[①]。这些书，唐修《隋书·经籍志》时，已佚一百一十余家，至今所存十不及一，故其所存佚文，尤为珍贵。

其二，为后世史家撰述提供了丰富的资料。上文列举的诸家晋史，至唐初尚存十八家。唐太宗诏命重修晋史，史臣们以臧荣绪《晋书》为蓝本，参考诸家，撰成新的《晋书》。史载："寻有诏改撰《晋书》，房玄龄奏德棻令预修撰，同修一十八人，并推德棻为首，其体制多取决焉。"[②]其重修"以臧荣绪《晋书》为本，捃摭诸家及晋代文集，为十纪、十志、七十列传、三十载记。其太宗所著宣、武二帝及陆机、王羲之四论，称制旨焉。房玄龄已下称史臣，凡起例皆[敬]播独创焉。以其书赐皇太子及新罗使者各一部"[③]。贞观二十年(646)始修，贞观二十二年(648)成书。其之所以能在较短时间成书，正是由于此前诸家晋史，实乃唐修《晋书》的重要基础。

其三，提高了对史论的认识。南朝学人重视史论，这从梁朝人萧统所编《文选》一书看得十分清楚。如前所述，其书卷四九、五〇两卷为"史论"，收录史论多为东晋、南朝史家所撰。如：干宝《晋纪·总论》、《晋纪·武帝革命论》，范晔《后汉书·皇后纪论》、《后汉书·二十八将传论》、《后汉书·宦者传论》、《后汉书·逸民传论》，沈约《宋书·谢灵运传论》、《宋

---

① 近人叶德辉也辑有《世说新语注引用书目》，"凡得经史别传三百余种，诸子百家四十余种，别集廿余种，诗赋杂文七十余种，释道三十余种"（见王先谦校订本《世说新语》，上海古籍出版社影印本，1982）。

② 《旧唐书》卷七三《令狐德棻传》。

③ 《唐会要》卷六三"修前代史"条。

书·恩幸传论》等[①]。这对于后世史家和读史之人重视史论，产生了积极的影响。干宝《晋纪·总论》还被唐初重修《晋书》时全文收入[②]。

其四，推动了史学批评的发展。南朝梁人刘勰撰写的文学批评著作《文心雕龙》，其中有《史传》一篇，反映了作者的史学批评思想。《史传》所论，涉及到史书撰述的历史，史书的内容的评析，史书体裁的异同及特点，史家撰史的原则，史书的社会作用等，可以视为一篇关于史学批评的论纲，在中国史学批评史上占有重要的地位。刘勰指出：

> 原夫载籍之作也，必贯乎百氏，被之千载，表徵盛衰，殷鉴兴废。使一代之制，共日月而长存，王霸之迹，并天地而久大。是以在汉之初，史职为盛。郡国文计，先集太史之府，欲其详悉于体国。[必]阅石室，启金匮，[抽](紬)裂帛，检残竹，欲其博练于稽古也。是立义选言，宜依经以树则，劝戒与夺，必附圣以居宗；然后诠评昭整，苛滥不作矣。

这是指出了历史撰述的极其重要性，以及史家撰述必须明确的宗旨。刘勰又指出：

> 若夫追述远代，代远多伪。公羊高云，“传闻异辞”，荀况称录远略[近](迹)；盖文疑则阙，贵信史

① 见《文选》卷四九至五〇，中华书局 1977 年版。
② 见《晋书》卷五后论。

也。然俗皆爱奇，莫顾实理。传闻而欲伟其事，录远而欲详其迹。于是弃同即异，穿凿傍说，旧史所无，我书则传，此讹滥之本源，而述远之巨蠹也。至于记编同时，时同多诡，虽定、哀微辞，而世情利害。勋荣之家，虽庸夫而尽饰，迍败之士，虽令德而[常]嗤埋，[理欲]吹霜煦露，寒暑笔端，此又同时之枉，可为叹息者也。故述远则诬矫如彼，记近则回邪如此，析理居正，唯素[臣]心乎！①

这一段话，指出了撰写“信史”是史家的崇高目标，故必须恪守“述远”当避免“诬矫”，“记近”则应杜绝“回邪”的基本原则。

唐人刘知幾撰写《史通》一书，其学术渊源之一，当与《史传》篇有极大关系。

东晋、南朝史学对后世史学的发展，也有消极方面的影响。这主要表现在：一是“名教”观念对史家思想的禁锢，一是“家传”形式的人物表述形式妨碍了历史编撰的发展。史学批评家刘知幾有鲜明的批判意识，但他在“名教”观念的藩篱面前，也只能望而却步了。刘知幾在《史通·曲笔》篇中写道：“史氏有事涉君亲，必言多隐讳，虽直道不足，而名教存焉。”他甚至把“激扬名教”作为史家撰述的宗旨之一。这同他所一再阐发的“直书”思想是相悖的，足见“名教”观念在他思想中占有很重要的分量。东晋、南朝重谱学、家史，故史家于皇朝史撰述中，于列传部分多有家族成员作为附传，形同“家传”，这在沈约《宋书》中表现得很突出。当然，这种情况在北齐魏收

① 此两处引文，均据周振甫《文心雕龙今译》，中华书局 1988 年版。

《魏书》中也有同样的表现。唐初李延寿撰《南史》、《北史》即深受这种影响，以至被后人讥为替人作“家传”。

总的说来，东晋、南朝史学取得了突出成就，它是这一时期思想文化发展的一个重要方面。

三、晋、宋之际的范氏家族

范晔及其曾祖范汪、祖范宁、父范泰四代人，与晋、宋之际历史相关联，尤其与桓温、桓玄、刘裕的活动相关联。

范汪少孤贫，13 岁丧母，依外家庾氏，然庾氏亦贫，无以资给，故范汪布衣蔬食，潜心读书。成年后，“博学多通，善谈名理”[①]。后在庾亮手下为佐史十余年，转鹰扬将军、安远护军、武陵内史，征拜中书侍郎。桓温掌荆州，以范汪为安西长史，进爵武兴县侯。因与桓温不协，自请还京，求为东阳太守。桓温恨之。范汪在郡大兴学校，颇有惠政。后官至都督徐、兖、青、冀四州以及扬州之晋陵诸军事、安北将军，徐、兖二州刺史。桓温北伐，令范汪率文武出梁国，因失期而被免为庶人，谈者为之叹恨。范汪屏居吴郡，从容讲学，澹泊名利，不言枉直。后卒于家，时年 65 岁。

范宁，是范汪的次子，少笃学，多所通览，朝廷拟授官，为桓温所阻。终桓温之世，未曾仕进。范宁崇儒抑俗，曾著论批评王弼、何晏的“浮虚”以致“儒雅日替”。桓温死后，范宁任余杭令，在县兴学校，养生徒，洁己修礼，志行之士引为楷模，于是风化大行。史称：“自中兴已来，崇学敦教，未有如宁者也。”

① 《晋书》卷七五《范汪传》，以下引此，不一一作注。

后迁临淮太守，封阳遂乡侯。未久，征拜中书侍郎，在职言行，有益政道。其指斥朝士，直言无讳。先是，晋孝武帝雅好文学，故范宁甚被亲爱，后因范宁之甥王国宝为人奸佞，以谄媚事奉会稽王司马道子，从中挑拨离间，使朝廷疏远范宁。范宁主动请求补豫章太守。行前，上疏陈时政之弊，写道：

> 臣闻道尚虚简，政贵平静，坦公亮于幽显，流子爱于百姓，然后可以经夷险而不忧，乘休否而常夷。先王所以致太平，如此而已。今四境晏如，烽燧不举，而仓庾虚耗，帑藏空匮。古者使人，岁不过三日，今之劳扰，殆无三日休停，至有残刑翦发，要求复除，生儿不复举养，鳏寡不敢妻娶。岂不怨结人鬼，感伤和气！臣恐社稷之忧，积薪不足以为喻。臣久欲粗启所怀，日复一日。今当永离左右，不欲令心有余恨。请出臣启事，付外详择。

晋孝武帝读到范宁这份上疏，认为疏中所言应当认真对待，于是"诏公卿牧守，普议得失"，足见对范宁议论的重视。范宁还注意到，朝廷对成丁年龄的规定偏低，以致加重了人民的负担，也不利于少年童幼的成长，故他在陈政疏中建议：

> 官制谪兵，不相袭代。顷者小事，便以补役，一愆之违，辱及累世，亲戚傍支，罹其祸毒，户口减耗，亦由于此。皆宜料遣，以全国信。礼，十九为长殇，以其未成人也。十五为中殇，以为尚童幼也。今以十六为全丁，则备成人之役矣。以十三为半丁，所任

> 非复童幼之事矣。岂可伤天理，违经典，困苦万姓，乃至此乎！今宜修礼文，以二十为全丁，十六至十九为半丁，则人无夭折，生长滋繁矣。①

晋孝武帝对此表示赞同。当初将范宁调到地方做官，本非晋孝武帝之意，亦因其所奏多能合乎帝旨。范宁在郡内大设庠序，改革旧制，“又起学台，功用弥广”，于是有人上奏朝廷，说范宁所作所为，有违常制，建议“表下太常，议之礼典”。晋孝武帝援引汉朝古例，使范宁以官抵罪；又考虑到范宁“所务惟学，事久不判”，旋遇大赦，遂免官。

范宁免官后，家于丹杨，犹勤经学，终年不辍。他认为“《春秋穀梁氏》未有善释，遂沉思积年，为之集解”。其义精审，为世所重。年63岁，卒于家。

通观范宁一生之所为，可以看出，他是一个有学问、有个性、有胆识、有作为的士大夫。

范宁所撰《春秋穀梁传集解》一书流传至今。范宁序中有这样的话：

> 《左氏》艳而富，其失也诬。《穀梁》清而婉，其失也短。《公羊》辩而裁，其失也俗。若能富而不诬，清而不短，裁而不俗，则深于其道者也。故君子之于《春秋》，没身而已矣。
>
> 升平之末，岁次大梁，先君北蕃回轸，顿驾于吴，乃帅门生故吏、我兄弟子侄，研讲六籍，次及三传。

① 以上所引，均见《晋书》卷七五《范汪传》附《范宁传》。

《左氏》则有服、杜之注，《公羊》则有何、严之训。释《穀梁传》者虽近十家，皆肤浅末学，不经师匠。辞理典据，既无可观，又引《左氏》、《公羊》以解此传，文义违反，斯害也已。于是乃商略名例，敷陈疑滞，博示诸儒同异之说。昊天不吊，大山其颓。匍匐墓次，死亡无日。日月逾迈，跂及视息。乃与二三学士及诸子弟各记所识，并言其意。业未及终，严霜夏坠，从弟凋落，二子泯没。天实丧予，何痛如之！今撰诸子之言，各记其姓名，名曰《春秋穀梁传集解》。①

这里说明他撰《春秋穀梁传集解》一书的动机和过程。

《四库全书总目》关于此书提要说道："《汉书·艺文志》载《公羊》、《穀梁》二家，《经》十一卷，《传》亦各十一卷，则《经》、《传》初亦别编。范宁《集解》，乃并《经》注之，疑即宁之所合。"②这是指出《春秋穀梁传》经、传合并的由来。其后，阮元校刻《十三经注疏》，作《春秋穀梁传注疏校勘记序》，对范宁《春秋穀梁传集解》一书给予很高评价，阮元写道：

自汉宣帝善《穀梁》，于是千秋之学起，刘向之义存，若更始、唐固、糜信、孔衍、徐乾皆治其学，而范宁以未有善释，遂沉思积年，著为《集解》。《晋书·范传》云：徐邈复为之注，世亦称之。似徐在范后，而书中乃引邈注一十有七，可知邈成书于前，范宁得以

① 《十三经注疏附校勘记》下册，中华书局影印本，1980，第 2361 页。

② 《四库全书总目提要》卷二六，《经部》，春秋类一，中华书局 1965 年版。

> 捃拾也。读《释文》所列经解传述人，亦可得其后先矣。《汉志》经、传各自为帙，今所传本未审合并于何时也。《集解》则经、传并释，岂即范氏之所合欤？范注援汉、魏、晋各家之说甚详。唐杨士勋《疏》分肌擘理，为《穀梁》学者未有能过之者也。[①]

阮元的这个评价，可以看作是千余年后的一个定评了。值得重视的是，范宁之后的若干年，范晔写出了《后汉书》，是为范氏家族中产出了一经一史之名作，这是范氏家族对中国古代文化的重要贡献，也是中国古代学术史上一段难得的佳话。

范泰，字伯伦。东晋末年，为卫将军谢安、骠骑将军会稽王司马道子二府参军，一度任天门太守，后转骠骑咨议参军，迁中书侍郎。其父范宁受到弹劾时，当时任天门太守的范泰曾“弃官称诉”，此事颇反映出范泰的个性和胆识。后以“父忧去职”，袭爵阳遂乡侯。适值桓玄擅权，指使御史中丞祖台之奏范泰、王准之、司马珣之等“居丧无礼”，范泰“坐废徙丹徒”[②]。这是范氏家族同桓温、桓玄父子关联的又一过结。

桓玄之变后，刘裕主晋事。司马休之为冠军将军、荆州刺史，乃以范泰为长史、南郡太守，后入为黄门郎、御史中丞，掌奏劾不法事，因议事不当，出为东阳太守。刘裕平卢循之役，范泰发兵千人配合，并开仓助军需，刘裕加范泰为振武将军。次年，迁侍中，再转度支尚书，徙为太常。后再转为大司马左长史、右卫将军，加散骑常侍，直至兼司空。在此任上，范泰与

---

① 《十三经注疏附校勘记》下册，第 2362 页。

② 《宋书》卷六〇《范泰传》，以下引此，不一一作注。

右仆射袁湛奉命授宋公刘裕九锡之礼。这是范氏家族在东晋末年最为荣耀的时候。

刘裕受九锡之礼后，还彭城，曾与范泰一同登城。范泰有足疾，刘裕特准其乘舆而上，其受善待如此。刘裕代晋，拜范泰金紫光禄大夫，加散骑常侍。次年，提议建国学，乃以范泰为国子祭酒。范泰上表述其指要：

> 臣闻风化兴于哲王，教训表于至世。至说莫先讲习，甚乐必寄朋来。古人成童入学，易子而教，寻师无远，负粮忘艰，安亲光国，莫不由此。若能出不由户，则斯道莫从。是以明诏爰发，已成涣汗，学制既下，远近遵承。臣之愚怀，少有未达。今惟新告始，盛业初基，天下改观，有志景慕。而置生之制，取少停多，开不来之端，非一途而已。臣以家推国，则知所聚不多，恐不足以宣大宋之风，弘济济之美。臣谓合选之家，虽制所未达，父兄欲其入学，理合开通，虽小违晨昏，所以大弘孝道。不知《春秋》，则所陷或大，故赵盾忠而书弑，许子孝而得罪，以斯为戒，可不惧哉。十五志学，诚有其文，若年降无几，而深有志尚者，何必限以一格，而不许其进邪。
>
> ……
>
> 会今生到有期，而学校未立。覆篑实望其速，回辙已淹其迟。事有似赊而宜急者，殆此之谓。古人重寸阴而贱尺璧，其道然也。

尽管范泰的建议没有付诸实施，但人们从这份上表中可以看到，范泰在重视教育的问题上，是完全继承了其父范宁的传统。

宋少帝景平元年(423)，范泰加位特进。次年，致仕。少帝在位，举措不当，政事紊乱，范泰上封事极谏，指出：

> 陛下践阼，委政宰臣，实同高宗谅闇之美。而更亲狎小人，不免近习，惧非社稷至计，经世之道。王言如丝，其出如纶，下观而化，疾于影响。伏愿陛下思弘古道，式遵遗训，从理无滞，任贤勿疑，如此则天下归德，宗社惟永。《书》云："一人有庆，兆民赖之。"天高听卑，无幽不察，兴衰在人，成败易晓，未有政治在于上而人乱于下者也。
>
> 臣蒙先朝过遇，陛下殊私，实欲尽心竭诚，少报万分，而昏耄已及，百疾互生，便为永违圣颜，无复自尽之路，贪及视息，陈其狂瞽。陛下若能哀其所请，留心览察，则臣夕殒于地，无恨九泉。

范泰虽已致仕，但他关心朝政的拳拳之心依然如故。可惜的是，这位固执的少帝并没有接受范泰的批评，当然他也没有加谴于范泰，后者毕竟是先朝老臣了。

宋文帝元嘉初年，范泰曾经有过一段"轻舟游东阳，任心行止，不关朝廷"的悠闲日子，但为时不长。元嘉三年(426)，随着最高统治集团内部矛盾、斗争形势的变化，范泰重新受到重视。这年，他进位侍中、左光禄大夫、国子祭酒，领江夏王师，特进如故。宋文帝"以泰先朝旧臣，恩礼甚重，以有脚疾，起居艰难，宴见之日，特听乘舆到坐"。范泰仍然"累陈时事"，而宋文帝亦“每优容之”。这是范氏家族在刘宋皇朝时期最辉煌的岁月了。

正是在这个时候，范泰的一条建议，在很大程度上改变了范氏家族未来的命运，这是范泰始料所不及的。史载：“时司徒王弘辅政，泰谓弘曰：‘天子务广，而权要难居，卿兄弟盛满，当深存降挹。彭城王，帝之次弟，宜征还入朝，共参朝政。’弘纳其言。”这里说的彭城王，是指宋文帝的弟弟刘义康。范泰的建议，一是对王弘兄弟的关心，二是对彭城王敬重，三是对朝政的关切，可谓是一举数得的高见。但是，政治形势的变幻，常常是人们不能预料的，至少是人们不可能完全预料到的。范氏家族的衰落以至于灾难的成因，或多或少就隐含在这一条高明的政治建议之中。

以上所述，就是晋、宋之际范氏家族的一个极简括的面貌。

第二章　仕途的悲剧

范晔是范泰的第四子[①]，生于东晋安帝隆安二年(398)，字蔚宗。其母生范晔于厕，额为砖所伤，故以砖为小字。后出继从伯父范弘之，袭封武兴县五等侯。

范晔出身于范氏家族这样一个书香门第、仕宦之家，自幼受到良好的教育，自无疑义。史载，范晔“少好学，博涉经史，善为文章，能隶书，晓音律”[②]，是一个多才多艺之人。

一、坎坷的仕途

范晔17岁那年，有机会出任州主簿，但他没有任职。这是东晋末年的事情。入宋以后，他在冠军将军彭城王

① 按《宋书》卷六九《范晔传》作“车骑将军泰少子也”，实误。《宋书》卷六〇《范泰传》：范泰“少子广渊，善属文，……坐晔事从诛”。

② 《宋书》卷六九《范晔传》，以下引此，不一一作注。

刘义康手下做右军参军，后入补尚书外兵郎，出为荆州别驾从事史，旋又召为秘书丞。元嘉五年(428)，因范泰去世，以“父忧去职”。服终之后，为征南大将军檀道济司马，领新蔡太守。

檀道济是晋、宋之际的将领之一，东晋安帝义熙十二年(416)，他曾随刘裕北伐，“为前锋出淮、肥，所至诸城戍望风降服”。“凡拔城破垒，俘四千余人。议者谓应悉戮以为京观。道济曰：‘伐罪吊民，正在今日。’皆释而遣之。于是戎夷感悦，相率归之者甚众。”[①]后檀道济迁宋国侍中，位甚高。宋文帝元嘉八年(431)，宋、魏形势紧张，宋文帝“加道济都督征讨诸军事，率众北伐”。范晔在檀道济部下为司马，理应随军北伐。而范晔竟然“惮行，辞以脚疾”。宋文帝没有批准范晔的请求，命他“由水道统载器仗部伍”。在这件事情上，范晔实已给自己造成了被动。此次北伐，大获全胜，檀道济“全军而反(返)”，进位司空，都督、刺史如故，还镇寻阳。当然，范晔也是有功之人，任为司徒从事中郎，又迁尚书吏部郎。

次年，范晔又为自己惹了更大的麻烦，史载：

> 元嘉九年冬，彭城太妃薨，将葬，祖夕，僚故并集东府。晔弟广渊，时为司徒祭酒，其日在直。晔与司徒左西属王深宿广渊许，夜中酣饮，开北牖听挽歌为乐。义康大怒，左迁晔宣城太守。

范晔这个做法，确实太不合情理，也太过分了。应当说左迁

① 《宋书》卷四三《檀道济传》，以下引本传，不一一作注。

宣城太守，这个处置还是比较轻的。这是范晔入仕以来所受到的一次严重的挫折。从历史的观点来看，这一挫折也成全了范晔作为一个有贡献的历史人物而名垂青史，因为正是在宣城太守任上，他开始了撰写《后汉书》这一不朽的事业。这是历史辩证法在范晔人生道路上的一个具体的反映。

范晔任宣城太守数年，迁长沙王刘义欣镇军长史，加宁朔将军。范晔兄范暠时为宜都太守，而嫡母随范暠在宜都。元嘉十六年(439)，嫡母亡，"报之以疾，晔不时奔赴，及行，又携妓妾自随"。这是范晔所为有违常理的又一件大事。范晔庶出，但于嫡母自应依礼对待，不及时奔丧已悖常理，奔丧而以妓妾相随，更是为世俗所不容。于是，御史中丞刘损奏劾朝廷，请求按理加罪于范晔。但宋文帝"爱其才，不罪也"。范晔再次受到了宽大的对待。居嫡母之丧终了后，范晔转为始兴王刘濬后军长史，领南下邳太守。刘濬后来任扬州刺史，不亲政事，凡事都委托范晔处置。不久，范晔迁左卫将军、太子詹事，这是范晔仕途上最后一次升迁。

纵观范晔的仕途，从入仕至做到太子詹事，颇为不顺。其不顺的根源，多缘于范晔自身，而恃才傲物、不拘小节、乏于自律，或许是他个性上的突出弱点。当然，从另一个方面看，他的恃才傲物的性格，也有值得肯定的地方，即范晔从不阿谀奉承、巴结权贵。他多次作为宋室诸王的属官，都能淡然处之。即使对于皇帝，也不例外，史载：

> 晔长不满七尺，肥黑，秃眉须，善弹琵琶，能为新声，上欲闻之，屡讽以微旨，晔伪若不晓，终不肯为上

弹。上尝宴饮欢适，谓晔曰："我欲歌，卿可弹。"晔乃奉旨。上歌既毕，晔亦止弦。

范晔通音律，善弹琵琶，能演奏时尚流行的曲子，但他并不愿以此去迎合最高统治者宋文帝的爱好，表现出耿直的骨气。但是他的不拘小节、乏于自律却给他连连带来麻烦，尤其在交友方面的不慎，最终酿成人生的悲剧。

二、堕入政治陷阱

给范晔仕途带来直接危害的，是范晔交友的不慎，这造成了他人生的悲剧，也成为他终生的遗憾。

这里，首先涉及的是孔熙先，其次是谢综，而又事关彭城王刘义康。刘义康(409—451)，宋武帝第四子，小字车子。宋武帝永初元年(420)，封彭城王，历南豫、徐两州刺史。宋文帝元嘉三年(426)，授荆州刺史。元嘉六年(429)，司徒王弘采纳范泰早先提出的建议，上表"义康宜还入辅"①，于是征为司徒、录尚书事，领平北将军、南徐州刺史，与王弘共辅朝政。元嘉九年(432)，王弘卒，又领扬州刺史，独揽朝政。义康"既专总朝权，事决自己，生杀大事，以录命断之。凡所陈奏，入无不可，方伯以下，并委义康授用。由是朝野辐凑，势倾天下"。时宋文帝一度病危，太子詹事刘湛、从事中郎王履、主簿刘敬文、祭酒孔胤秀"皆谓宜立长君"，结为朋党，形成"主相之势分，内

① 《宋书》卷六八《武二王·彭城王义康传》。下引刘义康事，未注明出处者均见本传。

外之难结”的严峻形势。宋文帝病愈，知“嫌隙既成，将致大祸”，乃于元嘉十七年(440)诛杀刘湛、刘敬文、孔胤秀等及与其有关联者多人。义康上表自责逊位，乃改授江州刺史，出镇豫章。义康以征虏司马萧斌、司徒主簿谢综为记室参军，凡“左右爱念者，并听随从至豫章”。元嘉二十二年(445)，以谋反罪免官为庶人。二十八年(451)，赐死。

彭城王刘义康的入朝辅政及其后来的发展势态，是范晔仕途遭遇厄运的客观原因。其主观原因，则与孔熙先等有密切关系。史载：

> 初，鲁国孔熙先博学有纵横才志，文史星算，无不兼善。为员外散骑侍郎，不为时所知，久不得调。初熙先父默之为广州刺史，以赃货得罪下廷尉，大将军彭城王义康保持之，故得免。及义康被黜，熙先密怀报效，欲要朝廷大臣，未知谁可动者，以晔意志不满，欲引之。而熙先素不为晔所重。无因进说。晔外甥谢综，雅为晔所知，熙先尝经相识，乃倾身事综，与之结厚。熙先藉岭南遗财，家甚富足，始与综诸弟共博，故为拙行，以物输之。综等诸年少，既屡得物，遂日夕往来，情意稍款。综乃引熙先与晔为数，晔又与戏，熙先故为不敌，前后输晔物甚多。晔既利其财宝，又爱其文艺。熙先素有词辩，尽心事之，晔遂相与异常，申莫逆之好。始以微言动晔，晔不回，熙先乃极辞譬说。晔素有闺庭论议，朝野所知，故门胄虽华，而国家不与姻娶。熙先因以此激之曰：“丈人若谓朝廷相待厚者，何故不与丈人婚，为是门户不得

邪？人作犬豕相遇，而丈人欲为之死，不亦惑乎？"晔默然不答，其意乃定。

从这一段记载来看，孔熙先是采取卑鄙的手段来勾引范晔，以博得范晔的好感。作为太子詹事的范晔，竟然"既利其财宝，又爱其文艺"，完全陷入孔熙先设计的圈套。孔熙先又以婚姻门第之事相激，确是击中范晔胸中块垒，其弱点也就越发膨胀起来。

其实，范晔的怨气还反映在别的一些事情上。其中有一件事情是直接同宋文帝有关的。元嘉十七年(440)，刘湛等被诛，彭城王刘义康出藩江州，沈演之、范晔先后为右卫将军、左卫将军，"对掌禁旅，同参机密"①，二人"并为上所知待，每被见多同。晔若先至，必待演之俱入，演之先至，尝独被引，晔又以此为怨"②。这种怨气，正是孔熙先、谢综所要利用的，而范晔却不自知。孔熙先的人品，从上文已看得十分清楚。谢综本是一个"有才艺，善隶书"的人才，可叹他是一个为人无行的人，这同他的父亲谢述所为大相径庭。当初，"刘湛诛，义康外镇，将行，叹曰：'谢述唯劝吾退，刘湛唯劝吾进，今述亡而湛存，吾所以得罪也。'太祖亦曰：'谢述若存，义康必不至此。'"③历史是不能假设的，人们只能从已经成为历史的事件和人物的言行中总结经验教训罢了。譬如说，若无孔熙先、谢综的这些卑劣伎俩，范晔人生道路的结局或许会是另一个样

① 《宋书》卷六三《沈演之传》。

② 《宋书》卷六九《范晔传》。

③ 《宋书》卷五二《谢景仁传》附《谢述传》。

子。但是,孔、谢毕竟是当时的存在,而范晔似也从不自觉变成自觉地走向冒险的政治生涯了。

当初,范晔为彭城王刘义康府佐,颇受重视。后因彭城王办丧事而范晔等酣饮喧闹,改授宣城太守,双方有了隔阂。刘义康镇守豫章后,谢综随往豫章。于是谢综转达义康之意,"求解晚隙,复敦往好",双方得以相互谅解。此时,范晔已经从义康的角度来考虑问题了:他试探宋文帝的口气,说义康的"奸心衅迹,彰著遐迩",应采取措施。文帝"不纳"。于是孔熙先等人加紧活动。孔熙先"善天文",乃散布流言:"太祖必以非道晏驾,当由骨肉相残。江州应出天子。"孔熙先、谢综把支持义康的人都联成一气。孔熙先命其弟孔休先作起事之檄文,又要范晔作义康与其亲信丹阳尹徐湛之书,借以表明义康"除君侧之恶"、"重造宋室"的"意旨",并以此"宣示同党"。此时的范晔已深深地陷入当时政治斗争的漩涡之中而无法解脱了。

三、人生悲剧

范晔等人预计在元嘉二十二年(445)九月发动一场"重造宋室"的宫廷政变,但因故未发。到了这年十一月,与刘义康过从甚密的徐湛之上表告发此事,"于是悉出檄书、选事,及同恶人名、手墨翰迹",可谓人证物证俱在。宋文帝十分震惊,诏命"便可收掩,依法穷诘"。宋文帝先期派人诘问范晔,范晔"仓卒怖惧"之际,回答了宋文帝所问。从所问所答之中,约略可以辨析其中是非。史载:

于时上在延贤堂，遣使问晔曰："以卿粗有文翰，故相任擢，名爵期怀，于例非少。亦知卿意难厌满，正是无理怨望，驱扇朋党而已，云何乃有异谋。"晔仓卒怖惧，不即首款。上重遣问曰："卿与谢综、徐湛之、孔熙先谋逆，并已答款，犹尚未死，征据见存，何不依实。"晔对曰："今宗室磐石，蕃岳张跱，设使窃发侥幸，方镇便来讨伐，几何而不诛夷。且臣位任过重，一阶两级，自然必至。如何以灭族易此。古人云：'左手据天下之图，右手刎其喉，愚夫不为。'臣虽凡下，朝廷许其粗有所及，以理而察，臣不容有此。"上复遣问曰："熙先近在华林门外，宁欲面辨之乎？"晔辞穷，乃曰："熙先苟诬引臣，臣当如何。"熙先闻晔不服，笑谓殿中将军沈邵之曰："凡诸处分，符檄书疏，皆范晔所造及治定。云何于今方作如此抵蹋邪。"上示以墨迹，晔乃具陈本末，曰："久欲上闻，逆谋未著，又冀其事消弭，故推迁至今。负国罪重，分甘诛戮。"

从这番对话过程中，可以看到，当初范晔"相与异常，申莫逆之好"的孔熙先是一个怎样的阴险小人；而范晔所谓"久欲上闻"云云，是为了替自己开脱呢，还是果真有这样的考虑？这里不好轻下结论。范晔与孔熙先的不同处，是孔熙先在狱中上书，承认自己"首为奸谋，干犯国宪"，而范晔始终没有承认自己是犯了"谋逆"之罪。但是不论实质怎样，宋文帝已对此事定了性质，即是"异谋"、"谋逆"之罪。

于是，范晔、孔熙先、谢综等及“诸所连及”之人，“并伏诛”①。这年，范晔 48 岁。这位中国历史上杰出的史学家，以一出政治悲剧结束了自己的人生。

范晔在狱中，认真思考了自己的一生，也给自己作了一个总结，写成《狱中与诸甥侄书》。书中讲到了他的做人、兴趣和关于《后汉书》的一些说明。关于他的做人，他这样写道：

> 吾狂衅覆灭，岂复可言，汝等皆当以罪人弃之。然平生行己任怀，犹应可寻。至于能不，意中所解，汝等或不悉知。吾少懒学问，晚成人，年三十许，政始有向耳。自尔以来，转为心化，推老将至者，亦当未已也。往往有微解，言乃不能自尽。②

这里，范晔剖析了自己的言行，用“狂衅”来概括，通观他的一生，近于中肯。同时他也讲到“平生行己任怀”，似也有可以肯定的方面。他说 30 岁以后才懂得一点社会，这同他的经历有关，也同他考察历史和撰写《后汉书》有关。应当看到，范晔在狱中十分珍惜他离开人世前这一段短暂的时光，故能深自反省，作了一个自我评价。值得注意的是，他说自己是由于“狂衅”而“覆灭”，而没有说是因为“谋逆”所致。

对于范晔的历史结局，作为正史之一的沈约《宋书》是以“谋反”定性的。除《宋书·范晔传》以此为基调外，在有关纪、

① 以上所引，均见《宋书》卷六九《范晔传》。

② 《宋书》卷六九《范晔传》。

志、传中还有多处表述——

《宋书》卷五《文帝本纪》：元嘉二十二年，“十二月乙未，太子詹事范晔谋反，及党羽皆伏诛”。从这个表述来看，范晔成“谋反”的主谋了，这与《范晔传》所记述的事件经过是不一致的。

《宋书》卷五二《谢景仁传》附《谢述传》：“三子：综、约、纬。综有才艺，善隶书，为太子中舍人，与舅范晔谋反，伏诛。约亦坐死。”

《宋书》卷六八《武二王·彭城王义康传》：“二十二年，太子詹事范晔等谋反，事逮义康，事在《晔传》。”

《宋书》卷二六《天文志四》：“元嘉二十二年二月，金火木合东井。四月，月犯心。太白入轩辕。七月，太白昼见。其冬，太子詹事范晔谋反伏诛。”这里，把天象同人事附会在一起了。

《宋书》卷六〇《范泰传》：“长子昂，早卒。次子暠，宜都太守。次晏，侍中、光禄大夫。次晔，太子詹事，谋反伏诛，自有传。少子广渊……坐晔事从诛。”

《宋书》卷六三《沈演之传》：“晔怀谋逆，演之觉其有异，言之太祖，晔寻事发伏诛。”

《宋书》卷六六《何尚之传》：“[刘]湛诛，[何尚之]迁吏部尚书。时左卫将军范晔任参机密，尚之察其意趣异常，白太祖宜出为广州……晔后谋反伏诛，上嘉其先见。”

《宋书》卷七一《徐湛之传》：“二十二年，范晔等谋逆，湛之始与之同，后发其事，所陈多不尽，为晔等款辞所连，乃诣廷尉归罪，上慰遣令还郡。”

《宋书》卷七四《臧质传》：“与范晔、徐湛之等厚善，晔谋反，量[臧]质必与之同，会事发，复为建威将军、义兴太守。”

《宋书》卷一〇〇《自序》：“二十二年，范晔坐事诛。”

等等。

一部《宋书》，有如此之多的记载说到范晔“谋反”、“伏诛”，其对后世影响之大，可以想见。《南齐书》、《梁书》、《陈书》都有类似的表述，尤其是《南史》，其刘宋史事本源于《宋书》，所述也就更多。于是，范晔“谋反”也就成了“铁案”。这里，有一点是值得注意的，即《宋书》的主要著者沈约经历了宋、齐、梁三朝，其祖、父都在刘宋皇朝为官，其本人也在刘宋时入仕[①]。因此，《宋书》虽成于梁朝，但由于这样的历史联系，它必然要反映刘宋时人们对此事的看法。更重要的是，《宋书》的撰写，在刘宋时期就着手了，先后有何承天、山谦之、苏宝生、徐爰等参与撰述，自宋初至宋孝武帝大明年间(457—464)的史事已初具规模。如此看来，关于范晔“谋反”一事，本是出于刘宋时期的记载。这些记载，因出于当时人之手，有其真实可靠的一面，这毋庸置疑。但是，在对有关史事的“定性”上，自不能不受当时形势的影响。正如沈约在进《宋书》表中所指出的那样，前人所撰《宋书》，“事属当时，多非实录，又立传之方，取舍乖衷，进由时旨，退傍世情，垂之方来，难以取信”[②]。这“进由时旨，退傍世情”的情况，对于范晔传记的撰写，自也难免。尽管沈约认识到了这一点，由于种种原因，他也不可能一一予以改正。

不过沈约也给后人留下了思考的余地：

① 参见《宋书》卷一〇〇《自序》。

② 《宋书》卷一〇〇《自序》。

第一，他在《宋书》卷六九《刘湛传》、《范晔传》的后论中，这样写道：

> 史臣曰：古之人云："利令智昏。"甚矣，利害之相倾。刘湛识用才能，实苞经国之略，岂不知移弟为臣，则君臣之道用，变兄成主，则兄弟之义殊乎。而义康数怀奸计，苟相崇说，与夫推长戟而犯魏阙，亦何以异哉。

刘湛是因结"朋党"而于元嘉十七年(440)"伏诛"的，事涉彭城王刘义康，故上述后论中评论了刘湛、义康二人。令人不解的是，后论中对范晔只字未提。按照史书撰写和评论的常例，这是史官或史家一定要发表评论的。这不应视为沈约的忽略，当是反映了他对范晔"谋反"一事的记载有所保留，故于此不置一词。

第二，沈约在《宋书·自序》中曾经写到他父亲沈璞与范晔同时在始兴王刘濬扬州刺史任上供职，沈璞为主簿，范晔为长史。其文如下：

> 元嘉十七年，始兴王濬为扬州刺史，宠爱殊异，以为主簿。时顺阳范晔为长史，行州事。晔性颇疏，太祖召璞谓曰："神畿之政，既不易理。濬以弱年临州，万物皆属耳目，赏罚得失，特宜详慎。范晔性疏，必多不同。卿腹心所寄，当密以在意。彼虽行事，其实委卿也。"璞以任遇既深，乃夙夜匪懈，其有所怀，辄以密启，每至施行，必从中出。晔正谓圣明留察，

> 故深更恭慎，而莫见其际也。在职八年，神州大治，民无谤黩，璞有力焉。二十二年，范晔坐事诛，于时濬虽曰亲览，州事一以付璞。

文中关于范晔，一是说他“性颇疏”，二是说他称赞“圣明”，三是说他“坐事诛”。如若按照前引《宋书》纪、志、传的表述，沈约的《宋书·自序》对范晔应有同样的评论才是。可见，《宋书·自序》关于范晔的评论当是沈约自己的真实看法。他说范晔“性颇疏”，确系中肯之论。他说范晔“坐事诛”，意谓受牵连而被诛，这同《宋书》纪、志、传所谓“谋反伏诛”是有很大区别的。从这里也可以看出，范晔的“性颇疏”跟他被别人所利用而掉入陷阱以致于牵连遭诛，是有内在联系的。范晔说自己“狂衅覆灭”，也近于此意。

对于这些，历来人们缺乏细察。唯赵翼指出，“《宋书》多徐爰旧本”①。论者的注意力多在范晔是否参与“谋反”以及对“谋反”怎样看待，或者索性避而不谈。清代以来，学者力主范晔不反，为范晔辩诬。王鸣盛、陈澧、傅维森等对此皆有立论。近人张述祖撰《范蔚宗年谱》，概括三人所论，列举 22 条史实，从 6 个方面证明范晔不反的理由，即：由范晔性情推之，必不反也；由范晔交谊言之，必不附义康反也；就本传理由驳之，谓其必不反也；由人们所举事之性质言之，蔚宗必不为也；由传文推之蔚宗必为他人所诬无疑；蔚宗、湛之本无仇隙，

---

① 参见赵翼《廿二史札记》卷九“《宋书》多徐爰旧本”条，王树民校证本，中华书局 1984 年版。

而相诬者，乃庾炳之、何尚之、沈演之所使也[①]。这是把王、陈、傅三人的论点发挥得淋漓尽致了。其是非判断的正面标准是：不反。当然，也有完全相反的一种见解，即不必讳言范晔参与“谋反”一事，这是因为：第一，宋文帝昏聩，已招致时人不满；第二，彭城王义康精明强干，礼贤下士，受到人们的拥护；第三，孔熙先决定首先发难，拥戴义康为帝是合理之举[②]。显然，这种看法的正面的价值判断的标准是，认为范晔参与“谋反”是无可非议的。比这种看法更进一步的，是认为“谋立义康是企图‘拨乱反正’，稳定政局的一次政变的酝酿，在当时是有进步意义的”[③]。把“谋立义康”为帝视作有“进步意义”的事件看待，无疑需要有充分的历史事实作为根据才得以成立。这就需要进一步证明在“主相之势分，内外之难结”的最高统治集团内部矛盾激化的形势下，分辨谁是代表“进步”的力量，而它又是一个复杂的问题。从现有的历史材料来看，把“谋立义康”为帝视为一种“进步”的行为，是很勉强的。

除以上所举“不反”和“谋反”是合理的两种看法外，还有两种看法，认为范晔“谋反”罪名是为他人所强加。一种看法是，范晔不愿为宋文帝弹奏琵琶，后虽勉强奉旨弹奏，但也未

---

① 张述祖《范蔚宗年谱》，载《史学史研究》1981 年第 2 期，原载《史学年报》第 3 卷第 2 期，1940。今人杜维运亦力主范晔不反之说，认为王鸣盛对此所论，使“范晔不白之冤，千年以后，得以昭雪”。见杜著《中国史学史》第 2 册，台北三民书局股份有限公司 1998 年版，第 110—111 页。

② 参见王锦贵《〈汉书〉和〈后汉书〉》，人民出版社 1987 年版，第 110—111 页。

③ 束世澂《范晔与〈后汉书〉》，载《历史教学》1962 年第 1 期；又见吴泽主编《中国史学史论集》(一)，上海人民出版社 1980 年版。

能亲弹一曲,宋文帝怀恨在心,以致寻找机会,加害于范晔,从而“引来了杀身之祸”[①]。这种看法,虽也注意到宋文帝与彭城王之间的矛盾,但把是否弹奏琵琶一事作为导致范晔“引来杀身之祸”的直接原因,通观宋文帝与范晔的全部关系,似难成立。当徐湛之向宋文帝报告有关“谋逆”一事时,宋文帝讲到了他对范晔的看法:“晔素无行检,少负瑕衅,但以才艺可施,故收其所长,频加荣爵,遂参清显。而险利之性,有过谿壑,不识恩遇,犹怀怨愤。每存容养,冀能悛革,不谓同恶相济,狂悖至此。”[②]宋文帝的这番话,未必全然中肯,但所谓“频加荣爵”、“每存容养”,大致是符合事实的。据此,琵琶一事,在宋文帝那里,当不致于占有那么重的政治分量。另一种说法是,范晔写了《和香方序》,用以“比类朝士”,“引起了权贵们的仇视”,因而“处心积虑地陷害范晔,必欲置之死地而后快”[③]。这个见解是根据《宋书·范晔传》而来,其原文是这样的:

撰《和香方》,其序之曰:“麝本多忌,过分必害;沈实易和,盈斤无伤。零藿虚燥,詹唐粘湿。甘松、苏合、安息、郁金、㮈多、和罗之属,并被珍于外国,无取于中土。又枣膏昏钝,甲煎浅俗,非唯无助于馨烈,乃当弥增于尤疾也。”此序所言,悉以比类朝士:

---

① 张舜徽主编《中国史学家传》,辽宁人民出版社 1984 年版,第 45 页。

② 《宋书》卷六九《范晔传》。

③ 邹贤俊《范晔——采众家之书,创一家之作》,见瞿林东、杨牧之主编《中华人物志·史学家小传》,中华书局 1988 年版,第 61 页。

"麝本多忌",比庾炳之;"零藿虚燥",比何尚之;"詹唐粘湿",比沈演之;"枣膏昏钝",比羊玄保;"甲煎浅俗",比徐湛之;"甘松、苏合",比慧琳道人;"沈实易和",以自比也。

历来人们依此立论,其实这里有两点是应当提出来加以辨析的。第一点,文中所谓以某物"比类"某人,这是《范晔传》撰者的说法,不是范晔本人所说,因此,"比类朝士"之说,本可怀疑。第二点,即使如《范晔传》撰者所测的那样,确是以某物"比类"某人,那么,这些被"比类"的"朝士"是否就能凭空制造一个"谋反"的罪名加到范晔头上,而且足以使文帝深信这种制造出来的罪名是真实的存在,从而提出"便可收掩,依法穷诘"?这也是难以想象的。

当然,对于这桩公案还会有另外一些看法,但几种有代表性的看法大致如上文所述。这些看法,各有一定的概括、一定的道理,但或过于片面,或过于狭隘,终难令人获得全面的认识。

那么,究竟应当怎样看待范晔"谋反"一事呢?通过对范晔经历的回顾和对各种说法的辨析,是否可以认为:

第一,孔熙先、谢综等策划拥立彭城王义康一事,从当时的政治观念、伦理观念来看,其性质自应被视为"谋逆"、"谋反";对此,必须充分考虑到当时的历史条件。

第二,所谓拥立矛盾、内外不协,这在中国历史上的最高统治集团中是经常发生的事情,其核心是皇位继承和权力分配,元嘉十七年(440)和元嘉二十二年(445)先后发生的"朋党"、"谋逆"事件本质上都是如此。与此有关的枝节问题,不过是表面现象而已，不应作为本质问题看待。

第三，对于最高统治集团内部矛盾双方的是非的判断，尤其是关于腐朽与进步的论点，当用充分的历史事实作为根据。元嘉十七年和二十二年发生的事情，似还不能说明宋文帝是腐朽势力的代表，而刘义康等是进步势力的代表。对此，不仅历史上的史学家有所肯定，而且今人也认同这一评价①。因此，对于宋文帝与刘义康双方的评论，不能超出其本来意义上的限度。

第四，范晔与孔熙先、谢综等"谋逆"事有直接牵连，这是事实，不应视为他人"诬告"；但范晔不是首谋，这也是事实。《宋书》纪、志、传多处记载"太子詹事范晔谋反"，意谓范晔是首谋，这是不符合历史事实的，这或许是因为范晔的官位所致，或是另有其他原因所致，不论何种说法，都是应当予以澄清的②。

第五，范晔之所以陷入元嘉二十二年事件，从客观上看，除最高统治集团内部存在固有的矛盾外，还有一些如孔熙先、

---

① 参阅赵志汉、林剑鸣《范晔》一文，见陈清泉等主编《中国史学家评传》上册，中州古籍出版社 1985 年版，第 204—206 页。

② 陈光崇的《论范晔之死》一文认为：清人王鸣盛等为范晔"谋反"事所作的"申辩"，"有些地方还是很有道理的"。同时，他又指出："我认为范晔既是知情不举，这就难以推卸罪责。不过范晔被说成是首谋，并且必欲置之死地，其中原因恐怕比较复杂。"作者分别从"政治上的矛盾"和"思想上的矛盾"(引者按：主要指信佛与反佛的矛盾)作了分析。再者，作者还指出："说范晔'谋立义康实是企图拨乱反正，稳定政局的一次政变的酝酿，在当时是有进步意义的'这种说法实在值得研究。因为要评价这样一次未遂政变的意义，就不能不对当时的政治形势，作一个比较全面的估计。"(《史学史资料》1980 年第 1 期)通观陈文，似并无十分明确的结论，但它提出的几个问题，都是有启发的。故举其要点，以备参考。

谢综等这样的卑鄙小人对范晔使用的阴谋诡计，以致使范晔落入他们的政治陷阱，最终成为统治集团内部矛盾斗争的牺牲品。从主观上看，范晔在个性上存在明显的弱点，即恃才傲物、不拘小节、乏于律己，于是内心时而产生不平，时而产生怨气，在仕途上并不十分顺利，此种弱点正好为他人所利用，对于这一点，范晔是不能自辞其咎的。范晔在《狱中与诸甥侄书》中起首便说“吾狂衅覆灭，岂复可言”，说明他最终还是认识到了自己的错误，但为时已晚，不能改变他的人生的悲剧结局。

第三章　撰写《后汉书》

一、范晔以前的东汉史撰述

范晔以前的东汉史著作概述

在范晔撰写《后汉书》之前，已有一些史家写出了后汉史即东汉史著作，它们是：刘珍等的《东观汉记》、谢承的《后汉书》、薛莹的《后汉记》、司马彪的《续汉书》、华峤的《汉后书》、谢沈的《后汉书》、张莹的《后汉南记》、袁宏的《后汉纪》、袁山松的《后汉书》、张璠的《后汉纪》等。这些东汉史撰述，有的是纪传体，有的是编年体，它们在范晔所处的时代，大多可以见到；其后，随着范晔《后汉书》的问世，以及岁月的流逝，其中许多著作都散失了，流传至今的只有袁宏的编年体东汉史《后汉纪》和司马彪《续汉书》中的八篇志了。

为了揭示范晔撰写《后汉书》同上述这些东汉史著作的关系，现将它们及其作者作一个简要的介绍：先说散失得严重者，再说保存较多或保存完好者。

谢承是三国时孙吴会稽山阴（今浙江绍兴）人，官武陵太守，“撰《后汉书》百余卷”①。这是东汉人本朝史《东观汉记》之后较早的东汉史著作，从其佚文来看，它设有循吏、酷吏、宦官、儒林、文苑、独行、方术、逸民、烈女、风教等类传；现存《东夷列传》的佚文表明，它本应设有若干篇民族传记。清人余靖评论谢承《后汉书》说：“谢伟平之书，东汉第一良史也。《东观记》仿佛起居注，即应奉《汉事》、谯周删《记》，皆未尝成一家言以定之。为史定之者，自伟平始。伟平……博物洽闻，下笔俊妙，撰《后汉书》百三十卷，可谓该矣。”②可见，这是在《东观汉记》的基础上，撰成的一部体例完备的、系统的东汉史③。

薛莹，字道言，是三国时期沛郡竹邑（今安徽宿州市北）人。其父薛综，吴时官至太子太傅，“凡所著诗赋难论数万言，名曰《私载》”。薛莹在孙休时为散骑中常侍，孙皓时为太子少傅，后因过徙广州，右国史华覈爱其才，荐为左国史，参与修撰

① 《三国志》卷五〇《妃嫔传·吴主权谢夫人传》附见。裴注：“《会稽典录》曰：承字伟平，博学洽闻，尝所知见，终身不忘。”中华书局 1959 年版。

② 转引自周天游《八家后汉书辑注》，下册，上海古籍出版社 1986 年版，第 758 页。

③ 《隋书》卷三三《经籍志二》著录：“《后汉书》一百三十卷，无帝纪，吴武陵太守谢承撰。”所说“无帝纪”，当是帝纪佚，中华书局 1973 年版。

《吴书》。自"著书八篇，名曰《新议》"[①]。这里，没有涉及薛莹撰东汉史事。《隋书·经籍志二》著录："《后汉记》六十五卷，本一百卷，梁有，今残缺。晋散骑常侍薛莹撰。"薛莹入晋为散骑常侍，《后汉记》为其私人撰述。薛莹《后汉记》今存佚文极少，然观其帝纪数则，立可见其史才。如《安帝纪》赞曰："安帝之初，委政太后，十有余年。及亲万机，佞邪始进，阉宦用事，宠加私爱，阿母王圣，势倾朝廷，遂树奸党，摇动储副，山陵未干，萧墙作难，兵交禁省，社稷殆危。"[②]又如《桓帝纪》赞曰："汉德之衰，自有来矣。而桓帝继之以淫暴，封殖宦竖，群妖满侧，奸党弥兴，贤良被辜，政荒民散，亡征渐积。逮至灵帝，遂倾四海，岂不痛哉！《左传》曰：'国与天地，有与立焉。不数世淫，不能(弊)[斃]也。'信夫！"薛莹的这些评论，可以认为是近于中肯。

华峤，字叔骏，西晋平原高唐(今山东禹城西南)人。晋惠帝时，"以峤博闻多识，属书典实，有良史之志，转秘书监，加散骑常侍，班同中书。寺为内台，中书、散骑、著作及治礼音律，天文数术，南省文章，门下撰集，皆典统之"[③]。正是有了这样极其有利的客观条件，华峤着手撰写《汉后书》。史载其所撰内容、体例和影响如下：

　　初，峤以《汉纪》烦秽，慨然有改作之意。会为台

① 《三国志》卷五三《薛综传》附见。

② 转引自周天游《八家后汉书辑注》，上册，上海古籍出版社 1980 年版，第 287 页。

③ 《晋书》卷四四《华表传》附《华峤传》。

郎，典官制事，由是得遍观秘籍，遂就其绪。起于光武，终于孝献，一百九十五年，为帝纪十二卷、皇后纪二卷、十典十卷、传七十卷及三谱、序传、目录，凡九十七卷。峤以皇后配天作合，前史作外戚传以继末编，非其义也，故易为皇后纪，以次帝纪。又改志为典，以有《尧典》故也。而改名《汉后书》奏之，诏朝臣会议。时中书监荀勖、令和峤、太常张华、侍中王济咸以峤文质事核，有迁、固之规，实录之风，藏之秘府。后太尉汝南王亮、司空卫瓘为东宫傅，列上通讲，事遂施行。

从上述记载来看，华峤在历史撰述上颇有独到见解，其改“表”为“谱”，改“志”为“典”，反映了他在体例及其名称上的思考。把皇后传从“外戚”改为“纪”，虽并非完全符合纪传体史书的本来含义，但皇后不是“外戚”，却无疑义，故所改亦近是。这里需要指出的是，上引文中所谓《汉纪》，当指《东观汉记》。再者，华峤“所撰书十典未成而终”，其次子华彻为佐著作郎，“使踵成之，未竟而卒”。其少子又“为佐著作郎，克成十典”①。《汉后书》佚文，未见有关十典名目，殊为憾事。其民族传记则有《西南夷传》、《南匈奴传》等。唐人刘知幾评论华峤《汉后书》说：“迨华峤《后汉》，多同班氏……峤言辞简质，叙致温雅，味其宗旨，亦孟坚之

① 以上见《晋书》卷四四《华表传》附《华峤传》。按：《隋书》卷三三《经籍志二》著录华峤《汉后书》为《后汉书》，实误。

亚欤!”[1]把华峤同班固联系起来,这个评价应是很高的了。

谢沈(293—344)字行思,东晋会稽山阴(今浙江绍兴)人,“博学多识,明练经史”,晋康帝时为著作郎。著有《后汉书》百卷,以及《汉书外传》等,“所著述及诗赋文论皆行于世”[2]。谢沈《后汉书》佚文有《礼仪志》、《祭祀志》、《天文志》、《五行志》、《郡国志》等。清人姚之骃作《谢沈〈后汉书〉序》云:“观其述《礼仪》、《祭祀》诸志,原原本本,似不欲攘人美以为己有者,亦良史才也。”[3]

张莹,东晋人,所撰《后汉南记》,《隋志》著录:“《后汉南记》四十五卷,本五十五卷,今残缺。晋江州从事张莹撰。”又,新、旧《唐书》著录:“《汉南记》五十八卷,张莹撰。”疑《汉南记》即是《后汉南记》,所记卷数亦误;倘如是,则此二张莹实为同一人。

袁山松(?—401),东晋陈郡阳夏(今河南太康)人,“博学有文章”,“善音乐”,官至吴郡太守,“著《后汉书》百篇”[4]。袁山松的《后汉书》含纪、志、传三个部分。其志,有律历、礼仪、祭祀、天文、五行、郡国、百官、艺文(无佚文)等。值得注意的是,自《汉书·艺文志》后,这是最早设“艺文志”的纪传

---

① 刘知幾《史通·序例》。

② 《晋书》卷八二《谢沈传》。

③ 转引自周天游《八家后汉书辑注》,下册,第763—764页。

④ 《晋书》卷八三《袁瓌传》附见。又,《隋书》卷三三《经籍志二》著录:“《后汉书》九十五卷,本一百卷,晋秘书监袁山松撰。”按:所记袁山松历官与本传有异。

体史书。其传,有《西域传》,说明它设有相应篇帙的民族传记。

张璠所撰《后汉纪》系最早之编年体东汉史。张璠为晋之令史,出为地方官长。南朝宋人裴松之称:“璠撰《后汉纪》,虽似未成,辞藻可观。”[①]其《后汉纪》,《隋志》及新、旧《唐志》均著录为“三十卷”。

以上诸家东汉史,虽多已散佚,自清代以来,学人多留意于采辑佚文残篇,纂为辑本,姚之骃、孙志祖、王谟、黄奭、汪文台等于此用力甚勤。今人周天游精于秦汉史研究,而于诸家东汉史撰述的来龙去脉及佚文之研究造诣颇深,故其有清人汪文台《七家后汉书》辑本之点校本的出版,又有《八家后汉书辑注》本的问世[②],为这方面的研究提供了可贵的参考和借鉴。这对于深入地认识范晔 以前的东汉史撰述的历史,是很有益处的。今将有关诸家东汉史撰述情况列表如下,以便于阅读(见下页)。

范晔以前的东汉史撰述,还有司马彪的纪传体《续汉书》和袁宏的编年体《后汉纪》。《续汉书》纪传已佚,但它的八篇志则完整地保存下来,据此可以窥见司马彪的作史旨趣。袁宏《后汉纪》比其他各家东汉史著作要幸运得多,自问世以后,历经岁月沧桑而得以全帙无损地流传至今。

---

① 见《三国志》卷四《魏书三少帝纪》正元二年裴注。

② 周天游《八家后汉书辑注》,同前引书;周天游校汪文台《七家后汉书》,河北人民出版社 1987 年版。本书有关这方面的内容,多参考上述二书,谨此说明。“七家”与“八家”相比,无张莹《后汉南记》一书。

诸家东汉史撰述表①

书名	卷数	撰述者	存佚	附考
《东观汉记》	一百四十三卷	汉 刘珍等	佚	清代辑佚,存二十四卷
《后汉书》	一百三十卷	吴 谢承	佚	有辑佚本
《后汉记》	一百卷	晋 薛莹	佚	《隋志》著录存六十五卷。有辑佚本
《续汉书》	八十三卷	晋 司马彪		志三十卷,后附入范晔《后汉书》中,称《续汉志》
《汉后书》	九十七卷	晋 华峤	佚	《隋志》著录存十七卷。《旧唐志》著录存三十卷。有辑佚本
《后汉书》	一百二十卷	晋 谢沈	佚	《隋志》著录存八十五卷。有辑佚本
《后汉南记》	五十五卷	晋 张莹	佚	《隋志》著录存四十五卷。《旧唐志》著录存五十八卷
《后汉书》	一百卷	晋 袁山松	佚	《隋志》著录存九十五卷。有辑佚本

① 此表据王仲荦先生的《魏晋南北朝史》(上海人民出版社 2003 年版,第 828 页)所制。

续表

书名	卷数	撰述者	存佚	附考
《后汉书》	五十八卷	宋　刘义庆	佚	
《后汉书》	九十七卷	宋　范晔	存	
《后汉书》	一百卷	梁　萧子显	佚	以上纪传体
《后汉纪》	三十卷	晋　袁宏	存	
《后汉纪》	三十卷	晋　张璠	佚	以上编年体

《东观汉记》——最早的东汉史

在"正史"创建的过程中,《东观汉记》和《汉纪》二书,各有其特点和地位。

《东观汉记》原名《汉记》,因主要撰于皇家藏书处东观,后人乃称为《东观汉记》。这书是纪传体东汉皇朝史,含纪、表、志、传、载记五个部分。原书一百四十三卷,记事起自光武,迄于灵帝,为东汉时人所撰之本朝史巨著。唐、宋以后,逐渐散佚,自元以下,几无完篇传世。清代,有康熙时人姚之骃辑佚本《东观汉记》八卷,乾隆时四库全书馆馆臣辑佚本《东观汉记》二十四卷。今人吴树平在此基础上,披览群籍,增益佚文,标明由来,详为校注,厘为二十二卷,含纪三卷,表、志各一卷,传十五卷,载记一卷,散句一卷,是目前较好的辑本①。此书原题刘珍等撰。据刘知幾《史通·古今正史》考察,此书撰述

① 吴树平《东观汉记校注》,中州古籍出版社1987年版。

滥觞于汉明帝时班固等人撰《世祖本纪》及列传、载记二十八篇；安帝永宁年间，刘珍等奉诏撰“中兴”以下史事，自建武至永初，奠定了此书的规模；桓帝元嘉元年(151)，又命边韶等人续补，号曰《汉记》；灵帝嘉平年间至献帝时，马日磾、蔡邕、杨彪等再次撰补。此书首尾经历 130 年左右乃成，是为东汉一朝几代史学家连续撰述的成果。

《东观汉记》在体例上不同于《史记》、《汉书》的地方，是有“载记”一目，记王常、刘盆子、樊崇、吕母、隗嚣、王元、公孙述、延岑、田戎等事。这些人，或为“群盗”，或为“叛臣”，故以“载记”记之。《东观汉记》原有志 10 篇，多出于蔡邕之手，今仅知律历、礼、乐、郊祀、天文、地理、朝会、车服篇，而朝会、车服二志是其新创①。《东观汉记》的“载记”和志目，对后来纪传体史书的撰写有一定的影响。

《东观汉记》辑本尚存“序”即史论若干首。《史通·论赞》说：“《春秋左氏传》每有发论，假‘君子’以称之。二传云‘公羊子’、‘穀梁子’，《史记》云‘太史公’。既而班固曰赞，荀悦曰论，《东观》曰序，谢承曰诠，陈寿曰评，王隐曰议，何法盛曰述，扬雄曰撰，刘昞曰奏，袁宏、裴子野自显姓名，皇甫谧、葛洪列其所号。史官所撰，通称史臣。其名万殊，其义一揆。必取便于时者，则总归论赞焉。”这是关于史论的多种名称，而《东观汉记》的“序”，也是其中一种。现存《东观汉记》的几首序，其思想与表述没有什么特色。如汉章帝纪后序是这样写的：“孝乎惟孝，友于兄弟，圣之至要也。乾乾夕惕，寅畏皇天，帝王之上行也。明德慎罚，汤、文所务也。密静天下，容于小大，高宗

① 吴树平《东观汉记校注》序，中州古籍出版社 1987 年版。

之极致也。肃宗兼兹四德，以继祖考。臣下百僚，力诵圣德，纪述明诏，不能辨章，岂敢空言增广，以累日月之光。”[①]这样的史论，无异于官样文章。又如吴汉传，现存佚文，颇多事迹，然其后序冗长而苍白，无实质的评论[②]。《东观汉记》的史论，也有署为“太史官曰”的[③]，这是它续撰多次、经历众人之手的缘故。

从总的方面来看，《东观汉记》因出于东汉史家之手，故在记述东汉历史方面，保存了丰富的史实，这是其后的各种东汉史所不能替代的。魏、晋间，《汉记》与《史记》、《汉书》被称为“三史”[④]，颇为时人所重[⑤]，同时也是诸家纪传体东汉史的始祖，其所创“载记”之例则为唐修《晋书》仿效，足见它具有不可忽视的社会影响和史学价值。《四库全书总目提要》谓《东观汉记》“虽残圭断璧，零落不完，而古泽斑斓，罔非瑰宝”，这个评价是有道理的。

司马彪与《续汉书》

《续汉书》，西晋司马彪（？—约306）撰。司马彪字绍统，在晋武帝泰始年间（265—274）任秘书郎，后转秘书丞。他认为：“汉氏中兴，讫于建安，忠臣义士亦以昭著，而时无良史，记

---

① 吴树平《东观汉记校注》卷二，中州古籍出版社1987年版。

② 吴树平《东观汉记校注》卷一〇，中州古籍出版社1987年版。

③ 吴树平《东观汉记校注》卷一〇，中州古籍出版社1987年版。

④ 三国时，吴太子太傅张温撰《三史略》29卷，至唐初仍行于世。参见《隋书》卷三三《经籍志二》杂史类。

⑤ 见《三国志·吴书·吕蒙传》裴注引《江表传》。

述烦杂……安、顺以下，亡缺者多。"于是他"讨论众书，缀其所闻，起于世祖，终于孝献，编年二百，录世十二，通综上下，旁贯庶事，为纪、志、传凡八十篇，号曰《续汉书》"[①]。这是一部完整的东汉史著作，后纪、传散亡，仅存八志：律历志3篇，礼仪志3篇，祭祀志3篇，天文志3篇，五行志6篇，郡国志5篇，百官志5篇，舆服志2篇，凡30篇[②]。从内容上看，百官、舆服二志，是《史》、《汉》所没有的。然舆服志的撰写，东汉末年董巴、蔡邕已有创议，百官志则取资于皇家"故簿"。至于郡国志，谢承《后汉书》已立为志目，实由《汉书·地理志》而来。尽管如此，《续汉书》八志还是被誉为"王教之要，国典之源，粲然略备，可得而知矣"[③]。

《续汉书》八志在撰述思想上有三个特点。第一，是注重考察典章制度的变化。如其《郡国志》序称："《汉书·地理志》记天下郡县本末，及山川奇异，风俗所由，至矣。今但录中兴以来郡县改异，及《春秋》、'三史'会同征伐地名，以为《郡国志》。"一是注意到东汉以来的变化，二是注意到读史的需要。其《百官志》序称："班固著《百官公卿表》，记汉承秦置官本末，讫于王莽，差有条贯；然皆孝武奢广之事，又职分未悉。世祖节约之制，宜为常宪，故依其官簿，粗注职分，以为《百官志》。"这是指出了《百官公卿表》重在记"置官本末"，而《百官志》重在记百官"职分"，即职务禄位与责任范围，说明"表"与"志"的

---

① 《晋书》卷八二《司马彪传》。按：《续汉书》于《隋书·经籍志》作83卷；《新唐书·艺文志》作83卷，录1卷。

② 分八志为30篇，系南朝梁人刘昭所为。

③ 刘昭《后汉书注补志序》，见《后汉书》书后附录，中华书局1965年版。

不同,而后者更详于官制的变化。其《舆服志》因是首创,故不独记东汉,而是通记“上古以来”车服制度的演变,“以观古今损益之义”。

第二,是强调了以“君威”、“臣仪”、“上下有序”为核心的“顺礼”等级秩序。司马彪认为:“夫威仪,所以与君臣、序六亲也。若君亡君之威,臣亡臣之仪,上替下陵,此谓大乱。大乱作,则群生受其殃,可不慎哉!故记施行威仪,以为《礼仪志》。”[①]这个思想,在很大程度上是从东汉末年的历史中总结出来的。他还认为:“故礼尊尊贵贵,不得相逾,所以为礼也。非其人不得服其服,所以顺礼也。顺则上下有序,德薄者退,德盛者缛。”[②]这显然是适应正在形成的门阀制度的需要,故“顺礼”是带有鲜明的时代特点的。

第三,是推崇“务从节约”的政治作风。司马彪批评汉武帝在官制上“多所改作,然而奢广,民用匮乏”;推崇东汉光武帝的“中兴”,说他“务从节约,并官省职,费减亿计,所以补复残缺,及身未改,而四海从风,中国安乐者也”[③]。他还批评秦始皇、汉武帝的大规模封禅活动,是违背“天道质诚”的,认为:“帝王所以能大显于后者,实在其德加于民,不闻其在封矣。”[④]

《续汉书》八志在撰述思想上是把对历史的考察和现实的需要结合起来了,这反映出当时史家的一个共同的思想趋向。

---

① 司马彪《续汉书·礼仪志》序。

② 司马彪《续汉书·舆服志》序。

③ 司马彪《续汉书·百官志》序。

④ 司马彪《续汉书·祭祀志》后论。

南朝梁人刘昭注范晔《后汉书》，惜其诸志未成，“乃借旧志，注以补之”。唐太宗有《咏司马彪〈续汉志〉》诗，其中四句是：“前史殚妙词，后昆沉雅思。书言扬盛迹，补阙兴洪志。”[①]这都反映出后人对《续汉书》八志的评价。

司马彪还著有《九州春秋》10卷，记东汉末年事；又据《汲冢纪年》，列举谯周“《古史考》中凡百二十二事为不当”，均散亡。司马彪的史学思想的核心是“教世”。他说：“先王立史官以书时事，载善恶以为沮劝，撮教世之要也。”[②]《续汉书》八志可以说是很鲜明地表明了他的这个史学主张。

袁宏与《后汉纪》

《后汉纪》30卷，编年体东汉史，东晋袁宏（328—376）撰。袁宏，字彦伯，善作咏史诗，以寄其风情。任大司马桓温府记室，“专综书记”。为人“强正亮直，虽被温礼遇，至于辩论，每不阿屈，故荣任不至”[③]。

袁宏对西晋陈寿所撰《三国志》甚推重，他自称：“余以暇日常览《国志》，考其君臣，比其行事，虽道谢先代，亦异世一时也。”本着这样的认识，他撰了一篇《三国名臣颂》，借评论三国名臣抒发对于历史的见解。他认为：“百姓不能自牧，故立君以治之；明君不能独治，则为臣以佐之。”[④]他把君臣关系视为

① 《全唐诗》卷一，中华书局1960年版。
② 《晋书》卷八二《司马彪传》。
③ 《晋书》卷九二《文苑传》。
④ 《晋书》卷九二《文苑传》。

致治的关键，而维系君臣关系的核心便是“名教”。这个思想，也突出地反映在他的《后汉纪》一书中。

袁宏与司马彪的卒年，两者相距七十年左右。故袁宏生活的年代，已有多种东汉史著述行世。他说到撰《后汉纪》的起因和经过是：“予尝读后汉书，烦秽杂乱，睡而不能竟也。聊以暇日，撰集为《后汉纪》……前史阙略，多不次叙，错谬同异，谁使正之？经营八年，疲而不能定。”袁宏撰集时参考、“缀会”的诸家东汉史有：《东观汉记》、谢承《后汉书》、司马彪《续汉书》、华峤《汉后书》等。其中司马彪、华峤二家，《文心雕龙·史传》、《史通·古今正史》均有好评，似不应斥为“烦秽杂乱”者。至于“前史阙略”、“错谬同异”，诸史相比，当是可能的。袁宏的撰述兴趣在编年而不在纪传，所以他在参阅前史的基础上，又吸收了起居注、名臣奏、诸郡耆旧先贤传等文献，仿荀悦《汉纪》撰集此书。历时 8 年，最后以张璠《后汉纪》补东汉末年事，全书乃成。其记事，起于“王莽篡汉”，终于“魏以河内之山阳，封汉帝为山阳公”；正式纪年，起更始元年(23)，终建安二十五年(220)。全书各以 8 卷记光武事和灵、献事，篇幅占全书一半以上。内容上的这种轻重详略安排，反映了作者着意于写出东汉皇朝的兴起和衰亡。

《后汉纪》在编撰方法上除符合编年记事的基本要求外，还有自身的特点，这就是它吸收了传记体记人的优点，以容纳众多的人物的言行。具体说来，就是在记事的同时，把与此事有关的、时间相近的一些人物连带着写出，或把一人发生于不同时间但可表明此人基本面貌的言行集中写出，此即袁宏称作“言行趣舍，各以类书”的方法。如卷一写王莽末年的社会动乱和刘秀政治活动的开始，就连带写出 20 多个与此有关的人物。又如卷三〇记建安十三年(208)八月“壬子，太中大夫孔融下狱诛，妻子皆弃市”一事，接着便集中写出孔融的身世和一生中几件大事，说他“年十三丧父，哀慕毁瘠，杖而后起，州里称其至孝”；说他为北海太守时，“崇学校庠序，举贤贡士，表显耆儒”，“其礼贤如此”。全书皆类此。这是在编年体史书中把记事和写人结合起来，事因人而丰满，人依事而益显。这是袁宏对编年体史书在编撰方法上的发展。

袁宏的“言行趣舍，各以类书”的编撰方法，写出了众多人物，目的是借以“观其名迹，想见其人”，为贯彻“通古今而笃名教”的撰述思想服务。对于前人撰述，袁宏尤其推崇荀悦，说他“才智经纶，足为嘉史，所述当也，大得治功已矣”；但又说他“名教之本，帝王高义，韫而未叙”。故袁宏“因前代遗事，略举义教所归，庶以弘敷王道，前史之阙”①。可见《后汉纪》之突出名教思想，正是袁宏主旨所在。袁宏对名教的本质作了这样的说明：“夫君臣父子，名教之本也。然则名教之作，何为者也？盖准天地之性，求之自然之理，拟议以制其名，因循以弘其教，辩物成器，以通天下之务者也。”他进而认为：“天地，无穷之道；父子，不易之体。夫以无穷之天地，不易之父子，故尊卑永固而不逾，名教大定而不乱，置之六合，充塞宇宙，自今及古，其名不去者也。”②这就是说，名教的核心是君臣、父子关系，这种关系是天地、自然所决定的，是绝对的、不变的，人们都应当恪守这种关系。而名教的根本作用是“以统群生”，故

① 以上均见《后汉纪》原序，周天游校注，天津古籍出版社 1987 年版。
② 《后汉纪》卷二六，周天游校注，天津古籍出版社 1987 年版。

其与治乱盛衰有极大关系[①]。这种作用，一是通过“风化”发挥出来，即“立君之道”要本于“有仁有义”，弘扬“崇长推仁”的“自然之理”，倡导“出乎情性”的“爱敬忠信”之风，从而使人们“服膺名教”[②]。二是要有制度的约束，“王者之兴，必先制礼，损益随时，然后风教从焉”[③]。这就把名教同风化、礼法结合起来了。但是，恪守名教的人也是有区别的：“称诚而动，以理为心，此情存乎名教者也。内不忘己以为身，此利名教者也。情于名教者少，故道深于千载；利名教者众，故道显于当年。”[④]袁宏并没有把名教完全理想化，所谓“利名教者众”的看法，说明他还是讲求实际的。袁宏生活在东晋统治集团内部矛盾、斗争日益积累和发展的年代，他借撰述东汉史来阐发名教思想，是有他的一番深意的。

《后汉纪》作为编年体东汉史，是一部成功的历史著作。于前，它追踪荀悦《汉纪》，《史通·六家》篇说：“为纪传者则规模班、马，创编年者则议拟荀、袁。”于后，它无愧范晔《后汉书》，故“世言汉中兴史者，唯范、袁二家而已”[⑤]。

二、《后汉书》的内容和结构

范晔《后汉书》记中国历史上东汉一朝(25—220)的史事，含本纪10卷、列传80卷，共90卷。其记事起于王莽天凤年

① 《后汉纪》卷三十，周天游校注，天津古籍出版社1987年版。
② 《后汉纪》卷三、二二，周天游校注，天津古籍出版社1987年版。
③ 《后汉纪》卷一二，周天游校注，天津古籍出版社1987年版。
④ 《后汉纪》卷二三，周天游校注，天津古籍出版社1987年版。
⑤ 刘知幾《史通·古今正史》，同前引书。

间(14—19),终于东汉献帝建安二十五年(220)冬十月汉献帝"逊位",魏王曹丕称帝,即所谓汉魏禅代。

范晔《后汉书》的10篇本纪,包含《光武帝纪》、《孝明帝纪》、《孝章帝纪》、《孝和孝殇帝纪》、《孝安帝纪》、《孝顺孝冲孝质帝纪》、《孝桓帝纪》、《孝灵帝纪》、《孝献帝纪》以及《皇后纪》。光武是"中兴"之君亦即东汉皇朝"开国"之君,而献帝是"逊位"之君亦即东汉皇朝"亡国"之君。范晔《后汉书》之《皇后纪》,是一个首创。论者认为,这可能是受到华峤《汉后书》的启发①。《后汉书·皇后纪》收入东汉一朝皇后17人,反映了东汉皇朝最高统治集团政治活动的一个重要侧面。范晔首先提出了西汉一朝由于皇后的原因,致使外戚干预政事,造成了严重的后果,他写道:

> 秦并天下,多自骄大,宫备七国,爵列八品。汉兴,因循其号,而妇制莫厘。高祖帷薄不修,孝文衽席无辩。然而选纳尚简,饰玩少华。自武、元之后,世增淫费,至乃掖庭三千,增级十四。妖倖毁政之符,外姻乱邦之迹,前史载之详矣。

范晔明确指出,这方面的教训,"前史"即班固《汉书》都记载得十分详尽。东汉的情况怎样呢?光武"中兴"以后,采取措施,制订制度,一度"矫其弊矣",但自汉章帝以后,情况又发生了变化:

---

① 参见周天游《八家后汉书辑注》下册,其中,华峤《汉后书》佚文有《皇后纪·孝献伏后》片断,同前引书,第515页。

及光武中兴，斫雕为朴，六宫称号，唯皇后、贵人。贵人金印紫绶，奉不过粟数十斛。又置美人、宫人、采女三等，并无爵秩，岁时赏赐充给而已。汉法常因八月算人，遣中大夫与掖庭丞及相工，于洛阳乡中阅视良家童女，年十三以上，二十已下，姿色端丽，合法相者，载还后宫，择视可否，乃用登御。所以明慎聘纳，详求淑哲。明帝聿遵先旨，宫教颇修，登建嫔后，必先令德，内无出阃之言，权无私溺之授，可谓矫其敝矣。向使因设外戚之禁，编著《甲令》，改正后妃之制，贻厥方来，岂不休哉！虽御己有度，而防闲未笃，故孝章以下，渐用色授，恩隆好合，遂忘淄蠹。

这就是说，所谓"矫其弊"，也只是光武帝和明帝时做到了，自章帝以下，又重蹈覆辙了。其结果是："东京皇统屡绝，权归女主，外立者四帝，临朝者六后，莫不定策帷帘，委事父兄，贪孩童以久其政，抑明贤以专其威。任重道悠，利深祸速。身犯雾露于云台之上，家婴缧绁于圄犴之下。湮灭连踵，倾辀继路。而赴蹈不息，燋烂为期，终于陵夷大运，沦亡神宝。"当然，东汉的灭亡，并不只是这方面的原因所致，但皇后和外戚的干预政事，毕竟是造成其政治紊乱的重要原因之一。从这个意义上说，范晔把皇后立为"本纪"来写，是有其深意的。范晔还说，他撰写《后汉书·皇后纪》，是"以缵西京《外戚》"[①]，即接续班固《汉书·外戚传》。这不论是从历史见识上，还是从历史编纂上，都反映了范晔对班固《汉书》的重视。

① 以上所引均见《后汉书》卷一〇上《皇后纪上》序。

《后汉书》的专传，本有严格的类例思想。这一点，清代史家赵翼揭示得十分清晰。赵翼立足于史学家的观点，指出范晔《后汉书》列传的编次有以下四种情况：

第一种情况，是本来意义上的类传，如《循吏》、《酷吏》、《宦者》、《儒林》、《文苑》、《独行》、《方术》、《逸民》等传，均是"各以类相从"①，这应是通例。

第二种情况，是"其他列传自应以时代之先后分别编次，乃范《书》又有不拘时代，而各就其人之生平以类相从者"。本来意义上的类传，其传主是在职业、身份、行为等方面"以类相从"的。这里说的"就其人之生平以类相从者"的含义是什么呢？赵翼指出：此亦本之《史记》，如老子与韩非同传、屈原与贾谊同传、鲁仲连与邹阳同传等，"但以类相从，不拘时代"，这是明确地指出史学的家法了。赵翼认为，《汉书》的列传编次，也多用此例。而对于《后汉书》的"亦仿此例"，赵翼则详细列举有关各卷，予以证明：

——卓茂本在云台图像内，乃与鲁恭、魏霸、刘宽等同卷，"以其皆以治行著也"。

——郭伋、杜诗、孔奋、张堪、廉范，皆国初人；王堂、苏章，皆安帝时人；羊续、贾琮、陆康，皆桓、灵时人，而同为一卷，"亦以其治行卓著也"。

——张纯，国初人；郑康成，汉末人，而亦同卷，"以其深于经学也"。

——张宗、法雄，国初人；度尚、杨璇，汉末人，而亦同卷，

① 赵翼《廿二史札记》卷四"《后汉书》编次订正"条，同前引书。下引不作注者同此。

“以其皆为郡守能讨贼也”。

——王充，国初人；王符、仲长统，汉末人，而亦同卷，“以其皆著书恬于荣利也”。

——邓彪、张禹、徐防、胡广等同卷，“以其皆和光取荣，人品相似也”。

——袁安、张辅、韩陵、周荣、郭躬、陈宠等同卷，“以其皆明于法律，决狱平允也”。

——班超、梁慬同卷，“以其立功绝域也”。

——杨终、李法、翟酺、应奉同卷，“以其文学也”。

——杜根、刘陶、李云同卷，“以其皆仗节能直谏也”。

——樊宏、樊儵、樊准、阴识、阴兴、阴就同卷，“以其皆外戚，而有功绩可纪，故不入《外戚》，而仍列一卷也”。

——苏竟、杨厚、郎𫖮、襄楷同卷，“以其皆明于天文，能以之规切时政也”。

——周燮、黄宪、徐穉、姜肱、申屠蟠同卷，“以其皆高士也”。

赵翼总结说，凡此等等，皆“编次之用意也”。正是因为赵翼读史之认真细致，思想之纵横驰骋，观察问题之敏锐深刻，才能把范晔的编次之旨揭示得如此透彻。不仅如此，通过上举十多种“以类相从”的历史人物传记，人们也可以从一个方面去认识东汉的历史。当然，有些人物之所以同卷，其深意所在，尚需作进一步阐发。对此，我们在下面的论述中还会有所涉及。

第三种情况，是“同事者用类叙法”，以达到“简而该”的目的。赵翼举例如下：

《卓茂传》叙当时与茂俱不仕莽者孔休、蔡勋、刘宣、龚胜、鲍宣等五人,《来历传》叙同谏废太子者祋讽、刘玮、薛皓、闾邱弘、陈光、赵代、施延、朱伥、第五颉、曹成、李尤、张敬、龚调、孔显、徐崇、乐闱、郑安世等十七人,此等既不能各立一传,而其事可传,又不忍没其姓氏,故立一人传,而同事者用类叙法,尽附见于此一人传内,亦见其简而该也。

这种“类叙法”的优点,正是它的必要性所决定的。这种“类叙法”,在反映历史面貌方面,既避免了把历史事件看作孤立的行为,又避免了主次不分的偏颇;在历史编纂的层面上,既避免了烦冗,又避免了疏漏。这种“类叙法”,比袁宏运用的“连类列举”的方法更加灵活,也更富于历史内涵。

第四种情况,是“详简得宜”。所谓“详简得宜”,既非“以类相从”,亦非“类叙”之法,而是指对于相关联的人和事,在表述的“详”和“简”的处置上做得合情合理,“而无复出叠见之弊者”。赵翼就《后汉书》所记举例如下:

——《吴汉传》叙其破公孙述之功,则《述传》不复详载。

——《耿弇传》叙其破降张步之功,则《步传》亦不复详载。

——宦者孙程以张防诬构虞诩,上殿力争,事见《诩传》,则《程传》不复载。

——张俭奏劾中常侍侯览,籍没其家,事见《览传》,则《俭传》不复载。俭避难投孔褒,褒弟融藏之,后事泄,褒兄弟争相死,事见《融传》,则《俭传》不复载。

——张让矫杀何进,事见《进传》,则《让传》不复载。

——刘虞以十万众攻公孙瓒,事见《虞传》,则《瓒传》不复载。

——袁绍尽诛宦官二千余人，无少长皆死，事见《何进传》，则《绍传》不复载。等等。

赵翼概括地写道："此更可见其悉心核订，以避繁复也。"这种史事编次上的"详简得宜"的一个关键所在，是判断某人发生某事，置于某传中更为重要，故其事未毕载于某人之本传。可见，这不只是对于历史文献的处理问题，而且还必须具备统筹全局的历史见识。赵翼评论说，由此更可见范晔对史事的"悉心核订"，可谓知言。

尽管"以类相从"与"类叙法"是范晔《后汉书》编次杂传的突出特点，但《后汉书》的杂传仍有一些是"以时代之先后分别编次"的，惟其如此，也就于常例之中更显示出它的特色和价值了。如隗嚣、公孙述、邓禹、寇恂、耿弇、窦融、马援、桓谭、冯衍、梁统、桓荣、丁鸿、班彪、崔骃、杨宽、李固、杜乔、皇甫嵩、朱儁、袁绍、刘表等，都是东汉不同时期的代表人物，或专传，或二人合传，大致依时间顺序编次。因此，范晔《后汉书》的列传部分，并不会因为有"以类相从"和"类叙法"的运用而模糊了历史人物与历史事件之关系发展的脉络，而是更加丰富了人们对东汉历史人物和社会风貌的认识。

现在我们再来考察范晔《后汉书》的类传，即本来意义上的类传。它们是：《循吏列传》、《酷吏列传》、《宦者列传》、《儒林列传》(上、下)、《文苑列传》(上、下)、《独行列传》、《方术列传》(上、下)、《逸民列传》、《列女传》，还有《党锢列传》，凡 10 类。应当说，这些类传均非范晔首创，而是他以前的史家所创立的。从这里可以看出史学发展上的继承关系是多么重要，同时也可以看出范晔对以往史学家撰述的重视。值得注意的是，当范晔所参考的诸家东汉史纷纷散佚后，范晔所继承的许多类传，在后人看来，便成了开创性的著作了。如文苑、宦者、独行、逸民、方术、列女、党锢等类传，就显得格外重要。其所以重要，是因为它们反映了时代的特点和社会的风尚，也反映了东汉时期统治阶层内部斗争的格局和思想领域发展的趋势。从一定意义上说，范晔《后汉书》类传乃是东汉社会的时代符号。

从政治上看，《宦者列传》和《党锢列传》从两个不同的方面反映了统治阶层内部斗争的激烈程度与残酷局面。东汉宦官的当权、奢侈和霸道是中国历史上前所未有的。从汉和帝到汉明帝时期，是宦官势力逐渐膨胀的阶段。宦官的身份已远远超出了“掖廷永巷之职，闺牖房闼之任”的范围，而成了“手握王爵，口含天宪”的权势人物。他们有“举动回山海，呼吸变霜露”的淫威，以致于弄得“纲纪大乱”[①]。他们“府署第馆，棋列于都鄙；子弟支附，过半于州国”；各种宝物，“盈仞珍藏”；歌童、舞女，“充备绮室”。凡此，皆“剥割萌黎，竞恣奢欲”。他们横行霸道，“构害明贤，专树党类”，“败国蠹政之事，不可单书”。到了东汉末年，袁绍尽诛宦官，“芟夷无余”，“以暴易乱”，东汉也就随之瓦解了。

东汉的“党锢”之议，是东汉宦官势力、官僚势力和外戚势力围绕皇权而展开斗争的结果，是汉桓帝、汉灵帝时期的重大事件之一，而“党人”乃是这个斗争的焦点和牺牲品。上文讲到，宦官的政治手段之一是“构害明贤，专树党类”，“造设党

① 以上均见《后汉书》卷七八《宦者列传》序。以下引此，不另注。

议"[1]，残害异己。官僚及太学生等在"共为部党，诽讪朝廷，疑乱风俗"的罪名之下，于汉桓帝时被捕者二百余人，后虽"赦归田里"，但却"禁锢终身"；于灵帝时，逮捕"前党"百余人，"皆死狱中"，又对一些"自此诸为怨隙者""滥入党中"，"其死徙废禁者，六七百人"。更有甚者，"又诏州郡更考党人门生故吏父子兄弟，其在位者，免官禁锢，爰及五属"[2]。对于上述这一重大事件，史称"党锢之祸"。

《后汉书·党锢列传》就是为"党人"立传，并在序、论之中发表了评论，表明著者对这一事件的态度。范晔在《党锢列传》序文中首先指出了所谓"党议"产生的政治背景，继而又精辟地概括了"党锢"的始末。在序文的结束处，范晔写到了《党锢列传》的内容：

> 凡党事始自甘陵、汝南，成于李膺、张俭，海内涂炭，二十余年，诸所蔓衍，皆天下善士。三君、八俊等三十五人，其名迹存者，并载乎篇。陈蕃、窦武、王畅、刘表、度尚、郭林宗别有传。荀翌附祖《淑传》。张邈附《吕布传》。胡母班附《袁绍传》。王考字文祖，东平寿张人，冀州刺史；秦周字平王，陈留平丘人，北海相；蕃向字嘉景，鲁国人，郎中；王璋字伯仪，东莱曲城人，少府卿：位行并不显。翟超，山阳太守，事在《陈蕃传》，字及郡县未详。朱宇，沛人，与杜密等俱死狱中。唯赵典名见而已。

① 《后汉书》卷六九《窦何列传》窦武语。

② 《后汉书》卷六七《党锢列传》。以下不注者，均见此。

所谓“海内涂炭，二十余年，诸所蔓衍，皆天下善士”，就是范晔对这一历史事件的本质概括。通观全传，其中是非曲直，跃然纸上。其所说“其名迹存者，并载乎篇”，足以表明范晔的深寄同情之心和史家责任之重的自觉。六百多年后，宋人王安石有《读后汉书》诗作一首，所咏即关于“党锢”。其诗云：

锢党纷纷果是非，
当时高士见精微。
可怜窦武陈蕃辈，
欲与天争汉鼎归。①

诗中提到的窦武、陈蕃，前者是桓帝时外戚，后者是桓帝时太傅，二人因谋诛宦官而被宦官所害，事见《后汉书》本传。诗中所说的“天”，或是讥指权倾天下的宦官集团，其中意味深长，令人深思。

范晔《后汉书》的《方术列传》、《逸民列传》，反映了当时的社会风尚，也在一定程度上同当时的政治有关联。关于方术，范晔指出：由于汉武帝好方术，王莽矫用符命，光武帝好谶言，社会风气败坏，以致于发展到“尚奇文，贵异数，不乏于时”的地步。这种社会风气的形成，是同统治者的提倡有关系的。关于“逸民”的出现，虽有种种不同的情形，但都与政治形势有直接、间接的关系。范晔所谓“帝德稍衰，邪孽当朝，处子耿介，羞与卿相等列，至乃抗愤而不顾，多失其中行焉”，讲的就

① 王安石《王文公文集》卷七三，上海人民出版社 1974 年版。

是东汉后期的情况。

范晔《后汉书》的《独行列传》和《列女传》，反映了社会生活中常常被人们所忽略的现象。所谓"独行"，是"一介之夫"也能"成名立方"者。至于把《列女传》纳入纪传体史书，作为类传之一看待，无疑是范晔的首创。范晔认为："若夫贤妃助国君之政，哲妇隆家人之道，高士弘清淳之风，贞女亮明白之节，则其徽美未殊也，而世典咸漏焉。"①范晔正是补"世典"之所"漏"而作《列女传》，其意可谓深矣。

范晔《后汉书》新设的类传，还有一篇是《文苑列传》。这篇传记的特点是突出文章之贵，撰述方法是以文传人。按范晔《后汉书》诸类传之例，《文苑列传》本应有序有论，以明著者撰述宗旨，现无序、论，疑为流传中所佚失。范晔在"赞"中说："情志既动，篇辞为贵。"②"篇辞"之所以"为贵"，是因为它同人们的心志、同社会的风尚，以至于同国家政治面貌都有关系。正因为文章为贵，故应讲求文章之道，所谓"言观丽则，永监淫费"，是说文章要把握法度，避免浮词赘语。这反映了范晔对文章的性质与要求都有自己的见解。《文苑列传》收入了不少人的作品。如收入杜笃的《论都赋》，写的是"以关中表里山河，先帝旧京，不宜改营洛邑"。又如收入傅毅的《迪志诗》，咏的是人当笃志勤学，不可懈怠放逸。又如收入崔琦的《外戚箴》，意谓外戚应总结历史上的经验教训，善于自处。又如收入赵壹的《刺世疾邪赋》，以抒发自己胸中愤世嫉俗的"怨愤"郁积。又如收入刘梁的《辩和同之论》，意在辨析人们往往见

① 《后汉书》卷八四《列女传》序。
② 《后汉书》卷八〇下《文苑列传下》。下列此传不另注。

到的"有违而得道,有顺而失义,有爱而为害,有恶而为美"的现象,"考之以义"。又如收入边让的《章华赋》,范晔认为它"亦如[司马]相如之讽也",等等。总之,《文苑列传》以文章为贵,而其本质则是反映了士人以文章的形式所表达的对人生、社会、时代的认识及所持的态度。

综上,我们可以看出,范晔《后汉书》的类传确有许多独到之处,在历史编纂方面和历史思想方面都有值得重视的创见。其《循吏列传》、《酷吏列传》自与政治面貌相关联,《儒林列传》亦与思想文化传统相关联,它们都明确地继承了《史记》、《汉书》的传统,本书在以后的章节中将加以讨论,这里就不阐述了。

范晔《后汉书》的民族传记,他称为"六夷"①,即:《东夷列传》、《南蛮西南夷列传》、《西羌传》、《西域传》、《南匈奴列传》、《乌桓鲜卑列传》。为民族作传,始于司马迁《史记》,班固《汉书》有所继承,而民族思想则与前者相异趣。范晔《后汉书》的民族传,自与《史记》、《汉书》相联系,但似也有更为直接的借鉴,如:谢承《后汉书》有《东夷列传》;司马彪《续汉书》有《西南夷传》、《南匈奴传》等。这些民族传记在地区划分和具体名称上,都会对范晔《后汉书》民族传记的撰写产生影响。值得注意的是,范晔《后汉书》在民族传记的撰写上,有两点是很突出的:第一,是他的恢廓的民族视野;第二,是他的进步的民族观和民族史观。这两点,都是对司马迁《史记》的继承和发展。本书有专章对此作全面的阐述。

---

① 范晔《狱中与诸甥侄书》,见《宋书》卷六九《范晔传》;又见《后汉书》书后附录。

范晔《后汉书》虽只有纪、传两个部分，但其内容之丰富、结构之严整使其能够超越以前的同类史书而卓然自立。范晔在《狱中与诸甥侄书》中写到他撰写《后汉书》是有具体的设计的，即所谓"纪传例为举其大略耳，诸细意甚多"。可惜他的有关"纪传例"已佚，现在我们只能根据《后汉书》纪、传本身对其进行分析了。不过这里有一个掌故还是有必要提及的。隋朝史家魏澹奉命撰写《魏书》，使其区别于北齐史家魏收所撰《魏书》。魏澹撰《魏书》有"例"一卷，其中在论及纪传体史书与编年体史书的渊源时，引证了范晔的话："《春秋》者，文既总略，好失事形，今之拟作，所以为短。纪传者，史、班之所变也，网罗一代，事义周悉，适之后学，此焉为优，故继而述之。"[①]当然，魏澹是不赞成范晔的这个说法的，认为："范晔此言，岂直非圣人之无法，又失马迁之意旨。"这是在严厉批评范晔目无"圣人"而又背离史迁了。其实，这也不过是范晔评论编年、纪传两种体裁的长短罢了。问题在于，魏澹所引范晔语，是否可信。根据我们的看法，从以下两个方面来看，范晔在他的"纪传例"中说这样的话，是可能的。第一，他是一个"实话实说"的人，说话、作文都不会闪烁其词，含含糊糊，他从史书编纂的角度指出《春秋》"文既总略，好失事形"，应是符合事实的，与"非圣"无涉。第二，从范晔对司马迁的宗仰来看，他要继承他们的传统并有所发展，这也是符合事实的，当然也谈不上背离司马迁的"意旨"了。可以说，魏澹对范晔的批评，反倒衬托出范晔的勇气和卓识。

① 《隋书》卷五八《魏澹传》，中华书局 1973 年版。

三、《后汉书》的流传和影响

范晔《后汉书》问世后，得以广泛流传，而其他诸家东汉史除袁宏《后汉纪》外，都渐次散佚。唐代史家刘知幾评论说：关于东汉史，只剩下袁、范两家角力争先[1]，这足以表明范晔《后汉书》在唐初的流传和影响。可以认为，这种影响一直保持到今天。

范晔《后汉书》在流传过程中，不断有人为其作注释、校勘、补撰，也不断有人对其作出评价。

较早为范晔《后汉书》作注的，是南朝萧梁时期平原高唐（今山东济南东北）人刘昭，他是刘宋宗室的后裔，梁武帝时任官尚书仓部郎、无锡令等。其伯父刘肜曾"集众家《晋书》注干宝《晋纪》为四十卷"。刘昭"勤学善属文"，他或许是受到家学的影响，乃"集《后汉》同异以注范晔书，世称博悉"[2]。刘昭在注范晔《后汉书》的过程中，深刻地认识到："范晔《后汉》，良诚跨众氏，序或未周，志遂全阙。"在高度评价范书的同时，他也深以为憾。于是他想到司马彪《续汉书》中的志，认为：司马彪的《续汉书》在总结前人所得的基础上"总为八志"，从而达到了"籍据前修，以济一家"之目的，故"王教之要，国典之源，粲然略备，可得而知矣"。刘昭指出，以司马彪《续汉书》志之所长，补范晔《后汉书》无志之阙，有两个根据可以成立。第一，这并不有悖范晔作史之旨，即"晔遗书自序，应遍作诸志，

---

① 刘知幾《史通·二体》，同前引书。

② 以上均见《梁书》卷四九《文学上·刘昭传》，中华书局 1973 年版。

《前汉》有者，悉欲备制，卷中发论，以正得失，书虽未明，其大旨也”。由此可见，刘昭既注前人之书又深得前人撰述之旨，实为难能可贵。第二，这种做法，古已有之，“昔褚生补子长之削少，马氏接孟坚之不毕，相成之义，古有之矣。引彼先志，又何猜焉！”①要之，刘昭对范晔《后汉书》做了两件事，一是为其作注，二是借《续汉书》之志为其补志。从这个意义上说，刘昭对于范晔《后汉书》的流传作出了最重要的贡献。刘昭为范晔《后汉书》纪、传所作的注，今已难以分辨；他为司马彪《续汉书》志所作的注流传至今，对后人的阅读和研究有很大的益处。刘昭作注，讲求体例，尤其注意区别“本注”与己注的界限。他指出：“本注既久，是注曰百官簿，今昭又采异同，俱为细字，如或相冒，兼应注本注，尤须分显，故凡是旧注，通为大书，称‘本注曰’，以表其异。”②由此亦可见刘昭治学的严谨。

在刘昭之后为范晔《后汉书》作注的各家当中，以唐初李贤太子等成就最大。李贤等注《后汉书》与刘昭有两点不同之处：一是刘昭系独力作注，李贤等系众人作注；二是刘昭重在“异同”即史事上着眼，李贤等重在训诂上用力。史载：唐高宗仪凤元年(676)十二月，“皇太子贤上所注《后汉书》。初，太子右庶子张太安，洗马刘讷言，洛州司户参军格希元，学士许叔牙、成玄一、史藏诸、周宝宁等同注范晔《后汉书》，诏付秘书省。”③

---

① 以上所引，均见刘昭《后汉书注补志序》，见《后汉书》中华书局点校本书后附录。

② 司马彪《续汉书·百官志一》卷首注 2。

③ 《唐会要》卷三六“修撰”，中华书局 1955 年版；《旧唐书》卷八六《章怀太子贤传》略同，中华书局 1975 年版。

今传《后汉书》，其纪、传，范晔撰、李贤等注；其志，司马彪撰、刘昭注。正是由于这许多人的努力，给后人留下这份珍贵的遗产。

范晔《后汉书》在流传过程中，众人传抄，历时既久，必有讹误。北宋时，刘攽于英宗治平三年（1066），撰成《东汉刊误》一书，对《后汉书》中的讹谬、衍脱、颠倒之处，多有校正。这是对《后汉书》一次重要的整理工作。刘攽还同刘敞、刘世奉对《汉书》作了与此相近的整理工作，撰成《三刘汉书标注》。这两部书，是当时有关史书校勘的名作，受到后人的重视。清人对《后汉书》的校勘和注释也作出了重要贡献，其中以惠栋的《后汉书补注》和沈钦韩的《后汉书疏证》最有影响。近人王先谦作《后汉书集解》，是《后汉书》历代注释的集大成者。

自宋以下，对范晔《后汉书》作补撰者，亦往往有之。首先是补撰史表。《史记》、《汉书》、《新唐书》的史表都有很高的价值，为历代学人所重。范晔《后汉书》无志，早有刘昭"借志补之"。至于表，宋人熊方补之于前，但颇单薄、简括。清人钱大昭补之于后，所补赅博、细致，凡诸侯王、王子侯、功臣侯、外戚恩泽侯、宦者侯、公卿等，各为表以显示之。此外，对于"艺文志"的补作，也为学者所关注。清人钱大昭撰《补续汉书艺文志》，侯康撰《补后汉书艺文志》，姚振宗撰《后汉艺文志》。就书名而论，钱氏最确切，因为《后汉书》中的志本来自《续汉书》，自当为《续汉书》补之。侯氏书名，实已把范晔《后汉书》纪、传与司马彪《续汉书》志视为一体，如作这种理解，自无不可。而姚氏书名，似不很确切，所谓"后汉"，本应作时代来理解，但在这里只能理解为《后汉书》才是。当然，从补作的内容来看，姚振宗的《后汉艺文志》最为翔实，它分经部为 11 类，史部15类，子部12类，集部4类并附佛、道之书。显然，这是继承了自《隋书·经籍志》至《四库全书总目》的文献分类传统。今天人们阅读范晔《后汉书》，参考姚振宗的《后汉艺文志》是很有必要的。

不论是注释、校勘，还是种种补作，都表明了范晔《后汉书》历来为人们所关注，受到人们的重视，当然，这也反映出它所具有的重要影响。在诸家东汉史尚存的南朝，范晔《后汉书》在齐、梁时期就受到各方面的好评。史注家刘昭说它"良诚跨众氏"，故才毅然"借"他人之述作，补范晔之缺憾，成就了中国史学史上一件盛事。文章家萧统编纂《文选》，设"史论"一目，采辑了范晔《后汉书》中的五首论赞，即"《范蔚宗后汉书·皇后纪》论"、《范蔚宗后汉书·二十八将传论》、"《宦者传》论"、"《逸民传》论"、"《范蔚宗后汉书·光武纪》赞"(此篇列于"史述赞")①，从而开后世文选之书必选史论的先河。这都反映了范晔《后汉书》广泛的社会影响。

大约在范晔《后汉书》问世二百六十七十年后，盛唐时期的史学评论家刘知幾在简述了范晔以前的东汉史撰述后，对范晔《后汉书》作了这样的评价：

> 至宋宣城太守范晔，乃广集学徒，穷览旧籍，删烦补略，作《后汉书》，凡十纪、十志、八十列传，合为百篇。会晔以罪被收，其十志亦未成而死。先是，晋东阳太守袁宏抄撮《汉氏后书》，依荀悦体，著《后汉

① 见萧统《文选》卷四九至五〇，同前引书。

纪》三十篇。世言汉中兴史者，唯范、袁二家而已。[①]

当时的人们所能见到的东汉史著作尚有多种，然“世言汉中兴史者，唯范、袁二家而已”，这反映了盛唐时期人们对范晔《后汉书》较广泛的认同和称赞。中唐时，在德宗、宣宗、文宗朝任职至右仆射、刑部尚书、领忠武军节度的殷侑，曾向皇帝上《请试史学奏》，他写道：

> 历代史书，皆记当时善恶，系以褒贬，垂谕劝戒。其司马迁《史记》，班固、范蔚宗两《汉书》，旨义详明，惩恶劝善，亚于六经，堪为代教。伏惟国朝故事，国子学有文史直者，宏文馆宏文生并试以《史记》、两《汉书》、《三国志》。又有一史科。近日已来，史学都废，至于有身处班列，朝廷旧章，昧而莫知者，况乎前代之载，焉能知之？伏请量前件史科，每史问大义一百条、策三道，义通七、策通二以上为及第，能通一史者，白身请同五经一传例处分，其有出身及前资官应者，请同学究一经别处分；其有出身及前资官，稍优与处分；其三史皆通者，请录奏闻，特加奖擢。仍请班下两都国子监，任生徒习。[②]

这篇奏疏反映出在唐代，不论是国子学，还是宏文馆的宏文生，都应研读《史记》、《汉书》、《后汉书》，此外科举考试还有

① 刘知幾《史通·古今正史》，同前引书。
② 《全唐文》卷七五七，中华书局1983年版。

“史科”，考试内容略同。殷侑所批评的，是“史学”不像早先那样受到重视，因而有此奏疏。范晔《后汉书》的影响，于此可见一斑。

宋人对于范晔《后汉书》的评价显得平平。晁公武在介绍了范晔自己所说撰述思想与方法后写道：“然世多讥晔创为《皇后纪》，及采《风俗通》中王乔、《抱朴子》中左慈等诡谲事，列之于传，又赞辞佻巧，失史之体云。”①陈振孙则云：“蔚宗乃删取众书，成一家之作。其自视甚不薄，谓诸传、序、论，精意深旨，实天下之奇作。然颇有略取前人旧文者，注中亦著其所从出。至于论后有赞，尤自以为杰思，殆无一字虚设。自今观之，几于赘矣。”②晁、陈二人的评论多着眼于编纂方面的若干细节问题，但陈振孙还是肯定了范晔《后汉书》的“成一家之作”。宋人中对范晔《后汉书》作比较深入评论的，当是叶适，他写道：

> 至后汉始有史官，东观著记，前后相承，范晔所以能述史于二百年之后，由有诸家旧书也。然东汉虽有著记，而当时风俗之质则不如前汉，而所载多溢词。又，胡广、蔡邕父子竟不能成书，故一代典章，终以放失。范晔类次齐整，用律精深，但见识有限，体致局弱，为可恨耳。其序论欲于班固之上增华积靡，

---

① 晁公武《郡斋读书志》卷五，正史类“后汉书”条，孙猛校证，上海古籍出版社 1990 年版。

② 陈振孙《直斋书录解题》卷四，正史类“后汉书”条，上海古籍出版社 1987 年版。

> 缕贴绮绣以就篇帙，而自谓“笔势纵放，实天下之奇作”；盖宋、齐以来文字，自应如此，不足怪也。[①]

叶适充分肯定了范晔的“类次齐整，用律精深”，这是对于前史“所载多溢词”的修正和提升，是范晔《后汉书》在编纂上的重要成就。叶适对于范晔自谓“笔势纵放，实天下之奇作”也表示理解和宽容，认为“宋、齐以来文字，自应如此”，显示出与他人不同的看法。至于叶适说的“体致局弱，为可恨耳”，或许是指范晔《后汉书》无表、无志，不够完善；所谓“可恨”，似可理解为“可憾”之意。其评价虽不如唐人之积极，但也大致近于中肯。

上文说到，清人对范晔《后汉书》的注释和补作用力甚勤，其评论也最为丰富，显示出他们对范晔《后汉书》的重视。其中，以赵翼对范晔《后汉书》的研究和评论最为深刻，最具有代表性。不仅如此，他在这方面的研究和评论，也超过了历史上诸多学人对范晔《后汉书》的研究和评论。赵翼《廿二史札记》中有两卷多的篇帙论及《后汉书》所记史事的重大问题，而从史学的角度评论范晔《后汉书》的主要有三则：“《后汉书》编次订正”、“《后汉书》间有疏漏处”、“《后汉书》、《三国志》书法不同处”。这三则，涉及范晔《后汉书》的编次、疏漏和书法，评论的角度是多方面的。前两则，上文已经讲到，这里着重讲后面一则，即“《后汉书》、《三国志》书法不同处”。在这一问题上，赵翼列举诸多对比之事实，强调了一个历史撰述原则，即史家

---

① 叶适《习学记言序目》卷二六“后汉书三 · 总论”条，中华书局 1977 年版。

书法应当遵循的“正法”是什么。他写道：

《后汉书》与《三国志》，论时代则后汉在前，而作史则《三国志》先成，且百余年也。自《三国志·魏纪》创为回护之法，历代本纪遂皆奉以为式，延及《旧唐书》、《旧五代史》，犹皆遵之。其间虽有习凿齿欲黜魏正统，萧颖士欲改书司马昭弑君，而迄莫能更正。直至欧阳公作《五代史》及修《新唐书》，始改从《春秋》书法，以寓褒贬。而范蔚宗于《三国志》方行之时，独不从其例。观《献帝纪》，犹有《春秋》遗法焉。虽陈寿修书于晋，不能无所讳，蔚宗修书于宋，已隔两朝，可以据事直书，固其所值之时不同，然史法究应如是也。陈寿《魏纪》书天子以公领冀州牧，蔚宗《献帝纪》则曰曹操自领冀州牧。《魏纪》，汉罢三公官，置丞相，以公为丞相，《献纪》则曰曹操自为丞相。《魏纪》，天子使郗虑策命公为魏公，加九锡，《献纪》则曰曹操自立为魏公，加九锡。《魏纪》，汉皇后伏氏，坐与父完书，云帝以董承被诛怨恨公，后废黜死，兄弟皆伏法，《献纪》则曰曹操杀皇后伏氏，灭其族及其二子。《魏纪》，天子进公爵为魏王，《献纪》则曰曹操自进号魏王。《魏纪》，韦晃等反，攻许，烧丞相长史王必营，必与严巨（匡）讨斩之，《献纪》则曰耿纪、韦晃起兵诛曹操，不克，夷三族。至禅代之际，《魏纪》书汉帝以众望在魏，乃召群公卿士，使张音奉玺绶禅位，《献纪》则曰魏王丕称天子，奉帝为山阳公。他如董承、孔融等之诛，皆书操杀，此史家正法也。[1]

上文所举诸例，一是“正统”问题，二是在东汉末年许多重大事件上汉献帝（间亦含有他人）与曹操谁是主动谁是被动的问题，三是“禅代”真相问题。关于三国时期的历史记载，以谁为“正统”的问题，历来有所争论，至司马光主编《资治通鉴》，仍用陈寿《三国志》之法，以魏为“正统”。关于“禅代”真相，本是汉献帝被迫“退位”，亦如后来魏晋“禅代”，作为晋的史臣，陈寿自难明言。关键是在一些重大问题的处置上，汉献帝与曹操，谁为主动，谁系被动？这当然涉及撰述者是否遵循“史家正法”了。赵翼文中以陈寿《三国志·魏书·武帝纪》（简称《魏纪》）与范晔《后汉书·献帝纪》两两比较，指出范晔书法“犹有《春秋》遗法焉”，意在批评陈寿书法、肯定范晔书法。当然，赵翼在史学批评方面，是通情达理的。所以他说“陈寿修书于晋，不能无所讳，蔚宗修书于宋，已隔两朝，可以据事直书，固其所值之时不同，然史法究应如是也”。可见赵翼反复致意的，还是修史的原则，即所谓“史家正法”。值得注意的是，范晔的书法是否受到了家学的熏陶，即受到其祖父范宁的《春秋穀梁传》之学的影响，此处不曾明说，但是却给人们留下了联系与思考的空间。

赵翼以范晔《后汉书》同陈寿《三国志》作比较研究，还表现在对二书有相同传主之记述文字的详略作了说明，他这样写道：“至汉末诸臣，如董卓、袁绍、刘表、吕布、袁术、公孙瓒、

① 赵翼《廿二史札记》卷六，同前引书。

陶谦、刘焉等，二书各有传。今两相比较，繁简互有不同，大概同作一传，则后人视前人所有者必节之，前人所无者必增之，以见其不雷同抄袭。”对此，赵翼一一举例，予以证明，进而作出结论说：“此可以彼此参观者也。”当然，在比较中也会发现个别特殊情况，如“惟《荀彧》一传，陈寿以其为（曹）操谋主，已列魏臣传内，蔚宗以其乃心王室，特编入汉臣，此则其主持公道处”。这是再次肯定范晔的见识。但是，赵翼也发现了陈寿在处置《荀彧传》时的深意，他写道：“寿《志》虽列之于魏臣，而传末云，彧死之明年，曹公遂加九锡，可见彧不死操尚不得僭窃也，则蔚宗之编入汉臣，自是公论也。”这反映了赵翼读书之仔细，思想之敏锐，见解之深刻，并进一步证明范晔处置之得当。

通过比较研究，赵翼还得到一个结论，这就是：“二书不同，盖皆各有所据，固可两存其说。”①他分别举《袁绍传》、《吕布传》、《董卓传》等为例，以证其说，令人信服。

从以上这些事实可见，赵翼作为一个历史考证学者和史学批评家，他的严谨学风和理性精神，是多么紧密地结合在一起。

关于范晔《后汉书》的版本，以及它与司马彪《续汉书》志的分合，也是它在流传中的一个重要问题，历代学人都有过一些说法。宋人陈振孙考察了这个问题，指出：

> 蔚宗本书，隋、唐志皆九十七卷。今书纪、传共

① 以上所引，均见赵翼《廿二史札记》卷六“《后汉书》《三国志》书法不同处”条，同前引书。

> 九十卷，盖未尝有志也。刘昭所注，乃司马彪《续汉书》之八志尔，序文固云范志今阙，乃借旧志注以补之。其与范氏纪、传自别为一书。其后，纪、传孤行，而志不显。至本朝乾兴初，判国子监孙奭始建议校勘，但云补亡补阙，而不著其为彪书也。《馆阁书目》乃直以百二十卷并称蔚宗撰，益非是。今考章怀注所引称《续汉志》者，文与今志同，信其为彪书不疑。①

从陈振孙的这段文字来看，宋以前，范晔《后汉书》虽已有刘昭为其"借旧志注以补之"，但范晔《后汉书》的纪、传与司马彪《续汉书》的志仍是"自别为一书"。到了北宋真宗乾兴元年(1022)，根据孙奭的建议，在校勘的基础上把二者会为一书，但合起来后并未注明"志"本是司马彪《续汉书》中的志，而是径直说成是"补亡"、"补阙"。《馆阁书目》更是直接著录为纪、传、志 120 卷全出于范晔所撰，这就大错特错了。如其所说，则这二者的分合本已十分清楚。

但是，清代"四库"馆臣却转述他人提出的一个新的说法，即"杜佑《通典》述科举之制，以《后汉书》、《续汉志》连类而举，疑唐以前已并八志入范书"②。今查杜佑《通典》有关范晔《后汉书》、司马彪《续汉书》与科举之关系的记载，作者在叙述《选举典》的"举人条例"时有如下一段文字：

---

① 陈振孙《直斋书录解题》卷四正史类"后汉志"条。

② 《四库全书总目》卷四五正史类一"《后汉书》提要"，中华书局1965 年版。

> 其史书，《史记》为一史，《汉书》为一史，《后汉书》并刘昭所注《志》为一史，《三国志》为一史，《晋书》为一史，李延寿《南史》为一史，《北史》为一史。习《南史》者，兼通《宋》、《齐》志；习《北史》者，通《后魏》、《隋书》志。自宋以后，史书烦碎冗长，请但问政理成败所因，及其人物损益关于当代者，其余一切不问。国朝自高祖以下及《睿宗实录》，并《贞观政要》，共为一史。①

当然，从这里人们可以毫无疑义地看到范晔《后汉书》和“刘昭所注《志》”即司马彪《续汉书》志二者之间的密切关系，但由此判断二者已经合并为一书，似尚未可作出这样的结论。陈振孙去唐未远，且举出孙奭建议校勘之事，至为可信。因此，范晔《后汉书》纪、传与司马彪《续汉书》志是在宋以后才合为一书的，但一些误解也就由此而生。

清人钱大昕十分明了这一究竟，他一方面详述其中原委，一方面提出具体建议，他这样写道：

> 刘昭注补《后汉志》三十卷，本自单行，与章怀太子所注《范史》九十卷各别。其并于《范史》，实始于宋乾兴元年。盖因孙奭之请。今北宋椠本，前载乾兴元年十一月十四日牒，具列奭奏，其略云：“范氏作之于前，刘昭述之于后，始因亡逸，终遂补全，缀其遗文，申之奥义。”盖误以志为蔚宗作，不知昭序已明言

① 杜佑《通典》卷一七《选举五》，中华书局1988年版。

> 司马绍统矣。昭本注《范史》纪传，又取司马氏《续汉志》兼注之，以补蔚宗之阙，故于卷首特标注补，明非蔚宗元文也。厥后章怀太子别注《范史》，而刘注遂废，惟志三十卷，则章怀以非范氏书，故注不及焉。而司马、刘二家之书，幸得传留至今。然司马史实名《续汉书》，刘氏以补范阙，因冒《后汉》之名，今既与《范史》并列学官，谓宜改题《续汉志》，以复绍统旧名，且订宋明刊本沿袭之失。①

范晔《后汉书》纪、传与司马彪《续汉书》志合为一书，是合理的，也是中国古代史学史上的一段佳话。但合为一书之后，不应使人们误以为著者为范晔一人，也不应使人误认为二书同名为“后汉书”，因此，钱大昕提出对《续汉书》“宜改题《续汉志》”的建议是合理的。②

随着印刷术的发明和改进，《后汉书》的流传也由手抄发展为刻印了。最早的《后汉书》刻印本产生于宋代，而宋代的许多刻印本流传到现在的只是一些残本；残本中比较完整的是南宋时期的绍兴本，但它也缺了五卷，只能借用别本残册予

---

① 钱大昕《十驾斋养新录》卷六“司马彪《续汉书》志附范史以传”条，上海书店 1983 年版。

② 现今印行的中华书局点校本“二十四史”，对于《后汉书》的题款，在封面上、版权页上和目录上，均反映不出来司马彪《续汉书》志存在，而在第 11、12 两册的扉页上又题作“《后汉书志》”的字样，这些处置，似均不妥。建议中华书局重印《后汉书》时，当在封面上、扉页上、目录上和版权页上，以不同的方式注明“《后汉书》纪传，宋范晔撰，唐李贤等注；《续汉书》志，晋司马彪撰，梁刘昭注补”，以恢复历史真相，也避免后人的再度误解。

以补配，才可成为完帙[①]。此后，较好的版本有元代大德本，明代监本和毛氏汲古阁本，清代有武英殿本。这些版本历来受到人们的重视，但它们在范晔《后汉书》纪、传和司马彪《续汉书》志的处置上或不妥，或有误。现今流传最为广泛的、也是最好的《后汉书》版本，当是中华书局1965年出版的点校本，它吸收了以前各种版本的优点，作了认真的校勘，写出了详细的“校勘记”，便于读者的阅读和研究。但这个版本在范晔《后汉书》纪、传和司马彪《续汉书》志的处置上，似还可以作进一步的改进。

范晔《后汉书》在一千多年的流传中不断扩大它的影响，其价值也显得越来越重要。首先，由于范晔对诸家东汉史的认真整理，从而为后人留下来一部认识东汉历史的最宝贵的文献。范晔自比班固《汉书》，说“整理未必愧也”。经历了一千多年的检验，这句话是站得住脚的。其次，范晔撰写历史十分重视史论，《后汉书》的论赞把中国古代史学的史论向前推进了，也扩大了史论的影响，提高了人们对史论之重要性的认识。千百年来，尽管历代学人对此评价各异，但《后汉书》史论的深刻性与艺术性已为越来越多的史学家所肯定，并给予高度评价。当代学者白寿彝认为：

> 《后汉书》以明文评论史事，采取论赞的形式。它在《后汉书》中的地位，远超过《汉书》中的赞和《三国志》中的评，有时也超过了《史记》中的“太史公曰”。

---

① 参见《后汉书》中华书局点校本《校点说明》第四部分，中华书局1965年版。

> 论一般是指纪传后面的论，差不多每篇都有一首或一首以上。论中又有序论，也称作序，是在《皇后纪》和杂传的前面。论，多是评论历史问题和历史人物，有时也采取讽喻或感慨的形式。赞在每篇纪传后面都有一首，一律用四字一句的韵语写成，或概括史实，或另发新意，多可补论的不足。
>
> 《后汉书》中的论，于继承《史记》、《汉书》的传统外，也受到魏晋以来某种史论的影响。正像秦汉之际的一些人关心古今之变的原因一样，魏晋以来的长期动荡曾推动了一部分历史学者关心较长时期内的历史，因而在梁武帝《通史》以外，还出现了较多的通史性的著述，如吴韦昭撰《洞记》四卷，记庖牺以来至汉魏间事；晋皇甫谧撰《帝王世纪》十卷，记三皇以至汉魏间事。总括一代以至数代兴亡大事的史论，这时也引起一些历史学者的注意了。著名的，如魏曹冏著《六代论》，论夏、商、周、秦、汉、魏的兴亡；晋陆机著《辨亡论》，干宝著《晋纪·总论》，论孙吴、西晋的兴亡；习凿齿临终上疏，论晋宜越魏继汉。《后汉书》的论，就是在这样的时代影响下，发挥了作者的历史见解，其显著的特点就在善于从历史形势的发展上论述古今的变异。[①]

这两段话，概括地指出了范晔《后汉书》史论的样式、特点和时代思潮与它的关系。不论从哪个方面考虑，范晔《后汉书》的

---

① 白寿彝《中国史学史论集》，中华书局 1999 年版，第 140—141 页。

史论，都是显示《后汉书》的影响和价值的重要方面。再次，范晔《后汉书》的成就和价值还突出地反映在思想领域。其史学思想主要表现在历史编纂的类例思想、史家撰述中“以意为主”的主体意识、史论对于发挥史学社会功能的重要性的思想等方面。范晔的历史思想主要表现在“天下决无佛鬼”的无神论方面，天人关系上对“天道”、“人事”、“信顺”等问题的理性认识方面，以及古今联系、历史进程的阶段性认识和历史人物评价的进步观点等方面。其政治思想主要表现在对于治乱盛衰的分析方面，以及关于东汉政治生活中的重大问题的认识和评论。其民族思想主要表现在对多民族国家的认识和民族关系的分析方面。其伦理思想主要表现在强调思想、道德、风俗对于社会秩序的重要作用。

范晔《后汉书》在“整理”史事方面的贡献，我们在上一节中已有论述。范晔《后汉书》在史论上的成就和在思想领域的多方面成就，本书以下各章依次展开讨论。

第四章　史学思想:“以意为主”和追求“自得”

对于任何一个史学家来说,他关于史学方面有关重大问题的认识,不仅是其思想的重要部分,而且是不可或缺的重要部分。在这一章里,我们将论述范晔关于文章与史意的关系,以及史意是史家的根本所在的思想,论述范晔关于史学与总结历史经验的关系,以及史学的社会作用的思想,论述范晔《后汉书》以“类传”为其重要特色的历史编纂思想以及范晔对于集中反映史家思想之史论的认识和要求等等。这些,构成了范晔史学思想的面貌和特点。

在论述上面这些问题之前,有必要对史学家的史学思想和历史思想作一个简要的界定。

在中国古代史学中蕴含着丰富的史学思想。所谓史学思想,其基本范畴和主要问题是:史家的史德、史才、史学、史识,直书与曲笔,史学功用,史学审美,史学与经世,史学批评的理论与方法等。总之,史学思想是关于史学本身的性质及其与社会的关系,史家之修养与批评的理论。它同史家对于客观历史的认识即历史思想有密切的联系,也有明显的区别。

所谓历史思想或历史观念,是指人们对客观历史运动的认识。在中国古代史学中也蕴含着丰富的历史思想,其基本范畴与主要问题大致有:天命与人事的关系,人意、时势、事理的作用,这些是关于历史变动的原因及探求其中内在之“理”的思想;古与今的关系,循环与变化的关系,这些是关于历史与现实之联系,以及历史是否在变动中不断进步的问题;人君、将相和其他各种人物以及民众在历史变动中的作用,这是涉及杰出人物和人民群众之历史地位的评价问题;还有历史鉴戒思想和多民族同源共祖的思想等等。社会存在决定着社会意识。中国史学上的历史思想的发展,是在中国历史发展的基础上演进的,它经历了非常复杂的发展过程。19 世纪后期,西方近代进化论的传入,使中国原有的历史思想发生了一次重大的变革。20 世纪初,马克思主义传入中国,中国史学在历史思想领域产生了革命性的变革。当然,这两次变革,都同中国固有的历史思想中的进步因素有直接的联系。

要之,史学思想同历史思想的区别是显而易见的,但它们也有十分密切的联系,在一定的条件下甚至是可以相互包容的。譬如,当我们把史学活动作为一种历史活动来看待时,那么,史学家的史学思想当包含在历史思想范畴之中;而当我们把所有的人们关于对客观存在的历史的认识也纳入史学活动的一部分进行研究时,那么,这种认识即历史思想也就包含在史学思想中了。这是一种辩证的关系①。这种辩证的关系，在范晔的思想中也有所反映。

一、“以意为主，以文传意”

范晔的史学思想，最重要的两个方面，用他自己的话来说，一是关于“以意为主，以文传意”，二是关于“因事就卷内发论，以正一代得失”。对于前者，前人关注不多，这里着重提出来加以阐发。对于后者，屡屡有论者提到②，有的论者也有一定的论述，颇多启发，有的论者则未予以展开。这里意在发展、丰富已有陈说，时亦提出新的认识。

我们首先讨论关于“以意为主，以文传意”的问题。

范晔在《狱中与诸甥侄书》中突出地写了他关于“意”与“文”的认识，他说：

> 文患其事尽于形，情急于藻，义牵其旨，韵移其意。虽时有能者，大较多不免此累，政可类工巧图缋，竟无得也。常谓情志所托，故当以意为主，以文传意。以意为主，则其旨必见；以文传意，则其词不流。然后抽其芬芳，振其金石耳。此中情性旨趣，千条百品，屈曲有成理。自谓颇识其数，尝为人言，多

---

① 以上参见陈启能《历史理论与史学理论》，载1986年8月6日《光明日报》；瞿林东《史学理论与历史理论》，载《史学理论》1987年第1期。

② 束世澂《范晔与〈后汉书〉》，载《历史教学》1961年第11—12期；刘隆有《试论范晔的史学思想》，载《求是学刊》1984年第2期。

不能赏,意或异故也。

对于这一段话的理解,论者往往把它局限在关于“文”的范围之内,这是一种比较狭隘的理解。其实古时文史不分,后来文史分途但二者仍有联系。刘勰《文心雕龙》是文学理论著作,但也有《史传》篇专论史学。《昭明文选》“选”的是“文”,但它也有“史论”专卷[①]。刘知幾《史通》是史学批评著作,但它反复强调“国史之美者,以叙事为工”[②]。章学诚所著《文史通义》,更是兼论文与史的理论著作。这样来看,则对于范晔所论“以意为主,以文传意”的思想,是不应当理解得太狭隘,而要把它与作为史学家的范晔联系起来进行考察,庶可得其真谛。

要之,这是认识范晔史学思想及《后汉书》有关问题的关键。

其一,关于史论。范晔《狱中与诸甥侄书》称:

> 详观古今著述及评论,殆少可意者。班氏最有高名,既任情无例,不可甲乙辨,后赞于理近无所得,唯志可推耳。博赡不可及之,整理未必愧也。吾杂传论,皆有精意深旨,既有裁味,故约其词句。至于《循吏》以下及“六夷”诸序论,笔势纵放,实天下之奇作。其中合者,往往不减《过秦篇》。尝共比方班氏所作,非但不愧之而已。

① 参见萧统《文选》卷四九至五〇,同前引书。
② 《史通·叙事》,同前引书。

在这里，范晔所强调的，有两点很值得注意：一是他说“吾杂传论，皆有精意深旨”和“《循吏》以下及‘六夷’诸序论，笔势纵放”，是突出“精意深旨”和“笔势纵放”，同前文所说“以意为主，以文传意”丝丝相扣。二是他说班固史论“任情无例，不可甲乙辨”，是突出了“任情”之不可取，同前文所说“情急于藻”也是丝丝入扣。

其二，关于“纪传例”。范晔《狱中与诸甥侄书》又称：

> 纪传例为举其大略耳，诸细意甚多。自古体大而思精，未有此也。恐世人不能尽之，多贵古贱今，所以称情狂言耳。

这里提到了“纪传例为举其大略耳，诸细意甚多”的问题。关于《后汉书》的“纪传例”问题，前人少有论及。值得注意的是，在“举其大略”的背后，包含着“诸细意甚多”，再次突出了“以意为主”的思想。现在我们只有从《后汉书》纪传本身及其序、论去探讨范晔所谓“诸细意甚多”了。刘知幾在论及序例问题时，批评范晔改变了《史记》、《汉书》的传统，他说：

> 爰洎范晔，始革其流，遗弃史才，矜炫文采。后来所作，他皆若斯。于是迁、固之道忽诸，微婉之风替矣。若乃《后妃》、《列女》、《文苑》、《儒林》，凡此之流，范氏莫不列序。夫前史所有，而我书独无，世之作者，以为耻愧。故上自《晋》、《宋》，下及《陈》、《隋》，每书必序，课成其数。盖为史之道，以古传今，

古既有之,今何为者?[1]

刘知幾的这个批评是不对的。他在《史通·序例》篇起首就指出:“孔安国有云:序者,所以叙作者之意也。”既然如此,不同时代的作者,必然有其不完全同于古人或前人之“意”,倘无“序”则难以明其“意”,这是显而易见的道理。可见刘知幾此处所论,不无自相矛盾之嫌。范晔的“诸细意甚多”应是《后汉书》研究者所应当特别关注的。

其三,关于作史的目的。范晔《狱中与诸甥侄书》还写道:

> 欲遍作诸志,《前汉》(按指班固《汉书》——引者)所有者悉令备。虽事不必多,且使见文得尽;又欲因事就卷内发论,以正一代得失,意复未果。

显然,就卷内发论,以正得失,是范晔作志之意,也是他作《后汉书》之意;他说“意复未果”,指作志的目的没有达到,乃引为憾事。刘昭对他的遗憾深为理解,故在《后汉书注补志序》中对此强调指出:“书虽未明其大旨也”。可以认为,刘昭对《后汉书》所作的“注补”之举,的确是深得范晔作志之意。惟其如此,刘昭在中国史学史上留下了难能可贵的一页。

还需要指出的是,范晔所谓“以意为主,以文传意”的思想,在中国古代史学思想史上并不是孤立存在的,亦有其来龙去脉。司马迁在《史记·五帝本纪》后论中讲到他对有关黄帝的文献抉择去取时,有这样几句话:“非好学深思,心知其意,

---

① 《史通·序例》,同前引书。

固难为浅见寡闻道也。”这里，司马迁十分强调“好学深思，心知其意”的重要。这个“意”的核心即史家作史之旨趣。范晔所谓“以意为主”，当与此相近。清人章学诚谈到别人以其与刘知幾相比时，持不赞成的态度，认为：

> 吾于史学，盖有天授，自信发凡起例，多为后世开山，而人乃拟吾于刘知幾。不知刘言史法，吾言史意；刘议馆局纂修，吾议一家著述：截然两途，不相入也。[①]

章学诚说的“盖有天授”，实是指他在史学方面所具有的天分和气质，或指悟性与创造性。他说的“史意”，当包含两层意思，一是指对历史的内在本质及其演变的轨迹的认识，二是指史家为史之意即作史的目的。一般说来，刘知幾重在讨论“史法”，章学诚重在讨论“史意”；但若谓“截然两途，不相入也”，就把事物看得绝对化了。值得注意的是，章学诚也曾引用过司马迁的话，用以表明自己的史学思想。他这样写道：

> 太史公曰：“好学深思，心知其意。”当今之世，安得知意之人而与论作述之旨哉！[②]

从这些话里，我们可以更清楚地看到，所谓“心知其意”的“意”、“知意之人”的“意”，同“作述之旨”的关系了。

---

① 章学诚《文史通义 · 家书二》，中华书局 1961 年版。

② 章学诚《文史通义 · 答客问上》，同前引书。

讨论至此,回过头来再看范晔说的"以意为主,以文传意"的史学思想的内涵及其理论价值,就不难理解了。

二、历史撰述与"正一代得失"

范晔撰《后汉书》,计划中应有十志,后因获罪而未果。李贤等注《后汉书》曾谓:

> 沈约《谢俨传》曰:"范晔所撰十志,一皆托俨。搜撰垂毕,遇晔败,悉蜡以覆车。宋文帝令丹阳尹徐湛之就俨寻求,已不复得,一代以为恨。其志今阙。"①

此说与范晔《狱中与诸甥侄书》所记不符,刘昭注补志序亦不曾提及。南宋洪迈在《容斋四笔》中已说明这一点,并进而指出沈约《宋书》并无《谢俨传》这一事实,认为此事"殊不可晓"②。清人浦起龙《史通通释·古今正史》于此事亦有详尽注文,结论是"异说备考"。这里,有一点疑问可以作为参考,即李贤注文只是说"沈约《谢俨传》"云云,而洪迈《容斋四笔》则说是"沈约作《宋书·谢俨传》"云云。今查《宋书》,确无《谢俨传》。这里至少存在两种可能性:一是李贤等人说沈约撰《谢俨传》确有所据,但并未收入《宋书》而已,故洪迈从《宋书》

---

① 《后汉书》卷一〇下《皇后纪下》注。

② 洪迈《容斋随笔·四笔》卷一"范晔汉志"条,上海古籍出版社 1978 年版。

中寻找根据自无结果；二是洪迈疑问可以成立，则李贤等所据不确。看来至今也还只能是“异说备考”。

从史学思想来看，范晔即使将十志托给谢俨，最多也只是限于史事部分，而“欲因事就卷内发论，以正一代得失”，则是他人所不能替代的，这一点自无疑义。当然从广泛的意义来看，卷内发论，以正得失，是多数史家的作史目的，同时也反映了他们的社会责任感和历史责任感。一般说来，这里没有本质的区别而只存在高下之分。现在，我们已不可能得知范晔怎样在拟议的十志中发论，在典章制度上所正“得失”又是何所指。那么，我们是否也可以从《后汉书》的纪传中，尤其是纪传的史论中窥见其有关的见解呢？答案自然是肯定的。因为范晔的这一宗旨不可能只打算在十志中表现出来，而在纪传中则不作任何表现。

准此，我们还是可以尝试从《后汉书》纪传中来揭示所谓就卷内发论、以正得失的具体表现的。综观《后汉书》纪传，涉及这方面的内容是很丰富的，主要归结为教化与刑罚，妥善安置功臣，注重改良风俗，外戚与宦官对政治的侵蚀，党锢的教训等等。这些方面的得失，有的是同前朝相比较而总结出来的，有的则是通过本朝的政治后果而揭示出来的。

关于教化与刑罚。这是一个新的朝代建立起来首先面临的一个重大问题，对于社会的安定有关键性的作用。范晔对此二者，不持绝对不同或互相排斥的看法，而认为二者都有必要，都会起到积极的社会作用。这从他对汉明帝和汉章帝的评价可以看得十分清楚。他说：

明帝善刑理，法令分明。日晏坐朝，幽枉必达。内外无倖曲之私,在上无矜大之色。断狱得情,号居前代十二。故后之言事者,莫不先建武、永平之政。[1]

法制能够做到“内外无倖曲之私,在上无矜大之色”,可谓不易。这里或许有所夸大,但总不能没有任何根据。东汉社会的稳定,与此有极大关系。但是,社会的相对稳定,仅仅依靠法制是不够的,还应同时实行教化。范晔认为汉章帝在这方面是做出了成绩的。他在《章帝纪》后论中写道:

章帝素知人厌明帝苛切,事从宽厚。感陈宠之义,除惨狱之科。深元元之爱,著胎养之令。……平徭简赋,而人赖其庆。又体之以忠恕,文之以礼乐。……在位十三年,郡国所上符瑞,合于图书者数百千所。乌呼懋哉!

一方面减轻负担,一方面实行教化,以“宽厚”来淡化“苛切”,使社会继续保持安定的局面。这同人们称道“建武、永平之政”是相反相成的。

关于妥善安置功臣。东汉“中兴”,多有功臣;对功臣如何安置,是政治上一件大事。所谓“中兴二十八将”的安置,是一个突出问题。范晔对于“议者多非光武不以功臣任职,至使英姿茂绩,委而勿用”的评论,提出不同的认识。他认为光武的做法,“原夫深图远算,固将有以焉尔”,即是从政治上的长远利益考虑的。他进而指出,西汉初年大封功臣为王,“或崇以

① 《后汉书》卷二《孝明帝纪》后论。

连城之赏，或任以阿衡之地，故势疑则隙生，力侔则乱起。萧、樊且犹缧绁，信、越终见菹戮，不其然乎！”这种情况，延续到汉武帝时，还是“宰辅五世，莫非公侯。遂使缙绅道塞，贤能蔽壅，朝有世及之私，下多抱关之怨。其怀道无闻，委身草莽者，亦何可胜言”。这就不仅仅是“隙生”、“乱起”的问题，而且更有堵塞贤路、埋没人才之弊。范晔见解的深刻，在这里显得十分突出。他说，正因为如此，“故光武鉴前事之违，存矫枉之志”，才作出不同于西汉初年大封功臣的决策。这个决策及其结果是：“建武之世，侯者百余，若夫数公者，则与参国议，分均休咎。其余并优以宽科，完其封禄，莫不终以功名延庆于后。”最后，范晔作了理论上的概括：“夫崇恩偏授，易启私溺之失，至公均被，必广招贤之路，意者不其然乎！”[①]这是东汉政治上一条极其重要的历史经验，而范晔此论则是《后汉书》中的一篇宏论，世人称为“中兴二十八将论”。梁昭明太子编纂《文选》，收入此论。

关于兴经学，重世风。范晔认为，东汉一朝在这两个方面是有成绩的。范晔对于东汉经学之盛作了具体分析，虽利弊皆有而从政治上看则利大于弊。他指出：“自光武中年以后，干戈稍戢，专事经学，自是其风世笃焉。其服儒衣，称先王，游庠序，聚横塾者，盖布之于邦域矣”；“其耆名高义开门受徒者，编牒不下万人，皆专相传祖，莫或讹杂。”经学之盛成为东汉社会中的一个突出特点。范晔认为，东汉经学之盛，尽管带来不少弊端，如：“分争王庭，树朋私里，繁其章条，穿求崖穴，以合一家之说”，“故通人鄙其固焉”，真正有成就者并不多。这是

① 《后汉书》卷二二《朱景王杜马刘傅坚马列传》后论。

一方面。另一方面,“所谈者仁义,所传者圣法也。故人识君臣父子之纲,家知违邪归正之路”,对一代社会风气有很大影响,以致东汉末年的“权强之臣”、“豪俊之夫”,都不能无所顾忌。东汉自桓、灵以下,衰颓之势不可逆转,“而能多历年所者,斯岂非学之效乎!”①东汉末年皇权的延续,是诸多因素所决定的,而“皇权”本身实质上已是有其名而无其实,但范晔所论及其所举出的历史事实,说明世风对于社会以至对于政治所产生的影响,不是没有道理的。范晔还列举李固、周举、左雄、黄琼、桓焉、杨厚、崔瑗、马融、吴祐、苏章、栾巴、宠参、虞诩、王龚、张皓、张纲、杜乔、张衡等人,显示各方面的才能,致使“东京(按指东汉——引者)之士,于兹盛焉”。即使到汉桓帝时,依然是“宏儒远智,高心洁行,激扬风流者,不可胜言”。这里范晔得到同样的结论:东汉末年,“所以倾而未颠,决而未溃,岂非仁人君子心力之为乎!”②在范晔看来,东汉经学的盛行,虽然存在不少可议之处,但它对于社会伦理的规范在当时所起到的积极作用,乃至对于政权的稳固和延续所起的积极作用,是很重要的。

关于外戚干政和宦官专权。范晔认为,外戚干政和宦官专权,是东汉政治上的两个严重教训。他强调撰《皇后本纪》的目的,是为了要说明:

> 东京(按指东汉皇朝——引者)皇统屡绝,权归女主,外立者四帝,临朝者六后,莫不定策帷帟,委事

---

① 《后汉书》卷七九下《儒林列传下》后论。

② 《后汉书》卷六一《左周黄列传》后论。

父兄，贪孩童以久其政，抑明贤以专其威。任重道悠，利深祸速。……终于陵夷大运，沦亡神宝。①

在皇后和外戚的纷纷得势、覆灭的过程中，东汉皇朝也走向“沦亡”。这个教训，可谓严重至极矣。举例来说，如汉安帝时，“权归邓氏，至乃损彻膳服，克念政道。然令自房帷，威不逮远，始失根统，归成陵敝。遂复计金授官，移民逃寇，推咎台衡，以答天眚”②。邓氏把朝政搞得一塌糊涂，最后还要嫁祸他人，去追究三公的“责任”。而邓氏一门，则公、侯、牧、守无数。史载：

邓氏自中兴后，累世宠贵，凡侯者二十九人，公二人，大将军以下十三人，中二千石十四人，列校二十二人，州牧、郡守四十八人，其余侍中、将、郎、谒者不可胜数，东京莫与为比。③

显然，即使在当时的历史条件下，这种现象也是极不正常的，其有害于政治统治，是不言而喻的。

从这些历史现象中，范晔进而揭示出带有规律性的认识，即外戚们不可逃脱的历史悲剧命运。他这样写道：

汉世外戚，自东、西京十有余族，非徒豪横盈极，

① 《后汉书》卷一〇上《皇后纪上》序。

② 《后汉书》卷五《孝安帝纪》后论。

③ 《后汉书》卷一六《邓寇列传》。

> 自取灾故,必于贻衅后主,以至颠败者,其数有可言焉。何则?恩非已结,而权已先之;情疏礼重,而枉性图之;来宠方授,地既害之;隙开势谢,谗亦胜之。悲哉![1]

这段话概括了干政的外戚们必遭祸败之理:或承宠于先帝,不结恩于后主;或后来得宠者,而先代权臣必不相容;等等,这在当时的政治权力的分配、争夺中,都是不可避免的现象。也是难以克服的痼疾。从范晔的这些分析当中,不难看出,外戚极易走上干政的路径,而这样的外戚则必定成为当时政治肌体上的一个毒瘤。范晔的认识深刻,发论可谓一针见血,给后人启示良多。

东汉时期的宦官专权、跋扈,危害政治,也是十分突出的。范晔指出,邓后以女主临朝,放手任用宦官;而此时的宦官,是一个权势显赫的群体,他们的“败国蠹政之事”,不可尽书[2]。由此,范晔总结了三代以来的历史教训,他写道:

> 自古丧大业绝宗禋者,其所渐有由矣。三代以嬖色取祸,嬴氏以奢虐致灾,西京(按指西汉——引者)自外戚失祚,东都(按指东汉——引者)缘阉尹倾国。成败之来,先史商之久矣。[3]

---

① 《后汉书》卷一六《邓寇列传》后论。

② 《后汉书》卷七八《宦者列传》序。

③ 《后汉书》卷七八《宦者列传》后论。

这个概括，虽不尽全面，但其所论亦不无道理。作为一个史家来说，范晔的思考是非常深刻的，对今人的历史研究，也还多有启发。

关于党锢的历史教训。所谓“党锢”，是东汉末年政治腐败、宦官专权所酿成的一出严重的历史悲剧。对此，范晔在继承司马彪《续汉书·党锢传》及有关传记的基础上，颇用心力，为陈蕃等六人作专传，记荀翌等三人行事而附于他人之传，而对刘淑、李膺等21人则立《后汉书·党锢列传》，并为此传撰写了约一千五百字的长篇序文，略述“党锢”之始末原委。所有这些，都表明范晔对于“党锢”这一历史事件十分重视。这篇序文，实为范晔《后汉书》纪传史论中的佳作之一。

范晔认为，所谓“党锢”发生的深层原因是：“桓、灵之间，主荒政缪，国命委于阉寺，士子羞于为伍，故匹夫抗愤，处士横议，遂乃激扬名声，互相题拂，品覈公卿，裁量执政，婞直之风，于斯行矣。”但对于这种“婞直之风”，专权的宦官是不能容忍的。因此，“若范滂、张俭之徒，清心忌恶，终陷党议，不其然乎！”在范晔看来，尽管“党人之议”本始于士人之间的“互相讥揣”，但它被宦官集团所利用并制造了东汉历史上一个政治大悲剧，是有其必然性的。如前所述，范晔对于“党锢”一事的性质也有明确的评论。另外，他认为“党锢”给予人们最重要的启示和教训是“上好则下必甚”①。他的结论是中肯的。

① 《后汉书》卷六七《党锢列传》序。

三、“整理”史事与类从人物

于“整理”中求“自得”

范晔的史学思想反映在历史编纂方面,是强调对史事的“整理”并于其中求得“自得”,换言之,即于继承中进行创新。白寿彝先生认为:

> 《后汉书》的写作,第一在史事的“整理”上,第二在史事的“评论”上,都贯彻着一个“自得”之学。这种“自得”之学的要求,不同于世族文人之炫文采、尚清谈的作风,也不同于正宗的历史学者之传声筒式地宣扬皇朝“功德”和“名教”,而是继承了司马迁“成一家之言”的优良传统,并有类于范晔所称道的王符的“耿介不同于俗”,和王充“好论说,始若诡异,终有理实”的作风。①

关于对史事的“整理”,白寿彝先生对其作了两个方面的概括,一是通过“皇后立纪和列传以类相从、因人见事”,一是“有意识地通过史事来反映自已的政治观点”②。

我们先来分析第一个方面。对历史人物的以类相从以及

① 白寿彝《范晔》,见《中国史学史论集》,同前引书,第134页。
② 白寿彝《范晔》,见《中国史学史论集》,同前引书,第136、137页。

引人而见事，本是许多史家采用的方法，但范晔《后汉书》在这方面有更高的自觉和更高的要求，这个要求贯穿于《后汉书》全书的脉络之中。白寿彝先生对此作了详细的考察，指出：

> 范书八十传，于按照时代先后的编次之中，发展了“言行趣舍，各以类书”的方法。列传一至三，是两汉之际起义和割据的领袖人物。四至十二，是光武时的宗室王侯和二十八将。十三至四十二的传首人物，都是明帝、章帝、和帝时人，而分别以行止相近的人物或子孙合传。四十三至五十三的传首人物是安帝、顺帝时人，也多分别有合传的人物或子孙。五十四至六十五，都是桓帝、灵帝、献帝时人物。六十六至七十四，是循吏、酷吏、宦者、儒林、文苑、独行、方术、逸民、列女等九杂传。最后六篇是边族的列传。①

这种对历史人物和相关史事的编纂思想和编纂方法，能够更清晰地反映出历史进程，能够更准确地表明有关历史人物的位置，从而寄寓史家对历史的见识。

至于范晔在“整理”史事中有意识地表达自己对于历史的价值判断，同样也贯穿于《后汉书》全书之中。如华峤《汉后书》在帝纪之后有《皇后纪》，着眼于夫妇关系；范晔《后汉书》在帝纪之后也有《皇后纪》，其着眼点在于政治方面，显示出二者之间的很大的区别。又如《王充王符仲长统列传》删取《潜

---

① 白寿彝《范晔》，见《中国史学史论集》，同前引书，第135页。

夫论》和《昌言》有关篇章入传,认为它们所究“当世失得”,寓“指讦时短,讨谪物情”的讽喻,故“有益”于政①。

这些,都反映了范晔于“整理”之中求“自得”的史学思想。下面我们对此作进一步的考察与分析。

范晔《后汉书》中的类传,是继《史记》、《汉书》的类传之后,有重要史学价值的撰述,在内容上和思想上对后世历代正史的编撰都有很大的影响。

继承与创新

在范晔的《后汉书》之前,《史记》设循吏、儒林、酷吏、游侠、佞幸、滑稽、日者、龟策、货殖等类传,《史记·刺客列传》也是属于类传之列的。班固的《汉书》撰有儒林、循吏、酷吏、货殖、游侠、佞幸、外戚等类传。以上,《史记》凡十种类传;《汉书》删去滑稽、日者、龟策、刺客四传,增外戚传,凡七种类传。《三国志》成书早于《后汉书》,有的论者认为《三国志》撰有方技、后妃、王公等类传②;其实,陈寿的类传意识是很淡薄的,今人把上述有关人物的传记视为类传似觉勉强。

范晔《后汉书》是继《史记》、《汉书》之后,在类传的撰述上有突出成就的皇朝史。它继承了《史记》、《汉书》中的循吏、酷吏、儒林等传,删去《史记》、《汉书》中的刺客、游侠、滑稽、货殖、外戚等传,增写了宦者、文苑、独行、方术、逸民、列女等传,

---

① 白寿彝《范晔》,见《中国史学史论集》,同前引书,第135、137页。

② 见徐浩《廿五史论纲》附表七,上海书店,据世界书局1947年版影印出版,1989;王健群《二十四史提要》附表四,黑龙江人民出版社1979年版。

《后汉书·党锢传》亦应作类传看待。综上,《后汉书》有类传十种。由此可见,范晔《后汉书》的类传撰述,一方面有对前史的继承,一方面又有许多创新。

《史记》、《汉书》、《后汉书》在类传的编次上多有不同。《史记》的十种类传,除《刺客列传》编于《吕不韦列传》、《李斯列传》之间外,其余九种均编于书后,居《太史公自序》之前;而《循吏列传》与《儒林列传》之间则有《汲郑列传》,《酷吏列传》与《游侠列传》之间则有《大宛列传》,即诸类传并不完全依次相衔。《汉书》的类传基本上是依次衔接的;其中只有一个例外,即《外戚传》与《元后传》、《王莽传》三篇相连属,编于书后《叙传》之前。《汉书》这种编次,是为了突出外戚在西汉政治生活中的特殊地位与特殊作用。《后汉书》类传的编次,大致采用与《汉书》相同的做法,只是《党锢列传》的编次稍稍提前,以便与有关人物传记相联系。

此外,《史记》、《汉书》、《后汉书》都撰有民族传。在民族传与类传的编次上,三书亦不相同。《史记》的类传大都置于民族传之后,而且民族传和类传是可以交叉编次的,甚至可以和杂传交叉编次。而《汉书》、《后汉书》的类传大都置于民族传之前。这反映了司马迁同班固、范晔在编次思想上的异趣。

有一种比较流行的看法,即把《史记》、《汉书》、《后汉书》中的民族传也视为类传。这种看法是值得商榷的。首先,从司马迁首创类传的主旨来看,主要记述一些在德与行上相类的历史人物,如《循吏列传》是记"奉法循理之吏",《儒林列传》是记当代儒士中其"文辞粲如"者,《酷吏列传》是记以"严削"手段治理"倍本多巧,奸轨弄法"之行为者,《游侠列传》是记能"救人于厄,振人不赡"者,《货殖列传》是记"布衣匹夫之人,不害于政,不妨百姓,取与以时而息财富”者[1],等等。这同主要是记事的各民族传是不一样的。其次,在范晔看来,类传同民族传也是有明确的区别的,即所谓“至于《循吏》以下及‘六夷’诸序论,笔势纵放,实天下之奇作”云云[2],也正表明类传同民族传的区别。再次,把人和民族等同起来,同视为类传的对象,于古义与今义均不妥当,清人章学诚考察辨析“传”与“记”的由来及其合流,指出:

> 传记之书,其流已久,盖与“六艺”先后杂出。古人文无定体,经史亦无分科,《春秋》三家之传,各记所闻,依经起义,虽谓之“记”可也。经《礼》二戴之记,各传其说,附经而行,虽谓之“传”可也。其后支分派别,至于近代,始以录人物者区为之传,叙事迹者区为之记;盖亦以集部繁兴,人自生其分别,不知其然而然,遂若天经地义之不可移易。此类甚多,学者生于后世,苟无伤于义理,从众可也。然如虞预《妒记》、《襄阳耆旧记》之类,叙人何尝不称“记”!《龟策》、《西域》诸传,述事何尝不称“传”!

他又进一步概括地说:“盖包举一生而为之传,《史》、《汉》列传体也;随举一事而为之传,《左氏》传经体也”[3]。上述引文,涉及“传”的演变的历史,这里不来评说,文中提到《龟策》、《西

---

① 见《史记》卷一三〇《太史公自序》,中华书局 1959 年版。

② 《狱中与诸甥侄书》,见《宋书·范晔传》。

③ 以上均见《文史通义》卷三《传记》,同前引书。

域》等传，与本文所说关系直接，兹略作辨析。《史记》的《日者列传》、《龟策列传》原文已佚，今存者为褚少孙所补，前人已指出"《日者》、《龟策》言辞最鄙陋，非太史公之本意也"[①]。而《西域》等民族传，其内容主要是"叙事迹"而非"录人物"，二者终有区别。类传既是记述某一类型人物之德与行的文字，自不应把以记事为主的民族传包括进来。以今义视之，则民族传具有突出的文献价值和历史价值，与人物类传更不可相提并论。

至于后妃、宗室、外戚等传，则可视为类传的常例，只有在少数情况下，才具有突出的史学价值和历史价值。

需要指出的是，范晔《后汉书》的类传中那些不同于《史记》、《汉书》的部分，大多也是别有所承的。除东汉累朝所修的《东观汉记》外，还有三国吴人谢承《后汉书》、晋人薛莹《后汉记》、司马彪《续汉书》、华峤《汉后书》、谢沈《后汉书》、张莹《后汉南记》、袁山松《后汉书》、张璠《后汉纪》等，其中有些是撰有类传的，兹列表作如下比较[②]：

书　名	著　者	类传名称
后汉书	谢　承	循吏 酷吏 宦者 儒林 文苑 独行 方术 逸民 列女 风教
续汉书	司马彪	循吏 酷吏 宦者 儒林 文苑 独行 逸民 党锢
后汉书	范　晔	循吏 酷吏 宦者 儒林 文苑 独行 方术 逸民 列女 党锢

① 《史记》卷一二八《龟策列传》正义语。

② 此表系根据周天游《八家后汉书辑注》所列，同前引书。

此外,薛莹《后汉书》有《后妃传》,华峤《汉后书》有《孝子传》。从这个简单的比较中,可知范晔《后汉书》的类传,是借鉴了谢承的《后汉书》和司马彪的《续汉书》,即舍弃了谢承《后汉书》中的《风教传》,采纳了司马彪《续汉书》中的《党锢传》;而对于薛莹《后汉记·后妃传》和华峤《汉后书·孝子传》,则不予采纳。又《汉书》有《外戚传》,叙后妃及其亲属事。范晔不采,而立《皇后纪》,其序称:“虽成败事异,而同居正号者,并列于篇。其以私恩追尊,非当时所奉者,则随它事附出。亲属别事,各依列传。其余无所见,则系之此纪,以缵西京《外戚》云尔。”所谓“西京《外戚》”,即指《汉书·外戚传》。这都显示了他在继承前人成果时,表现出了自己的独立见解。当然,范晔《后汉书》在类传方面的创新,更重要的是由此而显示出来的他的社会视野与历史视野。

社会视野与历史视野

范晔《后汉书》类传以及它的民族传,向人们显示出了广阔的社会视野与深邃的历史视野。这里,只就其类传略作分析。

首先说社会视野。

较之《史记》、《汉书》,《后汉书》的类传,增立了党锢、宦者、文苑、独行、逸民、列女等传,连同与《史记》、《汉书》相同或相近的循吏、酷吏、儒林、方术等传,它向人们展现了史家的广阔的社会视野。大致说来,党锢、循吏、酷吏、宦者等传是反映政治方面的,儒林、文苑两传是反映思想、文化方面的,方术、独行、逸民、列女是反映社会风气方面的。

如果说循吏、酷吏的存在及其种种现象,东汉同西汉没有什么太大的不同的话；那么，在范晔看来，“党锢”则是东汉政治生活中所特有的现象，而宦官的作用及其对东汉政治统治的影响之大也是前朝所没有的。这两种类传的创立，正是史家深刻的政治眼光的反映。而“党锢”这一现象的出现，又是东汉官僚势力同宦官势力斗争的产物，故党锢、宦者二传恰可互为表里，成了同一事件的两个方面。这样，史家就把东汉政治生活中这一具有特殊重要性的历史现象及其代表人物翔实地记载下来了。范晔在《宦者列传》序中很详细地描述了宦官们作威作福、聚敛财富、竞恣奢欲的种种表现及其危害：

> 若夫高冠长剑，纡朱怀金者，布满宫闱；苴茅分虎，南面臣人者，盖以十数。府署第馆，棋列于都鄙；子弟支附，过半于州国。南金、和宝、冰纨、雾縠之积，盈仞珍臧；嫱媛、侍儿、歌童、舞女之玩，充备绮室。狗马饰雕文，土木被缇绣。皆剥割萌黎，竞恣奢欲。构害明贤，专树党类。其有更相援引，希附权强者，皆腐身熏子，以自炫达。同敝相济，故其徒有繁，败国蠹政之事，不可殚书。所以海内嗟毒，志士穷栖，寇剧缘间，摇乱区夏。

范晔在这篇序文的最后写道：“所谓‘君以此始，必以此终’，信乎其然矣！”在他看来，东汉皇朝以宠信宦官开始，最终必为宦官所灭，这是很自然的。可见，宦官给东汉政治带来多么严重的后果。

与此相映衬的是，《党锢列传》记东汉末年桓、灵之际出现的“党锢”现象，从一个重要的方面深刻地揭露了官僚儒生对宦官专权的斗争及其结局。这个斗争,以"党锢"贯穿其间,首尾二十余年,许多正直的官僚、儒士,陷于"党议",遭到迫害,其后进而在州郡各地"更考党人门生故吏父子兄弟,其在位者,免官禁锢,爰及五属"[①]。范晔经过对"党事"的认真考察,"其名迹存者"有三十五人,在《后汉书》中都有所记载:有的另有专传,有的附于祖传,凡十四人;《党锢列传》所记,凡二十一人。要之,读了《宦者列传》、《党锢列传》,人们对于东汉政治中这些十分突出、十分复杂的史事与人物所交织起来的历史局面,可谓洞若观火。

《儒林列传》、《文苑列传》所载人物,集中地反映了东汉时期的思想文化面貌。《儒林列传》继承了《史记》、《汉书》的《儒林传》,而《文苑列传》系范晔据"前史"所创设。今本范晔《后汉书·文苑列传》无序与论,仅有赞语云:"情志既动,篇辞为贵。抽心呈貌,非雕非蔚。殊状共体,同声异气。言观丽则,永监淫费。"这首赞语,前几句是讲文章的价值,后几句是讲文章的要求,反映了作为史学家的范晔对于人们的文章、才学在社会历史中应有位置的重视。《文苑列传》所记约二十人,都是"以文章知名"、"以文章显"、"以文章博通称"、"有文才"、"有才辩"之辈。杜笃传所录《论都赋》,崔琦传所录《外戚箴》,刘梁传所录《辩和同之论》等,都是反映当时社会面貌之某一方面的重要文字。"篇辞"既是"情志"的表现形式,自然也就有助于反映社会历史面貌。范晔的这一认识无疑是正确的。

独行、方术、逸民、列女诸传,反映了东汉社会风气的一些重要方面。其中《独行列传》是通过记述那些"名体虽殊,而操

① 以上均见《后汉书》卷六七《党锢列传》序。

行俱绝"[①]的人们的可贵品质，以反映一时之风尚。《方术列传》旨在揭示由于统治者的提倡而形成"尚奇文，贵异数"[②]的不良社会风气。《逸民列传》揭示了两汉之际政治紊乱、士人远遁的状况，以及东汉一代政治状况与士人或显或隐的变化，称颂"帝德"的清明和士人的"耿介"，反映出了当时士人的社会价值。《列女传》是为了称颂"女德"，表彰"贤妃"、"哲妇"、"贞女"，并着意为普通女子立传，以补"世典咸漏"之憾，从一个方面反映了东汉时期女性的面貌，即所谓"端操有踪，幽闲有容"[③]。在流传至今的纪传体史书中，《后汉书》的独行、方术、逸民、列女等传，除《方术列传》与《史记·龟策列传》略有相似外，其余都是新创；从范晔的序文与赞语来看，这些类传的创立，都是为了揭示东汉时期某一方面的社会风气。

由于范晔《后汉书》没有留下"志"，其类传便成了反映范晔社会视野的重要依据。今观党锢、酷吏、宦者、儒林、文苑、独行、方术、逸民、列女诸传，其所载人物及其行事，在反映东汉时期的政治、思想文化、社会风气等方面，确有重要的价值。而这类类传的序与论，则又表明其撰者并不囿于东汉一朝的人和事来阐述自己的见解，而是以历史的眼光来看待这些人和事，从而反映出撰者深邃的历史视野。

《后汉书》类传的历史视野，表明范晔对历史的认识，有贯通古今的意识和特点。这主要反映在诸类传的序、论之中。如其论"逸民"现象，是从尧和西周初年讲起，认为"尧称则天，

---

① 《后汉书》卷八一《独行列传》序。

② 《后汉书》卷八二上《方术列传上》序。

③ 《后汉书》卷八四《列女传》序、赞。

不屈颍阳之高;武尽美矣,终全孤竹之洁”,所谓“颍阳之高”,指的是高士巢父、许由;所谓“孤竹之洁”,指的是国灭而不食周粟的孤竹国国君之子伯夷、叔齐。范晔认为,从这以后,逸民现象便“风流弥繁”,其情形亦各相异,然后讲到两汉之际及东汉一代的逸民。其论宦官,则引用《礼记·月令》和《诗经·小雅·巷伯》,以说明“宦人之在王朝者,其来旧矣”。然后,他讲到历代宦官的危害,而尤重于两汉。其论党锢、酷吏、方术,均追溯至西汉;如论党锢的产生,一则起于西汉时“党同伐异”的文风,二则起于王莽“专伪”“篡国”的变故,三则起于桓、灵之间“主荒政缪,国命委于阉寺”的政局:正直的人们为表示“抗愤”和“横议”,于是“婞直之风,于斯行矣”。其论循吏、儒林、列女等传,因皆限于东汉,而尤见其一气呵成之功,显示出“中兴之美”或永平之盛等。可见,范晔《后汉书》类传所具有的历史视野,其特点是对历史上同类人物作历史的考察,从而为其所要记述的东汉时期之同类人物作恰当的定位,使人读来既有其历史感,又有其时代感。这从一个方面反映了他于一代皇朝史中仍贯穿着通古今之变的历史观念。

范晔《后汉书》类传的社会视野和历史视野,无疑对深入地反映其撰述旨趣大有裨益,而这样的视野和旨趣,又决定了《后汉书》类传在中国史学发展上的重要价值。

思想旨趣与史学价值

范晔《后汉书》类传很鲜明地反映出著者的思想旨趣,这些旨趣同全书的撰述旨趣相关联,但亦表现出其固有的特点。

第一个特点,是深刻地反映了范晔对东汉皇朝政治统治之得失成败的关注。《宦者列传》、《党锢列传》的创立，最能表示他的这一旨趣。范晔在《宦者列传》序中，对汉代宦官在政治上的得势作了历史的考察：汉武帝时，有的宦官受到宠爱；元帝后，有些宦官始“以佞险自进”，终以“损秽帝德”；东汉和帝以后，“于是中官始盛”；明帝以后，则被“寄之国命”，终于弄得“汉之纲纪大乱”。尤为难得的是，范晔不止是揭示出东汉一朝宦官乱国的历史事实，而且还探讨了宦官何以能够得势的原因。他写道：

> 自古丧大业绝宗禋者，其所渐有由矣。三代以嬖色取祸，嬴氏以奢虐致灾，西京自外戚失祚，东都缘阉尹倾国。成败之来，先史商之久矣。至于衅起宦夫，其略犹或可言。何者？刑余之丑，理谢全生，声荣无晖于门阀，肌肤莫传于来体，推情未鉴其敝，即事易以取信，加渐染朝事，颇识典物，故少主凭谨旧之庸，女君资出内之命，顾访无猜惮之心，恩狎有可悦之色。亦有忠厚平端，怀术纠邪；或敏才给对，饰巧乱实；或借誉贞良，先时荐誉。非直苟恣凶德，止于暴横而已。然真邪并行，情貌相越，故能回惑昏幼，迷瞀视听，盖亦有其理焉。诈利既滋，朋徒日广，直臣抗议，必漏先言之间，至戚发愤，方启专夺之隙，斯忠贤所以智屈，社稷故其为墟。《易》曰：“履霜坚冰至。”云所从来久矣。今迹其所以，亦岂一朝一夕哉！[①]

① 《后汉书》卷七八《宦者列传》后论。

这一段话总结宦官作为古代政治活动中的一个特殊集团之所以能够产生如此重大作用与危害的原因,确是一篇中肯的评论。第一,它指出了宦官作为“刑余”之人,人们在各方面对其较少顾忌,因而容易取得最高统治者(尤其是“少主”、“女君”)的信任;第二,它指出了一些宦官擅长于用“忠厚平端”、“敏才给对”、“借誉贞良”的手段来伪装自己,以达到“回惑昏幼,迷瞀视听”的目的;第三,它指出了宦官势力一旦养成,则除之甚难,致使“忠贤所以智屈,社稷故其为墟”。这是中国古代史学家第一次对宦官作出如此精辟的分析。这些认识包含着从生理的分析到心理的分析,从手段的狡猾到权力的膨胀,都能发人深省。《后汉书·宦者列传》对宦官劣迹的揭露可谓淋漓尽致,但历代统治者仍然重用宦官,而确有不少重蹈“君以此始,必以此终”的覆辙,这虽是统治制度使然,但它留给人们的思考,却是长久的。

东汉政治统治的得失成败,是在斗争中演进的。对此,范晔看得十分清楚,也十分重视对于这种斗争的描述和剖析,《党锢列传》就是一个有力的明证。于“党锢”诸人传中,范晔一一记述了他们对宦官专权之斗争的大义凛然及其悲壮的结局。如写李膺打击宦官,宦官“皆鞠躬屏气”,声称“畏李校尉”;写李膺免官归乡里后,其影响甚大,“天下士大夫皆高尚其道,而污秽朝廷”;写李膺在朝廷“收捕钩党”的形势下,自诣诏狱的气概;又如写范滂“即自诣狱”时,其母与之诀别的对话,都写得震撼人心。范晔于传中就李膺发论,写道:

> 李膺振拔污险之中,蕴义生风,以鼓动流俗,激素行以耻威权,立廉尚以振贵势,使天下之士奋迅感

> 概，波荡而从之，幽深牢破室族而不顾，至于子伏其死而母欢其义，壮矣哉！[①]

这把李膺及范母的气节都写出来了。所有这些，都反映了范晔对于东汉一朝统治集团内部斗争的深刻认识及其鲜明的是非判断。

这场斗争，是以“党人”的不断遭到杀戮、罢免、禁锢和宦官的继续得势而告终，随之而来的便是东汉皇朝的崩溃。范晔写道：

> 中平元年，黄巾贼起，中常侍吕强言于帝曰：“党锢久积，人情多怨。若久不赦宥，轻与张角合谋，为变滋大，悔之无救。”帝惧其言，乃大赦党人，诛徙之家皆归故郡。其后黄巾遂盛，朝野崩离，纲纪文章荡然矣。[②]

等到需要宦官出来要求皇帝大赦党人时，危机已到了无可挽回的程度了。范晔把黄巾起义称为“贼”，这是必然的；但他从宦官专权和朝廷对党人的处置，揭示出东汉灭亡的一个重要原因，确有卓见。

第二个特点，是突出地反映了范晔在评价历史人物上重操守、重才行的价值标准。在这一点上，范晔是深受司马迁的影响，继承了《史记》的传统。范晔曾批评班氏父子对司马迁

① 《后汉书》卷六七《党锢列传》后论。

② 《后汉书》卷六七《党锢列传》序。

的批评,指出:“彪、固讥迁,以为是非颇谬于圣人。然其论议常排死节,否正直,而不叙杀身成仁之为美,则轻仁义、贱守节愈矣。”[①]可见,范晔同司马迁在思想上是相通的。范晔评价历史人物之重操守、重才行的价值标准,在列传中均有反映,而以类传反映得尤为突出。如他以“皆天下善士”称颂“党人”,并以“渭以泾浊,玉以砾贞”[②]来比喻“党人”节操的高洁。他在《循吏列传》序中称赞说:“鲁恭、吴祐、刘宽及颍川四长,并以仁信笃诚,使人不欺;王堂、陈宠委任贤良,而职事自理:斯皆可以感物而行化也。”至于独行、逸民、列女等传,也都是着眼于历史人物的德行。尽管如此,范晔在评价历史人物时,并不以一个固定的模式来规范历史人物,而是承认人与人之间的差别,即所谓“性尚分流,为否异适”,“虽事非通圆,良其风轨有足怀者”。他认为,尽管人们表现出来的特点不同,尽管每一种表现都谈不上“通圆”,但却都显示出可贵的“风轨”,即所谓“名体虽殊,而操行俱绝”,这就值得史家记述,“庶备诸阙文、纪志漏脱”[③]。《逸民列传》是记述那些“志意修”、“道义重”的人;《列女传》则是表彰那些“才行尤高秀”的女子,以补“世典咸漏”,开中国古代正史女子类传之先声。

同推崇人们操守、才行相对照的,是范晔在《宦者列传》中对宦官种种劣迹的揭露和鞭笞。而在《酷吏列传》中,范晔一方面承认历史上存在“德义不足以相洽,化导不能以惩违”的情况,因而也就没有完全否定“以暴理奸”的酷吏的作用;但他

① 《后汉书》卷四十下《班彪列传下》后论。

② 《后汉书》卷六七《党锢列传》赞。

③ 《后汉书》卷八一《独行传》序。

终究还是认为“末暴虽胜，崇本或略”[①]。他还是主张仁信之道、大信于人的为政方针。

第三个特点，是十分鲜明地反映了范晔关于思想文化对于世风治道之重要性的思想。可以认为，《后汉书》中的《儒林列传》和《文苑列传》这两篇传记，比较集中地记述了东汉时期思想文化方面的历史人物。从今天的眼光来看，儒林是记经学家，文苑是记文学家。司马迁首倡史学“成一家之言”，而魏晋南北朝时期史学迅速发展，从经学的藩篱中脱离出来，蔚为大国。范晔《后汉书》立《文苑列传》，列于《儒林列传》之后，客观上有突出文学家之历史地位的作用。这同南朝学人不仅重史学，而且重文章有很大关系。在范晔看来，儒林与文苑，都是历史上不可不记的人物，这一方面反映了他对于学术文化史的兴趣，另一方面则反映了他对学术文化之影响于世风治道的认识。如《儒林列传》后论指出：由于东汉初年，光武帝好习经学，于是世风为之改变，一度轰轰烈烈，虽然带来了一些弊端，但对世风的熏陶，还是起到了积极作用的，“人识君臣父子之纲，家知违邪归正之路”。正因为如此，东汉皇朝在走向衰亡之际，仍然能延续统治多年：“权强之臣，息其窥盗之谋，豪俊之夫，屈于鄙生之议者，人诵先王言也，下畏逆顺势也。……迹衰敝之所由致，而能多历年所者，斯岂非学之效乎？”范晔的这一见解，为后人所肯定，所重视。

《文苑列传》所记诸人，所录诸文，也反映了范晔的上述认识。如《杜笃传》记：“笃以关中表里山河，先帝旧京，不宜改营洛邑，乃上奏《论都赋》。”这首约二千字的《论都赋》是历史上

① 《后汉书》卷七七《酷吏列传》后论及赞语。

较早的分析都城与政治之关系的作品,涉及到西汉及两汉之际得失成败的诸多问题,可作为史论、政论看待。又如《崔琦传》记:“崔琦……少游学京师,以文章博通称。初举孝廉,为郎。河南尹梁冀闻其才,请与交。冀行多不轨,琦数引古今成败以戒之,冀不能受。乃作《外戚箴》。”这篇箴文,概说了自三代至汉宣帝间有关后妃及其族人行事的经验教训,它为讽喻外戚梁冀而作,而其意义却不限于此。再如《刘梁传》记:“常疾世多利交,以邪曲相党,乃著《破群论》。时之览者,以为‘仲尼作《春秋》,乱臣知惧,今此论之作,俗士岂不愧心。’”可惜其文已佚。凡此,都可以见范晔之所以作《文苑列传》的深意。

总起来看,范晔《后汉书》类传在揭示东汉政治得失方面,在称颂历史人物的德才行方面,在关注世风治道方面,都反映了范晔的积极的思想旨趣。

通过以上分析可以看出,《后汉书》类传具有突出的史学价值。首先,在于它是《后汉书》的组成部分,并因其所具有的特色而处于重要地位,这是《后汉书》之所以成为一部杰作的因素之一。其次,在于它对后世史学发展的深远影响,尤其是对后世历代正史类传撰述的影响:

——在其之后设立“宦者传”(阉官、宦官传)的有《魏书》、《旧唐书》、《新唐书》、《新五代史》、《宋史》、《辽史》、《金史》、《元史》、《明史》,凡九家。

——在其之后设立“文苑传”(文学、文艺传)的有《晋书》、《南齐书》、《梁书》、《陈书》、《魏书》、《北齐书》、《南史》、《北史》、《隋书》、《旧唐书》、《新唐书》、《宋史》、《辽史》、《金史》、《明史》,凡十五家。

——在其之后设立“独行传”(卓行、异行传)的有《新唐书》、《新五代史》、《宋史》、《辽史》，凡四家。

——在其之后设立“方术传”（方技、艺术传）的有《晋书》、《魏书》、《北齐书》、《周书》、《北史》、《隋书》、《旧唐书》、《新唐书》、《宋史》、《辽史》、《金史》、《元史》、《明史》，凡十三家。

——在其之后设立“逸民传”（隐逸、高逸、处士、逸士传）的有《晋书》、《宋书》、《南齐书》、《梁书》、《隋书》、《旧唐书》、《新唐书》、《宋史》、《金史》、《元史》、《明史》，凡十一家。

以上除《旧五代史》没有严格意义上的类传外，其余晚于《后汉书》的历代正史的类传，都程度不同地受到《后汉书》类传的影响。可以这样认为：《史记》在开创类传方面有杰出的贡献，非他史可比；《后汉书》在发展类传方面有突出的成就，亦非他史可比。

四、史论与史家的“精意深旨”

范晔对于自己所作的史论，十分自信。他自我评价说：

> 既造《后汉》，转得统绪，详观古今著述及评论，殆少可意者。班氏最有高名，既任情无例，不可甲乙辨。后赞于理近无所得，唯志可推耳。博赡不可及之，整理未必愧也。吾杂传论，皆有精意深旨，既有裁味，故约其词句。至于《循吏》以下及“六夷”诸序论，笔势纵放，实天下之奇作。其中合者，往往不减《过秦》篇。尝共比方班氏所作，非但不愧之而已。

他还认为：“赞，自是吾文之杰思，殆无一字空设，奇变不穷，同合异体,乃自不知所以称之。”[①]一个史家,如此坦率而又如此自誉来评论本人的史论,在中国史学上实属罕见。

范晔这里提到的几个问题是值得注意的。一是范晔在史学上明确地提出“著述及评论”这样的概念,把“著述”与“评论”并列地提出来,这是第一次,显示出他对于“评论”的重视。二是作为皇朝史来说,《汉书》在当时“最有高名”,影响甚大,范晔著史撰论,都视其为参照,为“比方”。三是贾谊的《过秦论》是范晔心目中史论的典范,故以其自况。

范晔的史论,多为学人所关注,提出了一些有意义的见解[②]。我们在此基础上,作进一步的研究和阐述。

关于范晔史论的几种不同的评价

对于范晔的这种自我评价,后人有种种看法。

第一种看法是嘲笑。宋人洪迈评论说:“晔之高自夸诩如此。至以谓过班固,固岂可过哉?晔所著序论,了无可取,列传如邓禹、窦融、马援、班超、郭泰诸篇者,盖亦有数也,人苦不自知,可发千载一笑。”[③]

第二种看法是宽容。宋人叶适认为:“范晔类次齐整,用律精深,但见识有限,体致局弱,为可恨耳。其序论欲于班氏

---

① 范晔《狱中与诸甥侄书》,见《宋书》卷六九《范晔传》,同前引书。

② 见赵国华《谈范晔〈后汉书〉的序、论、赞》,载《华中师范大学学报》1988年第1期;施丁《谈谈范晔的史论》,载《学术月刊》1988年第8期;舒江辉《范晔〈后汉书〉史论探讨》,载《杭州师范学院学报》1989年第4期;云浦《范晔〈后汉书〉研究二题》,载《徐州师院学报》1993年第1期等,不一一列举。

③ 洪迈《容斋随笔》卷一五“范晔作史”条,同前引书。

之上增华积靡，缕贴绮绣以就篇帙，而自谓‘笔势纵放，实天下之奇作’，盖宋、齐以来文字，自应如此，不足怪也。”①尽管叶适认为范晔“见识有限”，但对范晔所撰的序论、赞语及自我评价，都视为当时文风所致，不应引以为怪。

第三种看法是以称赞为主要倾向，而持这种看法的人较多，由此可以证明范晔对于自己在《后汉书》中所撰写的“评论”的评论，大致是中肯的。

首先，从流传和影响来看。范晔的史论在南朝就有很大的影响。梁朝萧统所编《文选》，第四十九卷共辑选史论九首，其中班固一首，干宝二首，范晔四首，沈约二首；赞语四首，其中班固三首，范晔一首。范晔的史论被选入的最多，反映了当时人们对它的评价。据《隋书·经籍志二》著录，有范晔《后汉书赞论》四卷；《旧唐书·经籍志上》著录，有范晔《后汉书论赞》五卷，《新唐书·艺文志》著录同此。可见，自南朝至北宋，范晔史论始终受到人们的重视。

其次，从对范晔史论的整体评价来看。刘知幾是不大赞成史家撰写史论的；而在诸家史论当中，最为推重班固，说他“辞惟温雅，理多惬当，其尤美者，有典诰之风，翩翩奕奕，良可咏也”。而班固以下，“必择其善者，则干宝、范晔、裴子野是其最也，沈约、臧荣绪、萧子显抑其次也，孙安国都无足采，习凿齿时有可观”②。不论怎么说，在刘知幾看来，班固以下，当首推干宝、范晔等人了。清人王鸣盛从范晔史论的精神境界着眼作总的评价，他指出：

① 叶适《习学记言序目》卷二六“后汉书三·总论”条，同前引书。

② 刘知幾《史通·论赞》，同前引书。

> 《班彪、固父子传》论云:“彪、固讥迁,以为是非颇谬于圣人。然其论议常排死节,否正直,而不叙杀身成仁之为美,则轻仁义、贱守节愈矣。”此虽华峤之辞,而蔚宗取之,故蔚宗遂力矫班氏之失。如《党锢》、《独行》、《逸民》等传,正所以表死节,褒正直,而叙杀身成仁之为美也。而诸列传中,亦往往见重仁义、贵守节之意。善读书者,当自知之,并可以想见蔚宗之为人。①

王鸣盛这一段话所作的申结论,是从范晔对班彪、固父子对司马迁《史记》之批评中引申出来的;也可以说,是从《史记》、《汉书》、《后汉书》的比较中所得到的认识。这里涉及的史家,有司马迁、班彪、班固、华峤、范晔,以及王鸣盛本人,的确值得人们反复比较和思考。王鸣盛不仅赞同范晔对班氏父子的批评,而且明确地肯定了《后汉书》史论的精神境界。

关于这一点,在王鸣盛之前,顾炎武论两汉风俗时,曾有所涉及,可与王鸣盛之论相互印证。顾炎武指出:

> 汉自孝武表章《六经》之后,师儒虽盛,而大义未明。故新莽居摄,颂德献符者,遍于天下。光武有鉴于此,故尊崇节义,敦厉名实,所举用者,莫非经明行修之人,而风俗为之一变。至其末造,朝政昏浊,国事日非;而党锢之流,独行之辈,依仁蹈义,舍命不

① 王鸣盛《十七史商榷》卷三六“范矫班失”条,同前引书。

> 渝,风雨如晦,鸡鸣不已。三代以下,风俗之美,无尚于东京者。故范晔之论,以为“桓、灵之间,君道秕僻,朝纲日陵,国隙屡启,自中智以下,靡不审其崩离;而权强之臣,息其窥盗之谋,豪俊之夫,屈于鄙生之议”(原注:《儒林传》论)。“所以倾而未颓,决而未溃,皆仁人君子心力之为”(原注:《左雄传》论)。可谓知言者矣。①

从顾炎武所论中可以获得这样的认识,即范晔史论的精神境界,是有切实的社会历史根据的,并不只是反映他的思想倾向与“为人”操守。

清人赵翼也是推崇范晔史论的,他举例说:

> 又其论和熹后终身称制之非,而后崩后则朝政日乱,以见后之能理国。论隗嚣谓其晚节失计,不肯臣汉,而能得人死力,则亦必有过人者。论李通虽为光武佐命,而其初信谶记之言起兵,致其父及家族皆为王莽所诛,亦不可谓智。此皆立论持平,褒贬允当,足见蔚宗之有学有识,未可徒以才士目之也。②

赵翼是精于考史又擅长史学批评的史家,他所举的这几个例子,都是极容易引起歧异认识的人物;因此,用范晔对这几个

① 顾炎武《日知录》卷一三“两汉风俗”条,黄汝成集释本,上海扫叶山房,1924。

② 赵翼《廿二史札记》卷四“后汉书编次订正”条,同前引书。

人所作的评论来说明范晔史论的面貌,当是比较有说服力的。赵翼末了所作的“立论持平,褒贬允当”、“有学有识”的结论,应该说是很高的评价了。

王鸣盛在《十七史商榷》中除上文曾提到的党锢、独行、逸民等传外,直接评论范晔《后汉书》史论的,还有邓禹论、窦宪论、马蔡论赞、《陈蕃传》论、《党锢传》总叙、《孔融传》论等。即使是嘲笑范晔的洪迈,对其邓禹、窦融、马援、班超、郭泰诸传论,多少也是肯定的。综合以上诸家所论,范晔史论被推崇和肯定者,有二十四首,除去三首重复提到者,尚有二十一首,范晔史论受到普遍的重视和好评,自无疑义。

评论平允与致意风俗

范晔史论之所以受到重视,除上述顾炎武、王鸣盛、赵翼分别说到的有关因素外,还有哪些原因呢?这里,不妨从王鸣盛所论诸例作具体分析。通观王鸣盛所举诸论,对范晔史论大致可概括为三个特点,一是评论平允,二是推明忠义,三是致意风俗。

关于评论平允。王鸣盛在“邓禹论”条下引《后汉书·邓禹传》后论并对此发表评论说:

> 论曰:“邓公功虽不遂,道亦宏矣!及威损栒邑,兵散宜阳,褫龙章于终朝,就侯服以卒岁,荣悴交而下无二色,进退用而上无猜情,君臣之美,后世莫窥其间”云云。蔚宗此论,不甚贬禹,而亦深许光武,最为平允。袁宏《后汉纪》第七卷为禹论,乃深责光武,

以功高不赏，反复为禹惋惜、呼冤。愚谓禹粗定长安，旋为赤眉所败，废然而返，功颓业丧，虽归大司徒印，仍封侯食邑，及中元元年，复行司徒事，为幸多矣。宏此论殊不平。①

王鸣盛认为范晔对邓禹及光武的评论"最为平允"，是有几个方面的因素作为根据的。第一个因素，是从邓禹同光武的关系来看，他同意范晔的认识。第二个因素，是从邓禹的全部仕途来看。第三个因素，是从范晔史论同袁宏史论的比较来看。这末了一点很值得注意。《后汉纪》先于《后汉书》而成，但范晔并不受前者史论的局限，而是独立地提出自己的见解。正是从范、袁二人史论的比较中，王鸣盛得出了"平允"与"不平"的两种结论。王鸣盛关于"平允"的结论，还见于他对"马蔡论赞"的评价，他写道："《马融》、《蔡邕传》各为一卷，而论分赞合，变例也。马论虽贬之实惜之，反复有味，蔡论则全是申雪矣；赞亦抑马扬蔡，平允而意致深长。"②此处所论，不仅是"平允"，还加上了"反复有味"、"意致深长"，史论要达到这一意境，可谓难矣。

关于推明忠义。如上文所说，王鸣盛对于范晔史论的精神境界尤为称颂，其论《陈蕃传》后论，便是突出一例。范晔《后汉书·陈蕃传》后论是这样写的：

桓、灵之世，若陈蕃之徒，咸能树立风声，抗论惛

① 王鸣盛《十七史商榷》卷三五"邓禹论"条，同前引书。
② 王鸣盛《十七史商榷》卷三七"马蔡论赞"条，同前引书。

> 俗。而驱驰险厄之中,与刑人腐夫同朝争衡,终取灭亡之祸者,彼非不能洁情志,违埃雾也。愍夫世士以离俗为高,而人伦莫相恤也。以遁世为非义,故屡退而不去;以仁心为己仁,虽道远而弥厉。及遭际会,协策窦武,自谓万世一遇也。懔懔乎伊、望之业矣!功虽不终,然其信义足以携持民心。汉世乱而不亡,百余年间,数公之力也。[1]

这一首史论,从陈蕃个人际遇结局,论到了士人的志向及不同的处世态度,进而论到信义、民心、朝代存亡,其旨趣、情志,溢于字里行间,诚可谓"反复其味","意致深长"。对于这首史论,王鸣盛是这样评价的:"《陈蕃传论》推明忠义心事,悲愤壮烈,千载下读之,凛凛犹有生气。以王允与蕃合传,其与允也至矣!"[2]从这里,可以看出范晔史论对后人确有感染力;这种感染力,出于他对社会进步、朝代兴亡的深切的关注之情,以及他对那些为进步和正义而"抗论"、而"争衡"的士人的崇敬之意。

关于致意风俗。这个特点与上面所论有密切关联,因其言及风俗本亦着眼于社会进步与朝代兴衰存亡大势。对此,王鸣盛写道:

> 《党锢传》首总叙说两汉风俗之变,上下四百年间,了如指掌;下之风俗成于上之好尚,此可为百世

① 《后汉书》卷六六《陈王列传》。

② 王鸣盛《十七史商榷》卷三七"陈蕃传论"条,同前引书。

之龟镜。蔚宗言之,切至如此,读之能激发人。

《后汉书·党锢传》序约一千五百字。在这篇序文中,范晔概说两汉风俗的几次变化,指出"上好则下必甚,矫枉故直必过,其理然矣"。这就是王鸣盛所说的"可为百世之龟镜"的论点。在这首序文中,范晔对于一些士人"清心忌恶,终陷党议",深致不平之意。王鸣盛对此表示钦佩,指出:"袁宏《后汉纪》第二十二卷论党锢一段,蔚宗虽亦稍取之,然彼乃深斥党人之非,用意与蔚宗不同。"[①]查《后汉纪》此论,亦可谓一首宏论,然其意在强调"野不议朝,处不谈务,少不论长,贱不辩贵"的"先王之教",与范晔论旨迥然不同。在这里,王鸣盛仍然运用比较的方法,指出范、袁史论的异趣,很可发人深思。

笔势纵放的类传史论

综上所述,我们对于范晔自己所说"吾杂传论,皆有精意深旨,既有裁味,故约其词句"云云,当有一个大致的认识。而"至于《循吏》以下及'六夷'诸序论,笔势纵放,实天下之奇作"云云,当作何看待呢?

《后汉书·循吏列传》以下,有《酷吏列传》、《宦者列传》、《儒林列传》、《文苑列传》、《独行列传》、《方术列传》、《逸民列传》、《列女传》,以及东夷、南蛮西南夷、西羌、西域、南匈奴、乌桓鲜卑等传。这十四篇传的序论,难以尽述,兹举数例,略作评析。

---

① 以上均见《十七史商榷》卷三八"党锢传总叙"条,同前引书。

《循吏列传》序概述了东汉一朝循吏简史,认为光武帝时期与章帝、和帝以后,是循吏辈出、往往不绝的两个时期。循吏的特点是“仁信笃诚,使人不欺”,“可以感物而行化”,做到“明发奸伏,吏端禁止”,“移变边俗”等等。范晔着重指出了循吏的出现,其最重要的原因是最高统治者的政治风范,故序文用了近一半的篇幅称赞光武帝的“勤约之风,行于上下。数引公卿郎将,列于禁坐。广求民瘼,观纳风谣。故能内外匪懈,百姓宽息。自临宰邦邑者,竞能其官。”充分肯定了这种垂范作用对于循吏政治的重要影响。《循吏列传》后赞进而指出了循吏政治的社会作用是:“推忠以及,众瘼自蠲,一夫得情,千室鸣弦。”作为史学家,范晔对循吏表示出“怀我风爱,永载遗贤”的崇敬之意,表达了他的一种社会理想。

同循吏相对的是酷吏。《酷吏列传》的序、赞表明范晔对酷吏政治的朴素辩证认识。他一方面认为酷吏的出现是政治统治中不可避免的,酷吏的特点是“肆情刚烈,成其不桡之威”。他们敢于“揣挫强势,摧勒公卿”的执法精神“亦为壮也”,故能“厌快众愤”;但毕竟手段严酷,“末暴虽胜,崇本或略”。这个评价自然不如对循吏的称颂,但范晔也没有完全否定酷吏的作用,认为前者是本,后者是末,他们的关系,是为政之中的本末关系。

《后汉书·宦者列传》序,也可视为一篇宦官小史,而以论东汉为详。从历史上看,范晔认为,宦人中“其能者”可有功于国,“其弊也”则为国之祸。西汉时的宦人,“勤心纳忠,有所补益”者有之,“以佞险自进”、“损秽帝德”者有之。东汉时期,宦官权重,终于发展到“忠贤所以智屈,社稷故其为墟”的地步,“今迹其所以,亦岂一朝一夕哉!”应当说,这是一篇极为深刻的宦官参与政事的历史经验教训的总结。但历代皇朝体制又决定了它无法割去自身肌体上的这个赘瘤，以致一再重复因宦人掌权而造成“纲纪大乱”、“社稷为墟”的政治悲剧。

《后汉书·儒林列传》的序与论，是范晔史论之佳作中的突出者，历来为论者所重。

以上《循吏》、《酷吏》、《宦者》、《儒林》四传的序、论，都反映了范晔对政治统治、国家兴衰的关注，反映了他的积极的、进步的社会历史观和历史人物评价标准。

《后汉书》“六夷”传的序、论，分别论述周边各民族、各地区同三代、秦汉的关系，而尤着意其与东汉联系的密切。对此，本书以下将有专章加以详说。这里，我们只是简要地作一评述。范晔这样写道：“自中兴之后，四夷来宾，虽时有乖畔，而使驿不绝，故国俗风土，可得略记。东夷率皆土著，喜饮酒歌舞，或冠弁衣锦，器用俎豆。所谓中国失礼，求之四夷者也。凡蛮、夷、戎、狄总名四夷者，犹公、侯、伯、子、男皆号诸侯云。”[①]尽管范晔于“六夷”传的序论及传文中，对各族仍难免有不恰当的评论，然上引这段话所确定的基本看法，反映出他对各族关系的认识，继承了司马迁的思想传统，是难能可贵的。

《后汉书·循吏列传》以下各传诸序、论，有一个共同的特点，即纵向论历史演变，横向评得失利害，以陈述史事为目的，以总结经验为归宿，有吞吐古今之志，无矫揉造作之意，此即其所谓“笔势纵放”之由来。

① 《后汉书》卷八五《东夷列传》序。

政治哲学及学术思想

范晔的史论,是《后汉书》的精华所在。除了上述诸家所作的有关评价外,从今天的认识来看,他在史论中所反映出来的政治哲学及学术思想,都是十分重要的史学遗产。

首先,他对东汉时期的大治乱得失问题,提出了自己的看法。他论王莽、东汉之际的形势说:“传称‘盛德必百世祀’,孔子曰‘宽则得众’。夫能得众心,则百世不忘矣。观更始之际,刘氏之遗恩余烈,英雄岂能抗之哉!然则知高祖、孝文之宽仁,结于人心深矣。”[①]从历史的形势来看,范晔所论未必中肯,但他提出了“得众心”、“结于人心深矣”对于政治上的成功的极端重要性,无疑是深刻的见解。他论“中兴之业,诚艰难也”,认为光武“闭玉门以谢西域之质,卑词币以礼匈奴之使”是明智之举[②];认为光武吸取西汉初年分封异姓诸侯王的教训,“鉴前事之违,存矫枉之志”,仅以少数功臣“与参国议,分均休咎,其余并优以宽科,完其封禄,莫不终以功名延庆于后”,也是明智之举。论末总结说:“崇恩偏授,易启私溺之失,至公均被,必广招贤之路,意者不其然乎!”[③]这是把不同的政策上升到理论认识的高度。范晔在《皇后纪》序论中,还指出东汉“皇统屡绝,权归女主,外立者四帝,临朝者六后,莫不定策帷帟,委事父兄,贪孩童以久其政,抑明贤以专其威。任重

① 《后汉书》卷一二《王刘张李彭卢列传》后论。

② 《后汉书》卷一八《吴盖陈臧列传》后论。

③ 《后汉书》卷二二《朱景王杜马刘傅坚马列传》后论。

道悠，利深祸速”[1]的弊端。在《宦者列传》的序论中，范晔一方面分析宦官和外戚勾结的原因，一方面又分析了宦官得势的种种不同情况，以及造成“纲纪大乱”、“败国蠹政”的严重后果。凡此，都是着眼于政治得失所作的历史评论。

其次，范晔的史论还表明了他在历史观上的朴素唯物论倾向。他批评佛教“好大不经，奇谲无已”，“故通人多惑焉”[2]。他批评种种方术“斯道隐远，玄奥难原，故圣人不语怪神，罕言性命”；方术怪诞之论“纯盗虚名，无益于用”，不过是有人“希之以成名”的工具罢了[3]。他对武帝“颇好方术”，光武“尤信谶言”，桓帝“修华盖之饰”，都采取批评的态度。他极少讲“天命”，即使讲到了，也是采取保留的态度。他说：“天命符验，可得而见，未可得而言也。然大致受大福者，归于信顺乎！”[4]他是把顺乎天、信乎人结合在一起来看待的。这虽多少带有一点折中的色彩，但范晔的思想倾向不是折中的，所以直到临死前还说：“天下决无佛鬼！”

再次，范晔学术思想的核心是政治学说。正如他在《王充王符仲长统列传》的后论中所说：“百家之言政者尚矣。大略归乎宁固根柢，革易时敝也。”这两句话，可谓言简意赅，说到根本上了。但范晔对“百家之言政者”又是采取审慎的和辩证的态度加以分析的。一方面，他认为：“虽周物之智，不能研其推变；山川之奥，未足况其纡险。则应俗适事，难以常条。如

① 《后汉书》卷一〇上《皇后纪上》序。
② 《后汉书》卷八八《西域传》后论。
③ 《后汉书》卷八二上《方术列传上》序及后论。
④ 《后汉书》卷七五《刘焉袁术吕布列传》后论。

使用审其道,则殊途同会;才爽其分,则一豪以乖。”这里所强调的是实事求是、“对症下药”,认为一成不变的成法和常规是不存在的。另一方面,他着重指出为政应当是“繁简唯时,宽猛相济”。这可以看作是实事求是、“对症下药”的一个补充。还有一个方面,他认为对“百家之言”必须作具体分析,这是因为各家所言都是从某一种理论出发,或从某一个视角提出问题,这些理论或视角甚至有完全相悖之处。因此,对“百家之言”中的任何一家所言都不可视为“笃论”,而对它们作具体分析是必不可少的,诚如他对王充、王符、仲长统三人之论所发表的评论那样①。要之,可以认为,范晔的政治哲学在这里是得到了比较充分的发挥了。

最后,范晔的史论,显示出他对东汉时期学术史的兴趣和见解,并往往反映出辩证的认识和批判的精神。如他论道术,一方面说它“有补于时,后人所当取鉴”,一方面指出“然而其敝好巫,故君子不以专心焉”②。他论经学,批评经学的烦琐、误人;同时指出“郑玄括囊大典,网罗众家,删裁繁诬,刊改漏失,自是学者略知所归”的成绩③。他论史学,肯定“司马迁、班固父子,其言史官载籍之作,大义粲然著矣”。又对迁、固作了比较,并给予班固很高的评价;但不同意班固对司马迁的批评,认为班书“论议常排死节,否正直,而不叙杀身成仁之为美,则轻仁义、贱守节愈矣”④。这个评论在史学史上有很大

① 参见《后汉书》卷四九《王充王符仲长统列传》后论。

② 《后汉书》卷三〇下《郎顗襄楷列传下》后论。

③ 《后汉书》卷三五《张曹郑列传》后论。

④ 《后汉书》卷四〇下《班彪列传下》后论。

的影响。他论应奉、应劭父子说:“应氏七世才闻,而奉、劭采章为盛。及撰著篇籍,甄纪异知,虽云小道,亦有可观者焉。”[①]他把王充、王符、仲长统三位唯物思想家合传,说王充《论衡》“释物类同异,正时俗嫌疑”,王符《潜夫论》“指讦时短,讨谪物情,足以观见当时风政”,说仲长统所著《理乱篇》、《损益篇》、《法诫篇》都“有益政者”[②]。《后汉书》其他类传如党锢、循吏、酷吏、文苑、独行、逸民、列女等传的序、论,也都对不同类型的历史人物的政治作用和社会影响作了精彩的评论。而从学术发展史的角度来看,这些评论又无一不贯穿着纵论古今、集众家所论之长的特点,体现出范晔突出的学术史意识。范晔的史论,言深意远,用词典雅,在史学上是不多见的。

诚如治魏晋南北朝史的名家周一良先生所说:“《后汉书》的序或论,在范蔚宗的心目中,实为再三致意的全书之灵魂”[③],这可以看作是评论范晔《后汉书》的点睛之笔。

---

① 《后汉书》卷四八《杨李翟应霍爰徐列传》后论。

② 《后汉书》卷四九《王充王符仲长统列传》。

③ 周一良《略论南北朝史学之异同》,见周著《魏晋南北朝史论集续编》,北京大学出版社 1991 年版,第 100 页。

第五章　历史思想：朴素唯物的倾向

范晔的历史思想具有丰富的内涵。古老的“天人关系”的讨论在他这里已演变成一个具体的问题：天下有无佛鬼？范晔的回答是：“天下决无佛鬼！”关于历史进程的认识在他这里也变得具体化，即怎样总结和看待东汉一朝的兴衰史？范晔对此也提出了自己的见解。当然，对历史进程的认识，是离不开关于古今关系认识这个大前提的。范晔《后汉书》的杂传论和类传序、论，都写得颇具特色，是范晔本人自我评价甚高的方面，从中可看出他评价历史人物的尺度和准则。这几个部分，是范晔历史思想的主要内容。

范晔的民族思想，自是历史思想的重要方面；他的社会思想在政治方面和伦理方面都有不可轻视的见解。对于这些，本书都分别以专章论述。

一、“天下决无佛鬼”

范晔是一个无神论者[①]，这一点在上个世纪关于范晔和《后汉书》的研究中，史学界已有越来越多的共识。现在我们要作进一步深入讨论的是，范晔的无神论或者说“天下决无佛鬼”的思想是在怎样的社会氛围中倔强地存在着，它跟范晔对历史的认识有何联系？

东晋、南朝佛教大盛，上自皇帝，下至平民，大多受到佛教的影响。晋朝最后一个皇帝晋恭帝就是一个笃信佛教的人，史载：

> 帝幼时性颇忍急，及在藩国，曾令善射者射马为戏。既而有人云：“马者国姓，而自杀之，不祥之甚。”帝亦悟，甚悔之。其后复深信浮屠道，铸货千万，造丈六金像，亲于瓦官寺迎之，步从十许里。[②]

正是这个笃信佛教的人成了东晋皇朝的末代皇帝，而且在“逊位”不久，便被刘裕派人杀了。史家把这两件事记载在一起，可以说是对晋恭帝的极大讽刺。

刘宋皇朝的彭城王刘义康也是一个笃信佛教的显贵，但他后来以谋反罪被处死。刘义康的死，更带有戏剧性。史书记载说：

---

① 白寿彝《中国史学史论集》，同前引书，第145—149页。

② 《晋书》卷十《恭帝纪》。

[元嘉]二十八年正月,遣中书舍人严龙赍药赐死。义康不肯服药,曰:“佛教自杀不复得人身,便随宜见处分。”乃以被揜杀之,时年四十三,以侯礼葬安成。①

这两个事例表明,在晋、宋皇朝的高层统治者中,笃信佛教是有一定的普遍性的。尽管其中一些人的结局是悲剧性的,他们也不放弃这种信念。南北朝时期,佛寺香烟缭绕,弥漫大江南北,人们被笼罩在神秘的氛围之中从事着各自的活动。

范晔的父亲范泰也是一个相信佛教的高官。范泰“博览篇籍,好为文章,爱奖后生,孜孜无倦。撰《古今善言》二十四篇及文集传于世。暮年事佛甚精,于宅西立祇洹精舍”②。一个私家能建佛寺,既表明其社会地位之高,又表明其对于佛教的虔诚。尽管范泰在“踞食”习俗上同释慧义发生过争执,并多次向宋文帝上表陈述他的见解③,但这并不影响他对佛教的笃信。他曾撰《佛赞》一首,其文曰:

精粗事阻,始末理通。舍事就理,即朗祛蒙。惟此灵觉,因心则崇。四等极物,六度在躬。明发储

① 《宋书》卷六八《武二王传·彭城王义康》。
② 《宋书》卷六〇《范泰传》。
③ 参见《弘明集》卷一二《论沙门踞食表》(三首),上海古籍出版社 1991 年版;严可均校辑《全宋文》卷一五,中华书局 1958 年版。

> 寝，孰是化初。夕灭双树，岂还本无。渺渺远神，遥遥安(和)[如]。愿言来期，免兹沦湑。[1]

所谓"愿言来期，免兹沦湑"，则不但是虔诚，而且也有所期盼。

其实，宋文帝也同样是一个信佛的人。因此，范泰在上表中一方面说自己"少信大法"，一方面赞扬宋文帝"体达佛理，将究其致，远心遐期，研精入微"[2]。宋文帝不愿自己的大臣同僧人在"踞食"问题上有太多的争论，所以他在《答范泰诏》中希望双方能够"更求其中"[3]。从这里，人们也可以想见当时佛教的盛行。

范泰卒于宋文帝元嘉五年(428)，范晔对其生父的这种信仰和相关的做法，当是了若指掌的，至少是比较熟悉的。但是，范晔并没有追随父亲的这一信仰，甚至也没有苟同这种信仰，而是恰恰相反，他站在反对这种信仰的立场上，批判佛鬼的存在。

生活在这种社会条件下的范晔，勇敢地、公开地批判笃信佛鬼的思潮，表明他的思想的深刻和求真的勇气。可以说，他为此而斗争，坚持到生命的最后一息。《宋书·范晔传》对范晔临刑前有如下记载："晔常谓死者神灭，欲著《无鬼论》，至是与徐湛之书，云：'当相讼地下。'其谬乱如此。又语人：'寄语何仆射，天下决无佛鬼。若有灵，自当相报。'"这一段记载，

---

① 《广弘明集》卷一五，上海古籍出版社 1991 年版；严可均校辑《全宋文》卷一五，同前引书。

② 《弘明集》卷一二《论沙门踞食表》第 1 表，同前引书。

③ 《弘明集》卷一二，同前引书；《全宋文》卷二〇，同前引书。

是《范晔传》的作者用来嘲笑范晔的文字。其实,这段记载恰恰表明:第一,范晔有一个坚定的信念:“死者神灭”。他打算根据这一基本认识写一篇《无鬼论》,可惜他还没有写出来,这给中国思想史留下了一个遗憾。第二,他在临刑前再次明确地表明“天下决无佛鬼”这一信念,坚持了“死者神灭”的论点。第三,范晔说的“相讼地下”、“若有灵,自当相报”等语,是对徐、何等人表示自己的愤慨和蔑视。《范晔传》的作者没有完全懂得范晔所说这些话的深意,认为这是范晔思想“谬乱”的表现,诚然可笑;但这样一来反倒给后人留下了这一段很有意义、很有价值的记载,这是当时的作者始料所不及的。

如果说范晔终于未能把《无鬼论》写出来,实为思想史上一件憾事;那么,他对于佛教的看法却形成了文字,并流传下来,我们不妨把它称为“佛教论”或“无佛论”,这就是他在《西域传》中所写的后论。范晔这样写道:

> 至于佛道神化,兴自身毒,而二汉方志莫有称焉。张骞但著地多暑湿,乘象而战,班勇虽列其奉浮图,不杀伐,而精文善法导达之功靡所传述。余闻之后说也,其国则殷乎中土,玉烛和气,灵圣之所[降]集,贤懿之所挺生,神迹诡怪,则理绝人区,感验明显,则事出天外。而骞、超无闻者,岂其道闭往运,数开叔叶乎?不然,何诬异之甚也!汉自楚英始盛斋戒之祀,桓帝又修华盖之饰。将微义未译,而但神明之邪?详其清心释累之训,空有兼遣之宗,道书之流也。且好仁恶杀,蠲敝崇善,所以贤达君子多爱其法焉。然好大不经,奇谲无已,虽邹衍谈天之辩,庄周

蜗角之论，尚未足以概其万一。又精灵起灭，因报相寻，若晓而昧者，故通人多惑焉。盖导俗无方，适物异会，取诸同归，措夫疑说，则大道通矣。①

这一首“佛教论”或“无佛论”，首先讲到了它的来历，讲到了它是怎样传入中国的，以及在中国引起的反应，讲得很概括，但脉络清晰。其次讲到了佛教主旨也讲求“好仁恶杀，蠲敝崇善”，同中国儒家的思想传统有某些相似之处，故能为“贤达君子”所认同。这是指出了佛教为什么能够在中国流行的原因。再次讲到了佛教的宣扬中，存在着“好大不经，奇谲无已”的地方，尤其是关于“精灵起灭，因报相寻”的说教，似是而非，博雅明智之人都对其抱怀疑的态度。最后，范晔还讲到了思想对于引导社会的重要性，故应慎重对待。从这篇史论来看，范晔对佛教是有相当了解的，他作的这些评论，也是心平气和地讲道理的，不仅反映了他思想的敏锐，也反映了他持论的严谨。这也有力地表明，《宋书·范晔传》说他思想“谬乱”，是毫无道理的。

这里，我们有必要联系到《宋书》的作者沈约。当然，《宋书》并非全出于沈约之手，但他毕竟是终其事者。

沈约(441—513)小于范晔43岁，他4岁时，范晔被杀害。他们并非真正意义上的同时代人，但他们生活的时代却大致相同，社会风气也没有太大变化。他们都是史学家，而他们的见解却大相径庭，在反佛与佞佛上表现得尤为突出。

沈约所撰《宋书》，其所立“符瑞”一志，开后世之先。尤为

① 《后汉书》卷八八《西域传》后论。

甚者是《宋书·符瑞志上》,其所载从太昊、炎帝、黄帝、尧、舜、禹、汤、文、武、汉高祖、文帝、景帝、武帝、昭帝、元帝,直至东汉诸帝、三国君主、南朝刘宋诸帝等,或出生,或登位,都有祥瑞出现,全篇笼罩着浓厚的神秘气氛,是一篇十足的神话。如书中引用他人"天文祥瑞",有"鬼在山,禾女运,王天下"的话,于是"魏王受汉禅"。这是曹魏代汉之事。又如同篇记:"冀州有沙门法称将死,语其弟子普严曰:'嵩皇神告我云,江东有刘将军,是汉家苗裔,当受天命。吾以三十二璧,镇金一饼,与将军为信。三十二璧者,刘氏卜世之数也。'普严以告同学法义。法义以十三年七月,于嵩高庙石坛下得玉璧三十二枚,黄金一饼。"此事已属怪诞,而沈约在篇末进而发论说:"史臣谨按,冀州道人法称所云玉璧三十二枚,宋氏卜世之数者,盖卜年之数也。谓卜世者,谬其言耳。三十二者,二三十,则六十矣。宋氏受命至于禅齐,凡六十年云。"[①]沈约把本已荒诞的事加以发挥,加上数字上的任意附会,"三十二",可以说成"二三十","二三十"可以说成"六十",与宋祚相符,进而证明法称预见的正确。由此更可以看出范晔"天下决无佛鬼"的思想和信念的历史价值。

值得注意的是,范晔"天下决无佛鬼"的无神论思想,并非只是停留在一般的思想与信仰领域,由于他是一个关注历史的人,所以他的这个思想必然要伸延到历史认识领域,从而在他所撰写的《后汉书》中反映出来。这样,范晔的"天下决无佛鬼"便与他的历史思想结合起来,使其历史思想具有鲜明的朴素唯物历史观的突出特点。

① 《宋书》卷二七《符瑞志上》。

二、慎言天道,看重人事和信顺

范晔的历史思想,其特点之一,是慎言天道,看重人事,深察信顺。这几个方面的结合,可以看出范晔对社会历史的存在及其变化的基本认识。

东汉末年,政治已经腐败、混乱到不可收拾的地步,而最高统治者却在做着一些毫无意义的事情,使颓势进一步恶化。范晔在评论汉桓帝时,尖锐地指出:“前史称桓帝好音乐,善琴笙。饰芳林而考濯龙之宫,设华盖以祠浮图、老子,斯将所谓‘听于神’乎!”[①]濯龙,李贤注谓殿名。范晔这短短的几句评论,分量极重,可以说一字千钧。范晔所说的“听于神”,典出《左传》,原文是:

> 秋七月,有神降于莘。
>
> 惠王问诸内史过曰:“是何故也?”对曰:“国之将兴,明神降之,监其德也;将亡,神又降之,观其恶也。故有得神以兴,亦有以亡。虞、夏、商、周皆有之。”王曰:“若之何?”对曰:“以其物享焉。其至之日,亦其物也。”王从之。内史过往,闻虢请命,反曰:“虢必亡矣。虐而听于神。”

---

① 《后汉书》卷七《孝桓帝纪》后论。按:范晔此处所说的“前史”,是指司马彪的《续汉书·祭祀志中》的一段话:“桓帝即位十八年,好神仙事。延熹八年,初使中常侍之陈国苦县祠老子。九年,亲祠老子于濯龙。文罽为坛,饰淳金釦器,设华盖之坐,用郊天乐也。”

> 神居莘六月。虢公使祝应、宗区、史嚚享焉。神赐之土田。史嚚曰:"虢其亡乎!吾闻之:国将兴,听于民;将亡,听于神。神,聪明正直而壹者也,依人而行。虢多凉德,其何土之能得?"①

内史过是周的大夫,他说的话前后稍有不同:前面说的是神可以"监其德"、"观其恶",是从"神"的角度来说的;后面说的是虢国国君"虐而听于神",是从人的角度来说的。前面说的"监"与"观",并没说到"神"在起什么作用;后面就明确说了"虐而听于神"是没有用的。这样一来,"神"的作用实际上是被架空了,只是内史过没有直说,而是委婉地表达了他的认识。至于虢国的太史史嚚说的话,就直接得多,所谓"国将兴,听于民;将亡,听于神"的话可以把次序反过来说,即"听于民,国将兴;听于神,将亡"。这个道理很显然:只有"民"的支持,"国"才可以"兴"起来;"国"将亡,说明统治者与"民"的矛盾突出了,不可能得到"民"的支持了,只好求助于"神",而"神"是起不了什么作用的,祈求无用,只有等着灭亡了。范晔在这里引用了这个典故,一方面反映了他对汉桓帝的一些做法的批评,认为这是"听于神"的愚蠢的活动;一方面也反映了他对自古以来人们"听于神"的思想和行动的否定。他把汉桓帝"设华盖以祠浮图"和"听于神"联系起来,也反映了他的"天下决无佛鬼"思想和中国古老的"天人之际"问题之辩论的密切联系。

关于这种密切联系,从范晔对谶纬的无情揭露和激烈抨

① 《左传》庄公三十二年,杨伯峻《春秋左传注》中华书局1981年版。

击上，显示得尤为突出。范晔《后汉书》记载：李通是与刘秀一同起事的伙伴之一。李通与刘秀的结合，并不是出于审时度势的原因，而是受到了谶语的“启示”。原来，李通的父亲李守，“好星历谶记，为王莽宗卿师”。王莽新朝末年，百姓愁怨，李通常常听到他父亲说谶，意谓“刘氏复起，李氏为辅”。李通记住了这句谶语，并时时想到它。后来，他终于找到了机会，劝刘秀起事，他全家遭到了王莽的杀害，他自己在刘秀做了皇帝后成就了功名。范晔对此大不以为然，他针对此事发表评论说：

> 子曰：“富与贵是人之所欲，不以其道得之，不处也。”李通岂知夫所欲而未识以道者乎！夫天道性命，圣人难言之，况乃亿测微隐，猖狂无妄之福，污灭亲宗，以觖一切之功哉！①

在范晔看来，李通之企求“富与贵”的愿望是符合常情的，但他以谶语为根据，十分可悲。至于他因此而造成“污灭亲宗，以觖一切之功”的后果，同样是可悲的。值得注意的是，范晔强调了“天道性命，圣人难言之”，说明他对于孔子的不语怪、力、乱、神和慎于说“天”的优良传统是十分看重的，正因为如此，他对于说谶和信谶之人，自然会表示出轻蔑的态度。

范晔记邓晨与刘秀称帝前的交往，也反映了类似的情况，当然也透露出他的辛辣的讽刺。范晔写道：

---

① 《后汉书》卷一五《李通传》及后论。

邓晨字伟卿，南阳新野人也。世吏二千石。父宏，豫章都尉。晨初娶光武姊元。王莽末，光武尝与兄伯升及晨俱之宛，与穰人蔡少公等讌语。少公颇学图谶，言刘秀当为天子。或曰："是国师公刘秀乎？"光武戏曰："何用知非仆耶？"坐者皆大笑，晨心独喜。及光武与家属避吏新野，舍晨庐，甚相亲爱。晨因谓光武曰："王莽悖暴，盛夏斩人，此天亡之时也。往时会宛，独当应耶？"光武笑不答。①

事情竟然如此简单而又愚昧：谶云"刘秀当为天子"，刘秀说"何用知非仆也"，这就把邓晨打动了，于是，"心独喜"，进而追随刘秀，弄得居室被污，冢墓被焚，"宗族皆恚怒"②。这不也是十分可笑的事情吗？范晔用非常概括的语言评论他们："李、邓豪赡，舍家从谶"③，这样尖锐的揭露，当然不包含对其家族命运的同情，也不表示对其本人后来荣耀的夸奖，而只是对其愚昧的慨叹而已。

在《后汉书》中，范晔对于这类愚昧的揭露和鞭笞，在在都有。他记东汉末年的权势人物袁术，也近于此意。范晔写道：

初，术在南阳，户口尚数十百万，而不修法度，以钞掠为资，奢恣无厌，百姓患之。又少见谶书，言"代

① 《后汉书》卷一五《邓晨传》。
② 《后汉书》卷一五《邓晨传》。
③ 《后汉书》卷一五《李王邓来列传》赞。

> 汉者当涂高”，自云名字应之。又以袁氏出陈为舜后，以黄代赤，德运之次，遂有僭逆之谋。①

且不说这里又是“少见谶书”，单说为什么“代汉者当涂高”就同袁术的“名字应之”呢？原来袁术自己的解释是：“术”与“路”皆是“涂”，故当“应之”。这个横行当时、不可一世的人物，最后弄到“遂大困穷，士卒散走”，“因愤慨结病，欧血死”的结局。在范晔的史笔之下，这个东汉末年的枭雄，竟是以“少见谶书”而起，以“愤慨结病”致死而终，可以说是把谶纬的编造、胡说，揭露得淋漓尽致。范晔指出：

> 天命符验，可得而见，未可得而言也。然大致受大福者，归于信顺乎！夫事不以顺，虽强力广谋，不能得也。谋不可得之事，日失忠信，变诈妄生矣。况复苟肆行之，其以欺天乎！虽假符僭称，归将安所容哉！②

这些话虽是针对袁术的皇帝梦而说的，但在这里，可以看出，范晔不再重复谶书之如何如何荒谬的话，而是进而讲到“天命符验”的问题了。尽管他说“可得而见，未可得而言也”是模棱两可的话，但却明确地提出了凡事要取得成功，必讲求“信顺”。“顺”是什么？以“夫事不以顺”的表述来看，“顺”是顺其事。“信”是什么？是“忠信”。所谓“忠信”讲的是人与人之间

① 《后汉书》卷七五《袁术传》。
② 《后汉书》卷七五《袁术传》后论。

的关系。要之,顺于事而信于人,则事可成。这样,范晔就以“信顺”否定了“天命符验”的观念了。

同时,范晔在《后汉书》中,对以天文历算之学与巫术图谶相结合的行为,予以抨击。他记郎𫖮其人,先说他父亲郎宗善风角、星算之术,曾预见有暴风而被验证,于是朝廷以博士征用郎宗。不料郎宗“耻以占验见知,闻征书到,夜悬印绶于县廷而遁去,遂终身不仕”。而“少传父业”的郎𫖮则不然,朝廷以“公车征”,他乃上奏章,阐说“天垂妖象,地见灾符,所以谴告人主,责躬修德,使正机平衡,流化兴政”,文颇长,范晔均予以载录。范晔于同卷记襄楷事,说他“好学博古,善天文阴阳之术”,“自家诣阙上疏”,阐说“皇天不言,以文象设教”等等,文亦颇长。最后,范晔就郎、襄二人所为发表评论,认为:

> 古人有云:“善言天者,必有验于人。”而张衡亦云:“天文历数,阴阳占候,今所宜急也。”郎𫖮、襄楷能仰瞻俯察,参诸人事,祸福吉凶既应,引之教义亦明。此盖道术所以有补于时,后人所当取鉴者也。然而其敝好巫,故君子不以专心焉。[1]

这里,有两点很值得注意,一是范晔把天文历数同巫妄之谈区别开来,而对于“好巫”这一套东西,指出“君子不以专心”。二是他特地引用了张衡的话,表明他并不反对张衡这样的学者所从事的天文历算研究。

① 《后汉书》卷三〇下《郎𫖮襄楷列传》及后论。

与上述见解相呼应，范晔在《张衡传》中记载了张衡批评图谶的上疏，其疏文曰：

臣闻圣人明审律历以定吉凶，重之以卜筮，杂之以九宫，经天验道，本尽于此。或观星辰逆顺，寒燠所由，或察龟策之占，巫觋之言，其所因者，非一术也。立言于前，有征于后，故智者贵焉，谓之谶书。谶书始出，盖知之者寡。自汉取秦，用兵力战，功成业遂，可谓大事，当此之时，莫或称谶。若夏侯胜、眭孟之徒，以道术立名，其所述著，无谶一言。刘向父子领校秘书，阅定九流，亦无谶录。成、哀之后，乃始闻之。《尚书》尧使鲧理洪水，九载绩用不成，鲧则殛死，禹乃嗣兴。而《春秋谶》云"共工理水"。凡谶皆云黄帝伐蚩尤，而《诗谶》独以为"蚩尤败，然后尧受命"。《春秋元命包》中有公输班与墨翟，事见战国，非春秋时也。又言"别有益州"。益州之置，在于汉世。其名三辅诸陵，世数可知。至于图中，讫于成帝。一卷之书，互异数事，圣人之言，势无若是，殆必虚伪之徒，以要世取资。往者侍中贾逵摘谶互异三十余事，诸言谶者皆不能说。至于王莽篡位，汉世大祸，八十篇何为不戒？则知图谶成于哀、平之际也。且《河洛》、《六艺》，篇录已定，后人皮傅，无所容篡。永元中，清河宋景遂以历纪推言水灾，而伪称洞视玉版。或者至于弃家业，入山林，后皆无效，而复采前世成事，以为证验。至于永建复统，则不能知。此皆欺世罔俗，以昧势位，情伪较然，莫之纠禁。且律历、卦候、九宫、风角,数有征效,世莫肯学,而竞称不占之书。譬犹画工,恶图犬马而好作鬼魅,诚以实事难形,而虚伪不穷也。宜收藏图谶,一禁绝之,则朱紫无所眩,典籍无瑕玷矣。[①]

张衡的这一篇上疏,从历史事实上说明秦朝"功成业遂,可谓大事",无人称谶;刘向父子校书,"阅定九流,亦无谶录",说明了图谶产生是很晚的事情,当起于成帝、哀帝之后。其所宣扬,往往无从验证,于是乃从历史上寻找"例证",以附会其说,手法极为卑劣。可见,它的产生,不过是"虚伪之徒,以要世取资"罢了。张衡还以生动的比喻说:"譬犹画工,恶图犬马而好作鬼魅,诚以实事难形,而虚伪不穷也。"这就是说,谶语谶录是可以任人杜撰而不受任何约束的。因此他建议:"宜收藏图谶,一禁绝之,则朱紫无所眩,典籍无瑕玷矣",人世间的是非真伪也就清楚了。

范晔在《张衡传》中对文献作这样的处置,显然是寓有深意的。张衡作为天文学家,强调"朱紫无所眩,典籍无瑕玷",在谶纬盛行的时代,确实起到了别人不可替代的重要作用。这正是范晔在他人传记的后论中要引用张衡的话作为根据的缘故。

范晔的朴素的唯物历史观点,从"天下决无佛鬼",到坚定地揭露和反对图谶的虚妄,以及提倡"信顺"的思想等,都从不同的方面有所反映。而他为《方术列传》所写的序,则把他的朴素的唯物历史观点阐述得更加全面。其文曰:

① 《后汉书》卷五九《张衡传》。

仲尼称《易》有君子之道四焉，曰“卜筮者尚其占”。占也者，先王所以定祸福，决嫌疑，幽赞于神明，遂知来物者也。若夫阴阳推步之学，往往见于坟记矣。然神经怪牒、玉策金绳，关扃于明灵之府，封縢于瑶坛之上者，靡得而窥也。至乃《河》、《洛》之文，龟龙之图，箕子之术，师旷之书，纬候之部，钤决之符，皆所以探抽冥赜，参验人区，时有可闻者焉。其流又有风角、遁甲、七政、元气、六日七分、逢占、日者、挺专、须臾、孤虚之术，及望云省气，推处祥妖，时亦有以效于事也。而斯道隐远，玄奥难原，故圣人不语怪神，罕言性命。或开末而抑其端，或曲辞以章其义，所谓“民可使由之，不可使知之”。

汉自武帝颇好方术，天下怀协道艺之士，莫不负策抵掌，顺风而届焉。后王莽矫用符命，及光武尤信谶言，士之赴趣时宜者，皆骋驰穿凿，争谈之也。故王梁、孙咸名应图箓，越登槐鼎之任，郑兴、贾逵以附同称显，桓谭、尹敏以乖忤沦败，自是习为内学，尚奇文，贵异数，不乏于时矣。是以通儒硕生，忿其奸妄不经，奏议慷慨，以为宜见藏摈。子长亦云：“观阴阳之书，使人拘而多忌。”盖为此也。

夫物之所偏，未能无蔽，虽云大道，其硋或同。若乃《诗》之失愚，《书》之失诬，然则数术之失，至于诡俗乎？如令温柔敦厚而不愚，斯深于《诗》者也；疏通知远而不诬，斯深于《书》者也；极数知变而不诡俗，斯深于数术者也。故曰：“苟非其人，道不虚行。”

意者多迷其统,取遣颇偏,甚有虽流宕过诞亦失也。

这篇序文,从总的方面来看,似并未完全否定方术的作用,但范晔的深意所在也是值得探究的。

第一,认为用占卜来确定祸福、嫌疑等大事,人们在古代文献中可以看到,但“神经怪牒,玉策金绳”,人们就“靡得而窥”,根本见不到了;至于《河图》、《洛书》之类,人们也只是听到一些传闻罢了。总的来说,“斯道隐远,玄奥难原”,所以“圣人不语怪神,罕言性命”。这些话的中心意思是说对于仅是见于记载、听自传闻的事情,“圣人”是不会看重的,更不会去提倡、宣扬。

第二,汉家由于武帝“颇好方术”,把社会风气弄坏了,后来光武帝又“尤信图谶”,于是“趣时”的人受到重用,“乖忤”之士受到排斥,有识之士大为不满,“奏议慷慨”,认为应当摈弃图谶。太史公司马迁早就指出,阴阳之书会把人引入歧路,人们应当记取这些教训才是。

第三,任何事物都有两个方面,就连《诗》、《书》也是如此。因此,人们对于任何思想、学说,都应当像对待《诗》那样,做到“温柔敦厚而不愚”;都应像对待《书》那样,做到“疏通知远而不诬”;对待数术就应“知变而不诡俗”。

范晔从孔子说到司马迁,予以正面的评价,表明他坚持了中国史学上朴素唯物历史思想的优良传统;他从汉武帝好方术,说到汉光武帝信图谶,指出这种上行下效导致社会风气的败坏,表明他的历史理性精神和现实批判精神是结合在一起的,这是他的历史思想的特点之一。

三、指陈历史形势，综括皇朝兴衰

范晔是一个优秀的史家，他对于东汉历史发展进程中的几个重大转折的把握和评论，反映出了他看待历史形势的卓识。

范晔认为，东汉社会，以光武帝、明帝、章帝三朝为兴盛时期。他对于光武帝时即建武年间的政治有很高的评价。举其要者，例如，他感慨于“中兴之业，诚艰难也”，称赞光武帝居安思危，常自危惧，能谨慎而妥当地处理与西域、匈奴各族的民族关系[①]。他高度评价光武帝善于总结历史经验，妥当地对“中兴二十八将”进行安置，他写道：

> 光武鉴前事之违，存矫枉之志，虽寇、邓之高勋，耿、贾之鸿烈，分土不过大县数四，所加特进、朝请而已。观其治平临政，课职责咎，将所谓“导之以政，齐之以刑”者乎！若格之功臣，其伤已甚。何者？直绳则亏丧恩旧，挠情则违废禁典，选德则功不必厚，举劳则人或未贤，参任则群心难塞，并列则其敝未远。不得不校其胜否，即事相权。故高秩厚礼，允答元功，峻文深宪，责成吏职。建武之世，侯者百余，若夫数公者，则与参国议，分均休咎，其余并优以宽科，完其封禄，莫不终以功名延庆于后。

---

① 《后汉书》卷一八《吴盖陈臧列传》后论。

他最后归结到政治上说:“夫崇恩偏授,易启私溺之失,至公均被,必广招贤之路,意者不其然乎!”[①]在如何安置开国功臣的问题上,西汉有深刻的历史教训,而光武帝则正确对待这一历史教训,进而创造了成功的经验。东汉“中兴”之业的确立和巩固,这是关键的决策之一。范晔还充分肯定光武帝关注民生、整顿风俗的措施,指出:“光武长于民间,颇达情伪,见稼穑艰难,百姓病害,至天下已定,务用安静,解王莽之繁密,还汉世之轻法。……数引公卿郎将,列于禁坐。广求民瘼,观纳风谣。故能内外匪懈,百姓宽息。自临宰邦邑者,竞能其官”[②]。这是称赞光武帝对于肃清吏治、纯净风俗和安定社会所起的积极作用。范晔对于光武帝尊儒学、重教化更是给予极高的评价,认为这是“中兴”事业的一个重要方面。他写道,“昔王莽、更始之际,天下散乱,礼乐分崩,典文残落。及光武中兴,爱好经术,未及下车,而先访儒雅,采求阙文,补缀漏逸。先是四方学士多怀协图书,遁逃林薮。自是莫不抱负坟策,云会京师”,“于是立《五经》博士,各以家法教授”。他又进一步指出这样的措施给社会带来的积极影响:“自是其风世笃焉。其服儒衣,称先王,游庠序,聚横塾者,盖布之于邦域矣。……所谈者仁义,所传者圣法也。故人识君臣父子之纲,家知违邪归正之路。”[③]当然,这些评论,都出于《后汉书》的有关列传,但它们着实反映出了范晔对光武帝统治时期所采取的各种重大措施的高度赞扬和评价,并时时称为“建武之治”。范晔认为,明

① 《后汉书》卷二二《朱景王杜马刘傅坚马列传》后论。
② 《后汉书》卷七六《循吏列传》序。
③ 《后汉书》卷七九上《儒林列传上》序、卷七九下《儒林列传下》后论。

帝、章帝时期的政治,是“建武之治”的继续或延续,成为“中兴”之业的象征。他在《后汉书·明帝纪》后论中特别强调了明帝的“善刑理,法令分明”,以至达到了“内外无倖曲之私,在上无矜大之色”的局面。从政治上看,应当说这是很难得的,虽非创业之功,却有守成之效,使后人对“建武、永平之政”称道不已。

汉明帝 19 岁立为皇太子,30 岁即皇帝位,他对于光武帝的“中兴”之业是亲身经历并有比较深刻的感受的。因此,其即位之时,便有一种“夙夜震畏,不敢荒宁”的忧患意识。他在即位诏书中说:

> 先帝受命中兴,德侔帝王,协和万邦,假于上下,怀柔百神,惠于鳏寡。朕承大运,继体守文,不知稼穑之艰难,惧有废失。圣恩遗戒,顾重天下,以元元为首。公卿百僚,将何以辅朕不逮……方今上无天子,下无方伯,若涉渊水而无舟楫。夫万乘至重而壮者虑轻,实赖有德左右小子。①

不难看出,这一番话,一是指出了继承“中兴”之业的重要,二是强调了“顾重天下,以元元为首”的原则,三是表明了自己阅历、思虑不深,要依靠左右大臣们的辅助。我们是否可以认为,正是这样一篇从根本上对政治形势作出估量和对策的诏书,奠定了被范晔称为“永平之政”的基础。

有兴趣的读者可以从《后汉书·明帝纪》里读到明帝的许

① 《后汉书》卷二《孝明帝纪》。

多诏书,在这些诏书中,很少有歌颂太平盛世的词句和满足现状的思想;反之,人们倒是可以读到许多类似这样的忧虑和自责的言论,如“比者水旱不节,边人食寡,政失于上,人受其咎。有司其勉顺时气,劝督农桑,去其螟蜮,以及蝥贼;详刑惧罚,明察单辞,夙夜匪懈,以称朕意”。这里讲的是重农桑、慎刑罚。又如,“朕奉承祖业,无有善政。……有司勉思厥职,以匡无德。古者卿士献诗,百工箴谏。其言事者,靡有所讳。”这是勉励人们上书直谏,以杜绝弊政。再如,针对有官员献“宝鼎”一事,明帝下诏指出:“先帝诏书,禁人上事言圣,而间者章奏颇多浮词,自今若有过称虚誉,尚书皆宜抑而不省,示不为谄子蚩也。”明帝甚至可以做到,要求“群司勉修职事,极言无讳”;“于是在位者皆上封事,各言其失。帝览章,深自引咎,乃以所上班示百官。”他就此下诏说:“群僚所言,皆朕之过。人冤不能理,吏黠不能禁;而轻用人力,缮修宫宇,出入无节,喜怒过差。……永览前戒,竦然兢惧。徒恐薄德,久而致怠耳。”[①]从这些诏书来看,所谓“永平之政”,贯穿着居安思危、兢兢业业的政治思想和政治作风,这正是它得以继续“建武之政”的关键所在。

汉章帝19岁即位,33岁辞世,是一个年轻的皇帝。他不仅在阅历上和认识上无法与明帝对“中兴”之业的感受与理解相比,就是在主政的独立见解和重要措施上比之于明帝也相去甚远。范晔在《后汉书·章帝纪》后论起首引用他人的评价来评论章帝,表明他在对章帝的总体评价上已难得有更恰当更高标准的评价了。范晔这样写道:“魏文帝称‘明帝察察,章

① 《后汉书》卷二《孝明帝纪》。

帝长者'。章帝素知人厌明帝苛切,事从宽厚。"所举事例如"除惨狱之科"、"著胎养之令",以及"尽心孝道"、"平徭简赋"等等。看来,这只是建武、永平之政的余绪了。然而,范晔在认识上还是把"中兴"之业所带来的辉煌下延到和帝永元年间(89—105)。他在《后汉书·和帝纪》后论里说:"自中兴以后,逮于永元,虽颇有弛张,而俱存不扰,是以齐民岁增,辟土世广。偏师出塞,则漠北地空;都护西指,则通译四方。岂其道远三代,术长前世?将服叛去来,自有数也?"和帝是一个更年轻的皇帝,他10岁即位,由窦太后临朝主政。史称:"自窦宪诛后,帝躬亲万机。"①其实,大将军窦宪被诛事在永元四年(92),时和帝才14岁,他如何"躬亲万机"?和帝在27岁就死了,足见他真正"躬亲万机"的时间并不多。东汉政治到了这个时候,是每况愈下了。建武、永平时期奠定的基础,至永元时期,前后已历80年左右,也算是很难得的了。范晔在这里提出了究竟是"道远三代,术长前世"呢,还是"服叛去来,自有数也"的问题,并把这些问题留给后人去思考,是意味深长的。

如果说,光武帝与明帝时期的建武、永平之政,是汉朝"中兴"之业的创立、发展和继续的话,那么,章帝与和帝时期的政治,只是"中兴"之业的余辉,而这余辉中的暗淡却悄悄蔓延开来。这是一个缓慢的转折,它似乎还没有被人们明显地觉察出来,但转折却是真正开始出现了。

东汉政治由"中兴"走向衰落,其更加明显的转折始于安帝。请看范晔《后汉书·安帝纪》后论是如何评论的。范晔写道:"孝安虽称尊享御,而权归邓氏,至乃损彻膳服,克念政道。

---

① 《后汉书》卷四《孝和孝殇帝纪》。

然令自房帷,威不逮远,始失根统,归成陵敝。遂复计金授官,移民逃寇,推咎台衡,以答天眚。”汉安帝是邓太后与其兄车骑将军邓骘策划所立,13岁即位,也是一个少年天子,故即位后,“太后犹临朝”[①]。安帝时期,阶级矛盾、民族矛盾、统治集团内部矛盾不断激化,加之自然灾害频频发生,安帝虽屡屡下诏自责,但他在采取有效措施方面无能为力,政治统治和社会秩序十分动荡,竟然出现了“计金授官”之举和“京师大饥,民相食”[②]的局面。“中兴”之业已是遥远的过去,变得无影无踪了。范晔用“始失根统,归成陵敝”来概括此时的形势,是很恰当的。所谓“始失根统”,并不仅仅是“令自房帷”、“惟家之索”,而在于这样的政令是否正确,是否具备应有的权威,是否能够通过正常的渠道得到贯彻,同建武、永平之政比起来,这才是问题的实质。当然,在这里,现象同本质也是和原因同结果相联系的。

东汉的衰落在顺帝时期变得更加严重了。顺帝也是在统治集团纷争中幼年即位的,并无直接管理国家的能力,自然大权旁落。他11岁即位,30岁死于帝位之上,20年中无所作为。范晔在《后汉书·顺帝纪》后论中写道:“古之人君,离幽放而反国祚者有矣,莫不矫鉴前违,审识情伪,无忘在外之忧,故能中兴其业。观夫顺朝之政,殆不然乎?何其效僻之多欤!”这是尖锐地指出,顺帝不仅不能发挥一批有识之士的才能,纠正前朝的失误,而且沿着前朝的弊政继续滑下去,即在“始失根统,归成陵敝”的道路上越走越远,进一步走向衰落。

① 《后汉书》卷五《孝安帝纪》。

② 《后汉书》卷五《孝安帝纪》。

到了这个时期，东汉的颓势已成，政局变得愈来愈严峻了。

汉桓帝、汉灵帝和汉献帝时期，是东汉走向灭亡的过程，而桓帝时期是这一转折的标志。如前文所述，范晔在《后汉书·桓帝纪》后论中指出：桓帝"好音乐，善琴笙"，是一个不以政事为重的皇帝。至于"诛梁冀，奋威怒，天下犹企其休息。而五邪嗣虐，流衍四方。自非忠贤力争，屡折奸锋，虽愿依斟流彘，亦不可得已"。从这里可以看出，桓帝诛去权臣梁冀曾经使人们产生一线希望，盼政治得以安定，社会得以平静，但是"五邪"[①]肆虐，桓帝听之任之，要不是一些忠贤之臣不断与这些人斗争，桓帝的命运恐怕不会比遭到流放更好。东汉走向灭亡的趋势，在主观和客观上都充分暴露出来了。到了汉灵帝时，皇帝已成了宦官控制的傀儡，不能发挥任何独立的政治作用。范晔借用历史的比喻，在《后汉书·灵帝纪》后论中写道："《秦本纪》说赵高谲二世，指鹿为马，而赵忠、张让亦给灵帝不得登高临观，故知亡敝者同其致矣。"灵帝时宦官建造私宅，比拟宫室，高大华丽，不想让灵帝看见，便编造谎言，说是皇帝登高则百姓离散，吓得灵帝果然不敢登高。可见，古往今来，"亡敝者"的心计和行迹都是有共同之处的。至于东汉最后一个皇帝汉献帝，经历了许多历史变动，但在历史学家范晔看来，似乎已经没有什么太多的话可说，他在《后汉书·献帝纪》后论中写下的最后一句话是："天厌汉德久矣，山阳其何诛焉！"献帝"逊位"于魏后，被封为"山阳公"。范晔认为，东汉的衰落和灭亡，由来已久，对山阳公（汉献帝）又有什么可以太多指责的呢！当然，范晔并不是要替汉献帝开脱，但从根本上

① 李贤注：五邪指单超、徐璜、左悺、唐衡、具瑗。

来说,东汉的衰亡趋势,确是汉献帝所不能挽回的。

从以上可以看出,范晔对于东汉历史发展轨迹的基本认识:光武帝、明帝时期是“中兴”之业的开创、发展和继续;章帝、和帝时期是前者的余辉,而阴影已开始出现;安帝、顺帝时期则衰象丛生,不仅“始失根统,归成陵敝”,而且完全没有“矫鉴前违,审识情伪”的意识和能力,衰落之势已成定局;桓、灵、献三帝时期,则是东汉皇朝走向灭亡的过程。其间,还有所谓殇帝、冲帝、质帝、少帝,只是几支政治上的小插曲,无足道者。纵观范晔对东汉历史几个转折的认识,文字不多,却言简意赅,其最难得处,是于诸帝评论之中,揭示了东汉从兴盛走向衰败、灭亡的历史轨迹。这恰是范晔史识高明的又一明证。

为了进一步说明范晔对上述问题的卓识,同时也可略见其他东汉史作者史论的风采,我们不妨作一些比较性的考察。范晔《后汉书》晚出,在此之前,已有多家东汉史著作问世。今存者有袁宏《后汉纪》、《东观汉记》辑本和另外八家后汉书佚文①。范晔《后汉书》继承了前人的成果,也影响到后人对东汉史的认识和撰述。

(一)同诸家东汉史著作佚文评论的比较。在诸家东汉史著作佚文中,薛莹的《后汉记》里保存了明、章、安、桓、灵五帝的“赞”。明帝纪的赞语说:“是以海内乂安,四夷宾服,断狱希少,有治平之风。”章帝纪的赞语说:“章帝以继世承平,天下无事,敬奉神明,友于兄弟,息省徭赋,绥静兆民,除苛法,蠲禁锢,抑有仁贤之风矣。”这同范晔所论,大致相近。薛莹之论

① 清人汪文台有《七家后汉书》辑本,今人周天游校,河北人民出版社 1987 年版。周天游在前人辑佚的基础上,作《八家后汉书辑注》,同前引书。

安、桓、灵三帝，似比范晔所论更为切实。其安帝纪赞语说："安帝之初，委政太后，十有余年。及亲万机，佞邪始进，阉宦用事，宠加私爱，阿母王圣，势倾朝廷，遂树奸党，摇动储副，山陵未干，萧墙作难，兵交禁省，社稷殆危。"其桓帝纪赞语说："汉德之衰，有自来矣。而桓帝继之以淫暴，封殖宦竖，群妖满侧，奸党弥兴，贤良被辜，政荒民散，亡征渐积。逮至灵帝，遂倾四海，岂不痛哉！"[①]其灵帝纪赞语措词更为严峻，这比范晔引前史语，说桓帝"好音乐"、灵帝"不得登高临观"云云，更能揭示出东汉大势已去的政治局面。此外，如司马彪《续汉书》之论汉和帝[②]，袁山松《后汉书》之论汉献帝[③]，其意似颇为范晔所采纳。这里，有一点是值得提到的，即袁山松《后汉书·章帝纪》中有一段评论颇发人深思，其文曰："孝章皇帝弘裕有余，明断不足，闺房谗惑，外戚擅宠。惜乎！若明、章二主，损有余而补不足，则古之贤君矣。"[④]这段话采用比较的方法，批评了汉章帝，也间接批评了汉明帝，为诸家东汉史所少见，耐人玩味。

关于东汉中衰之始，各史所论大致相同，但也有微妙差异，可略作比较。薛莹《后汉记·灵帝纪》赞，说是"汉世中兴，至于延平而世业损矣"[⑤]。延平，是和帝之后的殇帝的年号。范晔《后汉书·和帝纪》后论，说是"自中兴以后，逮于永元……齐民岁增，辟土世广"。永元，是和帝年号。以上二说，

---

① 参见周天游《八家后汉书辑注》，同前引书，第288页。

② 参见周天游《八家后汉书辑注》，同前引书，第300页。

③ 参见周天游《八家后汉书辑注》，同前引书，第627页。

④ 周天游《八家后汉书辑注》，同前引书，第623页。

⑤ 周天游《八家后汉书辑注》，同前引书，第289页。

实为相近。值得注意的是,范晔《后汉书·皇后纪》序中又有这样几句话:“东京皇统屡绝,权归女主,外立者四帝,临朝者六后,莫不定策帷帟,委事父兄,贪孩童以久其政,抑明贤以专其威。任重道悠,利深祸速。”李贤注曰:“四帝”,指安、质、桓、灵;“六后”,即章帝窦太后、和熹邓太后、安思阎太后、顺烈梁太后、桓思窦太后、灵思何太后。综合这些说法,则章、和时期,亦非真正意义上的“中兴”阶段了。

(二)同袁宏《后汉纪》史论的比较。袁宏《后汉纪》早出,且史论丰富,深思佳句,颇多可采。然其所论,多针对具体事物而发,对于诸帝时期之总的政治形势、利弊得失,所论不多。在这一点上,范晔《后汉书》同袁宏《后汉纪》的差别十分明显。更有甚者,它们在关于东汉史的整体认识上亦有歧异。袁宏《后汉纪》卷末有这样一段议论:

> 汉自桓、灵,君道陵迟,朝纲虽替,虐不及民。虽宦竖乘间,窃弄权柄,然人君威尊,未有大去王室,世之忠贤,皆有宁本之心。若诛而正之,使各率职,则二祖、明、章之业,复陈乎目前,虽曰微弱,亦可辅之。

在袁宏看来,即使是桓、灵时期,东汉政治形势也还有好转的可能。他的这个认识不仅同范晔的认识相去甚远,也同上文列举的其他东汉史著作的看法相左。由此可以看出,在关于东汉历史进程和东汉皇朝兴衰治乱的评价上,范晔远在袁宏之上。

(三)同司马光《稽古录》史论的比较。袁宏早于范晔不足百年,而范晔先于司马光 500 余年。司马光论东汉历史,袁、范二家均在他的参考、借鉴范围之内。他所著《稽古录》卷13中有一首东汉史的长篇史论，其涉及桓、灵时期的形势是这样评论的："至于桓、灵，而纲纪大坏，废锢英俊，贼虐忠正；嬖幸之党，中外盘结；鬻狱卖官，浊乱四海。"[①]显而易见，司马光并不赞同袁宏的看法，而采纳了范晔等人的见解。司马光在这篇史论中，还说到"孝和以降，政令浸弛，外戚专权，近习放恣"等等，这也同范晔所论非常接近。

范晔颇以其所撰史论为高，虽语出惊人，然大抵不谬。宋人朱熹提倡"读史当观大伦理、大机会、大治乱得失"[②]。此可谓读史之一大要领。今读范晔《后汉书》帝纪后论，其揭示东汉时期的"大治乱得失"，实是优秀史家大手笔的一个突出反映。诚如清人赵翼所论：范晔"立论持平，褒贬允当"，"有学有识，未可徒以才士目之也"[③]。范晔评论历史，朱熹评论读史，赵翼评论史家，都给今天的史学工作者和有兴趣读史的人士留下了很有意义的、值得思考的问题。

四、社会历史与人物评价

历史形势与人物评价

范晔评价历史人物的原则和方法，是他的历史思想的又

---

① 司马光《稽古录》，[美]王亦令点校，中国友谊出版公司1987年版，第310页。
② 《朱子语类》卷一一，中华书局1986年版。
③ 赵翼《廿二史札记》卷四"后汉书编次订正"条，同前引书。

一个突出的反映。首先,他注重分析历史人物所处的时势对历史人物的影响,同时注重揭示历史人物的特点及其在社会中的不同表现。这是一种注意到相互作用的判断。诚然,任何历史事件的演进都是人推动的,任何历史事件的角色都是人充当的。历史人物的活动构成了历史事件,而历史事件所形成的态势与影响,无疑也左右着历史人物在社会中的多重表现。范晔考察和剖析历史发展所构成之态势及其对人物的影响,同时也记述和判断人物在其中的表现和作为。可以认为,这一方法的运用是史学家的历史理性的表现之一。这一方法的运用是范晔对具体的社会历史的关注与考察的细致和深入,这也正是他臧否历史人物的一个切入点。

这里,我们首先讨论范晔关于历史形势与人物评价之关系的认识。这从范晔对刘焉、皇甫嵩、袁绍和刘表的评价中,可以看出他在这方面认识的深刻。

范晔注意到环境和形势的变化影响到人的思想、行为的变化。他从刘焉的经历中,提出这样的见解:

> 刘焉睹时方艰,先求后亡之所,庶乎见几而作。夫地广则骄尊之心生,财衍则僭奢之情用,固亦恒人必至之期也。①

这段话明确地指出了"地广"、"财衍"对人的思想和欲望的影响,并且认为这是"恒人必至之期",即带有规律性的社会现象。范晔在《刘焉传》中写道:"时灵帝政化衰缺,四方兵寇,焉

① 《后汉书》卷七五《刘焉传》后论。

以为刺史威轻，既不能禁，且用非其人，辄增暴乱，乃建议改置牧伯，镇安方夏，清选重臣，以居其任。”刘焉的建议被朝廷所采纳，这对稳定地方的统治自然有一定的作用，但是“州任之重，自此而始"，必然使朝廷的控制进一步削弱。因此，对刘焉的这一建议，似应从两方面看待。从刘焉本人来说，他还有一个私心，即“以避时艰”[①]。显然，这是保存自己、伺机再起的策略。后来，刘焉当上了“监军使者，领益州牧”，势力也随之发展起来。于是“欲立威刑以自尊大”，征杀频仍，弄得“士民皆怨”，而刘焉却“自此意气渐盛，遂造作乘舆车重千余乘”[②]，一步步走向奢靡的深渊，最后以败亡告终。

应当看到，范晔从刘焉的经历所总结出来的环境与形势的变化对人的影响，具有朴素的唯物思想，而他说的“固亦恒人必至之期也”这一规律性的现象，更为千百年来无数人和事的成败所证明。

同时，范晔还着意于对各种历史人物能否做到乘时而动、审时度势加以分析，并以此作为评价其高下的一个标准。东汉末年，皇甫嵩在镇压黄巾军中立有战功，发展了自己的势力，声名震天下。于是，有一个名叫阎忠的人建议皇甫嵩乘机“践运”，以保“大名”，下面是阎忠和皇甫嵩的一段对话：

> 嵩既破黄巾，威震天下，而朝政日乱，海内虚困，故信都令汉阳阎忠干说嵩曰：“难得而易失者，时也；时至不旋踵者，几也。故圣人顺时以动，智者因几以

① 以上均见《后汉书》卷七五《刘焉传》。

② 《后汉书》卷七五《刘焉传》。

发。今将军遭难得之运,蹈易骇之机,而践运不抚,临机不发,将何以保大名乎?"嵩曰:"何谓也?"忠曰:"天道无亲,百姓与能。今将军受钺于暮春,收功于末冬。兵动若神,谋不再计,摧强易于折枯,削坚甚于汤雪,旬月之间,神兵电扫,封尸刻石,南向以报,威德震本朝,风声驰海外,虽汤武之举,未有高将军者也。今身建不赏之功,体兼高人之德,而北面庸主,何以求安乎?"嵩曰:"夙夜在公,心不忘忠,何故不安?"①

接着他们还有一番对话,皇甫嵩的态度始终是:"反常之论,所不敢闻。"而阎忠"知计不用,因亡去"②。

这里,姑且不来评论范晔对皇甫嵩镇压"黄巾"一事的表述是否正确,只就皇甫嵩始终不为阎忠游说所动,他是大加赞扬的。因此,范晔在《皇甫嵩传》的后论中引用了史学家华峤转述其祖父华歆的话说:"时人说皇甫嵩之不伐,汝豫之战,归功朱儁,张角之捷,本之于卢植,收名敛策,而己不有焉。盖功名者,世之所甚重也。诚能不争天下之所甚重,则怨祸不深矣。"对于这些说法,范晔评论道:"如皇甫公之赴履危乱,而能终以归全者,其致不亦贵乎!"③可见,范晔对于"不争天下之所甚重者"的这种做法,是加以肯定的,他还进而认为,这是一个人之所以能够善始善终、得以"归全"的重要原因之一。

① 《后汉书》卷七一《皇甫嵩传》。
② 《后汉书》卷七一《皇甫嵩传》。
③ 《后汉书》卷七一《皇甫嵩传》后论。

从范晔对刘焉的评论，再联系到他对皇甫嵩的评论，其间的差异是再分明不过了。“不争天下之所甚重者”，实际上强调了对客观历史形势、对自身所处地位及其二者关系的正确把握。惟其如此，历史人物才能产生更为久远的影响。但与此同时，影响历史人物的命运的因素是复杂的。仅仅把握了客观形势的一个方面，而忽略了其他方面，同样不能有所作为，甚至与自己的初衷背道而驰。范晔对这个问题的剖析，以其对袁绍和刘表的记述为代表。

范晔对袁绍的评价，更显示出他的卓识。范晔作《袁绍传》，可以说是格外倾注了很多心力。这主要表现在，一是《袁绍传》是《后汉书》中篇幅最长的传记之一；二是传中引用了袁绍的不少言论；三是袁绍的风貌也被描述得淋漓尽致。《袁绍传》说：“绍有姿貌威容，爱士养名。既累世台司，宾客所归，加倾心折节，莫不争赴其庭，士无贵贱，与之抗礼，辎軿柴毂，填接街陌。”在记述袁绍反对董卓意在废立的主张时，范晔写道：

> 顷之，卓议欲废立，谓绍曰：“天下之主，宜得贤明，每念灵帝，令人愤毒。董侯似可，今当立之。”绍曰：“今上富于春秋，未有不善宣于天下。若公违礼任情，废嫡立庶，恐众议未安。”卓案剑叱绍曰：“竖子敢然！天下之事，岂不在我？我欲为之，谁敢不从！”绍诡对曰：“此国之大事，请出与太傅议之。”卓复言“刘氏种不足复遗”。绍勃然曰：“天下健者，岂惟董公！”横刀长揖径出。悬节于上东门，而奔冀州。

这一段关于董、袁对话及袁绍之表现的描述，可以说把袁绍的性格、风貌充分表现出来了。尤其是“横刀长揖径出”六个字,给人留下了极深刻的印象。既而又写袁绍起事后,董卓杀害袁绍亲属,“是时豪杰既多附绍,且感其家祸,人思为报,州郡蜂起,莫不以袁氏为名”。在危难之时,坐中皆“惊恐失色”,而袁绍“容貌自若,不改常度”,显示出超人的从容。这些叙述,无疑都是对袁绍这个乱世枭雄的褒奖和称赞。但是,范晔同时也写到了袁绍在势力不断发展壮大的形势下,一而再、再而三地拒绝谋士沮授的合理建议,以致连连受挫。这从一个重要的侧面反映了袁绍的为人。

范晔在《袁绍传》中还写了这样一件事:当袁绍决定发兵对曹操决战时,谋士田丰曾出来谏阻,认为曹操善于用兵,不可轻率出师,袁绍不听谏,后招致惨败,于是范晔写了下面这段文字:

> 绍外宽雅有局度,忧喜不形于色,而性矜愎自高,短于从善,故至于败。及军还,或谓田丰曰:“君必见重。”丰曰:“公貌宽而内忌,不亮吾忠,而吾数以至言迕之。若胜而喜,必能赦我,战败而怨,内忌将发。若军出有利,当蒙全耳,今既败矣,吾不望生。”绍还,曰:“吾不用田丰言,果为所笑。”遂杀之。①

田丰的深刻、远见和袁绍的浅薄、褊狭,在范晔的笔下,反差何等鲜明!尽管袁绍拥有比较广泛的支持者,而且确有许多个人的优长之处,但他刚愎自用而又心胸狭窄,这就直接导致了

① 以上均见《后汉书》卷七四上《袁绍传》。

他不能把握全局，从而走向失败。

在范晔看来，刘表是另一种把握时势的人。坐而论道，坐享观变，一般说来是成不了大事的，即使偶尔“成功”了，也必然很快归于失败。刘表是“党锢”人物中的“八顾”之一，党禁解，乃在大将军何进手下做个小官。后来做到荆州牧，掌一方之军政，进而发展到“开土遂广，南接五领，北据汉川，地方数千里，带甲十余万。……关西、兖、豫学士归者盖有千数，表安慰赈赡，皆得资全。遂起立学校，博求儒术，……爱民养士，从容自保”①。这表明，刘表确已具备相当可观的实力了。此时，正是曹、袁官渡之战的前夕，袁绍派人求助于刘表，刘表应而不动，也无意援曹，“且欲观天下之变”。谋士韩嵩、刘先为刘表分析形势说：

> 今豪杰并争，两雄相持，天下之重在于将军。若欲有为，起乘其敝可也；如其不然，固将择所宜从。岂可拥甲十万，坐观成败，求援而不能助，见贤而不肯归！此两怨必集于将军，恐不得中立矣。②

刘表狐疑不断，坐失良机，甚至要加害于韩嵩，其后竟无所成。对此，范晔评论说：“刘表道不相越，而欲卧收天运，拟踪三分，其犹木禺之于人也。”③在范晔看来，刘表是一个不知进取的人，企图卧收“天运”，这种无知简直如同木偶一般，是极其荒

① 《后汉书》卷七四下《刘表传》。

② 《后汉书》卷七四下《刘表传》。

③ 《后汉书》卷七四下《刘表传》后论。

唐的。范晔在“赞”语中说袁绍是“矜强少成”,而刘表则是“坐谈奚望”,李贤注引《九州春秋》所记:“曹公征乌桓,诸将曰:‘今深入远征,万一刘表使[刘]备袭许,悔无及也。’郭嘉曰:‘刘表坐谈客耳,自知才不足以御备,重任之则恐不能制,轻之则备不为用。虽违国远征,无忧矣。’公遂征之。”由此可见,在曹操营垒中的郭嘉已把刘表这种“坐谈客”的政治弱点看得十分透彻了。

社会影响与人物评价

范晔重视对群体人物的评价,突出地强调了群体人物的言行及其社会影响。范晔用这种方法评价历史人物,在《后汉书》中多有反映。这里,我们以其对酷吏的评价作一判断。

范晔对酷吏在历史上的出现有明确的认识和深入的分析。范晔指出,“汉承战国余烈,多豪猾之民。其并兼者则陵横邦邑,桀健者则雄张闾里。且宰守旷远,户口殷大”,是“酷吏现象”产生的历史与政治原因,两汉相继,不绝于时。这里从时代条件上分析了“酷吏现象”产生的必然性。但酷吏所为,其后果严重者,的确是骇人听闻的,所谓“积骸满穽,漂血十里”虽有夸张之嫌,但相近的事件总是存在的;至于“虎冠”、“屠伯”也并非正常社会环境下的政治现象。对此,范晔显然是持批判态度的。不过范晔也实事求是地指出,没有酷吏的强硬行政,也难以做到“揣挫强势,摧勒公卿”;有些酷吏因此而“碎裂头脑而不顾”,则称赞其“亦为壮也”[①]。综观范晔所

① 以上均见《后汉书》卷七七《酷吏列传》。

论，有两点是值得注意的：

第一，从酷吏行政的结果来看。范晔充分肯定酷吏在打击豪强、制裁地方恶势力中所起的积极作用。范晔记董宣（字少平）为北海相时，以大姓公孙丹"新造居宅"而信"卜工"之言，令其子"杀道行人，置尸舍内，以塞其咎"。董宣收公孙丹父子杀之。公孙丹宗亲不服，"操兵诣府，称冤叫号"，董宣令门下书佐水丘岑尽杀之。后董宣为洛阳令，做了京官。时湖阳公主的家奴"白日杀人"，官府不能治其罪。董宣乘湖阳公主出行之时，于要道候之。待公主车马至，董宣"乃驻车叩马，以刀画地，大言数主之失，叱奴下车，因格杀之"。公主还宫见光武帝，要求处理董宣。光武召见董宣，"欲箠杀之"。董宣说："陛下圣德中兴，而纵奴杀良人，将何以理天下乎？臣不须箠，请得自杀。"光武制止，并"赐钱三十万"。董宣尽数分送给手下诸吏，"由是搏击豪强，莫不震慄，京师号为'卧虎'。歌之曰：'枹鼓不鸣董少平'。"后董宣卒于官，光武派使者"临视"，"唯见布被覆尸，妻子对哭，有大麦数斛，敝车一乘。帝伤之，曰：'董宣廉洁，死乃知之。'"①这俨然是一位刚直不阿的、廉洁的官员。

又如范晔记樊晔为官，任河东都尉，到官，"诛讨大姓马适匡等"，于是"盗贼清，吏人畏之"。几年后，樊晔任扬州牧，"教民耕田种树理家之术"。当时，"陇右不安"，樊晔被任为天水太守，其行政特点及其结果是：

政严猛，好申、韩法，善恶立断。人有犯其禁者，

① 以上均见《后汉书》卷七七《酷吏列传·董宣传》。

> 率不生出狱,吏人及羌胡畏之。道不拾遗。行旅至夜,聚衣装道榜,曰:"以付樊公"。凉州为之歌曰:"游子常苦贫,力子天所富。宁见乳虎穴,不入冀府寺。大笑期必死,忿怒或见置。嗟我樊府君,安可再遭值!"①

按:天水县称"冀"。"不入冀府寺",意谓不要触犯樊晔的法令。从这里可以看出,樊晔行政的结果所带来的社会安定局面。

范晔对酷吏行政的积极后果的肯定,大多类此。同时,他也指出了酷吏行政的负面影响,即用刑太苛,甚至滥杀无辜。如范晔借他人之口,批评董宣杀人"多滥","多杀无辜"。他概括樊晔断狱,"人有犯其禁者,率不生出狱",则暗含有对"犯禁"之人不加分辨的批评。他写出周纡任渤海太守时,"每赦令到郡,辄隐闭不出,先遣使属县尽决刑罪,乃出诏书。"②这显然是一种欺上瞒下的行政手段。凡此,范晔都一一指出,并以不同的口吻予以批评。这无疑都是在揭示酷吏行政手段的反面影响。

第二,是从循吏的行政结果与酷吏的行政结果相比较来看。范晔在《酷吏列传》后论中作了这种比较,他从三个方面肯定了循吏即所谓"断断守道之吏"之"工",即其行政手段是胜过了酷吏的。一是,"不以笞辱加物"、"未尝鞫人臧罪",也可以做到"猾恶自禁,人不敢犯";二是,"威辟"与"仁信"二者

---

① 以上均见《后汉书》卷七七《酷吏列传·樊晔传》。

② 《后汉书》卷七七《酷吏列传·周纡传》。

对社会影响的深度不同,即“苟免者威隙则奸起,感被者人亡而思存”;三是,酷吏可以治“一邦”而难治“天下”,即“由一邦以言天下,则刑讼繁措,可得而求乎!”[①]这是从更深刻的程度上提出的一个问题。其思想倾向,从这里可以看得十分清楚。

通观范晔对酷吏的评价,可以认为他是遇到了评价历史人物的一个难题。“酷吏”这种人物的多面性或多重人格,是造成评价困难的基本原因。但总的来看,范晔对酷吏的评价,是合理的,这也显示了他的思想的深刻和全面。

社会风气与人物评价

在范晔看来,一定的历史人物现象,是一定的社会风气的反映。换言之,一定的社会风气,必定会产生一定的历史人物现象。范晔认为“独行”、“方术”、“逸民”等人物的出现,固有其历史的渊源,同时又是东汉社会风气的反映。

范晔作《独行传》,显示出他的历史思想的深刻和睿智,显示出他对社会历史的理解和对人性中正直和善良的把握。其中尽管带着时代的伦理观念的价值取向,但也不乏普遍的社会意义。对此,我们将在本书第八章“伦理思想”中作进一步论述。现仅从《独行传》的传文来看,确如范晔所说,“情迹殊杂”、“片辞特趣”,所记既没有轰轰烈烈的业绩,也没有惊天动地的壮举,甚至也还有细碎之事、传闻之语杂于其间,但高节之风、正直之气仍洋溢于字里行间。范晔记谯玄在汉平帝时任“绣衣使者”,“持节”与他官“分行天下,观览风俗,所至专行

① 《后汉书》卷七七《酷吏列传》后论。

诛赏”。其后,他为“保志全高”,宁愿受毒药而死,也决不事公孙述。他记李业“少有志操”,王莽时隐藏山谷,后公孙述以高位征其入仕,李业慨叹地说:“危国不入,乱国不居。亲于其身为不善者,义所不从。君子见危授命,何乃诱以高位重饵哉?”遂饮毒而死。范晔记温序为护羌校尉时,不肯与隗嚣等合流背叛东汉,义正辞严地指出:“受国重任,分当效死,义不贪生苟背恩德”,乃从容受剑,“伏剑而死”。他记范式为人尤重友情与信义,言必信,行必果,为时人所重。他记李善忠于主人,毫无私心,后来为官,“以爱惠为政,怀来异俗”[①],于公于私,都堪称美德,等等。范晔在《独行传》赞语中写道:“乘方不忒,临义罔惑。惟此刚絜,果行育德。”这四句话,都是从人们的品德操行上着眼的。由此可以看出,范晔之所以作《独行传》,表彰“操行俱绝”之人,本是为了反映东汉时期崇尚“高行节义”的社会风气,以及这种社会风气影响下的人物群体,以昭示人性中善良、正直的一面,使后人从中得到启示。

从伦理和技艺两个方面,分析方术之士的行为及其社会影响,是《后汉书·方术列传》评价历史人物的特点。在《方术列传》的序中范晔这样写道:

> 仲尼称《易》有君子之道四焉,曰:“卜筮者尚其占”。占也者,先王所以定祸福,决嫌疑,幽赞于神明,遂知来物者也。[②]

---

① 以上均见《后汉书》卷八一《独行列传》。

② 《后汉书》卷八二上《方术列传上》序。

在这篇序文中，范晔对方术占卜作了内外两方面的考察。一是对占卜自身的考察，是为内在方面；一是人们对占卜的态度，是为外在方面。至于内在方面，范晔提出他自己对推占卜筮的概念理解，认为占卜是前代君王衡度祸福、决嫌定疑的方法，这种方法庶几可以兼顾幽显、通达神明，因而甚至可逆知未来所发生的事物。对方术本身，范晔也有一个大致的判断，他认为，方术的效果是“时有可闻者焉”，或者“时亦有以效于事也”①。但总而观之，则“斯道隐远，玄奥难原，故圣人不语怪神，罕言性命”②。由此看来，似乎可以说，范晔对卜筮方术本身不作实质的价值判断和伦理衡量。这至少应当说是史家必须涵养的审慎风格。

在对卜筮方术本身作审慎评说之后，范晔转而检视人们对待卜筮方术的态度，以及一些方术中人对方术的利用。这就进入了对外在方面的考察。他认为统治者对方术颇多兴趣，汉武是“颇好”，而光武是“尤信”，至于王莽则更是“矫用”。正是由于帝王们的“颇好”、“尤信”和“矫用”，才使得一些方士顺风而来，趣尚时宜。他们放纵语言，穿凿附议，而最终不免“奸妄不经”和“乖忤沦败”，同时败坏了社会风气。因而范晔认为司马迁所说的“观阴阳之书，使人拘而多忌”是颇有道理的。

在对数术推占做了两方面的考察之后，范晔提出他对方术的总的看法。他说：

> 夫物之所偏，未能无蔽，虽云大道，其硋或同。

① 《后汉书》卷八二上《方术列传上》序。
② 《后汉书》卷八二上《方术列传上》序。

若乃《诗》之失愚,《书》之失诬,然则数术之失,至于诡俗乎?[①]

对任何事物偏执偏颇,都不能避免带来负面影响。在《诗》则不免失愚,在《书》则不免失诬。而偏执数术,则不免导致风尚的诡异。这反映了范晔对方术现象的总的认识。

这里我们要特别注意到的是,在《方术列传》的序文中,范晔肯定数术所为是君子之道。尽管有这样或那样的偏颇诡俗之人,也不应抹煞颇具君子之风的术士。范晔从伦理道德方面和专业技能方面肯定了这种"君子之道"。

首先,从伦理德行方面,范晔提出,富有操守的术士能以其德行嘉惠他人,影响社会。例如会稽人谢夷吾,这位"少为郡吏,学风角占候"的术士,被举孝廉,曾任荆州刺史和巨鹿太守。范晔对谢夷吾的直接评价只有"所在爱育人物,有善绩"[②]短短几个字。范晔认为,谢夷吾因着他的善绩而使德行达于他人,这是他在为官期间以个人之德行为社会作的贡献。为了证明这一点,范晔又引谢夷吾的同时代人班固为谢氏所写的荐文。班固认为谢夷吾才德兼而有之,并因此能以其仁而济世达物,以其德而经略王务。荐文这样写道:"窃见巨鹿太守会稽谢夷吾,……才兼四科,行包九德,仁足济时,知周万物。加以少膺儒雅,韬含六籍,推考星度,综校图录,探赜圣秘,观变历徵,占天知地,与神合契,据其道德,以经王务"[③]。

---

① 《后汉书》卷八二上《方术列传上》序。

② 《后汉书》卷八二上《方术列传上》。

③ 《后汉书》卷八二上《方术列传上》。

可见，谢夷吾以术士而有为官之才、为官之德。他虽有政绩，但不逐名求誉、驰骛张扬，是有用于社稷、流化于百姓之人。范晔将班固这篇荐文收录在传中，表明他是同意班固对谢夷吾的评价的。

范晔进而从更深的层次上揭示了此类方士的心灵世界，即他们能够坦然地看待生死、富贵、贫贱。范晔论术士樊英与汉顺帝的一段对话，可见范晔的深意。对话的背景是这样的：汉顺帝征召樊英入朝为官，樊氏称病回绝。于是就有了下面这样一段对话：

> 帝怒，谓英曰："朕能生君，能杀君；能贵君，能贱君；能富君，能贫君。君何以慢朕命?"英曰："臣受命于天。生尽其命，天也；死不得其命，亦天也。陛下焉能生臣，焉能杀臣！臣见暴君如见仇雠，立其朝犹不肯，可得而贵乎？虽在布衣之列，环堵之中，晏然自得，不易万乘之尊，又可得而贱乎？陛下焉能贵臣，焉能贱臣！臣非礼之禄，虽万钟不受；若申其志，虽箪食不厌也。陛下焉能富臣，焉能贫臣！"①

范晔对此事加以详载，正是为了表明人生信念和伦理道德的力量。同时，从这里也折射出范晔自己的人生态度和价值观念。至于樊英后来入朝为官，而且了无建树，范晔对他是有所批评的，这当另作别论。

其次，从技能方面，范晔对方士也作了考察和评价。有些

---

① 《后汉书》卷八二上《方术列传上》。

方士学有一技之长,并以此一技之长而有助益于他人与社会。在比较宽泛的意义上说,他们所怀有的一门长技,是对自然的认知,如水利家和医药家。

例如水利家许杨,少好术数,王莽代汉时,他更名变姓,曾以巫医为业。汉成帝时,丞相翟方进曾将汝南的水利设施鸿郤陂损毁,建武年中(317—318),汝南太守邓晨主持修复工作,“闻杨晓水脉,召与议之”[①]。许杨认为,自水利设施损毁之后,民失其利而遭受饥困。而如果修复各项设施,就能够富国安民,并可与大禹治水使天下得利相媲美。在他主持下,经数年之功,筑堤四百余里。于是“百姓得其便,累岁大稔”[②]。范晔在这里关注的是民众从中所得的收益。在许杨病卒之后,人们为他立庙,图画形象,“百姓思其功绩,皆祭祀之”[③]。范晔对许杨的评价,是借着民众对他的思忆和祭祀而作出的。在有一技之长的术士中,范晔还记述了两位医生,一位是郭玉,另一位是华佗。对于郭玉,范晔写道:“玉仁爱不矜,虽贫贱厮养,必尽其心力,而医疗贵人,时或不愈。”[④]郭玉可称是位怪异之人,对权贵之人不一定全力以赴。但他本人仁爱不矜,对救助贫贱之人则竭力尽心。“仁爱不矜”是范晔对他的整体评价,这一评价来自他对民众的救治态度和有效行为。另外一位是名医华佗。从史书撰写方法上看,两篇传文殊有不同。《郭玉传》的写法,是以其言而记其行,以其言而表其

① 《后汉书》卷八二上《方术列传上》。
② 《后汉书》卷八二上《方术列传上》。
③ 《后汉书》卷八二上《方术列传上》。
④ 《后汉书》卷八二下《方术列传下》。

德。《华佗传》的写法，是以其行而记其功，以其行而彰其德。也就是说，在《华佗传》中，范晔着重记述了这位名医的救治事功，以诸多成功医案展示华佗的高超医术，描述他在社会中的卓越表现。这或许可以看作是范晔仿效太史公司马迁“寓论断于序事”的评论方法。

纵观《方术列传》，不难看出，范晔敏锐地捕捉到历史上带有普遍性的社会问题，具体而言，就是方术和方士。他说：“其徒亦有雅才伟德，未必体极艺能。今盖纠其推变尤长，可以弘补时事，因合表之云”①，“汉世异术之士甚众，虽云不经，而亦有不可诬，故简其美者列于传末”②。范晔并不否认术士中有诡俗不经、学无所长者。他批评说，诸多方术之士不能达物方，不能通时务，即所谓“纯盗虚名，无益于用”③。如果说，《史记·日者列传》中所体现出的对于卜筮者的态度，还有很大的肯定成份，主张在史书中将其以专传的形式加以记述的话④，那么，我们在《后汉书》中看到的这种肯定的成份就大大减少了。这一

① 《后汉书》卷八二上《方术列传上》序。

② 《后汉书》卷八二下《方术列传下·华佗传》。

③ 《后汉书》卷八二上《方术列传上·樊英传》论。

④ 《史记》卷一二七《日者列传》：“自古受命而王，王者之兴何尝不以卜筮决于天命哉！其于周尤盛，及秦可见。代王之人，任于卜者。太卜之起，由汉兴而有。……古者卜人所以不载者，多不见于篇。及至司马季主，余志而著之。”司马贞的《史记索隐》认为，《龟策传》有录无书，褚先生所补。其叙事烦芜陋略，无可取。张守节的《史记正义》亦认为，《史记》至元、成间十篇有录无书，而褚少孙补《景》、《武纪》，《将相年表》，《礼书》、《乐书》、《律书》，《三王世家》，《蒯成侯》、《日者》、《龟策列传》。《日者》、《龟策》言辞最鄙陋，非太史公之本意也。结合二人之说，《日者》、《龟策》二传虽无文，但是有目，这也说明了司马迁对二者的重视。

方面说明“卜者”作为一种职业,其流弊日益为人们所认识,另一方面也说明了范晔在史识方面的过人之处。

值得注意的是,范晔还对汉代方术流行的现象作了客观的分析。他认为,汉代由于武帝“颇好方术”,所以造成了“天下怀协道艺之士,莫不负策抵掌,顺风而届”的局面;及至王莽时期,他为了达到自己的政治目的而“矫用符命”,加之东汉的建立者光武帝亦“尤信谶言”,所以天下士人为之愈甚,“士之赴趣时宜者,皆驰骋穿凿,争谈之也”。习方术者在政治上的影响不断扩大,是这种风气的典型表现,“王梁、孙咸名应图录,越登槐鼎之任,郑兴、贾逵以附同称显,桓谭、尹敏以乖忤沦败,自是习为内学,尚奇文,贵异数,不乏于时矣”①。这就是说,方术之学并不真正可以兴邦,只不过是上有所好,下必甚焉的结果使然。范晔的这种分析,既是对汉代盛行的谶纬之学的批判,也是对造成这种历史现象的根源的辩证认识。

逸民现象的出现也是东汉社会风气的一种反映。范晔准确地捕捉到在东汉社会中形成的这种特别现象,并将其命名为“逸民”。对逸民现象的研究,自非肇始于范晔《后汉书》,但他设置《逸民列传》这一类传,则自然要对这一“隐逸”的含义有所阐释。范晔在《逸民列传》的序文中是这样开篇的:

> 《易》称:“《遯》之时义大矣哉。”又曰:“不事王侯,高尚其事。”是以尧称则天,不屈颍阳之高;武尽

---

① 《后汉书》卷八二上《方术列传上》序。

美矣，终全孤竹之洁。[1]

范晔在此首先引用经典而界定了隐逸的含义，即不事从王侯，高尚自身之所从事者。我们在此对这一理解不必作伦理的和价值的判断。对范晔而言，重要的是隐逸有其悠久的渊源。这实际上已清晰点出了隐逸与时势之关系。隐逸与时势二者在此本质上是共生关系。隐逸只有在受到关注时，或更准确地说，只有在受到或引起顺应历史时势的帝王以及社会其他群体和阶层等的注意时，才具有某种真切的含义，隐逸在这样的关系中才具有意义。绝对的、毫不为人所知的隐逸并不存在，即使存在，也不具有意义，史家也不会将其浓墨重彩地著录到史传之中。隐逸在这一意义上并未遁出社会生活和社会关系，而是以其独特的方式进入社会、影响社会；隐逸以其看似消极，但本质上却以一种特殊的方式参与社会生活、顺应历史时势、渗入价值体系、补充人生理念。隐逸与时势并不是参商之隔，时势变迁造成隐逸，隐者的身份特点是在时势中体现出来的。范晔也正是因着这一关系而在传文中对隐者加以评价的。

在认清隐逸的本质属性之后，人们可以进而看到范晔对隐逸的流别和目的的剖析。他写道：

自兹以降，风流弥繁，长往之轨未殊，而感致之数匪一。或隐居以求其志，或回避以全其道，或静己以镇其躁，或去危以图其安，或垢俗以动其概，或疵

① 《后汉书》卷八三《逸民列传》序。

物以激其清。然观其甘心畎亩之中,憔悴江海之上,岂必亲鱼鸟乐林草哉,亦云性分所至而已。①

范晔在这里提出六种隐逸的类型,这六种类型也是从六种不同的隐逸目的而来的:或是为了个人的志向而隐逸,或是为了个人的理念而回避世事,或是为了戒去浮躁而抚静自身,或是为了趋图安和而远离危害,或是诟病流俗而洁身自好,或是激浊以扬清。这六种不同的隐逸目的,都是因着各类人的特性和遭际而导致的。范晔就是在这样的关系中观察历史、观察人物,阐释历史、评价人物。

当汉室中微之时,王莽乘机篡位,于是颇有义愤之士裂冠毁冕,拂袖而去。光武中兴汉室,又征召岩穴之士,希望能举逸民而使天下输诚归心。我们在此能够看到,时势造成隐逸,隐逸影响时势。在时势面前,隐逸面临去留的抉择、面临应召与否的斟酌。在隐逸面前,时势也都给予同等的机会:或顺乎时势而为之用,或背乎时势无所作为。在作了总的概括性论述之后,范晔便对隐逸作了分别的考察。其中有以其智慧和德行影响社会生活者,有以其价值观念涉入历史时势者。

首先,以智慧和德行彰显于世者,是某些隐者的特点。范晔记述了光武帝在野王狩猎途中的一段经历。事情是这样的:

因于野王猎,路见二老者即禽。光武问曰:"禽何向?"并举手西指,言:"此中多虎,臣每即禽,虎亦

① 《后汉书》卷八三《逸民列传》序。

> 即臣，大王勿往也。”光武曰：“苟有其备，虎亦何患。”父曰：“何大王之谬邪！昔汤即桀于鸣条，而大城于亳；武王亦即纣于牧野，而大城于郏鄏。彼二王者，其备非不深也。是以即人者，人亦即之，虽有其备，庸可忽乎！”光武悟其旨，顾左右曰：“此隐者也。”将用之，辞而去，莫知所在。①

在范晔记载的隐逸者中，颇有一些是无名的，例如光武帝在此遇到的两位老者。不仅他们的姓名不被人知，而且他们的其他生活背景也无从追考，但他们却能以其智慧而闻名当时，以其事迹而登录史传。范晔对二位隐者的评价就在这“将用之”三个字上。换言之，隐者并非退居岩穴而百无一用，并非寄情山水而忘怀人事。他们对时势的参与就在这看似隐逸、看似不参与之间。他们虽然“辞而去，莫知所在”，但他们却是以“辞去不在”的方式完成了对时势的参与，范晔将其收录到《逸民列传》中并作如许之评价，确为真知。

至于以德著称的隐者，当首推逢萌为典型。逢萌字子康，曾为亭长小吏，因不愿迎候长官而解冠归隐，光武中兴后他隐居劳山。关于他的德行，范晔记载了一段颇为生动而且极富戏剧性的史事：

> 北海太守素闻其高，遣吏奉谒致礼，萌不答。太守怀恨而使捕之。吏叩头曰：“子康大贤，天下共闻，所在之处，人敬如父，往必不获，只自毁辱。”太守怒，

① 《后汉书》卷八三《逸民列传·野王二老传》。

收之系狱，更发它吏。行至劳山，人果相率以兵弩捍御，吏被伤流血，奔而还。[1]

范晔在这里借县吏之口表述逢萌的德行与贤达，以至于使他声闻天下。初看起来，这似乎与其隐者的身份不相符合。一位隐者，居然天下闻名，听来颇为怪诞。但逢萌的隐逸，只是不直接参与时政之中而已，他并未隐入山林之中，逸出人事之外，而是济时入世，以其德行将自己融入社会生活。所以范晔对他的评价是："养志修道，人皆化其德。"[2]"养志修道"是逢萌作为隐者的个人特征，而"人皆化其德"则是他对社会生活施加的影响及其结果。

其次，以其价值观而涉入时势者，是另外一些隐者的特点。而其中有代表意义的又是未留下姓名和身世的两位老者，一位是汉阴老父，另一位是陈留老父，他们都"不知何许人也"。这两位不知何许人的老父却有着不入时的行为与思想，有着特立独行的价值观。当桓帝某次出行时，沿途百姓莫不夹路观看，而汉阴老父独耕不辍：

尚书郎南阳张温异之，使问曰："人皆来观，老父独不辍，何也？"老父笑而不对。温下道百步，自与言。老父曰："我野人耳，不达斯语。请问天下乱而立天子邪？理而立天子邪？立天子以父天下邪？役天下以奉天子邪？昔圣王宰世，茅茨采椽，而万人以

① 《后汉书》卷八三《逸民列传·逢萌传》。
② 《后汉书》卷八三《逸民列传·逢萌传》。

宁。今子之君，劳人自纵，逸游无忌。吾为子羞之，子何忍欲人观之乎！”温大惭。问其姓名，不告而去。①

起初，老父对来人的提问笑而不答。当张温亲自问询的时候，老父首先说自己是荒野之人，不能理会这一问题。然后他反问张温说：立天子是为了乱天还是为了治天下呢？是要让他爱护民众还是役使民众呢？显然答案尽在其中。更有甚者，汉阴老父并不认可桓帝是一个称职的君主，故谓之“子之君”，老父甚至替张温因有这样的君主而感到羞愧。从这里可以看出老父以其不同凡响的理念涉入历史时势，影响时人、时事。“温大惭”，正是范晔对汉阴老父的绝佳评价。

另一位不知何许人的隐者是陈留老父。当桓帝之世，党锢祸起之时，士大夫因去就问题举棋不定，至有相抱而泣者。史载：

老父趋而过之，植其杖，太息言曰：“吁！二大夫何泣之悲也？夫龙不隐鳞，凤不藏羽，网罗高悬，去将安所？虽泣何及乎！”二人欲与之语，不顾而去，莫知所终。②

在这里，陈留老父一语道破隐逸与入世本有共同之处，即“龙不隐鳞，凤不藏羽”。

① 《后汉书》卷八三《逸民列传·汉阴老父传》。
② 《后汉书》卷八三《逸民列传·陈留老父传》。

可见,无论是以德行化育他人的隐者,还是以智慧折服他人的隐者,或者是以特殊的价值观念影响他人的隐者,他们都是在隐者的名号之下以不同的方式生活在社会中,受着时势的影响,也影响着时势。究竟他们隐逸于何处呢? 哪儿是他们的栖止之所呢?《逸民列传》中收录的最后一位隐者是庞公,他与刘表的一番对话,多少透露了某些隐者的心境:

> 荆州刺史刘表数延请,不能屈,乃就候之。谓曰:"夫保全一身,孰若保全天下乎?"庞公笑曰:"鸿鹄巢于高林之上,暮而得所栖;鼋鼍穴于深渊之下,夕而得所宿。夫趣舍行止,亦人之巢穴也。且各得其栖宿而已,天下非所保也。"①

这里说的,无论是"高林",还是"深渊",作为栖宿之地,都只能作空间的理解,而人之巢穴,在于他的趣舍行止。也就是说,从隐者的角度来看,隐者并非寄身山林,逸情江海,他们所隐居的地方,是在他们的行为举止之中,在他们的情趣观念之中。所以范晔对他们的评价既没有忽视他们的个人特点,又没有离开历史形势。换言之,范晔是在观照隐者自身特点的同时,把他们放在历史形势中加以评价。《逸民列传》中的最后一篇,便是点睛之笔。

总之,我们在上面已经讲到,在《方术列传》的序文中最应当引起关注的是第一句话。与此相类似的是,在《逸民列传》的序文中,最应当、也最值得引起关注的依旧是第一句:"《易》

---

① 《后汉书》卷八三《逸民列传·庞公传》。

称'《遯》之时义大矣哉'。"范晔首先肯定隐逸是有意义的。隐逸只有具备"时义",换言之,隐逸只有在和"时"、"时势"以及"时事"建立关系时,才具有意义,其意义才可能"大矣哉"。《逸民列传》传文的内在的逻辑结构反映了范晔以双重互动性标准评价历史人物的思想。

社会角色与人物评价

人是社会历史运动中的角色,社会历史是复杂的,人的社会角色是多种多样的。在史家的笔下,凡有代表性的历史人物都是作为一定的社会角色而被载入史册的。范晔在观察社会角色方面的高明之处的一个突出表现,是把刘向首创《列女传》的事业继承下来,把列女写入正史并撰成独立类传,与诸类传并立。这一点,是他超越前辈史家的卓识。《后汉书·列女传》的序文不长,我们姑将其全文引述如下:

> 《诗》、《书》之言女德尚矣。若夫贤妃助国君之政,哲妇隆家人之道,高士弘清淳之风,贞女亮明白之节,则其徽美未殊也,而世典咸漏焉。姑自中兴以后,综其成事,述为《列女篇》。如马、邓、梁后别见前纪,梁嫕、李姬各附家传,若斯之类,并不兼书。余但搜次才行尤高秀者,不必专在一操而已。①

同《后汉书》某些类传一样,在《列女传》中范晔也是首先征引

① 《后汉书》卷八四《列女传》序。

《诗》、《书》，认为讲论女德古已有之，继而讨论女德的内涵与功能。范晔在这里所讲的女德，并非狭义的"贞妇"之德，而是由女性所承载和表现的普遍意义上的德行。范晔指出的辅政隆家、弘风亮节之德，不仅仅是女性所独有之德，或者说，并非只属于女性所应涵养的德行操守，而且也是男性所必须修持的，德行在此具有普遍价值意义。如果女性具有此种德行，她们也能够辅国理政、修身治家。高士能弘发清淳之社会风尚，贞女可展示洁白之伦理操守，其外在表现毫无二致，可相媲美，其内在之伦理价值更是相通的。从深层含义来看，范晔是从价值观的传承和文化活动两个方面对女性在社会生活中所表现出的德行有所论述。

首先，在价值观的传承方面，女性所起的作用有着独特之处。在古代，普通女性通常不直接参与政治活动，而更多地扮演相夫教子的角色。正是在这样寻常的角色中，女性也能以其性别的特点体现价值观念，触摸历史时势。在范晔记述的女性中，下述几人在这方面是值得关注的。

——鲍宣的妻子桓少君在婚嫁时，得到父亲十分丰厚的嫁资，而鲍宣本人却自幼十分清苦，下文反映了鲍宣的心态和桓少君的大度与朴实：

> 宣不悦，谓妻曰："少君生富骄，习美饰，而吾实贫贱，不敢当礼。"妻曰："大人以先生修德守约，故使贱妾侍执巾栉。既奉承君子，唯命是从。"宣笑曰："能如是，是吾志也。"妻乃悉归侍御服饰，更著短布裳，与宣共挽鹿车归乡里。拜姑礼毕，提瓮出汲。修

行妇道，乡邦称之。[1]

桓少君虽生在富家，但却有着修德守约的品行，为乡里所称赞。鲍宣自己曾任司隶校尉，他的儿子鲍永曾任鲁郡太守。鲍永的儿子鲍昱曾经问桓少君：

“太夫人宁复识挽鹿车时不？”对曰：“先姑有言：‘存不忘亡，安不忘危。’吾焉敢忘乎！”[2]

“存不忘亡，安不忘危”的思想是有久远的传统的。在看似不经意之中，这一出自《易·系辞》的古语就从一位女性口中表达出来，并传给后代。鲍永和鲍昱都被范晔收入《后汉书》的传中，可见其言行有可称道者，这其中应当有桓少君的影响，这段对话就是非常有力的证明。

——如同某些隐逸者一样，有的女性也没有留下姓名，但她们并没有因为无名而被埋没。在范晔笔下就有这样一位不知姓氏的女性：

河南乐羊子之妻者，不知何氏之女也。羊子尝行路，得遗金一饼，还以与妻。妻曰：“妾闻志士不饮盗泉之水，廉者不受嗟来之食，况拾遗求利，以污其行乎！”羊子大惭，乃捐金于野，而远寻师学。一年来归，妻跪问其故。羊子曰：“久行怀思，无它异也。”妻

① 《后汉书》卷八四《列女传·鲍宣妻传》。
② 《后汉书》卷八四《列女传·鲍宣妻传》。

乃引刀趋机而言曰："此织生自蚕茧，成于机杼，一丝而累，以至于寸，累寸不已，遂成丈匹。今若断斯织也，则捐失成功，稽废时月。夫子积学，当日知其所亡，以就懿德。若中道而归，何异断斯织乎？"羊子感其言，复还终业，遂七年不反。①

这一段文字与记述桓少君的传文十分相似。范晔首先分别以一件事实表述桓少君和乐羊子之妻各自的德行。在桓少君则为送归嫁资、修德守约，在乐羊子之妻则为劝夫不以拾遗而求利。两篇传文不同的是，桓少君以言而传达价值观念，乐羊子之妻则是以行而表现出了某种品德。后者的行为在范晔的笔下只用了"引刀趋机"四字就被勾勒而出，这一行为能够使人回忆起孟母训导孟子的故事。孟子成为亚圣大贤，与孟母的教训有直接的关系。而范晔笔下这位"不知何氏女"的女性，也以她的诚恳、睿智的言行使乐羊子捐金于野而励志求学，并使他在行将半途而废之时终于能够"以就懿德"并完成学业。乐羊子之妻以女性的特点显示了一个普遍性的行为典范。

其次，在才学方面，女性自也有其创造和贡献。对此，范晔着意记述了班昭和蔡文姬两位才华卓越的女性。班昭的才华主要表现在著史和辅政方面。她和其他学者将其兄班固没有完成的《汉书》中的八表及《天文志》续写成书，留给后人一部完整的《汉书》。她同时还协助邓太后对一些政务作出决定。蔡文姬的才华主要表现在文学创作方面，范晔全文收录

① 《后汉书》卷八四《列女传·乐羊子妻传》。

了她的两首追遣悲怀的长篇诗文[1]。

关于班昭，范晔记载了她给邓太后上疏的事情。当太后之兄大将军邓骘以母亲去世而“上书乞身，太后不欲许，以问昭”时，班昭于是上疏，首先称颂太后之德范，然后便转入正题，直抒己见：

妾闻谦让之风，德莫大焉，故典坟述美，神祇降福。昔夷、齐去国，天下服其廉高；太伯违邠，孔子称为三让。所以光昭令德，扬名于后者也。《论语》曰：“能以礼让为国，于从政乎何有。”由是言之，推让之诚，其致远矣。今四舅深执忠孝，引身自退，而以方垂未静，拒而不许；如后有毫毛加于今日，诚恐推让之名不可再得。[2]

班昭首先推许谦让之风，说不但典坟称颂其美，甚至神明降福，之后又两度援引孔子之语，以圣人之名赞誉推让之德，终于使“太后从而许之”。记述这件事，表明范晔对班昭政治见识的赞赏。范晔还全文收录了班昭所作的《女诫》七篇。班昭《女诫》序这样写道：

鄙人愚暗，受性不敏，蒙先君之余宠，赖母师之典训。年十有四，执箕帚于曹氏，于今四十余载矣。战战兢兢，常惧黜辱，以增父母之羞，以益中外之累。

---

① 见《后汉书》卷八四《列女传·董祀妻传》。

② 《后汉书》卷八四《列女传·曹世叔妻传》。

> 夙夜劬心,勤不告劳,而今而后,乃知免耳。吾性疏顽,教道无素,恒恐子穀负辱清朝。圣恩横加,猥赐金紫,实非鄙人庶几所望也。男能自谋矣,吾不复以为忧也。但伤诸女方当适人,而不渐训诲,不闻妇礼,惧失容它门,取耻宗族。吾今疾在沈滞,性命无常,念汝曹如此,每用惆怅。间作《女诫》七章,愿诸女各写一通,庶有补益,裨助汝身。去矣,其勖勉之!

从这一段文字中,人们可以看到,作为女性的自强、自尊的精神何等鲜明。所谓"战战兢兢,常惧黜辱,以增父母之羞,以益中外之累",若剔除其时代的烙印,其上进、自立的精神内涵,仍有值得后人学习的价值。在范晔所处的那个时代,他自会把这种精神境界载入史册,以启迪来者。

对于蔡文姬,范晔的史笔充满了同情和赞叹的色彩。范晔要告诉后人的是:蔡文姬是一位才华横溢的女性,她的洞察时事和多愁善感,见于她的遭际,也见于她的诗作。她的追怀悲愤诗中,有"汉季失权柄,董卓乱天常。志欲图篡弑,先害诸贤良。逼迫迁旧邦,拥主以自强。海内兴义师,欲共讨不祥"等写历史形势的诗句,也有"家既迎兮当归宁,临长路兮捐所生。儿呼母兮号失声,我掩耳兮不忍听。追持我兮走茕茕,顿复起兮毁颜形。还顾之兮破人情,心怛绝兮死复生"①这种写母子离别之痛的诗句,而这些正反映了她的诗风。

范晔在《列女传》中对这两位女性没有发表直接的评论,而是以事实描述了她们在历史时势和社会生活中的作为,并

① 见《后汉书》卷八四《列女传》。

凸显她们作为女性的情怀与才学。可以确信的是，班昭和蔡琰无疑深深地打动了范晔。千百年来，后世读史之人也同范晔一样，被她们的才学所打动，足见史家为她们立传的深远影响。

清人王鸣盛论范晔评价历史人物的原则说："今读其书，贵德义，抑势利，进处士，黜奸雄。论儒学则深美康成，褒党锢则推崇李、杜。宰相多无述而特表逸民，公卿不见采而惟尊独行。立言若是，其人可知，犯上作乱，必不为也"①。王鸣盛的这段话，意在证明范晔不是一个"犯上作乱"的人，因而不会参与"谋反"一事。其实，识见高明的人未必都能避免政治陷阱，古往今来，其例甚多。不过，王鸣盛的这段话，倒是十分准确地把握了范晔《后汉书》在评价历史人物方面的主要原则，可谓知言。

从以上论述来看，范晔评价历史人物既注意到了历史评价标准，也注意到了道德评价标准。在这里，所谓历史评价标准主要表现为政治评价，所谓道德评价标准主要着眼于儒家伦理道德原则。这贯穿于整部《后汉书》中，成为范晔在历史人物评价方面突出的特点。

这里，需要进一步说明的是：范晔对东汉社会历史的考察，包括他为《后汉书》所设立的类传，以及他对历史人物的评价标准，一方面包含了他本人的探索和"自得"，另一方面也反映了东汉至魏晋社会的变化以及这种变化在人们思想上的影响。如前所述，范晔撰《后汉书》，继承了前代史家的一些成

---

① 王鸣盛《十七史商榷》卷六一"范蔚宗以谋反诛"条，中国书店 1987 年版。

果,这些史家生活在东汉至魏晋时期,他们的撰述成果无疑反映了他们所处时代的特点。范晔撰《后汉书》即使不是全部至少也是部分地从这些特点中得到启示,从而描绘出他心中的东汉历史画卷并展开他的纵横驰骋的历史评论。对此,今人逯耀东在《魏晋时期历史人物评价标准》一文中写道:

> 虽然范晔承袭了《汉书》以断代为史的体裁,但在取材、结构和人物评价方面,已经发生了某种程度的转变。《后汉书》削去《汉书》承继《史记》遗绪的《游侠》、《货殖》传,又新增添《文苑》、《独行》、《方术》、《逸民》、《列女》等类传,这些人物的类传,就是范晔自鸣得意"皆有精意深旨"的杂传。这些杂传出现在《后汉书》之中,并不完全是范晔个人的创见,而是自东汉末年至魏晋时代思潮转变下凝结的产物。①

这个分析是极精到的,作者在这里指出"思潮转变",无疑是深刻的见解。当然,指出这一点,并不妨碍人们对范晔思想在这个"思潮转变"下的个人的创见与"自得"的价值。

*　　*　　*

范晔的历史思想在天人关系、古今关系、历史进程、人物评价等方面,尤其在无神、无鬼论方面,都显示出进步的倾向。这是他历史思想的光辉的一面。但是,范晔的历史思想中也

① 逯耀东《魏晋史学及其他》,台北东大图书股份有限公司 1998 年版,第 54 页。

还有暗淡的一面，表现出他的思想的局限性。

范晔《后汉书·光武帝纪》的后论这样写道：

> 皇考南顿君初为济阳令，以建平元年十二月甲子夜生光武于县舍，有赤光照室中。钦异焉，使卜者王长占之。长辟左右曰："此兆吉不可言。"是岁县界有嘉禾生，一茎九穗，因名光武曰秀。明年，方士有夏贺良者，上言哀帝，云汉家历运中衰，当再受命。于是改号为太初元年，称"陈圣刘太平皇帝"，以厌胜之。及王莽篡位，忌恶刘氏，以钱文有金刀，故改为货泉。或以货泉字文为"白水真人"。后望气者苏伯阿为王莽使，至南阳，远望见春陵郭，唶曰："气佳哉！郁郁葱葱然。"及始起兵，还春陵，遥望舍南，火光赫然属天，有顷不见。初，道士西门君惠、李守等亦云：刘秀当为天子。其王者受命，信有符乎？不然，何以能乘时龙而御天哉！①

读了这篇后论，再对照前面所论述的范晔的历史思想，人们不禁感到愕然，认为这是极其荒唐的事情。在这篇后论里，范晔为了说明"王者受命，信有符乎？不然，何以能乘时龙而御天哉"，一连列举了"赤光照室"、卜者王长所语、方士夏贺良上言、望气者苏伯阿之叹、道士西门君惠和李守的预言等等。可以说，一切可以用来说明"王者受命"、"有符"的手段都派上了用场。对于一个确信"死者神灭"、"天下决无佛鬼"的史家来

① 《后汉书》卷一下《光武帝纪》后论。

说,这些说法无疑是自相矛盾的。

诚然,这或许就是一个史家在思想上与政治上的时代局限的一种反映。南北朝时期,史家著史,凡论及改朝换代之君,都要表明他有异于常人之处。如《南齐书·高帝纪》说萧道成"姿表英异,龙颡钟声,鳞文遍体"[①];《梁书·武帝本纪》称,梁武帝萧衍"生而有奇异,两胯骈骨,顶上隆起,有文在右手曰'武'。……所居室常若云气,人或过者,体辄肃然"[②];《陈书·高祖本纪》也说,陈高祖陈霸先既长,"身长七尺五寸,日角龙颜,垂手过膝。尝游义兴,馆于许氏,夜梦天开数丈,有四人朱衣捧日而至,令高祖开口纳焉。及觉,腹中犹热,高祖心独负之"[③]。这些记载,都不同程度地包含荒诞、迷信成分,也都是为开国之君编织神秘的外衣。其中,《梁书》、《陈书》作者姚思廉虽是唐初人,这两部书成书于贞观十年(636),但姚思廉是继承了其父姚察的事业,思想上和撰述上都深受后者的影响,自然保留着南朝史家的遗风。至于北朝史家,我们从北齐人魏收所著《魏书》里的《序纪》、《太祖纪》中,也可以读到有关类似的荒唐故事。可见,从这个意义上来看,这是南北朝时期一些史家之庸俗性的通病,而范晔亦未能脱俗,故有此不伦不类的说法。

此外,范晔的这一说法,还有历史上的渊源。大家知道,《东观汉记》出于东汉史家之手,是东汉史的最早撰述,对其后的诸家东汉史撰述有很大的影响。查《东观汉记》卷一《世祖

① 《南齐书》卷一《高帝纪》,中华书局 1972 年版。
② 《梁书》卷一《武帝本纪》,中华书局 1973 年版。
③ 《陈书》卷一《高祖本纪》,中华书局 1972 年版。

光武皇帝》记光武出生时的情景，是这样记述的：

> 皇考初为济阳令，济阳有武帝行过宫，常封闭。上将生，皇考以令舍下湿，开宫后殿居之。建平元年十二月甲子夜上生时，有赤光，室中尽明。皇考异之，使卜者王长卜之。长曰："此善事不可言。"是岁嘉禾生，一茎九穗，大于凡禾，县界大丰熟，因名上曰秀。是岁凤凰来集济阳，故宫皆画凤凰。圣瑞萌兆，始形于此。上为人隆准，日角，大口，美须眉，长七尺三寸。在春陵时，望气者苏伯阿望春陵城曰："美哉！王气郁郁葱葱。"

这些传说和杜撰，带有浓厚的谶纬色彩，自不能视为信史，它们只是反映了东汉史家对东汉开国之君的美化和神化罢了。以这一段文字同范晔《后汉书·光武帝纪》后论相对照，可见后者本出于前者，且增写了"初，道士西门君惠、李守等亦云刘秀当为天子"等语。范晔去东汉灭亡已二百余年，他本应完全摆脱这种美化和神化的羁绊，但是他却未能摆脱它，这不免出人意料，又似在情理之中。

范晔是一个有批判意识和深刻历史见解的史家，尽管如此，他仍然不能完全摆脱他所处的那个时代给予史家们的思想局限和政治局限，即对于开国皇帝的种种美化和神化。这样一个消极的史学传统，也不只是在南北朝时期的史家当中存在，而是具有一定的普遍性，只不过是时强时弱、时隐时现而已。从这一客观事实来看，我们指出范晔在这方面的思想上和政治上的局限性是必要的，但也不必过分苛求于他。

第六章 政治思想:政治统治的方略及得失

中国古代史家无不关注政治统治,因而政治思想总是史学家之思想构成中的重要方面。其间的差别,仅仅在于时代特点的不同和认识程度的不同。

关于政治统治的论述,是范晔思想体系的重要组成部分。具体说来,范晔一方面与其他史家一样,将对政治局势的关注与分析作为史书撰述的重要任务;另一方面又着意于对朝代的兴亡作深入的探讨。

这里需要指出的是,在《后汉书》中,政治思想所涵盖的范围很广,本书所讨论的范晔的历史、民族、伦理等方面思想,均在不同程度上与政治思想相联系,如民族问题可以说是贯穿着整个中国历史的重要政治问题,各朝代的民族政策及其影响实质上也是当时政治思想的重要体现;而影响了中国封建社会发展历史的儒家“德治”理想,实际上既是一种伦理思想,又是一种政治思想。在《后汉书》中，关于政治发展局势及朝代兴亡方面的论述，可以大略地分为关于政治统治的一般理论与关于具体的政治措施、政治事件的认识。我们讨论的重点，在于探讨这些评论中所反映出的范晔政治思想的基本特征与一般价值。

范晔政治思想的基本特点可以概括为如下几个方面：

一是紧密结合东汉一朝的政治形势与政治局面展开论述。如《后汉书》将后妃传入纪，是为了突出东汉多女主执政的政治特点。

二是重视社会风气对历史进程的影响。这是范晔政治思想的重要特色。范晔对东汉一朝政治上的治乱得失，有许多深刻的认识。这些认识主要表现在他对历史转折时期关键历史人物与事件所起作用的估计上。但在影响历史进程的因素之中，他尤为关注在某一历史时期逐渐形成的社会风气对历史进程产生的巨大影响。如他对党人势力兴起与统治者所好之间的必然联系，对儒学盛行之风于东汉历史所产生的积极作用，对“人心向化”于维护政治统治所具有的重要性等等，都有专门的论述。

三是具有“通识”。范晔关于外戚、宦官、循吏、酷吏、儒学等影响东汉政治面貌的重要问题的论述，都从前史的相关记载与史事入手，将历史与现实有机地联系起来加以分析比较，从而摆脱了就事论事的局限，具有了贯通的眼光与识见。这既是范晔“考镜源流”的表现，同时更是他对上述现象试图从历史发展的脉络中寻求正确认识的努力。

四是具有朴素的辩证色彩。如他关于宦官的历史作用，关于酷吏的历史地位,关于党人与宦官的关系,以及关于政治统治的张弛之道的认识,无不反映着这一特点。这些认识是在继承前人的积极成果的基础上,结合着对东汉历史的深入思考而形成的,是范晔史论中最重要的内容,对于理解东汉历史有重要的理论意义。

一、历史机运与政治统治

关于历史进程的认识,是历代史家都着力探讨的根本问题。纪传体史书的开创者司马迁通过对"势"的概念加以阐释,以说明历史变迁之由;其后的史书对此问题都有不同程度的认识。一般说来,这种认识大致循着两条路径发展:一条路径是从天人关系中去寻找答案,另一条路径是从人与历史机运或"时"与"势"的关系中去寻找答案。值得注意的是,由于中国古代历史发展与历史理论发展的特点,这些认识一方面都不乏朴素的唯物倾向,一方面又受时代局限,具有某种程度的天命思想。这种两重性在范晔的思想中也不同程度地有所体现,而在他的政治思想中,关于历史发展大势的认识,虽亦有"符运"思想的影响,但其主流是继承了前代史家的积极认识并有所发展的。

本书在上一章中已经谈到范晔对"符运"之说的某种程度的认可。他在《光武帝纪》的后论中说,光武帝自出生起就有祥瑞之兆,"有赤光照室中",当时就被认为"此兆吉不可言"。而且,"是岁县界有嘉禾生,一茎九穗,因名光武曰秀。"此后,随着政治形势的发展,又不断有种种吉兆证明,刘氏当再兴,也不断有方士、道士以不同的方式暗示刘秀的不同寻常。在记述了这些内容之后，范晔慨叹说："其王者受命，信有符乎？不然，何以能乘时龙而御天哉！"[①]在论述隗嚣史事时，范晔亦认为，"隗嚣援旗纠族，假制明神，迹夫创图首事，有以识其风矣。终于孤立一隅，介于大国，陇坻虽隘，非有百二之势，区区两郡，以御堂堂之锋，至使穷庙策，竭征徭，身殁众解，然后定之。则知其道有足怀者，所以栖有四方之桀，士至投死绝亢而不悔者矣。夫功全则誉显，业谢则衅生，回成丧而为其议者，或未闻焉。若嚣命会符运，敌非天力，虽坐论西伯，岂多嗤乎？"[②]他认为，以隗嚣等人的才行而论，统治一方绰绰有余，只是由于没有顺应天命，且与天命相违，"天数有违"，所以虽然有江山之固可以凭借，但还是以失败告终。

由此看来，范晔对于一些自己难以解释的史实，采取了一方面依照时人所说，"照实录之"的态度，一方面又对其加以谨慎的认可。但这种认可，并不是源于他对天命论的信奉，而是对朝代更替兴亡之故的一种迷惑与思考。从根本上看，范晔是反对谶纬之说的。他写道："夫天道性命，圣人难言之，况乃臆测微隐，猖狂无妄之福，污灭亲宗，以觖一切之功哉！"[③]他批评佛教"好大不经，奇谲无已"[④]，认为方术"玄奥难原"，"纯盗虚名，无益于用"[⑤]；甚至对于自己评价颇高的光武帝，他也对其"尤信谶言"的做法给予尖锐批评，"郑、贾之学，行乎数百

① 《后汉书》卷一《光武帝纪》。
② 《后汉书》卷一三《隗嚣公孙述列传》后论。
③ 《后汉书》卷一五《李王邓来列传》后论。
④ 《后汉书》卷八八《西域传》后论。
⑤ 《后汉书》卷八二《方术列传》序及后论。

年中,遂为诸儒宗,亦徒有以焉尔。桓谭以不善谶流亡,郑兴以逊辞仅免,贾逵能附会文致,最差贵显。世主以此论学,悲矣哉!”[①]他对桓帝也多有讽刺之辞。所以,他一方面反对对天命妄加揣测,一方面又认为“受大福者”必然是信乎人、顺乎天的,“大致受大福者,归于信顺乎!”[②]把“天”与“人”结合起来,而且以“人”为先,说明了范晔思想的基本倾向。受这一倾向的影响,范晔明确认为,决定皇朝兴衰的根本是“王政”与“德教”[③]。这一点成为他的政治思想中的核心内容。他在论述民族关系发展历史时,始终贯穿了这一具有朴素辩证色彩的认识。

范晔在《后汉书》中,突出了这样一种思想,即历史人物应当顺时而动,依势而行,否则便不能取得成功。他在《刘玄刘盆子列传》中说,周武王观兵孟津,退而还师,以为纣未可伐,这说明“时有未至者也”,也就是说历史发展的大趋势,尚未达到亡商的程度。至于刘邦兴起之初,其力量并不为最强者,“不当天下万分之一”,但却能做到“旌旆之所麾及,书文之所通被,莫不折戈顿颡,争受职命”。其原因不仅仅在于人力之功,“固亦几运之会也”。这种“几运之会”,事实上指的就是历史发展的一种客观趋势。如果仅凭个人之力,逆潮流而动,那

---

① 《后汉书》卷三六《郑范陈贾张列传》后论。

② 《后汉书》卷七五《刘焉袁术吕布列传》后论。

③ 参见《后汉书》卷八七《西羌传》序:“王政修则宾服,德教失则寇乱。昔夏后氏太康失国,四夷背叛。及后相即位,乃征畎夷,七年然后来宾。至于后泄,始加爵命,由是服从。后桀之乱,畎夷入居邠岐之间,成汤既兴,伐而攘之。及殷室中衰,诸夷皆叛。至于武丁,征西戎、鬼方,三年乃克。故其诗曰:‘自彼氐羌,莫敢不来王’”。

就只能做悲剧英雄,“夫为权首,鲜或不及。陈、项且犹未兴,况庸庸者乎!”[①]同样,范晔对汉献帝的悲剧性命运给予了客观的分析:“传称鼎之为器,虽小而重,故神之所宝,不可夺移。至令负而趋者,此亦穷运之归乎!天厌汉德久矣,山阳其何诛焉!”[②]这里的“天厌汉德”,事实上反映了刘氏皇朝已经走向穷途末路的客观实际。在这种情况下,仅凭汉献帝个人的品德与能力,是于事无补的,所以将东汉之亡归咎于他没有道理。

范晔在强调历史大势不可违的前提下,又对历史人物的积极作为给予很高的评价,认为贤者的努力可以延缓政治统治衰亡的趋势,维持其政治局面。他说桓帝时“设华盖以祠浮图、老子”,是东汉即将亡灭的标志。但在“五邪嗣虐,流衍四方”之时,由于有李膺等“忠贤力争,屡折奸锋”[③],才使得东汉皇朝得以继续,桓帝本人也避免了篡弑之祸。和帝时,由于皇帝年幼,窦氏外戚专权,“将有吕、霍之变”,“幸汉德未衰,大臣方忠,袁、任二公正色立朝,乐、何之徒抗议柱下,故能挟幼主[之]断,剿奸回之逼。不然,国家危矣”[④]。《后汉书》的《儒林传》则更把儒士们的历史作用提到了前所未有的高度:“自桓、灵之间,君道秕僻,朝纲日陵,国隙屡启,自中智以下,靡不审其崩离”,但由于有张温、皇甫嵩这样的贤臣存在,则其“皇统”得以延续,“权强之臣,息其窥盗之谋,豪俊之夫,屈于鄙生之

① 《后汉书》卷一一《刘玄刘盆子列传》后论。
② 《后汉书》卷九《孝献帝纪》后论。
③ 《后汉书》卷七《孝桓帝纪》后论。
④ 《后汉书》卷四三《朱乐何列传》后论。

议"[①]。这说明,在范晔的认识中,历史之"机运"虽不可违,但人的主观努力也可对历史发展起到至关重要的作用。

关于如何认识与把握历史的"机运",范晔认为,把"顺天"与"信人"结合起来,"舍诸天运,征乎人文"[②],就可以乘势而行,如果反其道而行之,则为"欺天"之举:"夫事不以顺,虽强力广谋,不能得也。谋不可得之事,日失忠信,变诈妄生矣。况复苟肆行之,其以欺天乎!"[③]

把握历史"机运",很重要的一个方面就是抓住历史发展的机会,而这种机会往往存在于人所忽略之处,所以需要有过人的眼光与远见。范晔在评价东汉初期邳彤辅佐光武帝成就大业的史事时说,他能够在多数人都认为当"因信都兵自送,西还长安"的时候,坚决反对众议,主张非常及时,可称得上是"一言可以兴邦"。这就是所谓的时势之"几"。而这种"幾"即机会之所以很少被人了解与把握,就在于"凡言成事者,以功著易显;谋幾初者,以理隐难昭。斯故原情比迹,所宜推察者也"[④]。正是这种细致而微的历史机遇,及人们对待这种机遇的态度,往往决定着历史发展的方向,也决定着历史人物的命运。从历史发展的大势来看,这种"几"更多地存在于"变通之世"。因为在这样的时期,"君臣相择,斯最作事谋始之几也。"范晔举邓禹之例说,他能够在光武起兵之时慧眼独具,"赢粮徒步,触纷乱而赴光武,可谓识所从会矣。于是中分麾下之

① 《后汉书》卷七九下《儒林列传下》后论。

② 《后汉书》卷七三《刘虞公孙瓒陶谦列传》后论。

③ 《后汉书》卷七五《刘焉袁术吕布列传》后论。

④ 《后汉书》卷二一《任李万邳刘耿列传》后论。

军,以临山西之隙,至使关河响动,怀赴如归。功虽不遂,而道亦弘矣!”这种对历史机会的把握,使他在东汉建立后,得到了很高的政治地位:“褫龙章于终朝,就侯服以卒岁,荣悴交而下无二色,进退用而上无猜情,使君臣之美,后世莫窥其间”①。这种关于“变通之世”“君臣相择”的认识,不仅是对古代君臣关系的积极见解,而且将关于历史发展机运的探讨,扩展到了更为具体与深入的层面上。

二、宽厚为政与张弛之道

范晔关于治理国家的思想,突出地反映在对于宽厚为政与张弛之道兼行的重视。

如前所述,儒家的“德治”思想是范晔政治思想的核心内容,而以“宽”、“仁”为执政原则,则是“德治”的重要表现。在《后汉书》中,范晔对宽厚为政给予了充分的关注。在东汉诸帝中,他对章帝的“宽容”、“好儒术”、“天性恺悌”、“思服帝道”多次称道:

> 魏文帝称“明帝察察,章帝长者”。章帝素知人厌明帝苛切,事从宽厚。感陈宠之义,除惨狱之科。深元元之爱,著胎养之令。奉承明德太后,尽心孝道。割裂名都,以崇建周亲。平徭简赋,而人赖其庆。又体之以忠恕,文之以礼乐。故乃蕃辅克谐,群后德让。谓之长者,不亦宜乎!在位十三年,郡国所

① 以上见《后汉书》卷一六《邓寇列传》后论。

上符瑞,合于图书者数百千所。乌呼懋哉!①

传称吴子夷昧,甚德而度,有吴国者,必其子孙。章帝长者,事从敦厚,继祀汉室,咸其苗裔,古人之言信哉!②

这里,范晔通过对明帝与章帝的比较,说明了他所认为的"宽厚为政"的具体表现,即"除惨狱之科"、"著胎养之令"、"尽心孝道"、"崇建周亲"、"平徭简赋"等等。总而言之,可以概括为"体之以忠恕,文之以礼乐"。汉章帝做到了这些,所以出现了"蕃辅克谐,群后德让"的和谐局面。范晔以章帝为"长者",说明在他的心目中,为人的"宽厚"与为政的"宽厚"是相通的。而以古人"有吴国者,必其子孙"之说为"信",则说明范晔是将"宽厚"作为从政的一个很高的标准来看待的。

为进一步说明宽厚为政的必要性与合理性,范晔还从东汉之兴的角度,说明了"宽则得众",得众心则"百世不忘"的道理:"传称'盛德必百世祀',孔子曰'宽则得众'。夫能得众心,则百世不忘矣。观更始之际,刘氏之遗恩余烈,英雄岂能抗之哉!然则知高祖、孝文之宽仁,结于人心深矣。周人之思邵公,爱其甘棠,又况其子孙哉!刘氏之再受命,盖以此乎!"③通过考察两汉更替之际,诸多乱世"英雄"不能取代刘氏天下的史实,范晔认为,正是由于"刘氏之遗恩余烈"泽被后人,所

① 《后汉书》卷三《孝章帝纪》后论。
② 《后汉书》卷五五《章帝八王传》后论。
③ 《后汉书》卷一二《王刘张李彭卢列传》后论。

以才使刘氏子孙“再受命”。由此可见,汉代自高祖、孝文帝时就施行的宽仁之政,“结于人心深矣”。事实上,范晔在这里阐明的是政治统治中具有普遍意义的一个道理。但是,在他所强调的几个概念中,“得众心”而非宽仁之政,才是东汉再兴的根本原因。而“得众心”的前提,显然不仅仅是“宽仁”。尽管如此,范晔能够在当时提出“得众心”与“结于人心深”对政治上取得成功的极端重要性,无疑是深刻的见解。在南北朝时期政权更迭频繁、下层人们生活动荡的情况下,更有其积极的现实意义。

律法是用以维护统治、保持稳定的重要工具。范晔将“宽刑”亦作为“宽政”的重要内容看待。他认为,在政治统治的诸多要素中,总会有轻重先后之分。对于律法在这中间的位置,他这样论述道:

> 中兴以后,居台相总权衡多矣,其能以任职取名者,岂非先远业后小数哉?故惠公造次,急于乡射之礼;君房入朝,先奏宽大之令。夫器博者无近用,道长者其功远,盖志士仁人所为根心者也。君子以之得,固贵矣;以之失,亦得矣。宋弘止繁声,戒淫色,其有关雎之风乎!①

这里的“远业”,指的是德礼,“小数”则指具体的“名法”。而前者无疑具有更本质的地位。君子为政,当着眼于大且远者,无论因之得还是失,都可称得上是“得”。这反映了范晔对政治

① 《后汉书》卷二六《伏侯宋蔡冯赵牟韦列传》后论。

统治的不同层次具有清晰的认识,以及他对儒家德治与礼治的重视。与之相应,为了达到“德治”的远大目标,就必须先礼后法,以“宽大”作为执法的基本原则。

基于这样的认识,范晔对东汉明帝“善刑理,法令分明”的治国特点给予了高度评价。“(明帝)日晏坐朝,幽枉必达。内外无倖曲之私,在上无矜大之色。断狱得情,号居前代十二。”正因为如此,建武、永平年间的政治成为后世统治者的榜样,“故后之言事者,莫不先建武、永平之政”①。尽管如此,光武帝与明帝在执法过程中亦有不同程度的苛察之弊:

> 吴起与田文论功,文不及者三,朱买臣难公孙弘十策,弘不得其一,终之田文相魏,公孙宰汉,诚知宰相自有体也。故曾子曰:“君子所贵乎道者三,笾豆之事则有司存。”而光武、明帝躬好吏事,亦以课核三公,其人或失而其礼稍薄,至有诛斥诘辱之累。任职责过,一至于此,追感贾生之论,不亦笃乎!朱浮讥讽苛察欲速之弊,然矣,焉得长者之言哉!②

所谓“贾生之论”,这里指贾谊针对有人告周勃谋反之事所论,他说:“廉耻礼节以绳君子,故有赐死而无戮辱,是以黥劓之罪不及大夫,以其离主上不远也。”由这段文字,我们可以看出范晔关于律法的几点认识:一是执法者当为专事此职者,在上之人不应越俎代庖;二是执法不宜过严,尤其对于位高权重者更

① 《后汉书》卷二《孝明帝纪》后论。
② 《后汉书》卷三三《朱冯虞郑周列传》后论。

是如此，否则将流于“苛察欲速之弊”，这种弊端，用东汉朱浮的话说，就是“尚书之平，决于百石之吏”，“私情容长，憎爱在职，皆竞张空虚，以要时利，故有罪者心不厌服，无咎者坐被空文，不可经盛衰，贻后王也”[①]。这就使得“刑理”失去了它存在的本意。

在《后汉书》中，范晔还举出不少相关史例来阐说自己的“宽政”主张。如《张王种陈列传》记载，南阳太守王畅以威猛治境，收效甚微。其后他纳功曹张敞“五教在宽”，“恳恳用刑，不如行恩；孳孳求奸，未若礼贤”之言，更崇宽政，慎刑简罚，“教化遂行”。类似这样的记载，除了反映东汉的客观历史之外，更多地体现了范晔关于“宽刑”的认识。

“宽刑”是范晔在《后汉书》中提出的施法基本原则。至于这一过程中所涉及到的因素，他认为最重要者为“察情”。在《郭陈列传》中他提出，“察情”而后用“恕心”，天下正直庶几可得，施法的最终目的也就达到了。“曾子云：‘上失其道，民散久矣。如得其情，则哀矜而勿喜。’夫不喜于得情则恕心用，恕心用则可寄枉直矣。夫贤人君子断狱，其必主于此乎？郭躬起自佐史，小大之狱必察焉。原其平刑审断，庶于勿喜者乎？若乃推己以议物，舍状以贪情，法家之能庆延于世，盖由此也！”在根据“小大之狱”的表面情况断案的同时，执法者还应该探寻案情背后的因素，“察情”的目的是为了更好地以“恕心”断刑。以这样的标准去衡量东汉刑律，范晔对东汉蔡邕的历史命运作了分析，认为他以感叹董卓之死“有动于色”遭难入狱，执政王允欲诛之，并以“不可令佞臣执笔在幼主左右”为

---

① 《后汉书》卷三三《朱冯虞郑周列传》。

由拒绝他修汉史之求,是刑罚太过。因为“意气之感,士所不能忘也。流极之运,有生所共深悲也”。董卓对蔡邕有知遇之恩,蔡邕对其死不可能不有所触动,“匡导既申,狂僭屡革,资同人之先号,得北叟之后福。属其庆者,夫岂无怀?”君子断刑,如能体察到这一点,“尚或为之不举”,何况当时“国宪仓卒”,正是用人之时,王允没有将国家大事放在最重要的位置,而是因其“矜情变容,而罚同邪党”,至于“追怨子长谤书流后,放此为戮”,更是闻所未闻的断刑原因了①。这些分析既包括了范晔对蔡邕的同情成分,又进一步体现出他对“施法察情”这一原则的关注。

以儒家“德治”思想为出发点强调宽厚为政,可以说是范晔政治思想的突出特征,但这只是一个方面。对政治统治过程中的张弛之道的认识与把握,是范晔政治思想中另一重要方面。这一认识具有更多的辩证色彩与理性特征,从而把范晔的政治思想提升到了更高的理论层次。

范晔对光武帝刘秀有很高的评价。他对谶纬之说多有批评,但惟独对刘秀,有“其王者受命,信有符乎”的感叹。这种感叹除了有着某种程度的关于天命的认识因素以外,更多地是对刘秀“沈几先物,深略纬文”的赞许:

> 初,帝在兵间久,厌武事,且知天下疲耗,思乐息肩。自陇、蜀平后,非儆急,未尝复言军旅。皇太子尝问攻战之事,帝曰:“昔卫灵公问陈,孔子不对,此非尔所及。”每旦视朝,日仄乃罢。数引公卿、郎、将

① 《后汉书》卷六〇下《蔡邕列传》后论。

> 讲论经理，夜分乃寐。皇太子见帝勤劳不怠，承间谏曰："陛下有禹汤之明，而失黄老养性之福，愿颐爱精神，优游自宁。"帝曰："我自乐此，不为疲也。"虽身济大业，兢兢如不及，故能明慎政体，总揽权纲，量时度力，举无过事。退功臣而进文吏，戢弓矢而散马牛，虽道未方古，斯亦止戈之武焉。①

范晔关于光武帝刘秀的这段记述，刻意置于整卷之末，以示重视。事实上，我们可以认为这是对刘秀的政治统治的一个总结。范晔认为，作为一个马上得天下的帝王，他能够"未尝复言军旅"，"退功臣而进文吏"，以"讲论经理"为乐，做到"量时度力，举无过事"，是达到了"武"的真正境界，即"止戈"。这一点虽然与刘秀性好儒学有着密切关联，但也说明了他的治国特点。从范晔对于东汉历史的评论来看，他反对以武力解决所有政治问题，但并不持完全摒弃武力的迂腐之见。所以，他的"止戈之武"，在这里可以理解为"文武之道"、"一张之弛"之意。应当说，范晔的这一认识与前贤的相关论述是相通的。

范晔对"文武之道"的认识，不仅仅体现于对"立国"与"治国"之术的区分，而且体现于对治国之术的辩证看法。他说，"时政平则文德用"，但并不等于说"武"完全失去了其历史地位，治理国家同样需要文武兼顾。"武略之士"对安定边疆、稳定政局同样起着重要的作用。"汉世有发愤张胆，争膏身于夷狄以要功名，多矣。祭肜、耿秉启匈奴之权，班超、梁慬奋西域之略，卒能成功立名，享受爵位，荐功祖庙，勒勋于后，亦一时

① 《后汉书》卷一《光武帝纪》。

之志士也。"①

一张一弛、文武之道,实际上反映的是一种政治统治的辩证法,而这种辩证法,还体现于治理国家的诸多方面。对于政治统治具有重要意义的"礼"的变迁,范晔也提出了独到的认识:

> 汉初天下创定,朝制无文,叔孙通颇采经礼,参酌秦法,虽适物观时,有救崩敝,然先王之容典盖多阙矣,是以贾谊、仲舒、王吉、刘向之徒,怀愤叹息所不能已也。资文、宣之远图明懿,而终莫或用,故知自燕而观,有不尽矣。孝章永言前王,明发兴作,专命礼臣,撰定国宪,洋洋乎盛德之事焉。而业绝天算,议黜异端,斯道竟复坠矣。夫三王不相袭礼,五帝不相沿乐,所以《咸》、《茎》异调,中都殊绝。况物运迁回,情数万化,制则不能随其流变,品度未足定其滋章,斯固世主所当损益者也。且乐非夔、襄,而新音代起,律谢皋、苏,而制令亟易,修补旧文,独何猜焉?礼云礼云,曷其然哉!②

这里,范晔虽然对礼制的"业绝天算,议黜异端,斯道竟复坠矣"表现出惋惜之情,但他论述的着重点,显然是在通过对汉代以来礼制的变迁的梳理,说明"三王不相袭礼,五帝不相沿乐"的道理。正由于此,在"物运迁回,情数万化"的客观条件

---

① 《后汉书》卷四七《班梁列传》后论。

② 《后汉书》卷三五《张曹郑列传》后论。

下，统治者都应当认识到“制则不能随其流变，品度未足定其滋章”。这一认识的积极意义是明显的。

基于上述认识，范晔还对为政之道的总体原则，提出了理论性的见解。他在评价东汉士人关于时政的一系列论述时说：

> 百家之言政者尚矣。大略归乎宁固根柢，革易时敝也。夫遭运无恒，意见偏杂，故是非之论，纷然相乖。尝试妄论之，以为世非胥、庭，人乖鷇饮，化迹万肇，情故萌生。虽周物之智，不能研其推变；山川之奥，未足况其纡险。则应俗适事，难以常条。如使用审其道，则殊途同会；才爽其分，则一豪以乖。何以言之？若夫玄圣御世，则天同极，施舍之道，宜无殊典。而损益异运，文朴递行。用明居晦，回泬于曩时；兴戈陈俎，参差于上世。及至戴黄屋，服絺衣，丰薄不齐，而致化则一；亦有宥公族，黥国储，宽惨巨隔，而防非必同。此其分波而共源，百虑而一致者也。若乃偏情矫用，则枉直必过。故葛屦履霜，敝由崇俭；楚楚衣服，戒在穷赊；疏禁厚下，以尾大陵弱；敛威峻罚，以苛薄分崩。斯曹、魏之刺，所以明乎国风；周、秦末轨，所以彰于微灭。故用舍之端，兴败资焉。是以繁简唯时，宽猛相济。刑书镌鼎，事有可详；三章在令，取贵能约。太叔致猛政之褒，国子流遗爱之涕，宣孟改冬日之和，平阳循画一之法。斯实弛张之弘致，可以征其统乎！数子之言当世失得皆究矣，然多谬通方之训，好申一隅之说。贵清静者，

> 以席上为腐议;束名实者,以柱下为诞辞。或推前王之风,可行于当年;有引救敝之规,宜流于长世。稽之笃论,将为敝矣。如以舟无推陆之分,瑟非常调之音,不限局以疑远,不拘玄以妨素,则化枢各管其极,理略可得而言与?①

范晔认为,前人关于时政的论述纷纷攘攘,但总而言之,不过是要遵循“宁固根柢,革易时敝”的根本原则。在这一前提下,要清醒认识各种制度变迁之中的“损益异运,文朴递行”。也就是说,在不同的历史条件下,要具体问题具体对待,不能泥古,亦不能偏执,“繁简唯时,宽猛相济”,遵循弛张之道,这样才可能做到“致化则一”,游刃有余。以这样的认识去衡量前人所为,无论是所谓的“猛政”,还是以“遗爱之涕”为标志的宽政;无论是制度上的重大变革,还是治国方术上的墨守成规,都无可厚非,关键在于看它们是否顺应了历史发展的内在规律,体现了一张一弛的方略。东汉儒士们各拘一隅之说,对异己之论大加批评,按这样的标准去治理国家,只能是纸上谈兵,与统治者的初衷适得其反。如果治国而无变通之见,“理略”之说就无从谈起了。这段充满了辩证色彩的论述,既是范晔对东汉政治的精到评论,同时对于分析与评价中国历史上的政治得失,也具有理论上的启示。

具体到政治统治的方式上,范晔关于循吏与酷吏在政治统治中所起不同作用及其相互关系的认识,也体现出朴素的辩证色彩。

---

① 《后汉书》卷四九《王充王符仲长统列传》后论。

在中国古代,循吏与酷吏的区分,与其说是对官吏执政特点的概括,不如说是对统治者为政方式的两种总结。从中国古代第一部纪传体史书《史记》的相关记载来看,司马迁之所以设置循吏与酷吏的类传,也正是为了体现这一点。他认为,所谓循吏,是指这样一些人:“奉法循理之吏,不伐功矜能,百姓无称,亦无过行。”[①]循吏的特点主要在“奉职循理”,司马迁写道:“法令所以导民也,刑罚所以禁奸也。文武不备,良民惧然身修者,官未曾乱也,奉职循理,亦可以为治,何必威严哉?”[②]司马迁还引用孔子和老子的话来证明自己的上述看法,他说:

> 孔子曰:“导之以政,齐之以刑,民免而无耻。导之以德,齐之以礼,有耻且格。”老氏称:“上德不德,是以有德;下德不失德,是以无德”。“法令滋章,盗贼多有。”太史公曰:信哉是言也!法令者治之具,而非制治清浊之源也。昔天下之网尝密矣,然奸伪萌起,其极也,上下相遁,至于不振。

当然,从社会历史的进程来看,循吏不是万能的,于是便有酷吏的出现。对于酷吏,司马迁并不是一概对其加以否定,而是在对他们或“伉直,引是非,争天下大体”,或“据法守正”,或“以少言为重”的特点加以叙述之后,认为他们“其廉者足以为仪表,其污者足以为戒,方略教导,禁奸止邪,一切亦皆彬彬,

① 《史记》卷一三〇《太史公自序》。
② 《史记》卷一一九《循吏列传》。

质有其文武焉。虽惨酷,斯称其位矣”[1]。这说明,所谓“酷吏”之称,在这里并非是作道德上的高下褒贬,而只是与“循吏”相对而言的一个概念,它所体现的是与法令疏阔、化成天下相对应的另一种治理国家的思路,即法网严禁、律治天下。

班固撰《汉书》,对司马迁的上述思想加以继承,并首次对循吏产生的社会背景作了概括,即“汉兴之初,反秦之敝,与民休息,凡事简易,禁网疏阔”[2]。范晔在《后汉书》中,对前人的相关思想进一步作了发展。《循吏列传》在全书的类传中具有重要的地位,在本传一开始,范晔就作了长篇议论:

> 初,光武长于民间,颇达情伪,见稼穑艰难,百姓病害,至天下已定,务用安静,解王莽之繁密,还汉世之轻法。身衣大练,色无重彩,耳不听郑卫之音,手不持珠玉之玩,宫房无私爱,左右无偏恩。建武十三年,异国有献名马者,日行千里,又进宝剑,贾兼百金,诏以马驾鼓车,剑赐骑士。损上林池御之官,废骋望弋猎之事。其以手迹赐方国者,皆一札十行,细书成文。勤约之风,行于上下。数引公卿郎将,列于禁坐。广求民瘼,观纳风谣。故能内外匪懈,百姓宽息。自临宰邦邑者,竞能其官。若杜诗守南阳,号为“杜母”,任延、锡光移变边俗,斯其绩用之最章章者也。又第五伦、宋均之徒,亦足有可称谈。然建武、永平之间,吏事刻深,亟以谣言单辞,转易守长。故

① 《史记》卷一二二《酷吏列传》。
② 《汉书》卷八九《循吏列传》。

> 朱浮数上谏书，箴切峻政，钟离意等亦规讽殷勤，以长者为言，而不能得也。所以中兴之美，盖未尽焉。自章、和以后，其有善绩者，往往不绝。如鲁恭、吴祐、刘宽及颍川四长，并以仁信笃诚，使人不欺；王堂、陈宠委任贤良，而职事自理：斯皆可以感物而行化也。边凤、延笃先后为京兆尹，时人以辈前世赵、张。又王涣、任峻之为洛阳令，明发奸伏，吏端禁止，然导德齐礼，有所未充，亦一时之良能也。今缀集殊闻显迹，以为《循吏》篇云。

这篇议论与马、班之论相较，其特点在于：第一，对循吏的特点作了较全面的概括。范晔认为，“仁信笃诚，使人不欺”，“委任贤良，而职事自理”，“明发奸伏，吏端禁止”等“善迹”都可归入循吏行为的范围，但循吏最重要的任务，乃在于“移变边俗”，“感物而行化”。如果能达到这样的标准，即使不能做到前代儒家所说的“导德齐礼”，也可以称得上是“一时之良能”了。这在中国史学发展史上，是第一次对何为“循吏”所作的明确概括。第二，从历史发展的大背景出发，探讨一代为官之风形成的原因。范晔认为，东汉初年，由于光武帝采取“务用安静”、“还汉世之轻法”的政策；他本人又崇尚俭约，“耳不听郑卫之音，手不持珠玉之玩”；加之他“广求民瘼，观纳风谣”，勤于政事，几方面因素结合起来，导致“勤约之风，行于上下”，“内外匪懈，百姓宽息”的局面出现。这样，为官者就易于治理地方。但至建武、永平年间，由于上之人好以耳目之隐为明，所以造成“吏事刻深”的情况。这种将一定的历史现象置于政治形势之下加以分析的思路，从更深的层面上揭示了循吏出现的内在原因。第三,循吏的层出不穷代表着一个时代政治的清明与宽松,而“吏事刻深”则相反,“中兴之美,盖未尽焉”。这种观点鲜明地反映出范晔对治理国家的态度,即主张以德治国,反对以苛法治国。

与上述理念相似,范晔在分析酷吏出现的历史原因时指出,“汉承战国余烈,多豪猾之民。其并兼者则陵横邦邑,桀健者则雄张闾里。且宰守旷远,户口殷大”。正是在这种情况下,才出现了“临民之职,专事威断,族灭奸轨,先行后闻”的酷吏。这些人的特点是“肆情刚烈,成其不挠之威。违众用己,表其难测之智”。他们在执法的过程中由于易于“为穷怒之所迁及”,所以会造成“积骸满阱,漂血十里”的惨剧发生。东汉兴,“科网稍密,吏人之严害者,方于前世省矣。”但由于“阉人亲娅,侵虐天下”,遂使“阳球磔王甫之尸,张俭剖曹节之墓”,“若此之类,虽厌快众愤,亦云酷矣!”这是酷吏之“酷”的一个方面。但他们在“揣挫强势,摧勒公卿”时不畏强权,表现出极大的勇气,“碎裂头脑而不顾,亦为壮也”[①]。这是酷吏之“酷”的另一方面。

基于对酷吏的这些基本认识,范晔在《酷吏列传》的后论中对其作了客观的理论分析:

> 古者敦庬,善恶易分。至于画衣冠,异服色,而莫之犯。叔世偷薄,上下相蒙,德义不足以相洽,化导不能以惩违,遂乃严刑痛杀,随而绳之,致刻深之吏,以暴理奸,倚疾邪之公直,济忍苛之虐情。汉世

① 《后汉书》卷七七《酷吏列传》序。

所谓酷能者，盖有闻也。皆以敢悍精敏，巧附文理，风行霜烈，威誉喧赫。与夫断断守道之吏，何工否之殊乎！故严君蚩黄霸之术，密人笑卓茂之政，猛既穷矣，而犹或未胜。然朱邑不以笞辱加物，袁安未尝鞫人臧罪，而猾恶自禁，人不欺犯。何者？以为威辟既用，而苟免之行兴；仁信道孚，故感被之情著。苟免者威隙则奸起，感被者人亡而思存。由一邦以言天下，则刑讼繁措，可得而求乎！

赞曰：大道既往，刑礼为薄。斯人散矣，机诈萌作。去杀由仁，济宽非虐。末暴虽胜，崇本或略。

范晔认为，由于近世淳朴之风渐失，“上下相蒙”，所以“德义不足以相洽，化导不能以惩违”，这种社会发展的客观现实导致了严刑与酷吏的应运而生，“遂乃严刑痛杀，随而绳之，致刻深之吏，以暴理奸，倚疾邪之公直，济忍苛之虐情”。换言之，酷吏之“酷”，并非其本身性格使然，而是一定社会环境下的产物。从本质上说，酷吏的出现，是缘于原有的等级制度的破坏。所以，汉代的“酷能”之吏，“皆以敢悍精敏，巧附文理，风行霜烈，威誉喧赫”，他们与“断断守道之吏”，亦只是为政方式上的不同，而没有伦理道德与为政出发点上的高下之分。不仅如此，由于酷吏们倾向于以严刑苛法治理地方，所以往往会使人们畏惧受罚而慎于犯法。但这种“威辟”所导致的“苟免之行兴”容易留有后患，“威隙则奸起”，与“人亡而思存”的“德治”相较有一定的差距。这一认识的理论价值在于，它不仅从个人才能上对酷吏有所肯定，而且从为政的本末关系角度，对他们所起的历史作用给予一定程度的认可，并对产生这种现象的社会原因作了更为深刻的分析。联系范晔对循吏的认识,可以认为在他的观念中,所谓循吏、酷吏,各有其优长与弊端,就政治统治的需要来说,二者都是必然出现的,是服务于封建统治的两个有着不同特点而又密切相关的方面。这一认识无疑是范晔政治思想中辩证色彩的突出表现。

三、人才的选拔与安置

历史活动的主体是人。对于政治统治而言,最重要的是人才问题。这在中国古代政治思想史上,同样是一个悠久的思想传统。范晔作为史学家,对这一思想予以着力阐发,并结合东汉的历史现实提出了一些新的看法。

东汉统治者从光武帝刘秀起就很重视学习儒学的人才,范晔很清楚地看到了这一点,故对光武帝对待人才的正确做法多加褒扬,认为光武帝能礼贤下士,对有德行者"首加聘命,优辞重礼,其与周、燕之君表闾立馆何异哉?"正因为如此,他才能得天下贤才而用之,"于是蕴愤归道之宾,越关阻,捐宗族,以排金门者众矣"①。《后汉书》关于东汉诸帝的纪,除了记述当时政治生活中的大事之外,很重要的内容就是记录当时选拔人才的诏书。在《孝章帝纪》与《孝安帝纪》中,范晔全文收录了他们求贤的诏书。

建初元年(76)三月,山阳、东平两地发生地震,章帝于是下诏罪己曰:

① 《后汉书》卷二五《卓鲁魏刘列传》后论。

> 朕以无德，奉承大业，夙夜栗栗，不敢荒宁。而灾异仍见，与政相应。朕既不明，涉道日寡；又选举乖实，俗吏伤人，官职秏乱，刑罚不中，可不忧与！昔仲弓季氏之家臣，子游武城之小宰，孔子犹诲以贤才，问以得人。明政无大小，以得人为本。夫乡举里选，必累功劳。今刺史、守相不明真伪，茂才、孝廉岁以百数，既非能显，而当授之政事，甚无谓也。每寻前世举人贡士，或起圳亩，不系阀阅。敷奏以言，则文章可采；明试以功，则政有异迹。文质彬彬，朕甚嘉之。其令太傅、三公、中二千石、二千石、郡国守相举贤良方正、能直言极谏之士各一人。①

这是从"选举乖实"之弊，讲到"得人为本"的重要，虽是以地震为由头，却是以求贤为归宿。永初五年(111)，安帝因"灾异蜂起，寇贼纵横，夷狄猾夏，戎事不息，百姓匮乏，疲于征发。重以蝗虫滋生"，遂下诏求贤：

> 朕以不明，统理失中，亦未获忠良以毗阙政。传曰："颠而不扶，危而不持，则将焉用彼相矣。"公卿大夫将何以匡救，济斯艰厄，承天诫哉？盖为政之本，莫若得人，褒贤显善，圣制所先。"济济多士，文王以宁。"思得忠良正直之臣，以辅不逮。其令三公、特进、侯、中二千石、二千石、郡守、诸侯相举贤良方正，有道术、达于政化、能直言极谏之士，各一人，及至孝

① 《后汉书》卷三《孝章帝纪》。

与众卓异者,并遣诣公车,朕将亲览焉。①

所谓"朕以不明,统理失中",是从皇帝作自省而讲到"思得忠良正直之臣"的重要。

这两篇诏书,都强调了人才对政治统治的极端重要性,所谓"政无大小,以得人为本"是其核心思想。在发生自然灾害与出现社会问题的情况下,首先想到以"求贤"的方式来解决问题,也反映出时人对人才的重视。事实上,这样的"求贤诏"甚至"罪己诏"在历代皇朝都存在过,发布它的统治者也不可能真正按诏书的内容去做。但范晔在《后汉书》中将它们全文照录,一方面是对东汉时期用人状况的实际作一反映,另一方面更是自己这方面思想倾向的体现。

东汉一朝重视人才,"召用不论资格"②的选拔制度如举孝廉、征辟,本来可以为巩固统治发挥积极作用,但在当时往往流于形式,成为权贵徇私舞弊、士人矫情徇名的代名词,真正的人才反而得不到重用。范晔针对这种情况,尖锐地指出:"夫士进则世收其器,贤用即人献其能。能献既已厚其功,器收亦理兼天下。其利甚博,而人莫之先,岂同折枝于长者,以不为为难乎?昔柳下惠见抑于臧文,淳于长受称于方进。然则立德者以幽陋好遗,显登者以贵途易引。故晨门有抱关之夫,柱下无朱文之轸也。"③人才的涌现与使用,自然不能如"折枝于长者"般简单容易,但"晨门有抱关之夫,柱下无朱文

① 《后汉书》卷五《孝安帝纪》。

② 赵翼《廿二史札记》卷五"召用不论资格"条,同前引书。

③ 《后汉书》卷五六《张王种陈列传》后论。

之轸”的判断，的确反映了东汉人才选拔的现实状况与存在的弊端。

范晔关于选拔人才的认识，还集中于《后汉书》两篇较长的后论中。一篇是对汉代以来的人才制度进行了梳理与评价，一篇则是从东汉皇朝对“中兴二十八将”的使用情况入手，对建国功臣的安置问题作了评论。

《后汉书》的《左周黄列传》后论说：

古者诸侯岁贡士，进贤受上赏，非贤贬爵土。升之司马，辩论其才，论定然后官之，任官然后禄之。故王者得其人，进仕劝其行，经邦弘务，所由久矣。汉初诏举贤良、方正，州郡察孝廉、秀才，斯亦贡士之方也。中兴以后，复增敦朴、有道、贤能、直言、独行、高节、质直、清白、敦厚之属。荣路既广，觖望难裁，自是窃名伪服，浸以流競。权门贵仕，请谒繁兴。自左雄任事，限年试才，虽颇有不密，固亦因识时宜。而黄琼、胡广、张衡、崔瑗之徒，泥滞旧方，互相诡驳，循名者屈其短，算实者挺其效。故雄在尚书，天下不敢妄选，十余年间，称为得人，斯亦效实之征乎？顺帝始以童弱反政，而号令自出，知能任使，故士得用情，天下喁喁仰其风采。遂乃备玄纁玉帛，以聘南阳樊英，天子降寝殿，设坛席，尚书奉引，延问失得。急登贤之举，虚降己之礼，于是处士鄙生，忘其拘儒，拂巾衽褐，其企旌车之招矣。至乃英能承风，俊乂咸事，若李固、周举之渊谟弘深，左雄、黄琼之政事贞固，桓焉、杨厚以儒学进，崔瑗、马融以文章显，吴祐、

> 苏章、种暠、栾巴牧民之良干,庞参、虞诩将帅之宏规,王龚、张皓虚心以推士,张纲、杜乔直道以纠违,郎顗阴阳详密,张衡机术特妙:东京之士,于兹盛焉。向使庙堂纳其高谋,疆场宣其智力,帷幄容其謇辞,举厝稟其成式,则武、宣之轨,岂其远而?《诗》云:“靡不有初,鲜克有终。”可为恨哉!及孝桓之时,硕德继兴,陈蕃、杨秉处称贤宰,皇甫、张、段出号名将,王畅、李膺弥缝衮阙,朱穆、刘陶献替匡时,郭有道奖鉴人伦,陈仲弓弘道下邑。其余宏儒远智,高心洁行,激扬风流者,不可胜言。而斯道莫振,文武陵坠,在朝者以正议婴戮,谢事者以党锢致灾。往车虽折,而来轸方遒。所以倾而未颠,决而未溃,岂非仁人君子心力之为乎?

这段文字从古代的取士制度讲起,对两汉的选官制度作了梳理。在这种梳理中,我们可以大略看出范晔在选拔人才方面的认识。首先,他着重对两汉以来的选人制度进行了评价。认为“所由久矣”的诸侯贡士制度,与西汉初期的举贤良、方正,察孝廉、秀才,均可称得上是成功的选拔制度。但东汉初年,由于官属繁多,带来了“荣路既广,觖望难裁,自是窃名伪服,浸以流兢”的弊端。至顺帝时,由于虚心纳贤,天下人才云集,出现了“东京之士,于兹盛焉”的情况。但可惜的是,到桓帝时,由于选拔人才的良好制度未能得到继承,“斯道莫振,文武陵坠”,天下各方面的人才不能见用,所以导致了“在朝者以正议婴戮,谢事者以党锢致灾”的结果。其次,范晔认为,在选拔人才的过程中,制度与选举之人具有同样的重要性,这样才可能做到"知能任使","士得用情"。如汉初的设官过多,造成了诸多名不副实的虚假现象,此为制度上的不当;再如由于汉顺帝虚心纳贤,形成各方面人才都得到重用的繁盛局面。左雄、黄琼、胡广、张衡、崔瑗等一批人坚持选材标准,"循名者屈其短,算实者挺其效",于是选官风气为之一变,"天下不敢妄选"。再次,各方面人才是否能够得到恰当的使用,是政治形势好坏的基本标志。如汉顺帝时的人才云集之势,如果能持续下去,当朝者再真正使人尽其用,那么政治局面就会是另一个样子了。

如果说,上述认识是范晔对东汉以来的选人制度所作的概括分析,那么,他在"中兴二十八将传论"中的有关思想,就是对于开国功臣安置问题的精到见解。

> 中兴二十八将,前世以为上应二十八宿,未之详也。然咸能感会风云,奋其智勇,称为佐命,亦各志能之士也。议者多非光武不以功臣任职,至使英姿茂绩,委而勿用。然原夫深图远算,固将有以焉尔。若乃王道既衰,降及霸德,犹能授受惟庸,勋贤皆序,如管、隰之迭升桓世,先、赵之同列文朝,可谓兼通矣。降自秦、汉,世资战力,至于翼扶王运,皆武人屈起。亦有鬻缯屠狗轻猾之徒,或崇以连城之赏,或任以阿衡之地,故势疑则隙生,力侔则乱起。萧、樊且犹缧绁,信、越终见俎戮,不其然乎!自兹以降,迄于孝武,宰辅五世,莫非公侯。遂使缙绅道塞,贤能蔽壅,朝有世及之私,下多抱关之怨。其怀道无闻,委身草莽者,亦何可胜言。……昔留侯以为高祖悉用

> 萧、曹故人,而郭伋亦讥南阳多显,郑兴又戒功臣专任。夫崇恩偏授,易启私溺之失,至公均被,必广招贤之路,意者不其然乎!①

这里所征引的,连同本书第五章中所征引的有关段落,是《后汉书》中一篇著名的议论文字,在很大程度上体现了范晔"精意深旨"的撰述宗旨,以及他与众不同的卓越史识。它在天人关系、人物评价、古今关系等问题的认识上,都有着积极的理论意义。联系东汉一朝的历史现实,从影响当时政治形势的角度来看,它的理论价值在于:

第一,对使刘氏皇朝"中兴"的"二十八将""上应二十八宿"的说法提出质疑,认为它"未之详也"。这从一个方面反映出,在范晔的认识中,影响历史政治局势发展的是人,而非"天命"。把"二十八将"放到特定的时势中即从能否"感会风云"的角度来评价他们,显示了范晔的朴素唯物的思想倾向。

第二,对"非光武不以功臣任职,至使英姿茂绩,委而勿用"的责难,从理论上给予辩解,认为这种做法自有其道理,"固将有以焉尔"。其原因就在于古之人能做到"授受惟庸,勋贤皆序",而秦、汉以来,辅佐王命者往往为习武之人,甚至还有"鬻缯屠狗轻猾之徒"加入其中,所以难免会带来当政过程中的不稳定局面,"势疑则隙生,力侔则乱起"。这是从"立国"与"治国"所需要的不同层次人才的角度而言。另一方面,从人才选拔的广泛性角度来看,由于公侯勋贵往往世袭,从政机会也大大多于寻常士人,遂使人才选拔的渠道阻塞,造成大量

① 《后汉书》卷二二《朱景王杜马刘傅坚马列传》后论。

的人才浪费。正是基于补偏救弊的考虑，光武帝才采取了对功臣薄分邑、立高名的做法，避免了地方政权坐大的消极后果；同时仅选取少数功臣参与国议，不广泛委以重任，其余均“优以宽科，完其封禄”，这就使开国功臣们得以善其终，“以功名延庆于后”。

最后，范晔总结说，如果为了显示荣宠而偏授爵位，就易于在人才选拔过程中开启徇私之门；而把仕进的机会公平分配给天下士人，那么招贤之路就会拓宽。“崇恩偏授，易启私溺之失，至公均被，必广招贤之路，意者不其然乎！”这一认识既是对光武帝在调整统治集团内部关系上之做法的肯定，同时更是着眼于巩固政治统治，立足于更好地发挥选拔人才的积极历史作用的宏论。结合东汉历史现实，更可以看出它的针对性与历史远见。

四、剖析外戚与宦官的政治弊端

外戚与宦官的显贵和为害，是封建社会政治格局中必然出现的两种弊端。自秦皇朝建立以来，这两种政治势力就以各种方式参与国政，影响历史发展面貌。他们影响下的历史，成为中国古代史的重要内容。如何判断他们的历史作用，是历代史家都不能回避的问题。这种判断，自也成为史学家的政治思想的一个方面。

关于女主与外戚专权的分析

《汉书》首列《外戚列传》，从中可以看出，班固是从影响历史发展趋势的角度论述外戚的历史作用的。“自古受命帝王及继体守文之君,非独内德茂也,盖亦有外戚之助焉”,因为“夫妇之际,人道之大伦也”[①]。外戚在封建皇朝的建立与发展过程中,由于其与帝王不同寻常的亲属关系,有着不容忽视的历史作用。但由于政治斗争的激烈与残酷,他们的历史命运往往难测,造成许多悲剧。班固概括地指出:

> 《易》著吉凶而言谦盈之效,天地鬼神至于人道靡不同之。夫女宠之兴,由至微而体至尊,穷富贵而不以功,此固道家所畏,祸福之宗也。序自汉兴,终于孝平,外戚后庭色宠著闻二十有余人,然其保位全家者,唯文、景、武帝太后及邛成后四人而已。至如史良娣、王悼后、许恭哀后身皆夭折不辜,而家依托旧恩,不敢纵恣,是以能全。其余大者夷灭,小者放流。[②]

范晔《后汉书》将皇后史事入“纪”加以叙述。他这样做的目的很明确,就是要突出东汉一代多幼主登基、权归女主的政治现实。范晔这样写道:

> 自古虽主幼时艰,王家多衅,必委成冢宰,简求忠贤,未有专任妇人,断割重器。唯秦芈太后始摄政事,故穰侯权重于昭王,家富于嬴国。汉仍其谬,知

① 《汉书》卷九七上《外戚列传上》。
② 《汉书》卷九七下《外戚列传下》赞。

患莫改。东京皇统屡绝，权归女主，外立者四帝，临朝者六后，莫不定策帷帟，委事父兄，贪孩童以久其政，抑明贤以专其威。任重道悠，利深祸速。身犯雾露于云台之上，家婴缧绁于囹圄之下。湮灭连踵，倾辀继路。而赴蹈不息，燋烂为期，终于陵夷大运，沦亡神宝。《诗》、《书》所叹，略同一揆。故考列行迹，以为《皇后本纪》。虽成败事异，而同居正号者，并列于篇。①

应当说，这种体例上的安排是符合当时国家政治局面的实际情况的，也反映了范晔在力求客观、准确地反映历史本来面貌上所作的努力，表现出他过人的史识。将范晔的《皇后纪》与魏晋南北朝时期其他纪传体史书相较，范晔的识见更显其突出的价值。

对于这种女主专权的现象，与班固相对平实的评价相比，范晔是持明确的贬斥态度的。他在《孝安帝纪》的后论中说："孝安虽称尊享御，而权归邓氏，至乃损彻膳服，克念政道。然令自房帷，威不逮远，始失根统，归成陵敝。遂复计金授官，移民逃寇，推咎台衡，以答天眚。既云哲妇，亦'惟家之索'矣。"范晔认为，即使邓后在统治国家上有其长处，可称之为"哲妇"，但由于她违背了传统的儒家伦理道德，所以也难脱"牝鸡司晨，惟家之索"的恶名。在《皇后纪》中，他更进一步认为邓后"术谢前政之良，身缺明辟之义，致使嗣主侧目，敛衽于虚器，直生怀懑，悬书于象魏。借之仪者，殆其惑哉！"为了证明

① 《后汉书》卷一〇上《皇后纪上》序。

女主临政的天弃人怨,范晔还记述说:“自太后临朝,水旱十载,四夷外侵,盗贼内起。”这种前后自相矛盾的评价,表明了范晔在客观表述历史与阐扬伦理道德中的两难选择。

在具体评价东汉历史事件与人物的过程中,范晔也体现出这种政治倾向。在论述外戚的历史功过时,他一方面对窦宪有着相对客观的认识,认为他“率羌胡边杂之师,一举而空朔庭,至乃追奔稽落之表,饮马比鞮之曲,铭石负鼎,荐告清庙。列其功庸,兼茂于前多矣”,其战功与西汉名将卫青、霍去病相比并不逊色,但后人对他并无很高评价,是由于“章末衅以降其实也。是以下流,君子所甚恶焉”。也就是说,人们对窦宪的消极认识,有着言过其实的一面。但同时,他又认为,“夫二三子得之不过房幄之间,非复搜扬仄陋,选举而登也。当青、病奴仆之时,窦将军念咎之日,乃庸力之不暇,思鸣之无晨,何意裂膏腴,享崇号乎?东方朔称‘用之则为虎,不用则为鼠’,信矣。以此言之,士有怀琬琰以就煨尘者,亦何可支哉!”[①]由此可见,范晔对“得之不过房幄之间”的外戚,是颇有微辞的,认为他们与天下所有怀才不遇的人一样,并无特殊之处,“用之则为虎,不用则为鼠”,只是由于他们都有椒房帷幄之恩,所以才有机会显贵发达。

对于外戚专权现象形成的原因,范晔认为,帝王的个人品德低下,给外戚专权提供了历史机会。“安德不升,秕我王度。降夺储嫡,开萌邪蠹。冯石承欢,杨公逢怒。彼日而微,遂祲天路。”[②]这说明,外戚问题的产生与发展,根源还是在于统治

① 《后汉书》卷二三《窦融列传》后论。

② 《后汉书》卷五《孝安帝纪》赞。

制度本身。

尽管外戚凭借着特殊的身份，往往可以达到政治统治的最高层，但他们也往往结局悲惨，甚至贻害后来的君主。“汉世外戚，自东、西京十有余族，非徒豪横盈极，自取灾故，必于贻衅后主，以至颠败者，其数有可言焉。”[①]范晔分析其原因说，外戚势力生长发展的基础是女主，而后宫妇女的地位变迁，比历史上任何一种变化都更剧烈。“物之兴衰，情之起伏，理有固然矣。而崇替去来之甚者，必唯宠惑乎？当其接床笫，承恩色，虽险情赘行，莫不德焉。及至移意爱，析嬿私，虽惠心妍状，愈献丑焉。爱升，则天下不足容其高；欢坠，故九服无所逃其命。斯诚志士之所沉溺，君人之所抑扬，未或违之者也。”[②]这种总结，实际上已经具有了某些规律性的色彩。由于帝王的情感变化，后宫妇女的地位也随之大起大落，而这种命运变化与她们本人的品德操行并无必然的联系，正是这种往往是突如其来的变化，导致了外戚命运的难以预测。这就是范晔所说的“恩非己结，而权已先之；情疏礼重，而枉性图之；来宠方授，地既害之；隙开势谢，谗亦胜之”[③]。但与此同时，也有另外一种情况，就是外戚力量经过长时间的积聚，逐渐凌驾于皇权之上，成为影响历史发展方向的主导力量，这就是他们所以“贻衅后主”的原因。由此看来，女主与外戚在封建统治阶层中，是一对相辅相成的政治力量。虽然也有特殊的例子，但一般地说，他们一荣俱荣，一损俱损，共同影响着历

① 《后汉书》卷一六《邓寇列传》后论。

② 《后汉书》卷一〇上《皇后纪上》后论。

③ 《后汉书》卷一六《邓寇列传》后论。

史的格局与进程。

关于宦官专权与宦官现象的分析

在现存的纪传体史书中,《后汉书》首列《宦者列传》。由于范晔具有"通识"的眼光,他关于宦者的史论,实际上可以看作是一篇以东汉史事为主要内容的宦官小史。范晔从天象、《周礼》、沿革、得失等几个方面的结合上写道:

> 《易》曰:"天垂象,圣人则之。"宦者四星,在皇位之侧,故《周礼》置官,亦备其数。阍者守中门之禁,寺人掌女宫之戒。又云"王之正内者五人。"《月令》:"仲冬,命阉尹审门闾,谨房室。"《诗》之《小雅》,亦有《巷伯》刺谗之篇。然宦人之在王朝者,其来旧矣。将以其体非全气,情志专良,通关中人,易以役养乎?然而后世因之,才任稍广。其能者,则勃貂、管苏有功于楚、晋,景监、缪贤著庸于秦、赵。及其敝也,则竖刁乱齐,伊戾祸宋。
>
> 汉兴,仍袭秦制,置中常侍官。然亦引用士人,以参其选,皆银珰左貂,给事殿省。及高后称制,乃以张卿为大谒者,出入卧内,受宣诏命。文帝时,有赵谈、北宫伯子,颇见亲倖。至于孝武,亦爱李延年。帝数宴后庭,或潜游离馆,故请奏机事,多以宦人主之。至元帝之世,史游为黄门令,勤心纳忠,有所补益。其后弘恭、石显以佞险自进,卒有萧、周之祸,损秽帝德焉。

中兴之初，宦官悉用阉人，不复杂调它士。至永平中，始置员数，中常侍四人，小黄门十人。和帝即祚幼弱，而窦宪兄弟专总权威，内外臣僚，莫由亲接，所与居者，唯阉宦而已。故郑众得专谋禁中，终除大憝，遂享分土之封，超登宫卿之位。于是中官始盛焉。

自明帝以后，迄乎延平，委用渐大，而其员稍增，中常侍至有十人，小黄门二十人，改以金珰右貂，兼领卿署之职。邓后以女主临政，而万机殷远，朝臣国议，无由参断帷幄，称制下令，不出房闱之间，不得不委用刑人，寄之国命。手握王爵，口含天宪，非复掖廷永巷之职，闺牖房闼之任也。其后孙程定立顺之功，曹腾参建桓之策，续以五侯合谋，梁冀受钺，迹因公正，恩固主心，故中外服从，上下屏气。或称伊、霍之勋，无谢于往载；或谓良、平之画，复兴于当今。虽时有忠公，而竟见排斥。举动回山海，呼吸变霜露。阿旨曲求，则光宠三族；直情忤意，则参夷五宗。汉之纲纪大乱矣。

……所以海内嗟毒，志士穷栖，寇剧缘间，摇乱区夏。虽忠良怀愤，时或奋发，而言出祸从，旋见孥戮。因复大考钩党，转相诬染。凡称善士，莫不离被灾毒。窦武、何进，位崇戚近，乘九服之嚣怨，协群英之势力，而以疑留不断，至于殄败。斯亦运之极乎！虽袁绍龚行，芟夷无余，然以暴易乱，亦何云及！自曹腾说梁冀，竟立昏弱。魏武因之，遂迁龟鼎。所谓

“君以此始,必以此终”,信乎其然矣!①

概而言之,这篇文字说明了如下几层意思:一是宦官的设置有着制度与传统上的必然性。但后世由于将其职任扩大,遂使其政治作用愈来愈大。他们有“能者”,有“有功”者,有“著庸”者,亦有“乱齐”、“祸宋”者。这事实上指明了宦官之设,从一开始就有着两面性。二是随着皇朝政治的逐渐发展,宦官由于其特殊的身份,在统治阶层中的重要性亦凸现出来。至东汉,由于多幼主继位,外戚专权,在两者激烈的政治斗争中,宦官起到了关键的作用,维护了皇权的稳固,于是“中官始盛焉”。这是一种情况。另一种情况是,在东汉多女主执政的情况下,由于儒家伦理道德对女性的要求,她们无法公开参与决定国家大事,所以“不得不委用刑人,寄之国命”,宦官由此成为影响政局的重要力量,“中外服从,上下屏气”。他们独揽大权,排斥异己,导致了国家政治的不稳定,“汉之纲纪大乱矣”。三是宦官势力过大,对政治统治有着致命的伤害。得势的宦官们不仅穷奢极欲、权倾朝野,而且广结同党,陷害忠贤之人,其“败国蠹政之事,不可殚书”。正因为此,才导致天下志士群起而攻之。四是解决宦官问题的方式,不在于单纯依靠武力,其关键是要“乘九服之嚣怨,协群英之势力”,依天下公正之心行事。像袁绍那样将后宫宦官消灭殆尽的做法,虽暂时解决了问题,但这种“以暴易乱”的方法,只能导致更深重的政治危机。故而,东汉皇朝起初宠信宦官,最终亦因其而败亡。

如本书第四章的相关内容所述,关于宦官所以能得到最

① 《后汉书》卷七八《宦者列传》序。

高统治者的信任并执掌权柄的原因，范晔是结合对历代兴亡之故的认识来论述的[①]。范晔把宦官得势的原因，主要归结于他们的生理特点，认为这使得最高统治者在接近他们时少有顾忌，加上其中也不乏“忠厚平端，怀术纠邪”，“敏才给对，饰巧乱实”，“借誉贞良，先时荐誉”之辈，所以日渐受到宠信。但也正因为如此，这种鱼龙混杂、正邪并行的情况，使得年幼的君主与后宫的女主难辨是非。在政治利益的驱动下，中宫之官朋党相结，日渐坐大，终于使贤良之臣难以施展政治才能，国家陷于沦亡之境。这些观点已经看到了宦官与皇权、女主三者之间的有机联系，并已经显示出对它们之间彼此依赖又相互斗争的复杂关系的初步认识。从这个角度说，范晔的史识是值得重视的。他从历史兴亡的大势出发，将宦官作为丧国的一个因素来加以考察，应当说是抓住了影响社会历史进程的一个主要问题，从而在分析上超出了就事论事的个别性说明，达到了理论认识的层次。自《后汉书》以后的正史，多沿袭范晔的做法，为宦官单独立传，其理论上的根源也正在于此。

东汉一朝，与外戚、宦官势力有着密切联系的另一力量是党人，以名士、官僚士大夫为主的党人，议论朝政、不畏强御，与外戚、宦官集团的把持朝政、广结党羽形成鲜明对比。虽然他们最终未能阻止东汉皇朝的衰亡，但范晔对其给予了深切的同情与赞赏。他认为李膺“振拔污险之中，蕴义生风，以鼓动流俗，激素行以耻威权，立廉尚以振贵势，使天下之士奋迅感概，波荡而从之，幽深牢破室族而不顾，至于子伏其死而母

① 参见《后汉书》卷七八《宦者列传》后论。

欢其义。壮矣哉”[①]。他还以“渭以泾浊，玉以砾贞。物性既区，嗜恶从形”[②]来形容党人的高风亮节。范晔还看到了党人力量与外戚、宦官力量的此消彼长的关系，认为他们之间犹如“兰莸无并，销长相倾”；在“主荒政缪，国命委于阉寺”的情况下，士人“羞与为伍”，所以才导致了“匹夫抗愤，处士横议，遂乃激扬名声，互相题拂，品核公卿，裁量执政”的局面，而这一历史过程，则恰恰反映了“上好则下必甚，矫枉故直必过”的道理[③]。这些认识，不仅对于我们今天研究东汉历史有着积极的意义，而且对于更深入理解中国历史与中国思想史，都有着有益的启示。

① 《后汉书》卷六七《党锢列传》后论。
② 《后汉书》卷六七《党锢列传》赞。
③ 《后汉书》卷六七《党锢列传》序。

第七章 民族思想：进步的民族观与民族史观

民族思想是范晔思想体系中的一个重要方面。在讨论范晔民族思想的时候，有必要考察魏晋南北朝时期的历史特点和此前史学家的民族史观。

在中国历史上，魏晋南北朝是封建社会的发展时期，也是民族关系最为活跃的历史时期之一。随着生产力的发展，各民族之间交往的增多，民族关系的变动成为影响这个时期历史进程的重要因素，少数民族在中国古代历史上扮演的角色愈来愈重要。不论是魏、晋与晋、宋之间的政权更迭，还是十六国的骤兴骤亡，南北朝的长期对峙，都与民族关系的现实状况密切相关。在这种历史条件下，史学中的民族史观必然反映出鲜明的时代特征。不同民族史家对儒家思想中的大一统思想的极力阐发，将民族问题与正闰问题交叉讨论，对“华夷之辨”的不同认识，以及对民族特性的探讨，构成了这一时期民族史观的基本面貌。

这里,我们从范晔的自觉的民族史撰述意识、对于民族关系与政治大一统的关系的认识、正确认识民族历史与民族差异,以及关于民族政策的见解等方面,阐述他的民族思想中的几个主要方面。

一、自觉的民族史撰述意识

自古以来,中国就是一个多民族的国家。从秦、汉开始,中国是一个统一的多民族的国家。中国的民族史撰述也伴随着中国古代文化的起源与发展而产生与延续。在甲骨文、金文、《诗》、《书》、《春秋》、《左传》、《国语》、《竹书纪年》等中国最早的文献中,"或叙说当时史事,或追述前人的传说,都在民族方面有所反映",是我们今天研究各民族历史与中华民族形成过程的重要史料。①

《史记》作为中国古代史学中第一部正史,首设民族列传,在民族史观上有多方面的成就。首先,它从广阔的视野出发,把汉朝的周边民族如匈奴、西域各族、西南夷等都纳入历史考察的范围,在当时的条件下尽可能详细地考究了其社会、经济、文化、风俗等各方面的情况,是中国史学史上首次从统一的多民族国家的角度,对中国历史的贯通研究。其次,《史记》在民族观念上的贡献,还在于它追溯了各少数民族的世系,认为他们与汉族有着共同的祖先。这一认识及其所蕴含的大一统思想,成为后代凝聚各民族的基本历史意识。再次,在史书

① 参见白寿彝主编《中国通史》导论卷,上海人民出版社1989年版,第1—6页。

立目上，《史记》还表现出可贵的民族平等意识。《史记》所开创的以民族史事作为史书有机组成部分，并给予重要地位的做法，奠定了中国古代正史撰述的基本模式，成为后世史家遵从的楷模。这一做法在班固所撰中国第一部皇朝史《汉书》中得到了继承与发展。但由于受正统观念及当时汉朝与匈奴关系现状的影响，它在民族问题上的认识更多地体现了华夷之辨的色彩。由于民族关系发展的复杂性与人们认识水平的局限性，马、班的民族观念分别成为后代史著中评价相关史事的重要标准。

魏晋南北朝是中国古代史学多途发展的历史时期，这种多途发展，其重要的表现之一就是民族史学的发达。这是中国史学发展上的大事。包括正史、地方史等在内的史书，都成为史家自觉地记述各民族史事的形式。概括地讲，民族史学在魏晋南北朝时期所取得的成就，突出表现在如下两个方面：一是汉族政权对少数民族史事记载传统的继承。在这一时期成书的几部正史，均保留了民族列传的立目；二是少数民族政权对史学活动的重视，如后赵石勒立经、律、史等学，北魏一朝官修国史、私人修史的发达，都是史学史上影响深远的事件。①

《后汉书》的民族列传共有东夷、南蛮西南夷、西羌、西域、南匈奴、乌桓鲜卑六篇。无论是与《史记》所记匈奴、南越、东越、朝鲜、西南夷、大宛诸传相较，还是与《汉书》所记匈奴、西南夷、西域诸传相较，或者是与《三国志》所记乌丸、鲜卑、东夷

① 参见瞿林东《中国史学史纲》，北京出版社 1999 年版，第 7 页、第 264—265 页。

诸传相较,其记述的地理范围都扩大了。这说明,《后汉书》不仅继承了前代史家注重少数民族历史的考察,从而着力于全面地描述中国历史面貌的传统,而且结合着东汉一朝的历史实际,使这一传统在新的历史条件下具有了新的表现形式。它通过其民族列传,将活动于古代中国的各少数民族与汉族源远流长的历史联系,以中原皇朝为中心,大致作了一个梳理。从这种梳理的范围来看,它把司马迁所记述的各民族活动的空间,进一步地细化、扩充并按照历史的顺序表述出来了。通过这种梳理,联系前代史家的撰述,我们可以清晰地看出各族之间始终存在的种种密切关联。范晔的这种史料整理、鉴别工作是他的民族观念的重要组成部分。

范晔自觉的民族史撰述意识,还体现在对前人成就的借鉴与分析方面。他在《西域传》中明确表示,"班固记诸国风土人俗,皆已详备《前书》。今撰建武以后其事异于先者,以为《西域传》,皆安帝末班勇所记云。"这说明,对于《汉书》在西域问题上的论述,范晔是认可的,他只撰"其事异于先者"。但在具体的论述过程中,他并未对班固的结论全盘接受,而是结合他人的记述,对其加以进一步的考究与纠错。如在记叙西域高附国的历史时,范晔认为它"所属无常,天竺、罽宾、安息三国强则得之,弱则失之,而未尝属月氏"。而《汉书》"以为五翎侯数,非其实也"。与此相类,《后汉书》在整理匈奴史事时,也只以"南匈奴列传"标目。联系范晔在其他民族列传中的做法,可以认为,他在这里也有着只撰"其事异于先者"的考虑。同样,《后汉书》的《乌桓鲜卑列传》,也只记述了光武帝建武元年(25)至献帝建安 25 年(220)共 195 年间的史事。这些例子都说明,范晔在史料的排比、整理上有着自己的原则,即将叙述的重点放在汉代，而不以求全为美；也说明他对于前人在民族历史上的认识，是有选择地吸收、引用的。

范晔在撰述《后汉书》的过程中，除了继承前代史家的传统，将东汉皇朝周边少数民族的活动详尽地加以考察以外，还表达了对民族史研究的关注。《后汉书·西域传》的后论，有一段文字就是他对前人关于西域的记述所作的梳理与评述：

> 西域风土之载，前古未闻也。汉世张骞怀致远之略，班超奋封侯之志，终能立功西遐，羁服外域。自兵威之所肃服，财赂之所怀诱，莫不献方奇，纳爱质，露顶肘行，东向而朝天子。故设戊己之官，分任其事；建都护之帅，总领其权。先驯则赏籝金而赐龟绶，后服则系头颡而衅北阙。立屯田于膏腴之野，列邮置于要害之路。驰命走驿，不绝于时月；商胡贩客，日款于塞下。其后甘英乃抵条支而历安息，临西海以望大秦，拒玉门、阳关者四万余里，靡不周尽焉。若其境俗性智之优薄，产载物类之区品，川河领障之基源，气节凉暑之通隔，梯山栈谷绳行沙度之道，身热首痛风灾鬼难之域，莫不备写情形，审求根实。至于佛道神化，兴自身毒，而二汉方志莫有称焉。张骞但著地多暑湿，乘象而战，班勇虽列其奉浮图，不杀伐，而精文善法导达之功靡所传述。

这段文字在范晔的史论中是一篇重要的文献，它讲到了中原与西域交通、联系的历史，肯定了张骞、班超、甘英的贡献；讲到了汉皇朝对西域管辖的情况即“设戊己之官”，“建都护之帅”;讲到了中原与西域联系的进一步密切,如屯田与置邮;讲到了西域以至于大秦的俗性、物类、地理、气候、交通以及佛教的传入及其影响等等。它突出地表现了范晔“笔势纵放”的特点。从民族史观的角度来分析,它的价值在于从民族史撰述的角度,对关于西域的记述与了解作了大略的概括与分析,指出了前人在这方面的成绩与不足,这是范晔的历史思想在民族史学中的进一步延伸。

二、民族关系与政治大一统观念

关于民族关系与政治大一统之关系的观念,是范晔民族思想的核心。对此,他首先考察了民族关系的历史渊源。

如前所述,自古以来,中国就是一个多民族的国家。秦、汉以后,又发展成为一个统一的多民族的国家。存在决定意识。对于各民族的发展与融合这样一个影响中国政治、经济、文化发展的重要问题,古代史家很早就有论述,这些论述与中国史学的发展相始终,并成为中国史学发展中的重要方面。同时,关于多民族同源的认识,又是这些论述必然要涉及的一个理论命题。在这个问题上,范晔《后汉书》继承了前代史家的传统并有所发展。

边地少数民族与中原民族族源相同。在这个问题上,范晔采用了两种形式来阐述自己的认识。第一种是直接的论述。如《东夷列传》从“尧命羲仲宅嵎夷”讲起中原与东方少数民族的关系;《南蛮西南夷列传》从高辛氏与犬戎的争战讲起中原民族与南方少数民族的往来;在《西羌传》中,作者则明确提出,“西羌之本,出自三苗,姜姓之别也。其国近南岳。及舜流四凶，徙之三危，河关之西南羌地是也”[1]。这些描述，其中固然有讹误之处，却说明了这样一个历史事实：从传说时代起，中原与周边少数民族之间就存在着诸多联系。作者所着力反映的这一认识，表明了他对多民族同源的认可。另一方面，这也是作者对完整地描述民族发展史及民族关系发展史所作的努力。第二种是对前人说法的沿用。范晔《后汉书》在《南匈奴列传》中，只叙南匈奴醢落尸逐鞮单于比之后的历史，而对《史记》、《汉书》所载“匈奴，其先祖夏后氏之苗裔也，曰淳维”[2]的说法没有异议，说明它对这两者的说法是沿用、认可的。范晔对长久以来存在的这一史学认识的沿袭，对其论述与评价中华各民族历史及其相互关系有着深远的影响。

作为共同生活在同一地理范围的诸多民族，中华民族的各部分自古以来就有着密不可分的联系。这种联系既有血缘上的，也有经济、文化上的，而对这种联系的描述与评析，就成为中国历史撰述的重要内容。范晔在这方面的认识，主要集中在《东夷列传》中。据《东夷列传》记载，自尧时起，东夷与中原就有着各种联系，“昔尧命羲仲宅嵎夷，曰旸谷，盖日之所出也”。后来，“武乙衰敝，东夷寖盛，遂分迁淮、岱，渐居中土”。至商末“箕子违衰殷之运，避地朝鲜。始其国俗未有闻也，及施八条之约，使人知禁，遂乃邑无淫盗，门不夜扃，回顽薄之俗，就宽略之法，行数百千年”。在中原文化的直接浸润、影响下，东夷诸族逐渐发展、进化，与其他地方少数民族有了明显的差别，“故东夷通以柔谨为风，异乎三方者也。苟政之所畅，

① 《后汉书》卷八七《西羌传》序。

② 参见《史记》卷一一〇《匈奴列传》，《汉书》卷九四《匈奴列传》。

则道义存焉。仲尼怀愤,以为九夷可居。或疑其陋。子曰:‘君子居之,何陋之有!’”在这种情况下,中原民族与东夷各族的联系日益密切,“其后遂通接商贾,渐交上国”。此后,中原民族与东夷各族的关系,始终都未曾中断过。“秦并六国,其淮、泗夷皆散为民户。陈涉起兵,天下崩溃,燕人卫满避地朝鲜,因王其国。”“自中兴之后,四夷来宾,虽时有乖畔,而使驿不绝,故国俗风土,可得略记。”“[建武]二十五年,夫余王遣使奉贡,光武厚答报之,于是使命岁通。”这些记载从历史发展的视角,阐明了东夷各族与中原地区联系的悠久历史,同时强调了东汉时期这种联系的加强。

据《后汉书·南蛮西南夷列传》记载,南方少数民族与高辛氏有亲,且从此以后与中原民族关系不断。唐、虞、夏、商、周时,都与中原民族有多种来往。至战国时,由于楚的强大,“遂属于楚”,并与楚“合兵击晋”,秦昭王时“使白起伐楚”,“始置黔中郡。汉兴,改为武陵”。“秦并天下,威服蛮夷,始开领外,置南海、桂林、象郡。”汉武帝元鼎五年(前112),“分置九郡,交阯刺史领焉”。“邛都夷者,武帝所开,以为邛都县”;“莋都夷者,武帝所开,以为莋都县”;“元鼎六年,以为沈黎郡,至天汉四年,并蜀为西部,置两都尉,一居旄牛,主徼外夷,一居青衣,主汉人”;“冉駹夷者,武帝所开。元鼎六年,以为汶山郡”;“白马氐者,武帝元鼎六年开,分广汉西部,合以为武都。”在《南蛮西南夷列传》中,范晔还记述了这样一件史事:“[板楯蛮夷]俗喜歌舞,高祖观之,曰:‘此武王伐纣之歌也。’”这就说明,当时的一些少数民族确实保留了中原民族早期发展的一些文化习俗与特征;而汉代的统治者与后世的史家也相信,在早期的民族发展中,中原与边地有着一定的甚至是很密切的联系。无论是哪种可能，从民族观念的发展来看，都有其积极意义。上述史事还说明，至晚在秦汉时期，南方各族就已经处于中央皇朝的统一管理之下了。此后，南方少数民族与汉朝或相安无事，或互有征战，一直未曾中断过联系。

《后汉书·西羌传》也表达了类似的思想，如“戎本无君长，夏后氏末及商、周之际，或从侯伯征伐有功，天子爵之，以为藩服。春秋时，陆浑、蛮氏戎称子。战国世，大荔、义渠称王，及其衰亡，余种皆反旧为酋豪云”。这说明，西羌各族也与南方各少数民族一样，在中国历史的起始阶段，就已经参与到多民族历史的创造活动中，并成为其中重要的一部分了。

从上述梳理可以看出，从远古时代起，各边地少数民族就与中原民族有着密不可分的联系。随着中国历史的发展，大一统局面的出现，这种联系遂变得更为紧密。《后汉书》对这一历史事实的进一步描述与强调，则突出地反映了范晔在这个问题上的自觉意识。这一意识接续了《史记》所开创的传统，从而客观上对增强各民族之间的凝聚力具有积极的历史意义。

正是因为民族关系中存在着这种凝聚力，所以民族关系与政治大一统就有其必然的联系。

从历史上看，“大一统”是中国思想史上一个重要的理论范畴。魏晋南北朝时期，由于政权林立、民族融合与矛盾同时存在与发展，“大一统”成为各政权共同的政治理想。与前代不同的是，这一时期历史发展的一个突出特点，就是少数民族的地位与角色越来越重要，他们所建立的政权，对汉族贵族所建皇朝带来了极大的冲击。其政治上的最大目标，同样是“一统天下”。如东晋永和八年(352),慕容儁即前燕皇帝位,脱离对东晋名义上的臣服关系。他对晋使者说:“汝还白汝天子,我承人乏,为中国所推,已为帝矣。”①前秦苻坚在与群臣讨论南下攻东晋时,其理由为“吾统承大业垂二十载,芟夷逋秽,四方略定,惟东南一隅未宾王化。吾每思天下不一,未尝不临食辍餔。”②少数民族政权在大一统问题上的这种观念,当时是有其普遍性的。在这种情况下,“大一统”观念就不可避免地与民族问题交织在一起。作为一部汉族史家撰写的东汉历史,《后汉书》在分析民族问题时,对以中原皇朝及其代表的汉族政权为中心的大一统观念是着力阐扬的。

《后汉书·南蛮西南夷列传》中的一段话,突出地表现了范晔对东汉皇朝大一统局面的赞扬与歌颂:

> 汉氏征伐戎狄,有事边远,盖亦与王业而终始矣。至于倾没疆垂,丧师败将者,不出时岁,卒能开四夷之境,款殊俗之附。若乃文约之所沾渐,风声之所周流,几将日所出入处也。著自山经、水志者,亦略及焉。虽服叛难常,威泽时旷,及其化行,则缓耳雕脚之伦,兽居鸟语之类,莫不举种尽落,回面而请吏,陵海越障,累译以内属焉。故其录名中郎、校尉之署,编数都护、部守之曹,动以数百万计。若乃藏山隐海之灵物,沉沙栖陆之玮宝,莫不呈表怪丽,雕被宫幄焉。又其賨幏火毳驯禽封兽之赋,軨积于内

① 《晋书》卷一一〇《慕容儁载记》。
② 《晋书》卷一一四《苻坚载记下》。

府，夷歌巴舞殊音异节之技，列倡于外门。岂柔服之道，必足于斯？然亦云致远者矣。

如果说，《史记》的大一统观念与司马迁对西汉皇朝统治者的文治武功着力加以论述的撰述态度相关联；《汉书》的大一统观念与班固对“汉绍尧运，以建帝业”的论证，与他不赞成《史记》将汉代史事“编于百王之末，厕于秦、项之列”的见解密切相关；《三国志》的大一统观念与陈寿将并足鼎立的三个政权史事合理地编纂在一起，而又以魏为正的撰述思想密不可分；那么，从上述引文可以看出，《后汉书》的大一统观念着力赞扬的是“柔服之道”、“致远”之谋所造成的政治局面。这一思想与先秦儒家的“王道”思想直接相承，从而具有独到的见识。

在这种大一统观念下，范晔对“怀柔”以“致远”的“天下归一”的大一统局面给予了格外的关注。《南蛮西南夷列传》用了相当多的篇幅，记述了永平年间，益州刺史朱辅曾令犍为郡的一个名叫田恭的掾吏调查笮都夷的风俗，翻译他们的词语，然后录其乐诗，进献朝廷，以歌颂天下治平。“今遣从事史李陵与恭护送诣阙，并上其乐诗。昔在圣帝，舞四夷之乐；今之所上，庶备其一。”“帝嘉之，事下史官，录其歌焉。”而这些歌词的主题，则无一不是歌颂大一统以及东汉统治者的文治武功。如《远夷乐德歌诗》曰：

大汉是治，与天合意。吏译平端，不从我来。闻风向化，所见奇异。多赐缯布，甘美酒食。昌乐肉飞，屈申悉备。蛮夷贫薄，无所报嗣。愿主长寿，子孙昌炽。

又如《远夷慕德歌诗》曰：

> 蛮夷所处，日入之部。慕义向化，归日出主。圣德深恩，与人富厚。冬多霜雪，夏多和雨。寒温时适，部人多有。涉危历险，不远万里。去俗归德，心归慈母。

再如《远夷怀德歌》曰：

> 荒服之外，土地墝埆。食肉衣皮，不见盐谷。吏译传风，大汉安乐。携负归仁，触冒险陕。高山岐峻，缘崖磻石。木薄发家，百宿到洛。父子同赐，怀抱匹帛。传告种人，长愿臣仆。

从一般意义上来看，这些歌颂升平之世的乐诗或许不能说明什么，但范晔在《后汉书》中照录全文，这从一个侧面反映了他对少数民族这类文字及其所体现的思想内涵的重视。

范晔在《西域传》中还记述了这样一件事：建武十七年(41)，莎车王贤遣使奉献，请都护。光武帝以为贤父子兄弟相约事汉，款诚又至，宜加号位以镇安之。于是乃赐贤以西域都护印绶，及车旗黄金锦绣。敦煌太守裴遵上言："夷狄不可假以大权，又令诸国失望。"于是光武帝乃收回成命，更赐贤以汉大将军印绶。"其使不肯易，遵迫夺之，贤由是始恨。而犹诈称大都护，移书诸国。诸国悉服属焉，号贤为单于"。这一史事说明了强大的东汉皇朝在少数民族之中的地位，以及各少数民族对这种地位的认可。而范晔对这件事情的记述与重视，则进一步说明了他对自己以“柔化”为主的大一统主张的着力论证。

出于同样的理由，范晔对匈奴史事的记述，并不像以往史家那样，以“匈奴列传”名之，而是以“南匈奴列传”标目。李贤注曰：“《前书》直言《匈奴传》，不言南北，今称南者，明其为北生义也。以南单于向化尤深，故举其顺者以冠之。”据载，建武二十八年(52)，“北匈奴复遣使诣阙，贡马及裘，更乞和亲，并请音乐，又求率西域诸国胡客与俱献见。帝下三府议酬答之宜”。在这件事情上，范晔并未记述其他臣僚的意见，而全文照录了司徒班彪以“不宜绝北”为主要内容的奏文，其根据是：“臣见其献益重，知其国益虚，归亲愈数，为惧愈多”，因而，“羁縻之义，礼无不答”，“汉秉威信，总率万国，日月所照，皆为臣妾。殊俗百蛮，义无亲疏，服顺者褒赏，畔逆者诛罚，善恶之效，呼韩、郅支是也。今单于欲修和亲，款诚已达，何嫌而欲率西域诸国俱来献见？西域国属匈奴，与属汉何异？”[①]这种表述，既是对东汉皇朝的政治格局的自信，同时更是关于进一步通过怀柔政策来加强、巩固与扩大这种统一局面的策略主张。而范晔通过在史料选择、标目名称上的去取，也表明了自己的态度。

久远的民族关系的历史，以及民族关系与政治大一统观念之间的联系，决定了民族关系本身的重要性。

如上所述，对民族历史与民族关系的记述与评析，是中国

① 《后汉书》卷八九《南匈奴列传》。

史学自产生以来的悠久传统。但秉承何种态度来阐释这种关系，则体现了史家的见识高下。这里我们不妨以范晔《后汉书》与司马迁《史记》、班固《汉书》、陈寿《三国志》等“正史”关于民族关系的认识，作一简单比较。作为中国第一部“正史”，《史记》在民族观念上的成就也是多方面的，它在史书的立目、对民族关系的记述与评论方面，都体现出可贵的民族平等意识[①]。《汉书》虽然在民族列传的记述范围与内容上都大大增加了[②]，而且在大量掌握民族史事的基础上，还体现出某种对少数民族特性进行总结的特点，但由于受汉代的正统观念以及当时民族关系现状的影响，它对于民族关系的认识更多地体现了华夷之辨的色彩[③]。《三国志》以魏为正统，其撰述民族列传的原则是只记述对中原皇朝“为患”尤深的少数民族史事。这样，它的民族列传就只包含了乌桓、鲜卑、东夷等少数民族的内容。虽然其中也有一些相对积极的认识[④]，但从其立意视野来说，是狭窄的、不完整的。与这几部史书相较，《后汉书》对民族关系的认识有着自己的特点：比之于《史记》，它对统治者的批评更为直接；比之于《汉书》，它的撰述态度更为客观；而比之于《三国志》，这种客观的态度使得它在识见上亦

---

① 参见《史记》卷一一〇《匈奴列传》。

② 参见白寿彝《司马迁与班固》，《白寿彝史学论集》，北京师范大学出版社1994年版，第750—751页。

③ 参见《汉书》卷九四下《匈奴传下》、卷九五《西南夷两粤朝鲜传》、卷九六下《西域传下》的相关内容。

④ 《三国志》卷三〇《魏书·乌丸鲜卑东夷传》虽称“蛮夷”“久矣其为中国患也”，同时又认为，中原亦有不如夷狄之处：“虽夷狄之邦，而俎豆之象存。中国失礼，求之四夷，犹信。”这是对先秦时期积极民族观念的继承。

有其独到之处。

在《后汉书》的《东夷列传》中，范晔按地理方位，分别叙述了东方少数民族夫余、挹娄、高句丽、东沃沮、北沃沮、濊、三韩、倭等东夷地区各少数民族的地理位置、风俗习惯、社会生活阶段、生产状况、物产、婚姻、祭祀、风气、法律、武器装备、饮食等等以及与中原皇朝的关系。《南蛮西南夷列传》则分别记述了交阯、越裳、巴郡、南郡、板楯蛮夷、夜郎、滇、哀牢、邛都、莋都、冉駹、白马氐等南方民族的起源、物产、风俗、习惯及其与汉族的联系往来。《西羌传》记述了羌无弋爰剑、湟中月氏胡等部族的史事。《西域传》分别记述了拘弥、于寘、西夜、子合、德若、条支、安息、大秦、大月氏、高附、天竺、东离、栗弋、严、奄蔡、莎车、疏勒、焉耆、蒲类、移支、东且弥、车师等西域部族或国家的史事。从当时的情况来看，范晔是既继承了马、班之传统，又发展了这一传统，这种力求全面地反映各民族社会历史状况的撰述态度，应当说是客观的、平实的。当然，上面这些记述有的已涉及当时汉朝或今天中国域外的范围。

尤其值得注意的是，在整齐、排比各民族关系时，范晔从来不是从民族关系的某一方出发来进行分析，而是全面考察矛盾的两方，提出自己的独到认识。对于中原民族与周边少数民族的关系发展，范晔有一段很有代表性的评论：

> 王政修则宾服，德教失则寇乱。昔夏后氏太康失国，四夷背叛。及后相即位，乃征畎夷，七年然后来宾。至于后泄，始加爵命，由是服从。后桀之乱，畎夷入居邠岐之间，成汤既兴，伐而攘之。及殷室中

> 衰,诸夷皆叛。[1]

可以说,这是作者分析历代民族关系的基本出发点,也是他一以贯之的思想。用今天的话来说,就是民族力量或政权之间的争伐和好、此消彼长的变化,其根本原因都在于中原皇朝的"王政"与"德教"的实行程度,而不是少数民族的"其心必异"的"天性"使然。这一认识与时人及后人的"徙戎论"相较,不仅更客观,更具有辩证的色彩,而且也体现了作者的卓越见识。这是范晔的民族观念与马、班最大的不同之处,也是他本人颇为自得之处。从另一角度而言,这也是范晔思想中的辩证因素在民族问题认识上的进一步体现与延伸。

基于这样的认识,范晔在《东夷列传》中认为,"夏后氏太康失德,夷人始畔"。而"自少康已后,世服王化,遂宾于王门,献其乐舞"。《后汉书》还客观记述了武帝末,珠崖太守会稽孙幸调广幅布进献朝廷,"蛮不堪役,遂攻郡杀幸"的历史。自此之后,"中国贪其珍赂,渐相侵侮,故率数岁一反"。最后,元帝因兵患屡兴,不堪其负,乃于初元三年(前 46)"罢之",珠崖郡 65 年的立郡历史遂告结束[2]。

《西羌传》亦如实记载了羌族为汉吏所迫,不得不相与逃亡的历史:

> 东号子麻奴立。初随父降,居安定。时诸降羌布在郡县,皆为吏人豪右所徭役,积以愁怨。安帝永

① 《后汉书》卷八七《西羌传》。
② 参见《后汉书》卷八六《南蛮西南夷列传》。

> 初元年夏，遣骑都尉王弘发金城、陇西、汉阳羌数百千骑征西域，弘迫促发遣，群羌惧远屯不还，行到酒泉，多有散叛。诸郡各发兵徼遮，或覆其庐落。于是勒姐、当煎大豪东岸等愈惊，遂同时奔溃。麻奴兄弟因此遂与种人俱西出塞。

在同卷中，范晔还引用了建武九年(33)班彪的一封上书："今凉州部皆有降羌，羌胡被发左衽，而与汉人杂处，习俗既异，言语不通，数为小吏黠人所见侵夺，穷恚无聊，故致反叛。夫蛮夷寇乱，皆为此也。"这种客观的记述，事实上是对东汉皇朝民族政策的一种批评，同时也反映了作者在民族关系问题上的态度。值得注意的是，在《后汉书》的所有民族列传中，类似的记载十分常见，这说明范晔的上述认识是一以贯之的，对统治者的不当政策也是直截了当地加以披露的。在《西羌传》的后论中，他就明确地提出，内属的西羌族"或倥偬于豪右之手，或屈折于奴仆之勤"，是"永初之间，群种蜂起"，最终造成"东犯赵、魏之郊，南入汉、蜀之鄙，塞湟中，断陇道，烧陵园，剽城市，伤败踵系，羽书日闻。并、凉之士，特冲残毙，壮悍则委身于兵场，女妇则徽纆而为虏，发冢露胔，死生涂炭"的结果的直接原因。

在客观分析汉族统治者在民族关系问题上的失误的同时，范晔也对汉族开发广大少数民族地区的历史贡献，以及各民族融合进一步加深的史实着力加以阐发。"光武中兴，锡光为交阯，任延守九真，于是教其耕稼，制为冠履，初设媒娉，始知姻娶，建立学校，导之礼义。"在正确的民族政策下，中原民族与南方少数民族的关系日益融洽。"建武十二年，九真徼外蛮里张游,率种人慕化内属,封为归汉里君。明年,南越徼外蛮夷献白雉、白菟。”“西部都尉广汉郑纯为政清洁,化行夷貊,君长感慕,皆献土珍,颂德美。”至顺帝永和元年(136),武陵太守甚至上书,以为“蛮夷率服,可比汉人,增其租赋”,并得到了顺帝的认可。尽管这一政策推行的结果是激起了少数民族的进一步反叛,但到桓帝永兴元年(153),新任太守李进通过“简选良吏,得其情和”的办法稳定了局面。这说明,南方少数民族与汉族的融合已达到相当的程度,他们以遵“旧约”为准,在这一条件下接受中原皇朝的统治。可见,中原皇朝如果能坚持正确的民族政策,这种民族关系的良好局面是可以长期保持下去的。板楯蛮夷就是一个很好的例证。其祖先在秦昭王时由于猎虎有功,被特许“顷田不租,十妻不算,伤人者论,杀人者得以倓钱赎死”。由于中原皇朝的宽松政策,这一少数民族“遂世世服从”,和好关系始终未曾中断①。在《南匈奴列传》中,范晔还记载了南匈奴内附之后在祭祀与风俗习惯上的变化:“南单于既内附,兼祠汉帝,因会诸部,议国事,走马及骆驼为乐。”如果我们放开自己的想象力的话,这里所记,可以说是描绘了南匈奴与内地之密切联系的一幅历史画卷。范晔作《南匈奴列传》,其深意于此可见一斑。

三、积极的民族历史与民族差异的认识

把民族关系与政治大一统联系起来,是范晔民族思想中最重要的部分;而以积极的和正面的态度评价少数民族的历

① 以上均见《后汉书》卷八六《南蛮西南夷列传》。

史地位，也是范晔民族思想的一个重要方面。

由于持有对少数民族历史及其与汉族关系的客观态度，在《后汉书》的民族列传中，范晔对其积极方面是加以肯定的。“东夷率皆土著，喜饮酒歌舞，或冠弁衣锦，器用俎豆。所谓中国失礼，求之四夷者也。凡蛮、夷、戎、狄总名四夷者，犹公、侯、伯、子、男皆号诸侯云。”“天性柔顺，易以道御，至有君子、不死之国焉。……故孔子欲居九夷也。”他肯定箕子在商朝末年对东夷的影响，以至于“柔谨为风”，“而燕人卫满扰杂其风，于是从而浇异焉。《老子》曰：‘法令滋章，盗贼多有。’若箕子之省简文条而用信义，其得圣贤作法之原矣！”[①]这些见解与作者的政治思想是相通的，即反对严刑苛法，而主张以信义等伦理观念来约束、规范人们的行为，达到天下大治的目的。从民族关系与民族历史的角度来看，上述认识突出地表现了范晔在民族史观上的卓识：一是对“四夷”的文化作了相当程度的肯定。这有其认识上的基础，即对儒家思想中“夷狄”亦有优长之处的观念的继承，但范晔的论述更为具体了。他甚至认为，东夷民族在早期的发展阶段，保留了更多的“圣贤作法”的本意。二是对“四夷”历史地位的确认。即所谓“四夷”之称，在范晔看来，事实上与前代诸侯之称属同一性质。这一认识在当时有突出的积极意义。它将客观历史观念中对少数民族的认可，以历史撰述的形式确立下来，具有了更为突出的学术与理论价值。三是对所谓“非我族类，其心必异”的偏见的批评。范晔并不像当时及后世的一些史家那样，以少数民族为天性迥异、不开化的蛮族，而是认为通过教化，他们

① 《后汉书》卷八五《东夷列传》序及后论。

完全可以达到中原民族的文明发展程度。这一认识固然寄托了作者的政治理想,但其在民族观念上的进步意义也是显而易见的。

范晔的这些认识,在《后汉书》其他的民族列传中亦有体现。如在《西域传》中,范晔对前人关于西域的记载加以胪列、评判,然后提出了自己的认识,认为西域诸国“殷乎中土,玉烛和气,灵圣之所[降]集,贤懿之所挺生”,并对那里盛行的佛教作了客观的评价,认为它“好仁恶杀,蠲敝崇善,所以贤达君子多爱其法焉”;但与此同时又“好大不经,奇谲无已,虽邹衍谈天之辩,庄周蜗角之论,尚未足以概其万一。又精灵起灭,因报相寻,若晓而昧者,故通人多惑焉”。这种既肯定其优长之处,同时又指出其存在的弊端的做法,从另一个角度说明了范晔撰史的客观态度。

对少数民族性格、特点的归纳、总结和评论,在中国史学上同样是一个悠久的传统。范晔的民族思想与此也有密切关系。《左传》中有关于这方面的记载:“我诸戎饮食衣服不与华同,贽币不通,言语不达,何恶之能为?”[①]《孟子·滕文公上》则有“南蛮鴃舌之人”之语。《礼记·王制》则有这样的记述:“中国戎夷,五方之民,皆有性也,不可推移。东方曰夷,被发文身,有不火食者矣;南方曰蛮,雕题交趾,有不火食者矣;西方曰戎,被发衣皮,有不粒食者矣;北方曰狄,衣羽毛穴居,有不粒食者矣。中国、夷、蛮、戎、狄,皆有安居、和味、宜服、利用、备器。五方之民,言语不通,嗜欲不同。”[②]至《史

① 《左传》襄公十四年,同前引书。
② 《礼记正义》,《十三经注疏》本,中华书局 1980 年版。

记》，则首次将物质条件与不同地区人群性格特征联系起来加以考察，《货殖列传》分述中国各地的地理条件与物产、风俗、人的性格特征、政治文化传统等方面的内在关联，具有朴素的唯物观念。但直接把地理条件与民族特点联系起来加以论述，还是魏晋南北朝以降的事情。东晋袁宏的《后汉纪》就明确提出："民之性也，各有所禀，生其山川，习其土风。山川不同则刚柔异气，土风乖则楚夏殊音。是以五方之民，厥性不均，阻险平易，其俗亦异。况乃殊类绝域，不宾之旅，以其所禀受，有异于人。先王知其如此，故分其内外，阻以山川，戎狄蛮夷，即而序之。"[①]如果说，这一概括还有相当多的民族歧视的色彩包含其中，那么，范晔在《后汉书》中所阐述的认识，则具有更多的积极因素。

《后汉书》的《东夷列传》在讲到东夷诸民族的特点时认为，东夷诸族之所以"天性柔顺，易以道御，至有君子、不死之国"，原因就在于"夷者，柢也，言仁而好生，万物柢地而出"。在《西羌传》中，作者对西方诸族的活动地域、婚姻状况、风俗习惯、性格特征作了概括，如"不立君臣，无相长一，强则分种为酋豪，弱则为人附落，更相抄暴，以力为雄……其兵长在山谷，短于平地，不能持久，而果于触突，以战死为吉利，病终为不祥……性坚刚勇猛"。并认为，他们之所以会有这样的民族特点，是由于"得西方金行之气"的结果，"金行气刚，播生西羌。氐豪分种，遂用殷强。"李贤注曰："《黄帝素问》曰：'西方者，金(玉)[王]之域，沙石之处，其人山居而多风，水土刚强'。"

① 《后汉纪》卷九，明帝永平元年，同前引书。

如果说,上述对民族特性的分析,由于以"五行"之说为理论依据而显得有些神秘色彩的话,那么,范晔对西南少数民族特性的分析,则更侧重从物质条件尤其是地理环境出发去阐发自己的观点:"蛮夷虽附阻岩谷,而类有土居,连涉荆、交之区,布护巴、庸之外,不可量极。然其凶勇狡筭,薄于羌狄,故陵暴之害,不能深也。"[①]这是从少数民族的居住环境以及民族性格方面分析其"为害"的原因。虽然这里作者依然不免于华夷之辨的影响,但值得注意的是,他是从外在的客观环境与后天形成的性格角度立论的。与对东夷的赞扬同样,两者都摆脱了所谓少数民族生而为"兽心","非我族类,其心必异"[②]的偏见,从而在民族观的发展史上有不可忽视的积极意义。

范晔《后汉书》的上述认识说明,产生民族差异的原因,物质条件尤其是地理环境是一个重要的因素,对物质文化比较落后的民族来说,其民族特性受自然条件的影响更甚。在对这个基本因素的强调方面,《后汉书》继承了《史记》的传统并进一步发展了。其最主要的方面,就在于它摆脱了就事论事的局限,从而具有从普遍性的角度讨论民族特性的色彩。虽然这种讨论还不能完全符合客观事实,也未能完全超越当时流行的种种不正确的思想,但这种力求从普遍意义上探讨民族差异产生原因的理念,对后世人们从理论上进一步认识民族与民族关系的发展,还是多有启发的。

① 《后汉书》卷八六《南蛮西南夷列传》后论。

② 参见《晋书》卷五六《江统传》。

四、“怀柔”与“王化”的民族政策理念

范晔主张“德政”、“王化”的政治思想、民族观念，反映在民族政策上就是提出了以“怀化”为主的认识。因此，范晔对东汉皇朝民族政策的“德教”与“怀柔”方面作了更为详尽的论述。从范晔的“正一代得失”的撰述宗旨来看，这些讨论，可以看作是观念与实际结合的反映。

据《西羌传》记载，显宗时边郡诛杀少数民族犯法者六七百人，显宗怜之，乃下诏曰：“昔桓公伐戎而无仁惠，故《春秋》贬曰‘齐人’。今国家无德，恩不及远，羸弱何辜，而当并命！夫长平之暴，非帝者之功，咎由太守长吏妄加残戮。比铜钳尚生者，所在致医药养视，令招其种人，若欲归故地者，厚遣送之。其小种若束手自诣，欲效功者，皆除其罪。若有逆谋为吏所捕，而狱状未断，悉以赐有功者。”对于那种对待少数民族过于严苛的做法，范晔则明确指出其错误所在。永和四年(139)，大将军梁商对当时的边官提出民族政策上的建议：

> 戎狄荒服，蛮夷要服，言其荒忽无常。而统领之道，亦无常法，临事制宜，略依其俗。今三君（指来机、马贤、刘秉等边官—引者）素性疾恶，欲分明白黑。孔子曰：“人而不仁，疾之已甚，乱也。”况戎狄乎！其务安羌胡，防其大故，忍其小过。

但是，来机等人“天性虐刻，遂不能从”，从而导致次年且冻、傅难种羌等反叛，使得原有的反叛活动愈演愈烈，最终酿成一场

绵延十余年的战事。“自永和羌叛,至乎是岁(永嘉元年——引者),十余年间,费用八十余亿。……白骨相望于野”[①],使东汉皇朝受到重挫。

在主张“怀柔”的同时,范晔还对屯田、置郡、卫戍等“王化”政策给予了高度评价。《西羌传》记载,东汉和帝时,隃麋相曹凤鉴于当时羌族已败落的现实,提出:

> 自建武以来,其犯法者,常从烧当种起。所以然者,以其居大、小榆谷,土地肥美,又近塞内,诸种易以为非,难以攻伐。南得钟存以广其众,北阻大河因以为固,又有西海鱼盐之利,缘山滨水,以广田蓄,故能强大,常雄诸种,恃其权勇,招诱羌胡。今者衰困,党援坏沮,亲属离叛,余胜兵者不过数百,亡逃栖窜,远依发羌。臣愚以为宜及此时,建复西海郡县,规固二榆,广设屯田,隔塞羌胡交关之路,遏绝狂狡窥欲之源。又殖谷富边,省委输之役,国家可以无西方之忧。

对于这种置郡以加强管理、富边以发展当地经济、减轻朝廷负担的一举数得的做法,范晔是给予肯定的,并说后来“列屯夹河,合三十四部,其功垂立”。

范晔认为,以武力处理民族问题,其结果只能是劳民伤财且见效甚微。在《西羌传》的后论中,他尖锐批评了东汉武将恃兵力而讨伐少数民族的做法:

① 参见《后汉书》卷八七《西羌传》。

> 中兴以后，边难渐大。……于是诸将邓骘、任尚、马贤、皇甫规、张奂之徒，争设雄规，更奉征讨之命，征兵会众，以图其隙。驰骋东西，奔救首尾，摇动数州之境，日耗千金之资。至于假人增赋，借奉侯王，引金钱缣綵之珍，征粮粟盐铁之积。所以赂遗购赏，转输劳来之费，前后数十巨万。或枭克酋健，摧破附落，降俘载路，牛羊满山。军书未奏其利害，而离叛之状已言矣。故得不酬失，功不半劳。暴露师徒，连年而无所胜。官人屈竭，烈士愤丧。段颎受事，专掌军任，资山西之猛性，练戎俗之态情，穷武思尽飙锐以事之。被羽前登，身当百死之阵，蒙没冰雪，经履千折之道，始殄西种，卒定东寇。若乃陷击之所歼伤，追走之所崩籍，头颅断落于万丈之山，支革判解于重崖之上，不可校计。

这首史论从民族关系史来看，可以视为一篇反对民族间大肆用兵的宣言。其所论，有事实，有说理，利害得失渗透于字里行间。若无对民族关系史的密切关注和深入研究，是写不出这样动人心弦的文字的。

在对匈奴问题的处理上，范晔同样反对依赖武力来处理少数民族与中原皇朝的关系。他认为，西汉武帝时“亟兴边略”，“赫然命将，戎旗星属”，“穷竭武力，殚用天财，历纪岁以攘之”，其结果是“寇虽颇折，而汉之疲耗略相当矣”。而宣帝时期借匈奴内乱之机“权纳怀柔”，遂得“罢关徼之儆，息兵民之劳”，“龙架帝服，鸣钟传鼓于清渭之上，南面而朝单于，朔、易无复匹马之踪，六十余年矣。”王莽代汉后，“扰动戎夷”，“续以更始之乱，方夏幅裂”，于是匈奴再次内扰。东汉建立之后，统治者“总揽群策，和而纳焉。乃诏有司开北鄙，择肥美之地，量水草以处之”。“制衣裳，备文物，加玺绂之绶，正单于之名”。范晔认为，这种怀柔政策导致了匈奴分裂，“始有南北二庭焉”，从此“汉之塞地晏然矣”。但是，由于“性果急，睚眦之怨莫不报复”的窦宪为逃避被诛杀的命运而“自求击匈奴以赎死”，边境局面遂一变而不可收拾，史载：

> 窦宪矜三捷之效，忽经世之规，狼戾不端，专行威惠。遂复更立北虏，反其故庭，并恩两护，以私己福，弃蔑天公，坐树大鲠。永言前载，何恨愤之深乎！自后经纶失方；畔服不一，其为疢毒，胡可殚言！降及后世，玩为常俗，终于吞噬神乡，丘墟帝宅。呜呼！千里之差，兴自毫端，失得之源，百世不磨矣。①

范晔甚至将窦宪与卫青、霍去病并列，认为他们都不过是得益于“房幄之间”，靠外戚起家，因而“用之则为虎，不用则为鼠”②。其厌恶逞私欲、恃武力之将，态度极为鲜明。这里，且不论范晔的认识是否有其现实意义，也不论他的评论是否符合当时的客观现实，但他反对武将借武力以炫能邀功、不考虑国家长远利益的做法，无疑是正确的。

在《乌桓鲜卑传》中，范晔甚至悲观地认为，民族政策上的

---

① 《后汉书》卷八九《南匈奴列传》。

② 《后汉书》卷二三《窦融列传》附《窦宪传》。

"上略"不可得,"历世无闻";就连周、汉之策,亦"仅得中下"。无奈之下,对少数民族带来的纷扰慨叹曰:"天之冥数,以至于是!"这是他对民族问题进行思考之后的迷惑,也反映了当时民族问题的突出,更反映出作为一个严肃的史家,对"德政"、"王化"之政治理想的向往,以及对现实的不满与无奈。

在反对一味依赖武力解决民族问题这一点上,范晔与司马迁的观念是一脉相承的。两者的不同之处只是在于,后者以看似完全描述性的文字来梳理西汉皇朝与少数民族的关系发展史,实则隐约地表达了自己的见解[①]。在西汉皇朝处理与匈奴的关系问题上,司马迁认为:"世俗之言匈奴者,患其徼一时之权,而务谄纳其说,以便偏指,不参彼己;将率席中国广大,气奋,人主因以决策,是以建功不深。尧虽贤,兴事业不成,得禹而九州宁。且欲兴圣统,唯在择任将相哉!唯在择任将相哉!"[②]由此看来,在反对依赖武力来处理民族关系、通过消耗大量人力、财力而建功立业的思想上,两位史家是相通的。从这种认识的思想根源来说,提倡各民族和好共处、反对好大喜功的政治主张应是主要方面。但在范晔那里,这种主张更大程度上来源于他对儒家"德政"、"王化"之治的向往,因而他的批评矛头直接指向最高统治者,而不仅仅把民族政策上的失误归结于某几个军事将领的个人私欲。

* * *

范晔的民族思想也有其历史局限性,这主要是受史料及

---

① 如《史记》卷一一〇《匈奴列传》后论认为:"孔氏著《春秋》,隐桓之间则章,至定哀之际则微,为其切当世之文而罔褒,忌讳之辞也。"

② 《史记》卷一一〇《匈奴列传》后论。

当时意识形态的实际状况的影响。范晔在《后汉书》中体现的民族观,也不能完全摆脱一些错误的乃至带有民族歧视意味的认识的影响。如在《西羌传》中,他主张应将中原民族与少数民族分而治之,不使之杂居:“昔先王疆理九土,判别畿荒,知夷貊殊性,难以道御。故斥远诸华,薄其贡职,唯与辞要而已。若二汉御戎之方,失其本矣。何则?先零侵境,赵充国迁之内地;煎[当]作寇,马文渊徙之三辅。贪其暂安之势,信其驯服之情,计日用之权宜,忘经世之远略,岂夫识微者之为乎?”[1]这一论述,不能不说表现出鲜明的华夷之辨的色彩。魏晋南北朝时期,边地少数民族发展迅速,各民族融合的进程进一步加快,而与此同时民族矛盾也空前激化,在这种情况下,在中国历史上有着长久影响的华夷之辨思想,不可避免地具有了新的生存土壤。其中尤以西晋江统的《徙戎论》最为系统与理论化,对后世影响也最大[2],而范晔也不能完全不受其影响。

此外,在对少数民族的称谓上,范晔也不如司马迁那样宽容。如同为记述南方少数民族史事,司马迁分别以《南越列传》、《东越列传》考察其历史,其撰述态度是客观的、平实的,很少有歧视性与侮辱性的言语。但《后汉书》却以“南蛮西南夷”的名称统称南方少数民族,并引用“蠢尔蛮荆,大邦为仇”的话来表示歧视态度。二者在见识上的高下之分,应当说是十分明显的。从对史料的运用上来说,《后汉书》将南方少数

① 《后汉书》卷八七《西羌传》后论。

② 参见《三国志·魏书》卷二八《邓艾传》,《晋书》卷九七《匈奴传》、卷五六《江统传》。

民族的历史一直追溯至高辛氏，这与《史记》将南越历史始自秦、东越历史始自越王勾践的做法相比，后者无疑更具有求信存疑的客观态度；《史记》明确地表示，对于《禹本纪》、《山海经》所言之“怪物”，“余不敢言之也”，对于九州山川的描述，惟有《尚书》尚可依赖①。而从前面所引史料可见，《后汉书》是以《山海经》为信史的。另外，《史记·东越列传》认为：“越虽蛮夷，其先岂尝有大功德于民哉，何其久也！历数代常为君王，勾践一称伯。然余善至大逆，灭国迁众，其先苗裔繇王居股等犹尚封为万户侯，由此知越世世为公侯矣。盖禹之余烈也。”其《西南夷列传》亦认为，楚之先祖“在周为文王师，封楚。及周之衰，地称五千里。秦灭诸侯，唯楚苗裔尚有滇王。汉诛西南夷，国多灭矣，唯滇复为宠王”。由此可见，即使具备了对各民族历史的相对客观的态度，但由于受现实民族矛盾、冲突激烈的影响，范晔在正面评价少数民族的历史地位方面，是与司马迁有差距的。

这里，我们实事求是地指出范晔民族思想中的消极面，一则可以表明范晔民族思想的复杂，出于其时代的或自身的局限性；二则也可以更加鲜明地衬托出他的民族思想中的主流部分的难能可贵。

---

① 《史记》卷一二三《大宛列传》后论。

第八章 伦理思想:社会秩序的精神尺度

汉代以来,经学兴盛。自董仲舒提出"天人感应"论和以《白虎通义》为代表的正宗伦理思想出现以后,伦理纲常同"天"紧密相联,使"天人相类"、"天人感应"等观念进一步得到强化。这一方面大大强化了儒家伦理思想在当时理论领域的地位,同时也使其带上了突出的神秘色彩。这样,在思想领域就相应地出现了以司马迁、王充为代表的反神学的伦理思想,他们强调名实相符,反对虚伪的道德;强调道德和物质生活的联系,反对把道德和"天"的意志相联系等等。可以说,儒家伦理思想的神学化与反神学化的斗争始终贯穿其中,而在这一斗争过程中,史家及其历史撰述所反映出来的伦理思想,也是其中重要的组成部分。

魏晋以来,由于政治上皇朝的频繁更迭,文化上玄学、佛学的影响扩大,儒家思想受到了冲击。清谈之风盛行,

“名教”与“自然”之辨成为思想史上的重要思潮。当时的士人尚奢华、好辞藻、求自然。作为“善为文章，能隶书，晓音律”的名士，范晔在为人处世上也受到魏晋时期社会风气的影响，恃才傲物，放达不羁，多有文人意气。但是，从思想倾向上看，范晔仍然深受儒家思想的浸染，主导《后汉书》编撰的思想，还是儒家的伦理道德原则，只不过由于他“性精微有思致，触类多善”[①]的性格特点，使其结合自己对东汉一朝史事的认识，对这一思想作了发挥而已。

有的研究者认为：“范晔称道仁义，崇尚忠信，赞美孝道，颂扬气节，推崇正直，表彰忠于职守者，批评庸庸碌碌者，这些都是以儒家伦理对东汉时期重要历史人物进行道德批判。从这个意义上，我们完全可以说《后汉书》是一部地地道道的伦理教科书。”[②]作者对于范晔的重视伦理的思想及对其所作的分析不无道理。但是，把《后汉书》视为“伦理教科书”，不论从何种意义上说，均有不妥。这不仅降低了《后汉书》的价值，也妨碍人们对范晔思想作全面的分析和评价。

我们认为，《后汉书》中所蕴含的范晔的伦理思想，是范晔思想构成中的一个方面，这同他的史学思想、历史思想、政治思想、民族思想都是相关联的。本章将从以下几个方面对范晔的伦理思想依次进行论述。

---

① 参见《宋书》卷六九《范晔传》。

② 庞天佑《论范晔的史学思想》，载《史学史研究》，2001年第4期。

一、道德与社会

范晔的伦理思想,突出地反映在对伦理道德的社会作用的论述方面,其中既有关于政治局面与政治形势的论述,也有关于个人修养、社会教化功用的论述,可以说涉及到社会生活的各个方面。

总的来说,范晔对儒家伦理道德的社会作用,有极高的评价,而较为集中、系统的相关论述,表现于《儒林列传》的后论之中:

> 自光武中年以后,干戈稍戢,专事经学,自是其风世笃焉。其服儒衣,称先王,游庠序,聚横塾者,盖布之于邦域矣。若乃经生所处,不远万里之路,精庐暂建,赢粮动有千百,其耆名高义开门受徒者,编牒不下万人,皆专相传祖,莫或讹杂。至有分争王庭,树朋私里,繁其章条,穿求崖穴,以合一家之说。故杨雄曰:"今之学者,非独为之华藻,又从而绣其鞶帨。"夫书理无二,义归有宗,而硕学之徒,莫之或徙,故通人鄙其固焉,又雄所谓"譊譊之学,各习其师"也。且观成名高第,终能远至者,盖亦寡焉,而迂滞若是矣。然所谈者仁义,所传者圣法也。故人识君臣父子之纲,家知违邪归正之路。
>
> 自桓、灵之间,君道秕僻,朝纲日陵,国隙屡启,自中智以下,靡不审其崩离;而权强之臣,息其窥盗之谋,豪俊之夫,屈于鄙生之议者,人诵先王言也,下

> 畏逆顺势也。至如张温、皇甫嵩之徒，功定天下之半，声驰四海之表，俯仰顾眄，则天业可移，犹鞠躬昏主之下，狼狈折札之命，散成兵，就绳约，而无悔心。暨乎剥桡自极，人神数尽，然后群英乘其运，世德终其祚。迹衰敝之所由致，而能多历年所者，斯岂非学之效乎？故先师垂典文，褒励学者之功，笃矣切矣。不循《春秋》，至乃比于杀逆，其将有意乎！①

从这段文字中，我们可以看出这样几层含意：一是经学自东汉以来繁盛异常，但也带来了"树朋私里，繁其章条"与"硕学之徒，莫之或徙"的弊端，范晔对此不以为然，认为这些斤斤于文字的认识不过是"通人"所不屑为之的迂滞之见；二是即便如此，由于无论哪种儒学流派，从本质上而言都以阐扬经义、传播仁义道德为首要任务，所以"君臣父子之纲"还是凭借着这种繁盛局面得以流传；三是当政治形势处于所谓"天业可移"的情况下，那些"功定天下之半"、拥兵自重的人仍然尽臣节于"昏主"，这说明权强之人尚有畏惧之心，终使政局不致在短时间内分崩离析。究其原因，还是《春秋》所包含的君臣父子大义起了重要的作用。

这里事实上提出了一个重要的认识，即伦理道德与社会风气有着密切的关联，一定的社会风气又与政治局势的发展密不可分。通观《儒林列传》，我们可以看到，东汉儒士们的精神追求都有比较明确的目标，其修身、自律的自觉性都比较高。无论是刘昆的"少习容礼"、杨政的"笃于义"、孙期的"事

① 《后汉书》卷七九下《儒林列传下》。

母至孝”,还是欧阳歙的“恭谦好礼让”、杜抚的“沉静乐道,举动必以礼”、何休的“雅有心思”、服虔的“以清苦建志”,都是一种对儒家伦理道德规范的自觉实践。而实践这种规范的人形成一种力量,便会使每个人的人格力量,通过讲学、从政广泛地发挥作用,从而影响到一个时代的社会风气。范晔认为,这种风气足以使政权更迭的速度放慢、政治形势的发展改变方向。由此可见,范晔对以儒家伦理道德为主要内容的儒学的推崇程度。

如果说,儒学之士作为一个群体,对东汉政局确乎会产生一定的影响的话,那么,范晔对某些个别人物的褒扬,就更体现出他对伦理道德超乎寻常的关注。他在评价孔融时说:“昔谏大夫郑昌有言:‘山有猛兽者,藜藿为之不采。’是以孔父正色,不容弑虐之谋;平仲立朝,有纾盗齐之望。若夫文举之高志直情,其足以动义概而忤雄心。故使移鼎之迹,事隔于人存;代终之规,启机于身后也。夫严气正性,覆折而已。岂有员园委屈,可以每其生哉!懔懔焉,皓皓焉,其与琨玉秋霜比质可也”①。这里,范晔对孔融的“高志直情”的社会作用的评价无疑是过高了。事实上,从范晔所记有关孔融的史事来看,他最大的特点,乃在于“性宽容少忌,好士,喜诱益后进”的人格魅力,对儒家“遵礼”思想的阐发,以及秉承这一原则对曹操日益显露的“问鼎之心”的讥讽与指责。至于这种完全以儒家伦理道德为原则去为人处世,包括处理政治事务的效果,范晔记述说,孔融最终被“下狱弃市”,“妻子皆被诛”。这样的结果,与被范晔评价为“不知量”的张俭相比,甚至要更惨烈一

① 《后汉书》卷七〇《郑孔荀列传》后论。

些。事实上，范晔对孔融"既见操雄诈渐著，数不能堪，故发辞偏宕，多致乖忤"，"负其高气，志在靖难，而才疏意广，迄无成功"的评价，才是比较符合实际的。

基于同样的认识，范晔对于在曹操已"挟天子以令诸侯"的情况下仍"怀匡佐之义"的荀彧，给予了无限的同情与理解：

> 自迁帝西京，山东腾沸，天下之命倒悬矣。荀君乃越河、冀，间关以从曹氏。察其定举措，立言策，崇明王略，以急国艰，岂云因乱假义，以就违正之谋乎？诚仁为己任，期纾民于仓卒也。及阻董昭之议，以致非命，岂数也夫！世言荀君者，通塞或过矣。常以为中贤以下，道无求备，智算有所研疏，原始未必要末，斯理之不可全诘者也。夫以卫赐之贤，一说而毙两国。彼非薄于仁而欲之，盖有全必有丧也，斯又功之不兼者也。方时运之屯邅，非雄才无以济其溺，功高势强，则皇器自移矣。此又时之不可并也。盖取其归正而已，亦杀身以成仁之义也。①

范晔认为，在处于"时之不可并"，"时运之屯邅"，"皇器自移"的政治形势之下，荀彧能够做到追随曹操而又不为利益所动，坚持以匡扶汉室为从政目的，最终虽抱憾而终，但也算得上是舍生取义了，"亦杀身以成仁之义也"。人生在世，不可能事事求全无过，历来都是"有全必有丧"，理之必然也。事实上，荀彧能够在当时判断"（曹）操有雄略"，而"（袁）绍终不能定大

---

① 《后汉书》卷七〇《郑孔荀列传》后论。

业”,最终去绍从操,应当说还是有一定的政治鉴别力的,但他以辅佐曹氏的方式来振兴汉室的做法,至少是缺乏政治经验之举,换言之,这样的“杀身以成仁”之誉未免有些牵强。范晔之所以对他作这样高的评价,既与他对东汉末年的政治形势的判断有关,也与他对儒家伦理思想的政治作用的理解有关,从某种程度上说,这同样也是他的政治理想的体现。

可以认为,范晔的《后汉书》,对儒家伦理道德的社会作用多所致意,处处加以论证与阐发。他在记述历仕明帝、章帝、和帝三朝的重臣袁安史事时,认为他之所以能够“累世隆盛”,同他对儒家伦理道德的身体力行有着密切的关联:“陈平多阴谋,而知其后必废;邴吉有阴德,夏侯胜识其当封及子孙。终陈掌不侯,而邴昌绍国,虽有不类,未可致诘,其大致归然矣。袁公窦氏之间,乃情帝室,引义雅正,可谓王臣之烈。及其理楚狱,未尝鞫人于臧罪,其仁心足以覃乎后昆。子孙之盛,不亦宜乎?”[①]袁安对楚王英谋反案处理公正,坚持不伤及无辜,“得出者四百余家”;在处理边疆少数民族问题上坚持“言忠信,行笃敬”的古训;反对以窦宪为首的外戚武将外炫武功,内逞私欲,虽深为窦氏所恨而始终不渝,“安以天子幼弱,外戚擅权,每朝会进见,及与公卿言国家事,未尝不噫呜流涕。自天子及大臣皆恃赖之。”范晔认为,上述种种行迹,都可归于“仁”的范畴,且其建功之大,“足以覃乎后昆”,所以会泽被子孙,“子孙之盛,不亦宜乎?”在谈到汉章帝子孙绵延,均得以“继祀汉室”时,他同样认为是其“长者”之风与“温柔敦厚”的

① 《后汉书》卷四五《袁张韩周列传》后论。

性格使然[①]。事实上,恤民以德,为政以直,处世以信,固然是古代儒家关于“仁”的理解的组成部分,但把这种个人修养的程度与后世子孙的兴盛与否直接联系起来,却说明范晔的伦理思想还是在某种程度上受到了儒学神学化的影响。从这个角度说,他的识见落后于司马迁对于“天”能明赏罚的疑问;另一方面,这种认识也反映出范晔关于道德修养对个人命运与国家局势发展的极端重要性的强调。

关于道德的社会作用的讨论还涉及另外一个重要问题,即物质利益与个人道德的关系。孔子曾在子贡问政时讲到,食、兵、信是为政的三个必备条件。如果不可三者兼得,取二者则留食与信,取一者则留信[②]。这一观点表明了儒家重礼义、重道德的思想倾向。在汉代儒家伦理思想逐渐被神学化的情况下,一些思想家对此提出了新的解说。司马迁在《史记》中明确地提出了“礼生于有”的道德起源论,继承并发挥管子、荀子的有关思想,认为“富者,人之性情,所不学而俱欲者也”,“天下熙熙,皆为利来;天下攘攘,皆为利往”[③]。东汉王充更是直接针对孔子所论提出不同认识:“夫去信存食,虽不欲信,信自生矣;去食存信,虽欲为信,信不立矣”[④]。这一观点与先秦“仓禀实而知礼节,衣食足而知荣辱”的朴素唯物观

① 《后汉书》卷五五《章帝八王列传》后论。

② 《论语·颜渊》:“子贡问政。子曰:‘足食,足兵,民信之矣。’子贡曰:‘必不得已而去,于斯三者何先?’曰:‘去兵。’子贡曰:‘必不得已而去,于斯二者何先?’曰:‘去食,自古皆有死,民无信不立。’”杨伯峻:《论语译注》,中华书局1958年版。

③ 《史记》卷一二九《货殖列传》。

④ 王充《论衡·问孔》,诸子集成本,中华书局1954年版。

念有直接的联系,从而具有积极的意义。

值得注意的是,从思想发展的历程来看,孔子、司马迁、王充所论,是从不同层面(或角度)来讨论物质与思想的关系的。孔子所论食、兵、信三者统一,是说明为政者应建立一种良好的社会秩序;而在三者不可兼有的情况下,"信"仍然是保证这种秩序的根本。这是自上而下地考虑问题。司马迁所论,是客观地反映了社会生活的实际面貌;这种面貌恰恰说明孔子所论的重要,也说明了司马迁"礼生于有"的思想的辩证性。至于王充所驳孔子之言,固然强调了"食"的重要,这是自下而上地看待"食"与"信"的关系;但他对"食"与"信"的相互关系,似不能如孔子那样作辩证的认识。范晔在这个问题上继承了司马迁、王充的积极认识,认为:

> 爵任之于人重矣,全丧之于生大矣。怀禄以图存者,仕子之恒情;审能而就列者,出身之常体。夫纡于物则非己,直于志则犯俗,辞其艰则乖义,徇其节则失身。统之,方轨易因,险途难御。故昔人明慎于所受之分,迟迟于岐路之间也。如令志行无牵于物,临生不先其存,后世何贬焉?①

这段话说明了道德修养与外在物质利益、气节道义与个人生命之间关系的正确处理。范晔认为,"怀禄以图存"、"审能而就列"是"仕子之恒情"、"出身之常体",这表明他对人的正常物质需求是认可的、肯定的。但是,在"所受之分"并不易于把

① 《后汉书》卷四四《邓张徐张胡列传》后论。

握，处于“歧路之间”的时候，就要慎而又慎，因为有一定成规可以遵循就不易走入歧路，而是非难辨、似是而非的情况下，就容易“乖义”或者是“失身”。只有做到“志行无牵于物，临生不先其存”，才能做到“后世无贬”。也就是说，在承认物质利益与生命的重要性的前提下，在“险途难御”的情况下，不为外在利益所牵，不为性命之忧所挂，有舍利取义的勇气，有视死如归、杀身成仁的准备，这才是人生修养的至高境界。这种认识一方面认可物质利益与生命对人的意义，一方面又从留名后世的角度倡导伦理道德修养的极端重要。

以这样的道德标准去看待史事与历史人物，范晔对于马融也有独到的评价：

> 马融辞命邓氏，逡巡陇汉之间，将有意于居贞乎？既而羞曲士之节，惜不赀之躯，终以奢乐恣性，党附成讥，固知识能匡欲者鲜矣。夫事苦，则矜全之情薄；生厚，故安存之虑深。登高不惧者，胥靡之人也；坐不垂堂者，千金之子也。原其大略，归于所安而已矣。物我异观，亦更相笑也。[1]

马融作为东汉一代名儒，范晔并没有对他的学术与从政的成就多作评价，而是从其个人命运出发，评价他的一生，认为他之所以能“羞曲士之节，惜不赀之躯”，后又以“奢乐恣性，党附成讥”，就在于他对利益得失的不正确认识。由于斤斤于利禄功名，刻意于保全性命，为物所牵，“安存之虑深”，不能“以识

① 《后汉书》卷六〇上《马融列传》后论。

匡欲”,所以虽“才高博洽,为世通儒,教养诸生,常有千数”①,但仍难免为天下笑。这一立论的角度与观点,都体现出范晔“重德义”的撰述宗旨。范晔看待历史,看待历史人物,着意于对历史事件与历史人物的“屈伸荣辱之际”进行描述与评价,史称其“未尝不致意焉”②。这些评价的一个主要目的,就是通过对历史人物行事的得失进行分析,阐明儒家伦理道德的某些重要原则。这些原则还突出地表现在范晔关于德义、诚信、名节和修身之道等方面的论述中。

二、重伦理与贵德义

范晔在全面地比较、评价司马迁、班固的史学成就时,其重视伦理的色彩也十分鲜明,他这样写道:

> 司马迁、班固父子,其言史官载籍之作,大义粲然著矣。议者咸称二子有良史之才。迁文直而事核,固文赡而事详。若固之序事,不激诡,不抑抗,赡而不秽,详而有体,使读之者亹亹而不厌,信哉其能成名也。彪、固讥迁,以为是非颇谬于圣人。然其论议常排死节,否正直,而不叙杀身成仁之为美,则轻仁义,贱守节愈矣。固伤迁博物洽闻,不能以智免极刑;然亦身陷大戮,智及之而不能守之。呜呼,古人

① 《后汉书》卷六〇上《马融列传》。

② 《南史》卷三三《范泰列传》附《范晔传》。

所以致论于目睫也！①

马、班因其在中国史学发展中的开创之功，对后世有着深远的影响。作为纪传体通史与纪传体断代史的创始人，他们在史学发展中的贡献与地位，也成为后人探讨的重要问题，直到今天，这一问题还有其不可忽视的学术价值。范晔的上述分析，在中国史学史上同样有着深远影响。这一认识事实上说了三层意思：一是马、班皆有良史之才，而班固的叙事才能更胜一筹；二是在阐扬儒家的伦理道德方面，虽然班氏父子认为司马迁在史识上"是非颇谬于圣人"，但实际上他们自己在此方面更为欠缺，"轻仁义，贱守节愈矣"；三是在个人命运的把握上，司马迁智不及之，故未能免于极刑，但班固智虽及之，却未能守之，同样深为可叹。在这三个方面中，是否对"正直"、"仁义"、"守节"等儒家伦理思想着重加以阐扬与遵从，是范晔评价二人高下的一个重要出发点。

范晔的上述评论，为后人所关注。清代学者王鸣盛对《后汉书》有很高的评价，他认为范晔由于对班固《汉书》"否正直，不叙杀身成仁之为美"的做法深为不满，所以在《后汉书》中着力对"德义"加以阐发，"今读其书，贵德义，抑势利，进处士，黜奸雄，论儒学则深美康成，褒党锢则推崇李、杜，宰相多无述，而特表逸民，公卿不见采，而惟尊独行"②。白寿彝先生指出，"范晔重视节义"，"把节义当作衡量历史人物的重要标准。他以此来分别司马迁史学和班固父子史学的高下，并通过史事

① 《后汉书》卷四〇下《班彪列传下》后论。

② 王鸣盛《十七史商榷》卷六一"范蔚宗以谋反诛"条，同前引书。

的整理来表示他的看法”[①]。这个评价,可以说概括了范晔的撰述宗旨及《后汉书》的主要特点。

范晔对儒家伦理思想的阐发,集中体现于《后汉书》的《独行列传》、《逸民列传》和《列女传》之中,这三个类传,都带有鲜明的伦理色彩。

首先来看《独行列传》。何谓“独行”?范晔在本传一开始就提出了明确的概念:

> 孔子曰:“与其不得中庸,必也狂狷乎!”又云:“狂者进取,狷者有所不为也。”此盖失于周全之道,而取诸偏至之端者也。然则有所不为,亦将有所必为者矣;既云进取,亦将有所不取者矣。如此,性尚分流,为否异适矣。
>
> 中世偏行一介之夫,能成名立方者,盖亦众也。或志刚金石,而克扞于强御。或意严冬霜,而甘心于小谅。亦有结朋协好,幽明共心;蹈义陵险,死生等节。虽事非通圆,良其风轨有足怀者。而情迹殊杂,难为条品;片辞特趣,不足区别。措之则事或有遗,载之则贯序无统。以其名体虽殊,而操行俱绝,故总为《独行篇》焉。庶备诸阙文,纪志漏脱云尔。

从这里可以看出,在范晔看来,可以入此传者,首先在性格特点上是行事“不得中庸”者,其次是有所为、亦有所不为的“成名立方”者。但这里所谓的“成名立方”,既不是指政治上的高

① 白寿彝《白寿彝史学论集》(下),同前引书,第940页。

官厚爵，也不是指学术上的高名显位，而是指为数众多的“偏行一介之夫”。他们或“志刚金石，而克扞于强御”，或“意严冬霜，而甘心于小谅”，或“结朋协好，幽明共心”，或“蹈义陵险，死生等节”，虽行事不够周全，但其“风轨有足怀者”，故以“独行”名之。

《独行列传》所载有 24 人行迹，此外还附有 13 人史事。从它所记载的史实来看，这些人中的大多数在“忠义”与“孝友”方面表现得很突出[①]。如谯玄、李业既不愿在王莽的新朝任职，又不接受公孙述的征聘，洁身自好，守节不屈，当属“忠义”一流；范式与张劭友情笃厚，陈重与雷义互让官位，张武与彭修以孝道闻名，当为“孝友”之典范。这就说明，范晔在这里所言的“独行”者，看似违背了孔子所倡导的“中庸之道”，但事实上仍然是恪守儒家伦理道德的某一方面的品行高洁之人，只不过他们的行事方式有些异于常人而已。同样，范晔给予高度评价的“逸民”，也只是一些普通人。

其次说《逸民列传》。本传共记录了东汉一朝 18 名隐逸之士的事迹，单独有传者则不包括在内，如郑玄、郭太等。这里所说的“逸民”，大致有这样几个特点：一是品行高洁，才学过人；二是不畏权势；三是视功名利禄如粪土。《后汉书》专门为此类人立传，一方面说明他们在东汉是一种很有影响的社会群体；一方面也表明了范晔对这种社会群体的认识与关注，同时也表明了他对这种“气节清高”的处士的景仰。《逸民列传》的序，集中体现了他对这一问题的认识：

① 参见崔曙庭《范晔在历史编纂学方面的成就》，载《天中学刊》，1996 年第 1 期。

> 《易》称“《遯》之时义大矣哉”。又曰:“不事王侯,高尚其事。”是以尧称则天,不屈颍阳之高;武尽美矣,终全孤竹之洁。自兹以降,风流弥繁,长往之轨未殊,而感致之数匪一。或隐居以求其志,或回避以全其道,或静己以镇其躁,或去危以图其安,或垢俗以动其概,或疵物以激其清。然观其甘心畎亩之中,憔悴江海之上,岂必亲鱼鸟乐林草哉,亦云性分所至而已。故蒙耻之宾,屡黜不去其国;蹈海之节,千乘莫移其情。适使矫易去就,则不能相为矣。……汉室中微,王莽篡位,士之蕴藉义愤甚矣。是时裂冠毁冕,相携持而去之者,盖不可胜数。杨雄曰:“鸿飞冥冥,弋者何篡焉。”言其违患之远也。光武侧席幽人,求之若不及,旌帛蒲车之所征贲,相望于岩中矣。若薛方、逢萌聘而不肯至,严光、周党、王霸至而不能屈。群方咸遂,志士怀仁,斯固所谓“举逸民天下归心”者乎! 肃宗亦礼郑均而征高凤,以成其节。自后帝德稍衰,邪孽当朝,处子耿介,羞与卿相等列,至乃抗愤而不顾,多失其中行焉。

这段文字包含了这样几层意思:一是对“不事王侯”的高尚之士的赞美。范晔认为,“不事王侯”是自古以来就已经存在的一种行事方式,是诸多历史人物所具有并被继承的一种美德。二是后世对这种美德的继承,有着多种方式,如隐居、去官、静修、避害、洁身自好等等,不同人物的性格与命运,决定着其修养特点的不同。三是社会风气与政治局面的变动,从根本上影响着“逸民”的多寡与特点。如王莽代汉时期，他们表现为“相携持而去之”，在政治上对新莽政权持蔑视的态度。光武时期，由于诚心纳士，“旌帛蒲车之所征贲，相望于岩中”，故而“群方咸遂，志士怀仁”，天下风气为之一变，这就是所谓“举逸民天下归心”。但汉章帝以后“帝德稍衰，邪孽当朝”，品行高洁之士羞与当朝者为伍，甚至“抗愤而不顾，多失其中行”。这说明，范晔对于隐逸与逸民这种社会现象和这种特殊人群的认识，是符合基本的史实的。

诚然，隐逸之风之所以在东汉盛行，是与当时的政治状况和社会风气分不开的。归隐之人中固然不乏为了保持自己的高洁之气与政治理想而安于贫困、淡泊名利者，但也有不能忘情于世俗名分与政治仕途的徒具虚名之人。事实上，正如本书第五章的相关部分所指出的那样，所谓“隐逸”，从本质上看也是一种参与时事、发挥历史作用的方式，而并非真正意义上的超凡脱俗。而与此同时，光武帝、章帝等对逸民的礼遇，也在很大程度上有着笼络人心、扩大和稳定统治基础的意图。孔子早就有言：“兴灭国，继绝世，举逸民，天下之民归心焉。”[①]范晔一方面承认这种社会现象的存在，认为有“硁硁有类沽名者”，并从理论上对其修身的出发点予以剖析与批评，但一方面又为他们作辩解说：“然而蝉蜕嚣埃之中，自致寰区之外，异夫饰智巧以逐浮利者乎！”这充分说明，作为一个史家，范晔的客观态度要求他对逸民的不同表现要有全面的反映，但对伦理道德的极端重视与弘扬这一道德体系的自觉性，又使得他对这种哪怕并不纯粹的“高行洁义”，也给予了极大

① 《论语·尧曰》，同前引书。

的重视与关注。而范晔认为在东汉出现的所谓“举逸民而天下归心”的局面,也只能说明他对儒家伦理道德,以及对儒家最高政治理想“德治”的向往而已。

再说《列女传》。本传的撰述原则,一是“如马、邓、梁后别见前纪,梁嫕、李姬各附家传,若斯之类,并不兼书”,也就是说,对于有专传者,本传不再收录。二是不仅收录节烈之人,而且对于所有“才行尤高秀者”,都加以记述,而“不必专在一操而已”①。这说明,范晔对“列女”的理解,比较广泛与宽松,从而具有了相当的积极意义。

对女性修养提出一定的要求,是中国古代儒家伦理思想的重要内容,但是从儒家思想的创始人孔子开始,女性的地位就处于被压制与轻视的状况。至西汉董仲舒对韩非提出的“三纲”思想进行详细论证,东汉《白虎通义》出,男尊女卑的观念进一步系统化。正是在这种思想背景之下,范晔秉承儒家伦理道德思想撰述《后汉书》,同时也看到了前人在这方面的可议之处,并将其明确地体现于史家的撰述活动之中。从伦理思想的发展来看,范晔继承刘向《列女传》的做法,对女性的历史作用与历史地位予以重视,而且开宗明义地指出自己的选人标准是“不必专在一操”,这是有其积极意义的②。后世史学批评家刘知幾在其《史通·人物篇》中对范晔提出批评说,蔡琰“载诞胡子,受辱虏廷,文词有余,节概不足,此则言行相乖者也”,把她列入《列女传》实为不宜:“至蔚宗《后汉》,传

① 《后汉书》卷八四《列女传》序。

② 《明史》卷三〇一《列女一》序:“刘向传列女,取行事可为鉴戒,不存一操;范氏宗之,亦采才行高秀者,非独贵节烈也。”中华书局 1974 年版。

标《列女》，徐淑不齿，而蔡琰见书，欲使彤管所载，将安准的?”由此可见，即使在儒家伦理思想束缚相对宽松的唐代，人们对“列女”的理解还是相当狭隘的；而刘氏与范晔的史识相较，其中的是非高下，自然十分明了。不专录节烈之人，这恰恰是《后汉书》的可贵之处，从其《列女传》所载 17 人来看，其中有以才学著称的班昭、蔡文姬，有孝女曹娥、叔先雄，有安贫乐道的鲍宣妻，有事姑至孝的姜诗妻、乐羊子妻，有贞节自守的刘长卿妻、皇甫规妻等等，其范围是相当广泛的。尽管这里的“广泛”基本上仍未脱出辅佐国君、相夫教子、贞节不屈、个人品行才学等儒家“三纲”对女性所提出的要求，即礼、义、孝、节等，但通过这种宽泛的标准，班昭、蔡文姬等中国历史上的杰出女性在史学、文学领域的风采，得以流传后世，成为佳话。

范晔的伦理思想与《后汉书》的整理排比史事有密切的关系。范晔在撰述《后汉书》的过程中，基本上按历史发展的先后顺序，“发展了‘言行趣舍，各以类书’的方法”[①]。这种“各以类书”的方法，不仅体现于《后汉书》的比较集中的几篇类传当中，而且还体现于范晔对不同历史人物合为一传的史事处理当中。这一点在本书的其他章节与学界都已有不少讨论。

除了通过“各以类书”来阐扬儒家伦理道德，范晔还在史料选择、具体叙事等方面贯穿了明确的伦理原则。这从以下几个较典型的例证可以看得十分清楚。

如关于“信义”的评论。两汉交替之际，刘氏外属来歙，来

① 白寿彝《白寿彝史学论集》(下)，同前引书，第 936 页。

往于东汉朝廷与隗嚣集团之间,希望对隗嚣“开以丹青之信”,使之“束手自归”。结果未达目的,反而激怒了隗嚣,“将杀歙”,但由于“歙为人有信义,言行不违,及往来游说,皆可案覆,西州士大夫皆信重之,多为其言,故得免而东归”。范晔对此事大加赞赏,说“世称来君叔天下信士。夫专使乎二国之间,岂厌诈谋哉?而能独以信称者,良其诚心在乎使两义俱安,而已不私其功也”①。而事实上,隗嚣势力的消亡,最终还是由于东汉朝廷的力量使然;来歙凭个人的努力,很难对当时的历史形势有什么影响,而他本人也由于一味讲求信义,自刃于刺客面前。这种不讲客观条件、不讲具体环境的“信义”、“诚心”,不论在何种情况下,都是弊大于利的。范晔在《后汉书》中之所以为之立传,除了来歙与光武帝的关系之外,他在伦理道德上的“卓行”,应当说是最主要的原因。

又如以“礼”为治的评论。据《后汉书》卷25《卓鲁魏刘列传》记载,南阳宛人卓茂“性宽仁恭爱”,后辟为密县令,“劳心谆谆,视人如子,举善而教,口无恶言”,以“礼”治县,起初“吏人笑之,邻城闻者皆蚩其不能”,但“茂不为嫌,理事自若”。“数年,教化大行,道不拾遗。平帝时,天下大蝗,河南二十余县皆被其灾,独不入密县界。督邮言之,太守不信,自出案行,见乃服焉”。对这件事情,范晔也给予了高度的评价。他说:

> 建武之初,雄豪方扰,虓呼者连响,婴城者相望,斯固倥偬不暇给之日。卓茂断断小宰,无它庸能,时已七十余矣,而首加聘命,优辞重礼,其与周、燕之君

① 《后汉书》卷一五《李王邓来列传》后论。

> 表闾立馆何异哉？于是蕴愤归道之宾，越关阻，捐宗族，以排金门者众矣。夫厚性宽中近于仁，犯而不校邻于恕，率斯道也，怨悔曷其至乎？

对于这样一个对当时的政治局势产生不了多少影响的县令，范晔之所以这样评价他，也只是因为他“厚性宽中近于仁”，所以要特别表彰其言行符合儒家的伦理规范。为了阐扬这种伦理规范，范晔突出地记载了“天下大蝗，河南二十余县皆被其灾，独不入密县界”这样的传言，这又从另一个角度说明了《后汉书》贯穿始终的撰述主旨。

再如关于人们追求物质财富的认识。范晔记南阳樊重说：

> 性温厚，有法度，三世共财，子孙朝夕礼敬，常若公家。……赀至巨万，而赈赡宗族，恩加乡闾。外孙何氏兄弟争财，重耻之，以田二顷解其忿讼。县中称美，推为三老。年八十余终。其素所假贷人间数百万，遗令焚削文契。责家闻者皆惭，争往偿之，诸子从勅，竟不肯受。①

范晔之所以记载这一人物，也是由于他身体力行，弘扬了儒家主敦厚、体仁义的基本原则。范晔认为，这样的富人才可称得上是“君子之富”，这种“君子之富”，可以“施于政”，可以治天下。范晔在本传末还特地引战国时楚顷襄王与阳陵君的一段

① 《后汉书》卷三二《樊宏阴识列传》。

对话以证己说:

> 昔楚顷襄王问阳陵君曰:"君子之富何如?"对曰:"假人不德不责,食人不使不役,亲戚爱之,众人善之。"若乃樊重之折契止讼,其庶几君子之富乎!分地以用天道,实廪以崇礼节,取诸理化,则亦可以施于政也。与夫爱而畏者,何殊间哉!①

由此可见,对于"求富",范晔同样是把它与对"仁"的追求联系在一起的。

显然,在评价历史事件与历史人物方面,《后汉书》处处浸润着鲜明的伦理倾向。这种倾向不仅反映在书中随处可见的对儒家思想话语的引用之中,也体现在范晔史论的主旨之中。

三、"忠"和"义"的辩证认识

范晔论"忠",也从一个方面显示出其伦理思想的特点。

"忠"是中国古代最重要的道德规范之一。它最早的内涵是要求人们诚厚待人,忠实于他人,同时忠实于君主。随着封建社会的发展与巩固,这一概念逐渐演变成为臣民对君主的绝对服从。西汉董仲舒把"君为臣纲"作为"三纲"之首,首次从理论上把"忠"的内容变成臣民对君主的绝对服从,并把它提到了封建伦理规范中前所未有的高度。由于这些思想与封建社会发展的现实相适应,所以受到了统治者的赞赏,得以不

① 《后汉书》卷三二《樊宏阴识列传》后论。

断推广，影响不断扩大。东汉章帝时期对儒学发展产生深远影响的《白虎通义》一书，更是在此基础上极力神化与强化君权，“忠君”被提到了社会生活中最重要的道德规范的高度。

关于天下“大义”，魏晋以前的儒家有很多论述，最为典型者莫过于“杀身成仁”[①]、“舍生取义”[②]之说。应当说，这种以“义”为重，鼓励人们为了维护自己的道德理想和道德原则，可以牺牲包括生命在内的一切的思想，在一定的社会环境下有它的积极意义，它在某种程度上成为后世维系封建社会的伦理道德体系、鼓舞人们坚持正义的精神武器。随着封建社会的不断发展，统治阶级内部与不同阶级之间矛盾的不断出现与激化，后世的思想家逐渐对这种“大义”中的重要部分，即所谓的“君臣之义”提出了质疑。如荀悦认为：“圣王以天下为忧，天下以圣王为乐；凡主以天下为乐，天下以凡主为忧。圣王屈己以申天下之乐，凡主申己以屈天下之忧。申天下之乐，故乐亦报之，屈天下之忧，故忧亦及之；天下之道也。”[③]这就把君主的不同层次作了区分，而且认为对不同层次的君主应当用不同的态度去对待他们。东汉思想家仲长统也对最高统治者及其统治阶层提出了批评，说他们“使饿狼守庖厨，饥虎牧牢豚，遂至熬天下之脂膏，斫生人之骨髓”[④]。魏晋时期，随

---

① 《论语·卫灵公》：“子曰：‘志士仁人，无求生以害仁，有杀身以成仁。’”同前引书。

② 《孟子·告子上》：“鱼，我所欲也，熊掌亦我所欲也；二者不可得兼，舍鱼而取熊掌者也。生亦我所欲也，义亦我所欲也；二者不可得兼，舍生而取义者也。”杨伯峻《孟子译注》，中华书局1960年版。

③ 荀悦《申鉴·政体》，诸子集成本，中华书局1954年版。

④ 仲长统《昌言·理乱》，严可均校辑《全后汉文》，中华书局1958年版。

着政权更迭频繁、社会动荡不已的现实长期得不到改变,皇权受到更大的冲击。在这样的社会政治背景下,一些思想家如阮籍、鲍敬言甚至提出了“无君”的思想,认为君臣之分不是历来就有的,有了这种区分,社会反而有了“强者凌弱”、“智者诈愚”的现象,因而所谓“皇天谆谆言”,不过是“欲之者为辞”的骗人的说法罢了①。

这样的社会与思想环境,一方面使范晔对“忠”给予了高度的重视,一方面又为范晔对传统儒家伦理思想作出修正提供了现实与理论基础。他称赞东汉末年的忠臣们说:“风霜以别草木之性,危乱而见贞良之节”,“君子之于忠义,造次必于是,颠沛必于是也”②。由此可见,他对于危乱之中能够尽臣节、表忠义的“仁人志士”,是持褒扬与赞赏的态度的。

关于臣子对君主正直尽忠的含义,范晔还写道:

> 左丘明有言:“仁人之言,其利博哉!”晏子一言,齐侯省刑。若钟离意之就格请过,寒朗之廷争冤狱,笃矣乎,仁者之情也!夫正直本于忠诚则不诡,本于谏争则绞切。彼二子之所本得乎天,故言信而志行也。③

这里所讲钟离意、寒朗之事,均指其敢于指出最高统治者的过失,从而扬名天下的史事。范晔认为,只要本心正直,都

① 参见葛洪《抱朴子・诘鲍篇》,诸子集成本,中华书局1954年版。
② 《后汉书》卷六四《吴延史卢赵列传》后论。
③ 《后汉书》卷四一《第五钟离宋寒列传》后论。

有可能达到“仁”的要求。这种正直之心若始于忠诚之心，则可以做到诚实无饰诈；若其表现为当堂谏争的形式，则表现为情急意切、言辞激切而多有感情色彩。但只要心诚意正，“所本得乎天”，则无论何种形式，其言行都会感染他人，达到教化天下的目的；而这种正直之人，也得以成为“仁人”，于国于家“其利博哉”。也就是说，君子有义务对君主正直尽忠，尽管形式可以不同，但其“所本”应当是符合“忠”的基本要求的。

这是范晔对于“忠”的理解的一个方面，也是他对于传统思想的继承。但从中国思想史与中国史学史的发展来看，更有理论意义的是他关于这一概念理解的另一方面。

范晔明确地表示反对“不识失身之义”，也就是说反对在君臣关系的处理上，希冀通过狂介之行以“炫沽成名”的做法。桓帝延熹年间，白马令李云感于当时政局不稳，“忧国将危，心不能忍”，于是“露布上书，移副三府”，言辞激切，以为当今“官位错乱，小人谄进，财货公行，政化日损”，“是帝欲不谛乎？”此表一出，桓帝震怒，李云及试图为之辩护的弘农五官掾杜众皆死狱中，大鸿胪陈蕃、太常杨秉、洛阳市长沐茂、郎中上官资等亦由于为云请赦，皆受到免归田里、贬秩等处罚。范晔对此事发表议论说：

> 礼有五谏，讽为上。若夫托物见情，因文载旨，使言之者无罪，闻之者足以自戒，贵在于意达言从，理归乎正。曷其绞讦摩上，以炫沽成名哉？李云草茅之生，不识失身之义，遂乃露布帝者，班檄三公，至于诛死而不顾，斯岂古之狂也！夫未信而谏，则以为

谤己,故说者识其难焉。[1]

由此可见,范晔提倡正直尽忠,但并不主张不知权衡利弊的过激行为;提倡"临生不先其存",但并不主张盲目轻生的不智行为。他认为,李云作为小小的白马令,本身就是"草茅之生",加之修养不足,"不识失身之义"、"未信而谏",才做出"诛死而不顾"的狂介之行,这种行为不仅不可称之为"仁",而且要归入"炫沽"的范围加以谴责。

不仅如此,范晔对于"贤人"不知审时度势、一意孤行所带来的严重后果,同样给予了尖锐的批评:"昔魏齐违死,虞卿解印;季布逃亡,朱家甘罪。而张俭见怒时王,颠沛假命,天下闻其风者,莫不怜其壮志,而争为之主。至乃捐城委爵、破族屠身,盖数十百所,岂不贤哉!然俭以区区一掌,而欲独堙江河,终婴疾甚之乱,多见其不知量也。"范晔结合东汉末年张俭以一人之力试图举劾中常侍侯览之过的史事,说明他虽"贤",为天下所敬重,行事亦出于忠心,但由于不能审时度势,反而牵连多人,"伏重诛者以十数,宗亲并皆殄灭,郡县为之残破"[2]。这样的"贤人",是为"不知量"者。也就是说,贤人也会因"不知量"而犯"疾之以甚"的错误。

综合上述认识,范晔进一步认为,"仁"与"义"固然是人生修养所应当追求的最高目标,但是,仁者的社会作用不仅仅是要"徇名安已",更重要的在于"定去就之概,正天下之风",使"生以理全,死与义合"。"生"与"义"不仅对于个人,而且对于

① 《后汉书》卷五七《杜栾刘李刘谢列传》后论。
② 《后汉书》卷六七《党锢列传》。

社会风气的好坏、是非善恶的判别，都有着重要的意义。但具体到实践中，“义”与“生”之间又有着种种矛盾，所谓“专为义则伤生，专为生则骞义，专为物则害智，专为己则损仁”，指的就是这个意思。那么，在是非去就之间，究竟应该如何自处呢？范晔认为：

若义重于生，舍生可也；生重于义，全生可也。上以残暗失君道，下以笃固尽臣节。臣节尽而死之，则为杀身以成仁，去之不为求生以害仁也。顺、桓之间，国统三绝，太后称制，贼臣虎视。李固据位持重，以争大义，确乎而不可夺。岂不知守节之触祸，耻夫覆折之伤任也。观其发正辞，及所遗梁冀书，虽机失谋乖，犹恋恋而不能已。至矣哉，社稷之心乎！①

应当说，范晔对“生”与“义”的关系的认识，既是对古代儒家追求“仁义”思想的继承，也是对东汉以来社会现实及反映这种现实的进步思想的继承。因此，他敢于提出在“义重于生”的情况下，才去奋起舍生；但在“生重于义”的情况下，比如“上以残暗失君道”的时候，臣下不为之献出生命也不能算作“害仁”，“全生可也”。进一步而言，这种认识与前代儒家思想中强调“舍生取义”的概念相较，更强调以理智的态度对待生命与“大义”的关系，从而具有了更多辩证的色彩。这在中国伦理思想发展史上，不能不说是一个进步。当然，我们还应当看到，范晔虽然强调在“义”与“生”之间要慎于取舍，具体情况具

① 《后汉书》卷六三《李杜列传》后论。

体对待,但他仍然对李固明知"守节之触祸",但仍然坚持"争大义"的"社稷之心"给予了高度的评价,这说明他的认识从本质上仍属于传统儒家的思维范畴,而与魏晋时期的"无君论"有着本质的区别。他对君主的某些"失道"做法的批评,恰恰反映了他希望有"明君"、"圣主"出现的政治理想;至于他所说的汉代"顺、桓之间,国统三绝",事实上也指的是"太后称制"这种不符合儒家伦理的现象。

"孝"是与"忠"密切相关的一个伦理范畴。范晔在这方面的主要贡献是强调了"义养"的概念。《后汉书》卷 39 可以看作是一篇关于孝行的类传[1]。在此传的一开头,范晔就提出了自己对"孝"的认识:

> 孔子曰:"夫孝莫大于严父,严父莫大于配天,则周公其人也。"子路曰:"伤哉贫也!生无以养,死无以葬。"子曰:"啜菽饮水,孝也。"夫钟鼓非乐云之本,而器不可去;三牲非致孝之主,而养不可废。存器而忘本,乐之遁也;调器以和声,乐之成也。崇养以伤行,孝之累也;修己以致禄,养之大也。故言能大养,则周公之祀,致四海之祭;言以义养,则仲由之菽,甘于东邻之牲。夫患水菽之薄,干禄以求养者,是以耻禄亲也。存诚以尽行,孝积而禄厚者,此能以义养也。[2]

范晔认为,孝与不孝的区别不在于是否有如同三牲、钟鼓之类

① 参见陈清泉等主编《中国史学家评传》上册,同前引书,第 198 页。

② 《后汉书》卷三九《刘赵淳于江刘周赵列传》序。

的外在盛饰，而在于内心的真情实感，这才是“孝”的难以做到之处。这是他对前代儒家关于“孝”的理解的继承方面；而他对“孝”的重视，同样也继承了《孝经》所言孝是“德之本也，教之所由生也”的观点。值得注意的是，范晔在这里提出了“大养”与“义养”的概念，认为若能做到修身养性，成就一番大的事业，最终得以报效国家，得到崇高的社会与历史地位，是为最大的“孝行”；而只要能以诚心诚意的言行，通过正当的途径得来的禄米去孝养长辈，心术端正，品行纯洁，就是吃杂粮、喝白水，也比那种以不义之行得来的肉食更能体现儿女的孝心，是为“义养”；反之，为了“养”的目的而行不义之事，是“以耻禄亲”，为“孝之累也”。范晔对“大养”尤其是“义养”的这一认识，既是对东汉以来单纯强调孝敬祖先、服从父母的“孝行”的认识的进一步深化，也是对当时出现的“举孝廉，父别居”的现象的一种抨击。从这个角度说，范晔对“以孝治天下”的理论思考更为深入，也更具有现实的针对性。

四、重名节

在范晔丰富的伦理思想中，还值得注意的是范晔“重视节义”[①]。重名节是东汉士大夫中的一股正气，也是许多士人所追求的人生境界。范晔《后汉书》对此多有记述与评论。其中，尤为突出的是记李固、杜乔与权臣梁冀的矛盾而李固、杜乔终于被害的故事。李固被害前，曾致书大臣胡广、赵戒，批评他们曲从梁冀的错误，他写道：

---

① 白寿彝《陈寿、袁宏和范晔》，载《北京师范大学学报》，1964 年第 1 期。

> 固受国厚恩,是以竭其股肱,不顾死亡,志欲扶持王室,比隆文、宣。何图一朝梁氏迷谬,公等曲从,以吉为凶,成事为败乎?汉家衰微,从此始矣。公等受主厚禄,颠而不扶,倾覆大事,后之良史,岂有所私?固身已矣,于义得矣,夫复何言!①

这封书信,一则是表明了李固本人"志欲扶持王室"而"不顾死亡"的信念,二是批评胡、赵二人"曲从"梁冀而置"汉家衰微"于不顾的错误,三是指出"后之良史"是不会"有所私"而不秉笔直书的。这三层意思把重名节的出发点、重要性和对于后世的影响,都讲得十分透彻、感人,以致胡广、赵戒"得书悲惭,皆长叹流涕"。至于传中所记李固被刑后,其弟子郭亮"因往临哭","守丧不去",南阳人董班"亦往哭固,而殉尸不肯去",都是为李固的为人所感动,而不顾及所谓"有敢临者加其罪"之令。

范晔记杜乔事,大致与此相类。他以李、杜二人合传,自有其深意所在。范晔在本传后论中精确地指出了名节的社会价值,那就是"定去就之概,正天下之风"。东汉社会有重名节之风,范晔《后汉书》对此多有记述与批评,《李杜列传》可视为这方面的代表之作。此外,范晔对党人气节的褒扬,对隐逸者的"高洁"之行的赞赏,对"忠义"之人与事的着力发掘,都可视为对这种社会风气的重视,并以史书撰述的形式将其传递下去。这一点,本书的其他章节均已有阐述,此不赘述。

---

① 《后汉书》卷六三《李杜列传》。

此外，范晔还记述了另一种“名节之士”，即感人恩德、为人死命的侠义之士，这在史学上是有其传统的。司马迁在《史记》中首列《游侠列传》，对这类历史人物加以表彰。他说：

> 韩子曰：“儒以文乱法，而侠以武犯禁。”二者皆讥，而学士多称于世云。至如以术取宰相卿大夫，辅翼其世主，功名俱著于春秋，固无可言者。及若季次、原宪，闾巷人也，读书怀独行君子之德，义不苟合当世，当世亦笑之。故季次、原宪终身空室蓬户，褐衣疏食不厌。死而已四百余年，而弟子志之不倦。今游侠，其行虽不轨于正义，然其言必信，其行必果，已诺必诚，不爱其躯，赴士之厄困，既已存亡死生矣，而不矜其能，羞伐其德，盖亦有足多者焉。

由此可见，司马迁对游侠的定义，是起于“闾巷”的布衣之人，读书且有德行，又不为当世之流俗所看重。但这类人重信义，“设取予然诺”，因而“千里诵义，为死不顾世”，“比权量力，效功于当世”，所以“以功见言信，侠客之义又曷可少哉！”①与司马迁相反，对正宗思想着力加以阐发的班固在其所撰《汉书》中，认为游侠“以匹夫之细，窃杀生之权，其罪已不容于诛矣。观其温良泛爱，振穷周急，谦退不伐，亦皆有绝异之姿。惜乎不入于道德，苟放纵于末流，杀身亡宗，非不幸也！”②由此可见，班固对于游侠的出现所造成的“背公死党之议成，守职奉

① 《史记》卷一二四《游侠列传》。
② 《汉书》卷九二《游侠列传》。

上之义废"的"上下陵替"的局面,是持鲜明的反对态度的。

但是,从另外一个角度说,这种"节义之士",其行为与儒家伦理道德所要求的"信义"原则,是有着相通之处的。虽然他们因为"立气齐,作威福,结私交,以立强于世"而多为时俗所诟病,但同时也因为"徇人刻己,然诺不欺,以立名节"而"世竞慕之"。另一方面由于东汉时期"荐举征辟,必采名誉,故凡可以得名者,必全力赴之,好为苟难,遂成风俗"。这种现象带来的必然结果之一,便是所谓"节义"之士中的一些人所表现出来的"节义"行为,实际上已不同程度地偏离了儒家所提倡的"节义"概念,而其具体表现又各有不同。正如清人赵翼在《廿二史札记》中所分析的那样,《后汉书》在记述这种"名节之士"的过程中,大致分这样几种情况:

一是"郡吏之于太守,本有君臣名分,为掾吏者,往往周旋于死生患难之间"。如李固被戮之后,其弟子郭亮负斧上书,请求收固尸以还;杜乔被杀,其故掾杨匡守护其尸不去;第五种的门下掾孙斌,为了使种免于被仇家所害的危险,于是"格杀送吏,与种俱逃";另如王允为太原守刘瓆送丧,三年乃归;公孙瓒为郡吏,太守刘君坐事贬谪他地,瓒祭辞父墓,伴刘君流放,均属于"尽力于所事,以著其忠义者也"。

二是"感知遇之恩,而制服从厚者也"。如李恂为送太守李鸿归葬,不应州辟之命;乐恢为太守行丧服;桓典为国相王吉守丧,三年乃负土成坟;荀爽为感谢袁逢知遇之恩,为之"制服三年"。当然,赵翼在这里也提出批评说:对有知遇之恩者投桃报李固然不错,但"父母丧不过三年,而郡将举主之丧与父母无别,亦太过矣"。这是指出了他们在"礼"上的不当之处。

三是“以让爵为高者”。如西汉韦贤之子玄成让袭爵于其庶兄弘；东汉邓彪亦以封爵让于异母弟；刘恺让封于弟宪；桓荣子郁让爵于兄子泛；丁綝之子鸿让封于弟盛；郭躬之子贺让封于小弟；徐防之子衡让封于弟崇。虽然这其中有“以让而得请者”，亦有“不得已乃出就封”，“让而不得请者”。但都是以让爵拒封为获取高名的手段。赵翼对此提出批评说：“夫以应袭之爵，而让以鸣高，即使遂其所让，而已收克让之名，使受之者蒙滥冒之诮，有以处己，(既)[即]无以处人，况让而不许，则先得高名，仍享厚实，此心尤不可问也。”从这个意义上说，赵翼对所谓“让爵”的“节义之士”的分析，无论从道义上，还是从物质享受的获得上，都比范晔要深刻。

四是“轻生报仇者”。如崔瑗为报兄之忿，手刃仇家而去；魏朗白日操刀杀害兄仇人于县中；苏谦之子不韦为报杀父之仇，结交宾客，使之掘地道至仇人司隶校尉李暠家，杀其家人，掘其父墓，斩其头以祭苏谦。赵翼认为，“夫父兄被害，自当诉于官，官不理而后私报可也。今不理之于官，而辄自行仇杀，已属乱民”。如果说，这种情况“犹曰出于义愤”，尚有可原之处。至于另外一种情况，则尤不可为了。这就是下文所论《后汉书》中记述的第五种“节义之士”。

五是“代人报仇者”。如何颙为友虞纬高报父仇，以仇人之头“祭其父墓”；郅恽为友董子张报杀父之仇，“以头示子张”。赵翼评论说：“此则徒徇友朋私情，而转捐父母遗体，亦缪戾之极矣”。[①] 等等。

对以上赵翼所举所论，有两点是应当指出来的：

---

① 以上参见赵翼《廿二史札记》卷五“东汉尚名节”条，同前引书。

其一,赵翼的所举所论,大多是“名节之士”的极端行为,并多表现为中下层“名节之士”的极端行为,不应视为“东汉尚名节”的主流。范晔只是将其作为“名节”的表现之一加以著录,反映了东汉一朝的社会现实。

其二,从主流看,从那些影响国家政治生活、社会治乱的“名节之士”的行为看,不论是其当时产生的积极作用,还是留在历史上的一腔正气,都是应当肯定的,如前举李固、杜乔事等。对此,赵翼其实也是肯定的,他认为:

> 盖其时轻生尚气已成习俗,故志节之士好为苟难,务欲绝出流辈,以成卓特之行,而不自知其非也。然举世以此相尚,故国家缓急之际,尚有可恃,以搘拄倾危。昔人以气节之盛,为世运之衰,而不知并气节而无之,其衰乃更甚也。①

显然,只有这样来看待《后汉书》的重节义,才是符合范晔思想本意的。这一点从他关于交友的相关论述中,同样可以看得出来。

关于朋友之道,也是中国古代儒家伦理思想的一个重要范畴。早在《论语》、《孟子》中,就已经出现了朋友交往应当“有信”的论述②。孔子还提出了“友直、友谅、友多闻”的标

① 赵翼《廿二史札记》卷五“东汉尚名节”条。同前引书。

② 《论语·学而》:“与朋友交而不信乎”;《论语·公冶长》:“老者安之,朋友信之,少者怀之”,同前引书。《孟子·滕文公上》:“朋友有信”,同前引书。

准，反对“友便辟，友善柔，友便佞”①，即反对与习于威仪而不直者、媚悦而不谅者、夸夸其谈而无知见之实者交朋友。孟子提出交友要“不挟长、不挟贵、不挟兄弟而友”②。韩非子则进一步提出交友要防止以私交废公义，“必行其私，信于朋友，不可为赏劝，不可为罚沮，人臣之私义也。私义行则乱，公义行则治”③。秦、汉以后，交友之义被进一步地详细化了。如“朋友之道有四焉，通财不在其中；近则正之，远则称之，乐则思之，患则死之”④。

范晔关于这一问题的认识，是紧密结合着东汉一朝的社会现实的，他结合东汉有关人士的言论，写道：

> 朱穆见比周伤义，偏党毁俗，志抑朋游之私，遂著《绝交》之论。蔡邕以为穆贞而孤，又作《正交》而广其致焉。盖孔子称“上交不谄，下交不黩”，又曰：“晏平仲善与人交”，子夏之门人亦问交于子张。故《易》明“断金”之义，《诗》载“宴朋”之谣。若夫文会辅仁，直谅多闻之友，时济其益，纻衣倾盖，弹冠结绶之夫，遂隆其好，斯固交者之方焉。至乃田、窦、卫、霍之游客，廉颇、翟公之门宾，进由执合，退因衰异。又专诸、荆卿之感激，侯生、豫子之投身，情为恩使，命缘义轻。皆以利害移心，怀德成节，非夫交照之

① 《论语·季氏》，同前引书。

② 《孟子·万章下》，同前引书。

③ 《韩非子·饰邪》，诸子集成本，中华书局1954年版。

④ 《白虎通义》卷五《谏诤·隐恶之义》，陈立疏证本，中华书局1994年版。

> 本，未可语失得之原也。穆徒以友分少全，因绝同志之求；党侠生敝，而忘得朋之义。蔡氏贞孤之言，其为然也！①

范晔在这里继承了孔子提出的"直谅多闻之友"的提法，认为如"进由执合，退因衰异"，"情为恩使，命缘义轻"者，均是因为利益攸关、心怀感激而交往，这不能称之为真正的交友之道，故而"非夫交照之本，未可语失得之原"。范晔反对因为"朋游之私"而"绝同志之求"，因"党侠生敝"而"忘得朋之义"，而是主张脱离利益关系、在平等交往的基础上，秉承古代儒家之义，才可以做到"善交"。这种不偏激不过正的辩证认识，既是对传统儒家思想积极因素的继承，同时又是对其做出的新发展。联系东汉一朝的政治形势与社会风气，可以认为这种认识是对"名节之士"的行为从理论上进行的一种有益探讨与规范，从而具有了更为重要的现实意义与理论意义。

五、"正心"与"诚意"的修身之道

任何事物都难以完全避免其可能产生的负面影响，在伦理道德领域也是如此。

东汉统治者为了更好地利用伦理道德，以达到稳定人心、巩固统治的目的，从选拔人才的角度对品行端正者加以褒扬与鼓励，实行地方察举和朝廷征辟相结合的选举制度。这一方面保证了东汉政治秩序的正常运行，另一方面也造成了各

---

① 《后汉书》卷四三《朱乐何列传》。

种种弊行为丛生、虚矫饰诈之人增多,败坏了社会风气。范晔伦理思想的深刻,还在于他在考察东汉社会与道德之关系时,已经发现了这种弊端。因此,他对人生修养中的几种行为进行了剖析,着重强调了在个人修养过程中的"正心"与"诚意"。

"正心"与"诚意"是儒家提出的最基本的两个道德修养概念①。"正心"实际上就是一种确定修养目标、让伦理道德观念统帅思想方向的心理准备过程,是进行道德修养的起始阶段。只有把作为身之主宰的心放端正,才有可能成为君子和圣人。魏晋之际傅玄著有《傅子》,其中专有一篇讲"正心",认为立国之本在于立德,而立德之本在于正心。正心就是使忠正仁理存乎心,使心自足和自得,则"治天下有余"。这就把"正心"这种个人修养的概念提到了影响治国大局的重要地位。"诚意"则要求人们由一念发动之处就具有道德意念的追求。它是达到正心的基础。不诚意,正心无法实现。只要每一念的发动都符合道德的要求,正心也就不成其为难事。

范晔认为,无论在何种环境下,只要做到"正心"与"诚意",即可达到"仁人"之境、君子之道,为人处世可以随心所欲而不逾其矩了。他写道:

> 《易》曰:"君子之道,或出或处,或默或语。"孔子称:"蘧伯玉邦有道则仕,邦无道则可卷而怀也。"然用舍之端,君子之所以存其诚也。故其行也,则濡

① 《礼记·大学》:"古之欲明明德于天下者,先治其国;欲治其国者,先齐其家;欲齐其家者,先修其身;欲修其身者,先正其心;欲正其心者,先诚其意;欲诚其意者,先致其知。"十三经注疏本,中华书局1980年版。

足蒙垢,出身以效时;及其止也,则穷栖茹菽,臧宝以迷国。[1]

这是引用经典来说明:用与舍,行与止,既要考虑到环境,又要保持一个“诚”字。在范晔看来,“正心”与“诚意”的修身途径主要表现为以下几个方面:

“利仁”与“体仁”的区别。在《后汉书》的《宣张二王杜郭吴承郑赵列传》中,范晔提出了“利仁”与“体仁”的根本区别:

> 夫利仁者或借仁以从利,体义者不期体以合义。季文子妾不衣帛,鲁人以为美谈。公孙弘身服布被,汲黯讥其多诈。事实未殊而誉毁别议。何也?将体之与利之异乎?宣秉、王良处位优重,而秉甘疏薄,良妻荷薪,可谓行过乎俭。然当世咨其清,人君高其节,岂非临之以诚哉!语曰:“同言而信,则信在言前;同令而行,则诚在令外。”不其然乎!张湛不屑矜伪之诮,斯不伪矣。王丹难于交执之道,斯知交矣。

历史人物外在的举止行为,并不是其“仁”与“不仁”的惟一标准,根本的区别在于其内心是要借“仁”以谋名利,还是要真正体味“仁”的真谛,达到个人修养的一定程度。如果能够辨明二者的界限,再身体力行“仁”的要求,就可称得上是“体仁”,离“仁”的要求就不远了。这里提到的张湛、王丹,范晔在传文中并未对其政绩多作记述,而是着重强调他们“矜严好礼,动

① 《后汉书》卷五三《周黄徐姜申屠列传》序。

止有则,居处幽室,必自修整"的个人修养,与"家累千金,隐居养志,好施周急"的善行。范晔还意味深长地讲道:"夫威强以自御,力损则身危;饰诈以图己,诈穷则道屈;而忠信笃敬,蛮貊行焉者,诚以德之感物厚矣"[①]。这里,范晔着重指出的是"诚心"与"诈伪"这对概念。凭势力威强以自保,则必然不能长久;而以饰诈奸伪为谋利工具,则必然以害己告终。这事实上与他对"利仁"、"体仁"的分辨相辅相成,即诈伪者利仁,则为世之君子所不屑;诚心修养者体仁,则为世人所敬仰。

提倡"为己之学"。"为己之学"与"为人之学"两种治学之道,都出自《论语·宪问》:"古之学者为己,今之学者为人。"孔子认为,君子之于学应以提高和完善自己的道德水平为目的,而不是为向别人显示自己的知识水平,不是为求得高官厚禄,不是为扬名天下。强调为学必须与个人品德、人格的完善紧密结合起来。是为"为人之学"与"为己之学"的不同之处。荀子在其《劝学》篇中对这一思想作了进一步的发挥,他指出:"君子之学也,入乎耳,箸乎心,布乎四体,形乎动静,端而言,蝡而动,一可以为法则。小人之学也,入乎耳,出乎口。口耳之间则四寸耳,曷足以美七尺之躯哉?古之学者为己,今之学者为人。君子之学也,以美其身;小人之学也,以为禽犊。"将"君子之学"与"小人之学"直接对立起来,从而将孔子的思想进一步强化了。

范晔记东汉初期的儒士桓荣,说他"少学长安,习《欧阳尚书》,事博士九江朱普。贫窭无资,常客佣以自给,精力不倦,十五年不窥家园";"莽败,天下乱。荣抱其经书与弟子逃匿山

---

① 《后汉书》卷二七《宣张二王杜郭吴承郑赵列传》后论。

谷,虽常饥困而讲论不辍,后复客授江淮间”。东汉建立后,桓荣得到当朝者的青睐,政治地位不断提高。光武帝时(建武十九年),“拜为议郎,赐钱十万,入使授太子”;“[建武]二十八年……以荣为少傅”;“[建武]三十年,拜为太常。”明帝时,“尊以师礼”,“天子亲自执业,每言辄曰‘大师在是’。”“荣每疾病,帝辄遣使者存问,太官、太医相望于道。及笃,上疏谢恩,让还爵土。帝幸其家问起居,入街下车……自是诸侯将军大夫问疾者,不敢复乘车到门,皆拜床下。荣卒,帝亲自变服,临丧送葬,赐冢茔于首山之阳。”对这样一位由贫苦到富庶、由落魄到显赫,因饱学谦让而备受尊崇、泽被子孙的硕儒,范晔评价说:

> 伏氏自东西京相袭为名儒,以取爵位。中兴而桓氏尤盛,自荣至典,世宗其道,父子兄弟代作帝师,受其业者皆至卿相,显乎当世。子曰:“古之学者为己,今之学者为人。”为人者,凭誉以显物;为己者,因心以会道。桓荣之累世见宗,岂其为己乎![1]

在这里,范晔客观描述了桓荣在东汉儒学发展中的地位,及其所得到的尊崇与美誉。但与此同时,他又尖锐地指出,即使桓氏有着不为功名、一心向学的毅力[2],以及成名之后的“温恭有蕴藉”,“每以礼让相猒,不以辞长胜人”的君子之度与谦让

① 《后汉书》卷三七《桓荣丁鸿列传》。

② 《后汉书》卷三七《桓荣丁鸿列传》:“荣初遭仓卒,与族人桓元卿同饥厄,而荣讲诵不息。元卿嗤荣曰:‘但自苦气力,何时复施用乎?’荣笑不应。及为太常,元卿叹曰:‘我农家子,岂意学之为利乃若是哉!’”

之风，也难以达到“因心会道”的标准。因为他“累世见宗”，事实上就是一种“凭誉以显物”，即“学而为人”的表现。这样的认识虽然未免有些过苛，但它从另一个方面说明了范晔对个人的伦理道德修养过程中“本心”的看重，“因心以会道”，事实上就是对以儒家伦理思想为准则进行个人修养时要“诚意”、要讲求“正心”的强调。如果说，孔子与荀子的论述，是从学习礼义的目的与动机立论，那么，范晔由修养时的心态出发阐发自己的认识，则更看重儒家关于个人修养在客观上所达到的社会效果。

“谦让”以求“名”是“薄义之行”。在记述桓荣史事的同时，范晔还记述了桓荣的学生丁鸿的行事。丁鸿13岁起从桓荣习《欧阳尚书》，“三年而明章句，善论难”。因其父丁綝为光武部下将领，后为河南太守、陵阳侯，故当綝卒，鸿当袭封。但其因“贪经书”而“自放弃”，让国于其弟盛，“挂缞絰于冢庐而逃去”。后鸿与同学鲍骏相遇于东海，骏责备他说：“昔伯夷、吴札乱世权行，故得申其志耳。《春秋》之义，不以家事废王事。今子以兄弟私恩而绝父不灭之基，可谓智乎？”鸿感而悟之，遂“还就国，开门教授”，后亦受到当政者的青睐，显赫一时。在此篇传文之后，范晔也有一段意味深长的论述：

> 孔子曰：“太伯三以天下让，民无得而称焉。”孟子曰：“闻伯夷之风者，贪夫廉，懦夫有立志。”若乃太伯以天下而违周，伯夷率洁情以去国，并未始有其让也。故太伯称至德，伯夷称贤人。后世闻其让而慕其风，徇其名而昧其致，所以激诡行生而取与妄矣。至夫邓彪、刘恺，让其弟以取义，使弟受非服而

> 己厚其名，于义不亦薄乎！君子立言，非苟显其理，将以启天下之方悟者；立行，非独善其身，将以训天下之方动者。言行之所开塞，可无慎哉！原丁鸿之心，主于忠爱乎？何其终悟而从义也！异夫数子类乎徇名者焉。①

这里，范晔强调的依然是求“仁”过程中的“本心”。从“让”之本意来看，太伯与伯夷都不是为“让”而“让”，而是为天下、为气节而“让”，这种“让”，是名副其实的，甚至是无名的。只是后人徇名而为，才使不顾其实的“让”成为某些人沽名钓誉的手段，这种“让”是应该受到谴责的“薄义之行”。不仅如此，范晔认为真正的儒士应以“君子”的标准要求自己，以“启天下之方悟者”、“训天下之方动者”为修身的最终目的，以其所学有益于国家社会为正途，而不是仅仅以“苟显其理”、“独善其身”为满足，追求外在的虚名。但如果本心“主于忠爱”，不图私利，即使暂时误入歧途，违背了儒家的道德原则，最终也能“悟而从义”，成为真正意义上的“君子”。范晔在这里所提出的一些概念，就关于人生修养的理论来说，更注重人的主观动机与客观效果之间的一致性，注重个人修养中细致而微的差别。可以认为，这是对“正心”、“诚意”概念的又一种理解与阐释。

去矫饰、避流俗以修己。范晔关于人生修养的论述，还有一个重要的思想原则，即不为流俗所动，不为虚矫之事，这样才可以做到“声教废于上，而风俗清乎下”：

---

① 《后汉书》卷三七《桓荣丁鸿列传》。

> 汉自中世以下，阉竖擅恣，故俗遂以遁身矫洁放言为高。士有不谈此者，则芸夫牧竖已叫呼之矣。故时政弥惛，而其风愈往。唯陈先生进退之节，必可度也。据于德故物不犯，安于仁故不离群，行成乎身而道训天下，故凶邪不能以权夺，王公不能以贵骄，所以声教废于上，而风俗清乎下也。[1]

这里所讲的“陈先生”，指的是颍川许人陈寔，据说他不为流俗所动，清正平直，晓譬曲直，以德治境，竟至太丘一地“无讼者”。最为可贵的是，灵帝时权臣张让之父归葬颍川，当地“名士”为显其高节，“虽一郡毕至，而名士无往者”，而“寔乃独吊焉”。但就是这样一个看似缺乏名士风度的人，却在后来大将军何进、司徒袁隗屡次请他担任要职时都婉言谢绝，在以遁世矫伪、清谈饰洁为高的社会环境中，能够做到与当权贵胄不刻意保持距离以求高名与利禄；但在高官厚禄真的唾手可得时，他又能够做到清心养生，安于现状。这样的人可称得上是“据于德故物不犯”，“安于仁故不离群”，物质利益与所谓的“高名节气”都不能使之动摇自己的人生态度。这段文字表明了范晔伦理思想中一个很重要的方面，即在个人修养中要不为流俗所动，不为时见所囿，坚持儒家伦理规范所要求的处世与为人原则，去矫饰，崇真性，以“德”与“仁”作为始终不变的修养目标，这样才能不断提高修养水平。从中国古代伦理思想史的发展上看，这是范晔针对个人道德修养过程中出现的问题提出的理想路径，具有积极的理论价值和实践意义。

---

① 《后汉书》卷六二《荀韩钟陈列传》后论。

结束语

范晔早年曾有诗作，名曰《双鹤诗》，其序云："客有寄余双鹤者，其一扬翰皎洁，响逸九皋；其一翅折志衰，自视缺然。余因叹玩之，遂为之诗。"①这是借"双鹤"遭遇之不同而喻人生之命运，进而寄寓自己的志向。显然，范晔是以"扬翰皎洁，响逸九皋"自况的；他后来虽有"翅折"的遭遇，但其志不衰，坦然地走完了自己的人生道路。

南朝宋文帝元嘉二十二年(445)，范晔作为统治集团内部矛盾斗争的牺牲品，过早地结束了他的一生。至今，岁月已经流逝了1560年。但是，范晔并没有被历史遗忘。范晔以其卓越的史才和生命中的不幸，换来他在历史中的永恒。这是因为有他的《后汉书》存在于历史之中，有他的思想存在于历史之中。

作为南朝最杰出的史学家，范晔的思想面貌及其构成，颇

① 《艺文类聚》卷九〇，又见严可均辑《全宋文》卷一五，中华书局1965年版。

具有代表性,因而具有典型的意义。从范晔的人生道路和思想历程来看,政治生涯是他的思想发展的起点。他因为参悟了现实中的政治,从而对历史产生了兴趣,促使他撰写出了《后汉书》;《后汉书》不仅表现出了他对历史的认识,也表现出了他对现实的理解,同时还反映了他的社会思想。范晔社会思想的核心是宽厚为政,由此而产生了贵德义、重名节的伦理思想和建立在“怀柔”与“王化”基础上的民族思想。简言之,范晔从现实的政治出发去认识历史,通过对历史的认识而剖析社会生活中的政治原则、道德作用和民族关系。从史学的观点来看,这就是范晔说的“以意为主”、“以文传意”、“正一代得失”的撰史原则。

这是我们对范晔思想构成及其发展路径的总的认识。从本书各章的分析中,我们对范晔的思想遗产,可以作这样的概括:

——范晔的历史思想中最为耀眼的两点,一是“天下决无佛鬼”,一是对社会中不同人群的作用和命运的关注。东晋、南朝佛教的盛行,是这个时期思想文化领域中的重要现象。范晔的“天下决无佛鬼”的论点,不仅是无神论思想在史学领域的突出反映,而且是后来范缜在思想史上提出“神灭论”的先声。从史学家沈约组织群僧对范缜的围攻、辩难,可以看出当时思想领域斗争的激烈,同时也衬托出范晔思想的光彩。范晔对社会中不同人群的作用与命运的关注,上起“中兴二十八将”、“党锢”人物,下至逸民和列女等,对他们的作用、际遇、思想、命运,都以历史家的眼光予以揭示。这两点,范晔都超出了班固、陈寿的思想境界,而继承了太史公司马迁的思想传统。

——范晔的政治思想的核心在于，认为宽厚是为政的出发点。因此，在君主评价方面，他推崇光武帝而对汉武帝不乏微辞；在君臣关系方面，他称赞光武帝对“中兴”诸将的妥善安置；在政治纷争方面，他同情“党锢”人物，等等。

——范晔的民族思想之难能可贵者，是他在南北朝分裂时期，仍然鲜明地反映出重视撰写多民族历史的观念和大一统思想；而他对民族间的差异也提出了正面的和积极的认识。这都表明他能够排除南北朝对峙的政治局面对撰写史书的干扰，显示出一位杰出史学家的理性精神。稍后的南朝史家萧子显、沈约和北朝史家魏收，都没有范晔这样的历史眼光。

——范晔的伦理思想尤其受到后人的关注，这是因为他深刻地揭示了人们对于社会道德的信念和提倡，而这种信念和提倡不仅对维护一定的社会秩序有积极意义，甚至还会起到延续政治统治之生命力的作用。这一见解的理论意义在于，社会存在决定社会意识，而社会意识在一定条件下也会反作用于社会存在。范晔以其对于东汉经学与东汉社会之关系的深刻认识，朦胧地揭示了这个可以使后人从中得到很多启示的道理。

——范晔的史学思想是其作为史学家的思想核心之一。他提出的“以意为主，以文传意”的历史撰述宗旨，上承司马迁的“好学深思，心知其意”之说[①]，下启章学诚的“史法”、“史意”之论[②]，反映出中国古代史学家重视思想旨趣和别识心裁的优良传统。他还认为，史学同政治有密切的关系，因此，优

---

① 《史记》卷一《五帝本纪》后论。

② 《文史通义·家书》，同前引书。

秀的史书和深刻的史论，具有“正一代得失”的价值，可以使人们从中得到借鉴和智慧。由此我们也可以“破解”范晔为什么那样重视对于史论的撰写，为什么他又那样不无自诩之嫌地高度评价自己在《后汉书》中撰写的史论。

范晔作为一代良史，因仕途的坎坷反而成就了不朽的史学事业，撰成了优秀的历史著作《后汉书》。他又因人生的悲剧结局而被后人所关注，但这并不影响他作为一代良史而受到人们的崇敬。

附 录

清代学者关于范晔《后汉书》的研究

罗炳良

今传二十四史中的《后汉书》，其纪、传为南朝范晔所撰，唐人李贤等注；其志为西晋司马彪所撰，南朝刘昭作注。后人把两部分内容合为一书，总题为范晔撰。《后汉书》在流传过程中，注释非一人，传抄于众手，历时既久，难免讹误。从宋代开始，已有学者着手《后汉书》的辑补与考订，出现了刘攽《东汉刊误》、熊方《补后汉书年表》、吴仁杰《两汉刊误补遗》等著作。清代学人整理古代典籍，虽然有不少学者从事辑佚失传的诸家《后汉书》，产生出姚之骃《后汉书补逸》和汪文台《七家后汉书》等名作，但还是以研究范晔《后汉书》纪、传和司马彪

《续汉书》志成就最大。清代学者研究范晔《后汉书》，发轫于清初万斯同，中经乾隆、嘉庆年间蔚成风气，直至清末王先谦集其大成，前后历经两个半世纪，取得了突出的成绩。

考察清代学人对范晔《后汉书》的补遗和注疏问题，必然要涉及范晔《后汉书》的版本，以及它与司马彪《续汉书》志的分合情况。关于这方面内容，本书第三章第三节已有详细论述，这里就从略了。明确了《后汉书》的分合情况，可以了解清人的补遗之作主要集中在补撰范晔《后汉书》缺少的各种《表》和司马彪《续汉书志》缺少的《艺文志》，而注疏之作多为二书合注。这将有助于今天人们认识清代学人对《后汉书》补遗和注疏的对象，准确评价他们研究《后汉书》的贡献。归纳清人研究范晔《后汉书》的成果，可以概括为补注、考证、评论三个方面内容，它们不仅对《后汉书》作了完善与补充，而且为后人研究中国史学史提供了可靠的史料。

一　关于范晔《后汉书》的补作与注释

(一)《后汉书》补作。自《史记》、《汉书》奠定纪传体史书规模以后，纪、表、志、传四种体例成为主要组成结构。然而有些史书因所记载的皇朝短祚，或史家修史时间仓促，表、志两种体例不是缺而不备，就是记载漏略，留下遗憾。宋人始有补表、补志之作，清人补表和补志的著作则蔚为大观。清代学者对《后汉书》所作的补遗，成就比较突出的有万斯同《历代史表》、练恕《后汉公卿表》、钱大昭《后汉书补表》与《补续汉书艺文志》、洪饴孙《补后汉书艺文志》、曾朴《补后汉书艺文志考》、侯康《补后汉书艺文志》、顾怀三《补后汉书艺文志》、姚振宗

《后汉艺文志》等。

万斯同撰《历代史表》，其中关于《后汉书》的补表有《东汉诸帝统系图》一卷、《东汉诸王世表》一卷、《东汉皇子王世系表》一卷、《东汉外戚侯表》一卷、《东汉宦者侯表》一卷、《东汉云台功臣侯表》一卷、《东汉将相大臣年表》一卷、《东汉九卿年表》一卷。万斯同由此成为清代开补表风气之先和成绩最大的学者。

练恕撰《后汉公卿表》一卷，系补《后汉书》无表的缺憾。该书广泛搜罗东汉材料，对列卿建置废罢列表登录，间及其权限消长，详细明赡，于东汉一代官制用力颇勤。

钱大昭撰《后汉书补表》八卷，有鉴于熊方为《后汉书》作补表仅仅依据《后汉书》与《三国志》，取材既隘，体例亦疏，于是在正史之外，兼取山经地志、金石碑刻、子集诸家，补作《诸侯王表》、《王子侯表》、《功臣侯表》、《外戚恩泽侯表》、《公卿表》。诸表体例依照班固《汉书》，以《后汉书》人物为主，此外有可考者补入，遇有歧异之处详加考订，折中而定，条例之中对熊方之表多有驳正。他还撰有《补续汉书艺文志》，广集所见古书文献，上及西汉，下涉三国，分为经、史、子、集四部，易、书、春秋、诗、礼、国史、典章、刑法、文集、别集等十八类，以补司马彪《续汉书》八志缺《艺文志》的不足。

洪饴孙撰《补后汉书艺文志》一卷，曾朴在其书基础上撰《考》十卷，更加精确。曾朴以范晔《后汉书》列传、《隋书·经籍志》和《经典释文·叙录》为主，博采诸书，以及佛道经藏，共计五百余部，著录以东汉为限，曾仕新莽与受魏职者均不收录，而于《考》中加以说明。本书《六艺志考》、《记传志考》、《子兵志考》、《文翰志考》、《数术志考》、《方技志考》、《道佛志考》，所收之书多为他人补志所未及，具有重要的参考价值。

侯康依据范晔《后汉书》列传，《隋书》、两《唐书》、《宋史》诸书的《经籍志》与《艺文志》，《经典释文·叙录》以及他书，撰《补后汉书艺文志》四卷。该书分经、史、子三部，易、书、诗、礼、春秋、正史、编年、儒家、法家等三十四类，集部未完成。后人校刻是书，厘为四卷。

顾怀三广辑唐宋各种类书及前人注疏引文，撰《补后汉书艺文志》十卷。每部书目后，均附题解，皆集诸家记录而成；作者可考者均介绍生平，并作考证。是书搜罗宏富，书目完备，于清人补史著作中为上乘之作。

姚振宗撰《后汉艺文志》四卷，所收书目以作者卒于汉献帝禅位之前为断限，按书立目，分为经、史、子、集四部。其中经部包括易、书、诗、礼、乐、春秋、孝经、论语、五经总义、小学、谶纬十一类；史部包括正史、编年、杂史、起居注、载记、史钞、史评、故事、职官、仪制、刑法、杂传记、地理、谱系、簿录十五类；子部包括儒家、道家、法家、兵家、农家、杂家、小说家、天文家、历算家、五行家、医家、杂艺术家十二类；集部包括楚辞、文史、别集、总集四类。附录佛经、道书二类。书目后附有撰者简介，间有按语，阐明自己的见解。

除上述重要著作之外，清人补撰的《后汉书》之作，见于《二十五史补编》者，还有诸以敦《熊氏后汉书年表校补》五卷、《补遗》一卷，黄大华《东汉皇子王世系表》一卷、《东汉中兴功臣侯世系表》一卷、《东汉三公年表》一卷，华湛恩《后汉三公年表》一卷，周明泰《后汉县邑省并表》一卷，沈维贤《后汉匈奴表》一卷，因篇幅所限，不一一备述。

（二）《后汉书》注疏。中国传统史学发展到清代，已经相当成熟，积累下来的古代史籍汗牛充栋，成就固然伟大，而学者臆改古书，师心妄作等流弊也积重难返。如果对历史文献不加以全面整理，势必严重阻碍史学的发展。清代史家和文献学家运用分析和实证的治学方法，正本清源，对历代流传下来的历史文献作了全面注疏，澄清了历史文献中的许多问题。清代学者对《后汉书》所作的注疏，成就比较突出的有杭世骏《后汉书蒙拾》、卢文弨《续汉书志注补》、惠栋《后汉书补注》、周寿昌《后汉注补正》、侯康《后汉书补注续》、沈铭彝《后汉书注又补》、王先谦《后汉书集解》等等。

杭世骏撰《两汉蒙拾》，其中《后汉书蒙拾》两卷，对两书记载的两汉难于理解的语词、典故、制度，按照原书的篇卷次序逐一加以注释，便利了后人理解。

卢文弨撰《群书拾补》，有《续汉书志注补》一卷。是书对范晔《后汉书》中收入的司马彪《续汉书》八志以及刘昭注文加以注释、疏证和刊误，纠正了原书以及后世刊刻中出现的讹误。

惠栋以治经方法治史，撰《后汉书补注》二十四卷。他认为前代注《后汉书》诸家仍有不少舛误遗漏，乃援引诸家后汉史书，为之补注，凡注文皆注明出处，间加按语，以抒己见，对梁代刘昭、唐代李贤两家《后汉书注》多有补正。初名《训纂》，后定名为《补注》。

周寿昌撰《后汉注补正》八卷，主要校订李贤《后汉书注》之失误，同时对惠栋《补注》之书未及与失误者，亦作考补与订正，还间及其他各家注疏歧舛者，共得二百余条，交李慈铭、朱一新、缪荃孙勘定成书。

侯康撰《后汉书补注续》一卷，意在补惠栋之遗漏。他认为补注古史与补注近史体例不同:近代载籍具备,注史可择善而从;古代载籍罕见,前人唾余乃后世之宝,宜兼收并存以广见闻。惠栋注《后汉书》之病在于采择过严,不免遗漏,侯康博采各种类书之文,仿裴松之《三国志注》体例,以续惠栋之书。

沈铭彝撰《后汉书注又补》一卷,纠惠栋之书缺误百余条,既有足补前人缺失之功,亦有伤于烦琐之处。

王先谦撰《后汉书集解》一百二十卷。他把唐人李贤《后汉书》注和清人惠栋《后汉书》注合并一处,以惠栋之书为构架,旁证前代各家注疏之说,撰成是书。《后汉书集解》不仅对《后汉书》详细校勘版本,而且纠合纪、传异同,考证记载讹误,尤其是对东汉典章制度进行了详尽的诠释,对中国古代学者注释和研究《后汉书》的成果作了一次全面的清理,成为历代《后汉书》研究的集大成之作。王先谦临终前未能完成此书,由其弟子黄山完成三十卷书稿,又得柳从辰等人协助,最后成书。黄山补撰部分,也有搜集补苴之功。例如沈铭彝《后汉书注又补》一书的注疏成果,王先谦未予采入,至黄山校补时,始将其内容采择掇取,进一步完善了《后汉书集解》的内容。

二 关于范晔《后汉书》的考证

(一)清代学者关于《后汉书》的考证,比较著名的有赵翼《廿二史札记》、钱大昕《廿二史考异》、王鸣盛《十七史商榷》、钱大昭《两汉书辨疑》与《后汉郡国令长考》、沈钦韩《后汉书疏证》、何若瑶《后汉书注考证》、李慈铭《后汉书札记》等。

赵翼的考史代表作《廿二史札记》,考证范围上自《史记》,下讫《明史》。本书虽以"廿二史"标名,只是沿用当时的习惯说法，实际上包括《旧唐书》和《旧五代史》，是关于清代以前全部二十四史的考证札记。全书三十六卷，补遗一卷，其中卷四至卷五考证《后汉书》。

钱大昕的考史代表作《廿二史考异》，不包括《旧五代史》和《明史》，而将司马彪《续汉书志》从范晔《后汉书》析出，单独标目，实际所考范围是二十二史，故以名书。全书一百卷，其中卷十至卷十二考证《后汉书》纪、传，卷十三至卷十四考证《续汉书》诸志。

王鸣盛的考史代表作《十七史商榷》，是沿用宋人称呼前代纪传体皇朝史为“十七史”的习惯说法，而其考史范围包括《旧唐书》和《旧五代史》，实际应是十九部史书。《十七史商榷》一百卷，其中卷二十九至卷三十八考证《后汉书》。

钱大昭撰《两汉书辨疑》四十二卷，考证内容为班固《汉书》，范晔《后汉书》纪、传，司马彪《续汉书》八志。其中考证《后汉书》纪、传的《后汉书辨疑》十一卷，考证《续汉书》八志的《续汉书辨疑》九卷。他认为注史与注经不同，注经主于明理，注史主于达事，前人注疏局限于训诂，不能融会史实，于是广收经传、碑碣资料，折中群疑，择善而从，特别是对于两汉官制、地理多有辨析之功。又撰《后汉郡国令长考》，指出班固《汉书·百官表》所谓万户以上为令，百户以下为长的记载过于绝对，实际情况并非完全如此。他根据范晔《后汉书》的记载和东汉碑传资料细致爬梳，分别注明何县设令，何县设长，令长有异说者并存，不详者阙疑。同时《汉书》有而《续汉书·百官志》无，或《汉书》与《续汉书·百官志》俱无之令长，凡有可考者，均一一列出，作为附录，对研究东汉历史颇有裨益。

沈钦韩撰《后汉书疏证》三十卷，是鉴于李贤等注《后汉书》杂出众手，纯驳互见，详略不同，失于统贯，于是广为搜集群书资料，凡四易其稿，撰成是书。本书主于考订名物，正讹补缺，疏通事理，于地理记载疏证特详，足以纠《后汉书·地理志》注释疏谬。

何若瑶撰《后汉书注考证》一卷，意在考证《后汉书》李贤注疏谬误。例如《后汉书·光武纪》"自是始贰于更始"一句，李贤训"贰"为"离异"，容易导致"刘秀离开更始帝而自立"的误解。何氏训"贰"为"二心"，避免了歧义。此书各条字数不多，大多能够依据确凿资料考证出李贤注疏的谬误，结论允当。

李慈铭撰《后汉书札记》七卷，为《越缦堂读史札记》中一种。是书以明毛缙汲古阁本《后汉书》为底本，广泛搜集类书、辑佚书以及金石碑刻资料，加以考证，如为范书所有则据以校勘字句，如为范书所无则据以考证事实，尤其对天文、地理、典章制度考证颇为精审。

除以上代表性著作之外，清人所撰考证范晔《后汉书》的成果，见于《二十五史补编》者，尚有徐绍桢《后汉书朔闰考》五卷，黄大华《汉志郡国沿革考》一卷，丁锡田《后汉郡国令长考补》一卷，因篇幅所限，不一一备述。

（二）明清之际，我国学术界接受了西方自然科学中普遍采用的科学方法，用以考证经史。明末清初顾炎武等人采用逻辑方法考证历史，在治史活动中逐渐总结出实证考史方法。《日知录》中已经开始自觉使用归纳方法，通过排比大量同类性质的史料，对考证对象得出普遍性认识，开乾嘉历史考证学之先河。与清初历史考证学相比，乾嘉时期史家的考史方法又大大进步，不但考证技艺提高，而且方法更加缜密。在乾嘉时期的史家中，赵翼、钱大昕、王鸣盛对历史考证内容与方法的总结和运用比较成功,在对范晔《后汉书》的考证方面取得了显著成绩。

——考订文字讹误。历代史书在流传过程中,难免出现文字错讹、脱衍、串简等现象,给治史带来很大麻烦,这就需要对史书进行细致的文字校勘和考订工作。

钱大昕认为:“史非一家之书,实千载之书,祛其疑乃能坚其信,指其瑕益以见其美。拾遗规过,匪为齮龁前人,实以开导后学。”[①]他明确认识到这绝非轻而易举就能办到,因为“廿二家之书,文字烦多,义例纠纷,舆地则今昔异名,侨置殊所;职官则沿革迭代,冗要逐时,欲其条理贯串,了如指掌,良非易事”。于是把主要精力用于校勘文字,辨析名物,补正讹误,考证历代舆地、职官、典章制度。钱大昕考史首先列出所考史书的篇名,然后摘出该篇中的错误记载,最后旁征博引订正谬误。如《后汉书·黄琬传》:刁匙“出为鲁、东海二郡相。”钱大昕考证说:“按汉制,诸侯王国称相,郡称太守。此郡当为国之误。”[②]根据东汉职官制度考证出“郡”当是“国”字之误。又如《后汉书·光武帝纪上》:建武元年九月“甲申,以前高密令卓茂为太傅。”李贤注曰:“高密,县,属高密国,今密州县,故城在今县之西南。”钱大昕考证说:“按《卓茂传》作密令。注云:密,今洛州密县也。《传》称天下大蝗,河南二十余县皆被其灾,独不入密县界。则茂作令在河南之密,非高密矣。《纪》文衍高字,章怀不能考证,随文注之,以致自相抵牾。《水经注》:密县

① 《廿二史考异·序》,上海古籍出版社 2004 年版。
② 《廿二史考异》卷一二“后汉书三·黄琬传”条,同前引书。

城东门南侧，有汉密令卓茂祠。”[①]通过《后汉书》纪、传互证，并以《水经注》旁证，考证出《光武帝纪上》记载误衍“高”字，李贤注疏亦为所误。钱大昕考史所作的文字校勘与考订，少者每条仅数字，多者可达数百字乃至上千字，澄清了许多错乱难解之处，给后人读史扫除了重重障碍。

王鸣盛的考史特点是首先对一部正史作总体评价，然后考证各种具体问题，最后论及与此相关的其他史书。他指出：“十七史者，上起《史记》，下讫《五代史》，宋时尝汇而刻之者也。商榷者，商度而扬榷之也。海虞毛晋汲古阁所刻行世已久，而从未有全校之一周者。予为改讹文、补脱文、去衍文；又举其中典制事迹，诠解蒙滞，审核舛驳，以成是书，故名曰《商榷》也。”[②]《十七史商榷》的突出成就表现在史书文字的考订、历史事迹的考订和地理、职官等典章制度的考订，为清理和总结我国古代史学作了贡献。王鸣盛所说的“改讹文、补脱文、去衍文”，主要指考证史书文字错误。关于改讹文，如《后汉书·光武帝纪下》：中元二年“二月戊戌，帝崩于南宫前殿，年六十二。”王鸣盛考证说：“按光武二十八岁起兵，中更更始二年，建武三十一年，中元二年，则崩时年六十三。此二字，传写误也。”[③]根据刘秀实际履历考证出“六十二”当是“六十三”之讹。关于补脱文，如《后汉书·郡国志》：“凉州刺史部郡十二。”王鸣盛考证说：“郡下脱国字。”[④]指出“郡十二”当为“郡

① 《廿二史考异》卷一〇“后汉书一·光武帝纪上”条，同前引书。

② 《十七史商榷·序》，中国书店 1987 年版。

③ 《十七史商榷》卷三〇“光武年”条，同前引书。

④ 《十七史商榷》卷三〇“郡国杂辨证”条，同前引书。

国十二”之误。关于去衍文,如《后汉书·冯异传》:“异遣校尉护军将军将兵,与寇恂合击[苏]茂。”王鸣盛考证说:“将军二字衍。”[①]根据汉代职官制度考证出“将军“二字属于衍文。历代史书在长期传抄、刊刻和使用过程中,难免出现书写讹误、校勘不精或有意无意篡改等问题,造成文字舛误。王鸣盛考史正本清源,对史书文字记载作了梳理工作,给后人读书提供了正确材料,功不可没。

——训诂语辞名物。在中国古代史上,每一个朝代都有独特的语辞名物,这些内容到后世消失,成为历史的遗迹而保留在史书之中。如不加以训诂考订,后人就不明所以,影响对史书的阅读和对历史的研究。

钱大昕精通音韵训诂,在《廿二史考异》中对历代语言和名物多有训释。如《后汉书·舆服志下》:“南山丰大特。”钱大昕考证“丰大特”说:“兽名,见《史记·秦本纪》。”[②]又如《后汉书·明帝纪》:永平三年正月,“去其螟蜮”。李贤注曰:“蜮,一名短弧,今之水弩,含沙射人为灾。”钱大昕考证说:“蜮当为蟘,即螣字。《尔雅》作蟘。注以为短弧,失之。”[③]这里的“蜮”系一种损坏禾苗的害虫,而不是人们所谓含沙射影的水蜮,李贤释误。再如《后汉书·马融传》:“陈子筹昏。”李贤注曰:“陈子,陈平,善于筹策也。”钱大昕考证说:“陈子,古之善算者。《周髀经》云,荣方问于陈子,是也。章怀以为陈平,误矣。”[④]

① 《十七史商榷》卷三五“护军将军”条,同前引书。

② 《廿二史考异》卷一四“续汉书二·舆服志下”条,同前引书。

③ 《廿二史考异》卷一〇“后汉书一·明帝纪”条,同前引书。

④ 《廿二史考异》卷一二“后汉书三·马融传”条,同前引书。

李贤望文生义，把古代人物注释成汉代陈平，造成张冠李戴的错误。钱大昕通过对历代语辞名物的考证，疏通了史书中许多晦涩难解之处，给后人治史提供了极大便利，实乃嘉惠学林之盛举。

王鸣盛考史，也比较注意对名物度数的训诂。如《后汉书·和帝纪》：永元九年，"诏今年秋稼为蝗虫所伤，皆勿收租、更、刍稿"。王鸣盛考证说："更，谓践更之役也。"[1]即免除受灾地区的更夫之役。又如《后汉书·西南夷列传》："冉駹夷者，……依山居止，累石为室，高者至十余丈，为邛笼。"李贤注曰："今彼土人呼为雕也。"王鸣盛考证说："按今四川徼外大金川、小金川诸土司有碉房。碉字，字书不见，殆李贤所谓雕矣。"[2]汉人所谓"邛笼"，唐人注释为"雕"，后人仍不容易理解。王鸣盛根据清代四川土司的碉房，把"雕"训为"碉"，解决了这个问题。

——辨析典章制度。典章制度内容主要保存在历代正史的《书》、《志》中，因而清代史家对历代天文、律历、地理、职官等各种制度的考证用力最勤，成就也最高。

钱大昕《廿二史考异》最突出的成就，是对历代典章制度的考证。他特别强调说："予尝论史家先通官制，次精舆地，次辨氏族，否则涉笔便误。"[3]历代职官、地理、宗法制度，的确是钱大昕考史的重镇。关于职官的考证，如《后汉书·献帝纪》："二十二年夏六月，丞相军师华歆为御史大夫。"钱大昕考

① 《十七史商榷》卷三〇"租更"条，同前引书。

② 《十七史商榷》卷三八"雕"条，同前引书。

③ 《廿二史考异》卷四〇"北史·外戚传"条，同前引书。

证说：

> 按《魏志·华歆传》云：“魏国初建，为御史大夫。”是歆为魏国之御史大夫，非汉廷之御史大夫也。刘昭注《百官志》云：“建安十三年，罢司空，置御史大夫。御史大夫郗虑免，不得补。”考建安十九年，废皇后伏氏，虑尚在职。至二十一年，封魏王操，则宗正刘艾行御史大夫事。廿五年禅位，则太常张音行御史大夫事。然则郗虑以后，汉廷无真授御史大夫，其说信矣。《魏志·太祖纪》书华歆为御史大夫，而不书郗虑，[郗虑]为汉臣，歆为魏臣故也。歆之除授不当书于《汉纪》，且使歆而得书，则锺繇为国相，何以转不书乎？蔚宗未达官制，因有此误。①

根据曹操封王后自置王国官吏的事实，考证出华歆乃魏国御史大夫而不是汉廷行御史大夫事，范晔《后汉书》记载官职不当。关于世系的考证，如《后汉书·光武帝纪上》：“高祖九世之孙也。”钱大昕考证说：

> 按纪、传所述世数，多不一例。此《纪》光武为高祖九世孙，自高祖至光武九世，实八世孙也。《皇后纪》：“伏后为大司徒湛八世孙。”自湛至后八世，实七世孙也。至《刘永传》称梁孝王八世孙，自孝王至永父立已八世矣，如依二《纪》之例，亦当云九世孙也。

① 《廿二史考异》卷一〇“后汉书一·献帝纪”条，同前引书。

> 考班史诸表，自始封至子、孙、曾孙、玄孙、玄孙之子，即为六世，此以封爵之世次言，故合始封记之，他传则否。《孔光传》云：孔子十四世孙。自孔子至光，实十五世。推此论之，当以《永传》为是。[①]

根据班固《汉书》记载封爵世系由始封算起，其余列传计算世系不包括始祖的史法，考证出《后汉书》各传记载世系正确，而本纪推算世系从始祖开始，以致多算一世的错误。关于地理的考证，如《后汉书·郡国志五》："酒泉郡，福禄。"钱大昕考证说："前《志》作禄福。《魏志·庞淯传》及皇甫谧《列女传》载庞娥事云：禄福赵君安之女。又云：禄福长尹嘉。《曹全碑》亦云：拜酒泉禄福长。则知作福禄者，误也。"[②]通过《汉书》、《三国志》和传记、碑刻资料考证清楚《后汉书》县名"福禄"当为"禄福"之误。上面举出的事例，仅仅是《廿二史考异》中众多考证成果全豹之一斑，但由此可以看出钱大昕考史宗旨所在，展现出乾嘉史家精湛深厚的考史功力和正千年之讹的考史成就。

王鸣盛撰写《十七史商榷》的动机，是有感于"学者每苦正史繁塞难读，或遇典制茫昧，事迹樛葛，地理、职官，眼眯心瞀"[③]的难题，把考史重点放在考证历代典章制度方面，理清了许多关键问题。他考证职官制度和州郡沿革用力最多，所以在某些问题上能够纠千载之谬。如《后汉书·仲长统传》：

---

① 《廿二史考异》卷一〇"后汉书一·光武帝纪上"条，同前引书。

② 《廿二史考异》卷一四"续汉书二·郡国志五"条，同前引书。

③ 《十七史商榷·序》，同前引书。

汉光武帝“忿强臣之窃命，矫枉过直，政不任下，虽置三公，事归台阁。自此以来，三公之职备员而已。”李贤注曰：“台阁，谓尚书也。”王鸣盛考证说：

> 愚案李注甚确。汉世官府不见台阁之号，所云台阁者，犹言宫掖、中秘云尔。《蔡邕传》邕上封事云：“司隶校尉、诸州刺史弛纵莫相察举，公府、台阁亦复默然。”以公府与台阁并称，所谓宫中、府中也。盖尚书令、尚书仆射与尚书皆宦者与士人迭为之，权归于此，有事可直达上前。故三公无权，有事反藉尚书以达于上。……《黄琼传》云：“迁尚书仆射，初，琼随父在台阁，习见故事，及居职，练达官曹。”《文苑·黄香传》云：“香迁尚书令，上疏曰：臣弱冠特蒙征用，连偕累任，遂极台阁。”皆谓尚书为台阁也。又《袁绍传》：“绍檄操云：坐召三台，专制朝政。”注云：“汉官尚书为中台，御史为宪台，谒者为外台，是为三台。”据此则知台阁者，尚书也。又《酷吏·阳球传》：“举孝廉，补尚书侍郎，闲达故事，其章奏常为台阁所崇信。”①

通过列举事实，考证清楚汉人所谓“台阁”就是“尚书台”。又如《后汉书·郡国志》：“济南国。”刘昭注：“故齐。”王鸣盛考证说：“此所谓故者，指秦时言之，非西汉也。盖济南郡之地在秦本齐国地，文帝分为济南国，景帝又为济南郡耳。至此《志》又

① 《十七史商榷》卷三七“台阁”条，同前引书。

有齐国，注云秦置者，意与济南注同，而小异其文。以济南与齐国虽同为齐地，而齐国治临淄，乃其本都故也。《续汉》之齐国，即前汉之齐郡。盖西汉改国为郡，后汉又改郡为国耳。若王莽又改前汉之齐郡为济南，则任意纷更，淆乱名实，殊为可憎。”[①]通过考证齐国、齐郡和济南郡在秦与两汉的名称变化与地理分合，梳理清楚了它们的建制沿革。王鸣盛在这方面的考证成果完全可以和钱大昕相媲美，往往能涉及历史上的关键问题，具有重大的史学价值。

——考证历史事实。史书记事必须符合历史真相，是史学的基本规范。但因主客观种种原因，历代史书中都出现不同程度的记事错误，需要后世治史者考证，恢复历史的本来面目。

赵翼继承顾炎武的考史成就，把归纳方法作为历史考证的主要方法，以理性意识总结出更加系统与严密的历史考证方法。他已经不再满足于前人单纯罗列、排比材料得出结论的原始方法，而是运用逻辑手段，层层归纳事实，逐步深入地揭示历史事件或者史学现象的发展趋势，得出结论。《廿二史札记》中不仅有胪列两汉皇帝多自草诏书这样的单纯归纳考证，更多的则是通过递进归纳同类性质的事实得出普遍结论，加深和拓宽对所考证历史事件的认识。赵翼考证汉代宦官之害时，就是采用这种考史形式：

> 汉承秦制，以奄人为中常侍，然亦参用士人。武帝数宴后庭，故奏请机事，常以宦者主之。至元帝

① 《十七史商榷》卷三三“郡国杂辨证”条，同前引书。

时，则弘恭、石显已窃权干政，萧望之、周堪俱被其害。然犹未大肆也。光武中兴，悉用奄人，不复参用士流。和帝践祚幼弱，窦宪兄弟专权，隔限内外，群臣无由得接，乃独与宦者郑众定谋收宪，宦官有权自此始。然众小心奉公，未尝揽权。和帝崩，邓后临朝，不得不用奄寺，其权渐重。邓后崩，安帝亲政，宦官李闰、江京、樊丰、刘安、陈达与帝乳母王圣、圣女伯荣、帝舅耿宝、皇后兄阎显等，比党乱政。此犹宦官与朝臣相倚为奸，未能蔑朝臣而独肆其恶也。及帝崩，阎显等专朝争权，乃与江京合谋，诛徙樊丰、王圣等。是显欲去宦官，已反藉宦官之力。已而北乡侯入继，寻薨。显又欲援立外藩，宦官孙程等不平，迎立顺帝，先杀江京、刘安、陈达，并诛显兄弟，阎后亦被迁于离宫。是大臣欲诛宦官，必藉宦官之力；宦官欲诛大臣，则不藉朝臣力矣。顺帝既立，以梁商女为皇后，商以大将军辅政，尊亲莫贰。而宦官张逵、蘧政、石光谮商与中常侍曹腾、孟贲，云欲废帝，帝不信，逵等即矫诏收缚腾、贲。是竟敢违帝旨，而肆威于禁近矣。赖帝闻之大怒，逵等遂伏诛。及帝崩，梁后与兄冀立冲帝。冲帝崩，又立质帝。质帝为冀所鸩，又援立桓帝，并以后妹为桓帝后。冀身为大将军辅政，两妹一为皇太后，一为皇后，其权已震主矣。而帝默与宦官单超、左悺、具瑗、徐璜、唐衡定谋，遂诛冀。是宦官且诛当国之皇亲矣。然此犹曰奉帝命以成事也。桓帝梁后崩，以窦武女为皇后。帝崩，武与后定策立灵帝，窦后临朝，武入居禁中辅政，素恶宦官，欲诛之；兼有太傅陈蕃与之同心定谋，乃反为宦官曹节、王甫等所杀。然此犹曰灵帝非太后亲子，故节等得挟帝以行事也。至灵帝崩，何后临朝，立子辩为帝，后兄何进以大将军辅政，已奏诛宦官蹇硕，收其所领八校尉兵。是朝权、兵权俱在进手，以此尽诛宦官，亦复何难！乃又为宦官张让、段珪等所杀。是时军士大变，袁绍、袁术、闵贡等，因乘乱诛宦官两千余人，无少长皆杀之。于是宦官之局始结，而国亦随之亡矣。国家不能不用奄寺，而一用之，则其害如此！①

他采用逐层归纳事实的方法，把东汉宦官权力逐渐加重，危害愈演愈烈的趋势逐步揭示出来，说明宦官专权给国家造成的危害。赵翼考证史书和史事，对归纳考史方法应用得比较广泛，已经达到自觉把握和有意识运用的程度，因而所取得的成就也是极为突出的。利用归纳考史方法所得出的结论，可以准确地揭示出历史事件的性质和特征，看到历史现象之间的普遍共性，不仅可以更加深刻地认识历史过程，而且有利于阐明历史发展的某些法则。这种考史方法比较符合近代科学考证方法，容易接近历史的真实。归纳考史方法，是乾嘉史家普遍采用的方法。当代历史研究中，仍然大量采用这一方法，充分继承了乾嘉史家考史方法论的宝贵遗产。赵翼考证史书或史事，又多自觉采用比较方法，考察它们的优劣，尤其侧重于考证社会治乱兴衰的内容。他比较历代宦官之害，并且指出

① 《廿二史札记》卷五“东汉宦官”条，中国书店 1987 年版。

它们的差别：

东汉及唐、明三代，宦官之祸最烈，然亦有不同。唐、明阉寺，先害国而及于民；东汉则先害民而及于国。今就《后汉书》各传摘叙之，可见其大概也。刘瑜疏言："中官邪孽，比肩列土，皆竞立子嗣，继体传爵，或乞子疏属，或买儿市道。又广娶妻室，增筑第舍。民无罪而辄坐之，民有田而强夺之。贫困之民，有卖其首级，父兄相代残身，妻孥相视分裂。"左雄疏言："宦竖皆虚以形势，威夺良家妇女，闭之白首，而无配偶。"黄琼疏言："宦竖盈朝，重封累爵，明珠南金之宝，充满其室。"单超、左悺、具瑗、徐璜、唐衡五人，以诛梁冀功皆封侯，其后超死，四侯转盛。民间语曰："左回天，具独坐，徐卧虎，唐两堕。"皆竞起第宅，穷极壮丽，金银罽毦施于犬马，仆从皆乘牛车，从以列骑。侯览前后夺人宅三百八十一所，田一百一十八顷，起立第宅十六区，皆有高楼池苑，制度宏深，僭类宫省。预作寿冢，石椁双阙，高广百尺，破人居室，发掘坟墓，虏夺良人，妻略妇女。为张俭所奏，览遮截其章不得上。赵忠葬父，僭为璠璵玉匣偶人。董卓弑弘农王，献帝葬之于忠之成圹中。及献帝自长安归洛阳，宫室已尽焚毁，乃驻于忠故宅。迨后韩馥以冀州刺史让袁绍，出居于邺中之忠故宅。其圹可以葬帝王，宅可以居帝王，别宅又可以居牧伯，其壮丽可知也。张让说灵帝修宫室，发太原、河东、狄道诸郡材木文石，每州郡部送至京，辄诃谴不中用，以贱价折之，十不酬一，又不即收，材木遂至腐烂。州郡复增私调，百姓嗟怨。此犹第宦官之自为苛虐也。更有倚宦官之势，而鱼肉小民者。盖其时入仕之途，惟征辟、察举二事，宦官既据权要，则征辟、察举者，无不望风迎附，非其子弟，即其亲知，并有赂宦官以辗转干请者。沈忠疏言："宦官势盛，州郡牧守承顺风旨，辟召选举，释贤取愚。"李固疏云："中常侍在日月之旁，形势振天下，子弟禄位曾无限极，虽外托谦默，不干州郡，而谄谀之徒，望风进举。"朱穆疏言："宦官子弟亲戚，并荷荣任，凶狡无行之徒，媚以求官，恃势怙宠之辈，渔食百姓，穷破天下，空竭小人。"河南尹田歆谓王湛曰："今当举六孝廉，多贵戚书命，不得违。欲自用一名士，以报国家。"乃以种嵩应诏。六孝廉只用一真才，已为美谈，则入仕者皆奄党可知也。灵帝诏公卿刺举二千石为民害者，太尉许馘、司空张济，凡内官子弟宾客，虽贪污秽浊，不敢问，而虚纠边远小郡清修有惠政者二十六人。则阉党入仕者，可知也夫！是以天下仕宦无一非宦官之兄弟姻戚，穷暴极毒，莫敢谁何。如单超弟安为河东太守，弟子匡为济阴太守，徐璜弟盛为河内太守，左悺弟敏为陈留太守，具瑗兄恭为沛相，皆所在蠹害。璜兄子宣为下邳令，暴虐尤甚，求故汝南太守李嵩女不得，则劫取以归，戏射杀之。侯览兄参为益州刺史，吏民有丰富者，辄诬以大逆，皆诛灭之，而没入其财以亿计。曹节弟破石为越骑校尉，营中五伯妻美，破石求之，五伯不敢拒，妻不肯行，遂自杀。此又宦官子弟

> 宾客之肆为民害，可类推也。由是流毒遍天下，黄巾贼张角等，遂因民之怨起兵为逆矣。[①]

通过这样的比较，可以从一个侧面看到汉、唐、明三代政治的不同特点。社会历史的发展是相互制约和相互影响的，任何事物都不可能孤立存在。有比较才能有鉴别，孤立地研究历史现象，看不出历史发展的趋势及其意义。赵翼在考史实践中自觉运用比较考证方法治史，得出许多见解独到的结论，形成深刻的理论认识，取得了较大的考史成绩。赵翼还运用辩证考史方法，对前人的历史记载或研究成果加以商榷、考信与求真，以理性的意识重新审查前人的结论，对中国古代史学的发展作出了新的贡献。赵翼虽然对历代宦官祸国殃民深恶痛绝，但通过客观考证事实发现其中不乏贤者，对此作了一分为二的辩证考察。他认为：

> 后汉宦官之贪恶肆横，固已十人而九。然其中亦间有清慎自守者，不可一概抹煞也。郑众谨敏有心，和帝初，窦太后秉政，其兄宪为大将军，窃威权，朝臣莫不附之。众独乃心王室，宪兄弟谋不轨，众与帝定策诛之。蔡伦在和帝时，预参帏幄，尽心敦慎，匡弼得失。每休沐，辄闭门谢客。为尚方令，监作器械，莫不精工，创意用树肤、麻头、敝布、鱼网以为纸，天下称蔡侯纸。又典东观，校雠经传。安帝听宦官李闰、江京、刘安、陈达等谮，废皇太子保为济阴王。

① 《廿二史札记》卷五“宦官之害民”条，同前引书。

帝崩，太子不得立。阎后立北乡侯懿，未几薨。后与兄显又欲援立外藩，宦官孙程不平，乃与王康等十九人歃血盟，迎立济阴王，先斩江京、刘安、陈达，并阎显及其弟景，迁阎后于别宫，于是济阴王即位，是为顺帝。后司隶校尉虞诩，劾奏宦官，自诣廷狱。宦官张防等临考，一日中传考四狱，必欲杀诩。程上殿陈诩之冤，时防在帝后，程叱曰："贼臣张防，何不下殿？"防走入东厢。程劝帝急收防，勿令求请，防乃徙边。良贺清俭退厚，诏九卿举武猛，贺独无所举。帝问之，曰："臣生长深宫，未尝交士类。昔卫鞅因景监以进，有识鄙之。今得臣所举，匪荣伊辱，故不敢也。"曹腾在省闼三十余年，未尝有过，所进达皆海内名人。有蜀郡守遣人赂腾，刺史种嵩搜得其书币奏之，并劾腾。帝以书自外来，非腾之过，事遂寝。腾反称种嵩为能吏。后嵩为司徒，尝曰："我为公，曹常侍力也。"吕强尽忠奉公，上疏力陈宦官之乱政及后宫彩女之多，河间解渎馆不宜筑；蔡邕对策切直，不宜罪；郡国贡献，不宜索导行费。又有宦官丁肃、徐衍、郭耽、李巡、赵祐五人，亦皆清忠。巡请刻五经于石，即蔡邕所书也。祐博学多览，著作诸儒称之。又吴伉博达奉公，知不见用，常托病从容养志。此皆汉宦官之贤者。可与北魏之仇洛齐、王琚、赵黑，北齐之田敬宣，唐之俱文珍、张承业，明之覃吉、王承恩并观也。①

① 《廿二史札记》卷五"宦官亦有贤者"条，同前引书。

对同一个问题能从另外的角度考察，就能得出独到见解，认识也就更加客观。倘若没有辩证考察问题的方法，是不可能做到的。辩证考史方法可以避免评价偏颇，对历史事件能够得出全面认识。赵翼的这一考史方法非常可取，应当引起重视。

钱大昕是乾嘉时期最具实事求是意识的史家，在《廿二史考异》中厘清了史书记载的大量史实错误。历史上发生的事情，不同的史家和史书记载不尽相同，常常会存在差异，甚至相互矛盾。运用比较方法进行考证，就能够辨别异同，解决矛盾，达到去伪存真的目的。如《后汉书·齐武王縯传》：建武"十五年，追谥伯升为齐武王。"钱大昕考证说："按《北海王兴传》亦云：十五年，追谥仲为鲁哀王。然考之《本纪》，建武十五年四月癸丑，追谥兄伯升为齐武公，兄仲为鲁哀公。谥号虽同，然王、公异爵。以情事推之，是岁封皇子十人皆为公，又前二年降封赵、齐、鲁三王为公，则追谥两兄，亦必以公爵明矣。至十七年，皇子封公者皆进为王；十九年，又进赵、齐、鲁三国公为王，然后伯升与仲皆追称为王耳。二《传》所书，盖未得其实。"[1]通过纪、传比较考证，指出列传记事失实。对于无法确证的事实，钱大昕则采取审慎态度，议而不断。如《后汉书·献帝纪》：建安元年，"封卫将军董承为辅国将军，伏完等十三人为列侯"。钱大昕考证说："按《董卓传》，是时封董承、伏完等十余人为列侯。董承下不当有为字。十三人者，董承、丁中、种辑、锺繇、郭浦、董芬、刘艾、韩斌、杨众、罗邵、伏德、赵蕤也。但伏完袭父爵不其侯，当在桓、灵之世，岂特此时始封列侯？此史文之可疑者。窃意完但增加食户，其子德别受列侯

① 《廿二史考异》卷一一"后汉书二·齐武王縯传"条，同前引书。

之封耳。"[①]钱大昕这种做法表现出多闻阙疑、实事求是的考史态度，值得提倡。

王鸣盛考证历史，解决了许多前人的历史记载或考证注释与历史事实不相符合的矛盾，揭示出历史的真相。如《后汉书·王充传》："充少孤，乡里称孝。"王鸣盛考证说："案充《论衡·自纪》篇，历诋其祖、父之恶，且又直呼父名不言讳，而盛自夸誉。其言如此，恐难称孝。此史文之谬者。"[②]考证出史书为传主隐讳其恶，不符合历史事实。又如《后汉书·皇后纪上》：和帝之母梁贵人为窦后所忌，以忧卒。和帝立，乃改殡于承光宫，"葬西陵，仪比敬园"。李贤注曰："敬园，安帝祖母宋贵人之园也。"王鸣盛考证说："案《和纪》，章和二年三月癸卯，葬孝章皇帝于敬陵，即所谓敬园也。注反以后事为比，大谬。"[③]澄清了注释不符合历史的错误。王鸣盛之所以在历史考证方面取得突出成就，是因为不满足于对史书校雠文字、比勘异同，而是在考史实践中总结和运用多种考史方法，意欲澄清历史记载的谬误，让后人治史可以依据正确的史料，尊重历史事实，取得了突出的成就。

三　关于范晔《后汉书》的评论

赵翼的《廿二史札记》、钱大昕的《廿二史考异》、王鸣盛的《十七史商榷》，历来被视为历史考证之作。然而只要仔细阅

① 《廿二史考异》卷一〇"后汉书·献帝纪"条，同前引书。

② 《十七史商榷》卷三七"王充称孝"条，同前引书。

③ 《十七史商榷》卷三一"仪比敬园"条，同前引书。

读三书的内容，就会发现它们除考史之外，还有大量历史评论和史学批评内容。以下试就赵翼、钱大昕、王鸣盛、李慈铭关于范晔《后汉书》的评论加以考察，举出他们对范晔修史书法的批评和《后汉书》所载东汉历史的评论，借以窥测清代学人研究范晔《后汉书》之概貌。

赵翼为《廿二史札记》的撰述确定两个宗旨：一是“此编多就正史纪、传、表、志参互勘校，其有抵牾处，自见辄摘出。”这属于历史考证范畴。二是“至古今风会之递变，政事之屡更，有关于治乱兴衰之故者，亦随所见附著之。”[①]这属于历史评论范畴。这两个方面共同构成了《廿二史札记》的特征。陈垣先生把赵翼治史的特点归纳为“每史先考史法，次论史事”[②]，可谓深中肯綮。

先看赵翼对范晔《后汉书》撰修史法的批评。他考证《后汉书》编次与考订得失，评价说：“此皆立论持平，褒贬允当，足见蔚宗之有学有识，未可徒以才士目之也。”[③]肯定了范晔修史具备史识。赵翼列举诸多事实对比《后汉书》与《三国志》书法不同，特别强调历史撰述的原则，即史家修史应当遵循的“正法”。他指出：

> 《后汉书》与《三国志》，论时代则后汉在前，而作史则《三国志》先成，且百余年也。自《三国志·魏纪》创为回护之法，历代本纪遂皆奉以为式，延及《旧

① 《廿二史札记·小引》，同前引书。
② 王树民《廿二史札记校证》附录二《陈垣题记》，中华书局 1984 年版。
③ 《廿二史札记》卷四“后汉书编次订正”条，同前引书。

> 唐书》、《旧五代史》，犹皆遵之。其间虽有习凿齿欲黜魏正统，萧颖士欲改书司马昭弑君，而讫莫能更正。直至欧阳公作《五代史》及修《新唐书》，始改从《春秋》书法，以寓褒贬。而范蔚宗于《三国志》方行之时，独不从其例。观《献帝纪》，犹有《春秋》遗法焉。虽陈寿修书于晋，不能无所讳，蔚宗修书于宋，已隔两朝，可以据事直书，固其所值之时不同，然史法究应如是也。陈寿《魏纪》书天子以公领冀州牧；蔚宗《献帝纪》则曰曹操自领冀州牧。《魏纪》汉罢三公官，置丞相，以公为丞相；《献纪》则曰曹操自为丞相。《魏纪》天子使郗虑策公为魏公，加九锡；《献纪》则曰曹操自立为魏公，加九锡。《魏纪》汉皇后伏氏，坐与父完书，云帝以董承被诛怨恨公，后废黜死，兄弟皆伏法；《献纪》则曰曹操杀皇后伏氏，灭其族及其二子。《魏纪》天子进公爵为魏王；《献纪》则曰曹操自进号魏王。《魏纪》韦晃等反，攻许，烧丞相长史王必营，必与严[匡]讨斩之；《献纪》则曰耿纪、韦晃起兵诛曹操，不克，夷三族。至禅代之际，《魏纪》书汉帝以众望在魏，乃召群公卿士，使张音奉玺绶禅位；《献纪》则曰魏王称天子，奉帝为山阳公。他如董承、孔融等之诛，皆书操杀，此史家正法也。

以上所举诸例，涉及三个记事书法问题：一是“正统”问题，二是汉献帝与曹操在东汉末年许多重大事件上谁享有决定权问题，三是“禅代”真相问题。关于三国时期的历史，究竟魏、蜀谁为“正统”的问题，历来有所争论。西晋继承曹魏而来，陈寿修《三国志》，书法自应以曹魏为“正统”。关于“禅代”真相，实际情况是曹丕逼迫汉献帝退位，犹如后来魏晋“禅代”。在这两个问题上，陈寿身为晋臣，修史自有难言之隐。关键是汉献帝与曹操在一些重大问题的处置上，二书如何记载？这当然涉及到撰述者是否遵循“史家正法”了。赵翼通过陈寿《三国志·魏书·武帝纪》与范晔《后汉书·献帝纪》两相比较，批评陈寿曲笔回护的书法，肯定范晔据事直书的书法。应当指出，赵翼在史学批评方面具有知人论世的意识，认为“陈寿修书于晋，不能无所讳，蔚宗修书于宋，已隔两朝，可以据事直书，因其所值之时不同，然史法究应如是也”。赵翼在这里反复强调的，还是史家修史的原则，即所谓“史家正法”。他以此为标准，肯定了范晔的记事书法。赵翼还评价了范晔《后汉书》与陈寿《三国志》记载相同传主的文字异同，指出：“至汉末诸臣，如董卓、袁绍、刘表、吕布、袁术、公孙瓒、陶谦、刘焉等，二书各有传。今两相比较，繁简互有不同，大概同作一传，则后人视前人所有者必节之，前人所无者必增之，以见其不雷同抄袭。”赵翼对此一一列举考证，最后得出结论说：“此可以彼此参观者也。”当然，他在比较中也发现个别特殊情况，“惟《荀彧》一传，陈寿以其为操谋主，已列魏臣传内；蔚宗以其乃心王室，特编入汉臣，此则其主持公道处。寿《志》虽列之于魏臣，而传末云：彧死之明年，曹公遂加九锡。可见彧不死，操尚不得僭窃也。则蔚宗之编入汉臣，自是公论也”，进一步证明范晔记事得当，再次肯定范晔的史识。赵翼也考证出“二书所纪事迹，有彼此不同者”，分别举《袁绍传》、《吕布传》、《董卓传》等为例，以证其说，并得出结论说：“二书不同，盖皆各有所据，固可两存其说。”[1]与此同时，他又批评《后汉书》书法存在疏舛：“史传叙事皆书名，未有以字行文者。范《书》惟光武兄縯字伯升，凡纪、传皆书其字。盖帝之亲兄，舂陵首事，其功最大；且班《书·王莽传》内已书伯升，故范《书》仍之也。乃范式、张劭合传，前半篇叙劭事则称元伯，叙式事则称巨卿，皆其字也，殊非史体。盖本当时人为张、范作合传，蔚宗即抄入史，不复改订耳。”[2]指出范晔修史不合传统史法，存在纰漏。赵翼还以陈寿、裴松之撰、注史书为例，指出《后汉书》等正史不可妄驳：“范蔚宗作《后汉书》时，想松之所引各书，尚俱在世，故有补寿《志》所不载者。今各书间有流传，已不及十之一。寿及松之、蔚宗等，当时已皆阅过，其不取者必自有说。今转欲据此偶然流传之一二本，以驳寿等之书，多见其不知量也。”[3]以野史妄驳正史的做法很容易导致立论失实，褒贬不公。从今天的认识来看，正史与野史记载各有得失，应当辩证地看待。然而赵翼在当时批判这股猎奇褒贬的学风，则是完全必要的。

再看赵翼对范晔《后汉书》所记事实的评论。赵翼评论两汉开国帝王将相文化素质的不同，指出了这种不同社会风貌的差异，并进而探究其原因。他指出：

> 西汉开国功臣，多出于亡命无赖；至东汉中兴，则诸将帅皆有儒者气象，亦一时风会不同也。光武

---

① 以上所引，均见《廿二史札记》卷六“后汉书三国志书法不同处”条，同前引书。

② 《廿二史札记》卷四“后汉书间有疏漏处”条，同前引书。

③ 《廿二史札记》卷六“裴松之三国志注”条，同前引书。

少时，往长安受《尚书》，通大义。及为帝，每朝罢，数引公卿郎将讲论经理。故樊准谓帝虽东征西战，犹投戈讲艺，息马论道。是帝本好学问，非同汉高之儒冠置溺也。而诸将之应运而兴者，亦皆多近于儒。如邓禹年十三能诵《诗》，受业长安，早与光武同游学，相亲附，其后佐定天下。有子十三人，使各守一艺，修整闺门，教养子孙，皆可为后世法。寇恂性好学，守颍川时，修学校，教生徒，聘能为《左氏春秋》者，亲受学焉。冯异好读书，通《左氏春秋》、《孙子兵法》。贾复少好学，习《尚书》，事舞阴李生，生奇之曰："贾君容貌志气如此，而勤于学，将相之器也。"后佐定天下，知帝欲偃武修文，不欲武臣典兵，乃与邓禹去甲兵，敦儒学。帝遂罢左右将军，使以列侯就第，复阖门养威重。耿弇父况以明经为郎，学《老子》于安邱先生。弇亦少好学，习父业。祭遵少好经书，及为将，取士必用儒术，对酒设乐，常雅歌投壶。李忠少为郎，独以好礼修整称。后为丹阳太守，起学校，习礼容，春秋歌饮，选用明经，郡中向慕之。朱祐初学长安，光武往候之，祐不时见，先升舍，讲毕乃见。后以功臣封鬲侯，帝幸其第，笑曰："主人得无舍我讲乎！"郭凉虽武将，然通经书，多智略。窦融疏言："臣子年十五，教以经艺，不得观天文谶记。"他如王霸、耿纯、刘隆、景丹，皆少时游学长安，见各本传。是光武诸功臣，大半多习儒术，与光武意气相孚合。盖一时之兴，其君与臣本皆一气所钟，故性情嗜好之相近，有不期然而然者。①

西汉和东汉之所以存在不同的"风会"，原因在于西汉以武立国，东汉以文立国，两者的兴国之运不同。他论东汉外戚之祸说："东京后族，亦只阴、郭、马三家保全，其余皆无不败者。推原祸本，总由于柄用辅政，故权重而祸亦随之。西汉武、宣诸帝，东汉光武、明、章诸帝，皆无外戚之祸，由于不假以权也。成帝柔仁，专任王氏，而国祚遂移。东汉多女主临朝，不得不用其父兄子弟以寄腹心，于是权势太盛，不肖者辄纵恣不轨，其贤者亦为众忌所归，遂至覆辙相寻，国家俱敝，此国运使然也。"②东汉末年宦官外戚专政，政治腐朽黑暗，阶级矛盾空前激化，严重削弱了国力，终于导致了东汉的灭亡。赵翼的上述认识，有一定道理。一般说来，中国历代封建皇朝在立国初期的一段时间内，各种社会矛盾较为缓和，社会生产力迅速发展，封建经济趋于繁荣，国运处于盛世，国力比较强盛。而历代封建皇朝末期，各种社会矛盾激化，封建生产关系束缚生产力的发展，呈现出一派萧条景象，国运处于衰势。赵翼从"气运"角度论述社会历史盛衰，触及到历史发展动因深层的某些因素，具有理论认识上的意义。赵翼在考史过程中不但注重对具体历史事件和历史人物的考证，而且坚持通古今之变的治史宗旨，试图对人类历史的发展演变做出带有规律性的总结。他考察古人重气节对社会盛衰的影响，辩证地分析了气节与世运的关系：

① 《廿二史札记》卷四"东汉功臣多近儒"条，同前引书。
② 《廿二史札记》卷三"两汉外戚之祸"条，同前引书。

自战国豫让、聂政、荆轲、侯嬴之徒，以意气相尚，一意孤行，能为人所不敢为，世竞慕之。其后贯高、田叔、朱家、郭解辈，徇人刻己，然诺不欺，以立名节。驯至东汉，其风益盛。盖当时荐举征辟，必采名誉，故凡可以得名者，必全力赴之，好为苟难，遂成风俗。其大概有数端。是时郡吏之于太守，本有君臣名分，为掾吏者，往往周旋于生死患难之间。如李固被戮，弟子郭亮负斧锧上书，请收固尸。杜乔被戮，故掾杨匡守护其尸不去。由是皆显名。第五种为魏相，善门下掾孙斌，种以劾宦官单超兄子匡，坐徙朔方，朔方太守董援，乃超外孙也，斌知种往必被害，乃追及种于途，格杀送吏，与种俱逃，以脱其祸。太原守刘瓆以考杀小黄门赵津下狱死，王允为郡吏，送瓆丧还平原，终三年乃归。公孙瓒为郡吏，太守刘君坐事徙日南，瓒身送之，自祭父墓曰："昔为人子，今为人臣，送守日南，恐不得归，便当长辞。"乃再拜而去。此尽力于所事，以著其忠义者也。傅燮闻举将没，即弃官行服。李恂为太守李鸿功曹，而州辟恂为从事，会鸿卒，恂不应州命，而送鸿丧归葬，持丧三年。乐恢为郡吏，太守坐法诛，恢独行丧服。桓典以国相王吉诛，独弃官收葬，服丧三年，负土成坟。袁逢举荀爽有道，爽不应，及逢卒，爽制服三年。此感知遇之恩，而制服从厚者也。然父母丧不过三年，而郡将、举主之丧与父母无别，亦太过矣。又有以让爵为高者。西汉时韦贤卒，子玄成应袭爵，让于庶兄弘，宣帝高其节，许之。至东汉邓彪亦让封爵于异母弟，明帝亦许之。刘恺让封于弟宪，逃去十余年，有司请绝其封，帝不许；贾逵奏当成其让国之美，乃诏宪嗣。此以让而得请者也。桓荣卒，子郁请让爵于兄子泛，明帝不许，乃受封。丁綝卒，子鸿请让爵于弟盛，不报，鸿乃逃去，以采药为名；后友人鲍骏遇之于东海，责以兄弟之恩绝其父不灭之基，鸿感悟，乃归受爵。郭躬子贺当袭，让于小弟而逃去，诏下州郡追之，不得已乃出就封。徐防卒，子衡当袭，让于弟崇，数岁不归，不得已乃就封。此让而不得请者也。夫以应袭之爵，而让以鸣高，即使遂其所让，而已收克让之名，使受之者蒙滥冒之诮，有以处己，即无以处人；况让而不许，则先得高名，仍享厚实，此心尤不可问也。又有轻生报仇者。崔瑗兄为人所害，手刃报仇，亡去。魏朗兄亦为人所害，朗白日操刀，杀其人于县中。苏谦为司隶校尉李暠按罪死狱中，谦子不韦与宾客掘地道至暠寝室，值暠如厕，乃杀其妾与子，又疾驰至暠父墓，掘得其父头以祭父。夫父兄被害，自当诉于官，官不理而后私报可也。今不理之于官，而辄自行仇杀，已属乱民。然此犹曰出于义愤也。又有代人报仇者。何颙有友虞纬高，父仇未报而病将死，泣诉于颙，颙即为复仇，以头祭其父墓。郭恽有友董子张，父为人所杀，子张病且死，对恽唏嘘不能言，恽曰："子以父仇未报也！"乃将宾客杀其人，以头示子张，子张见而气绝。此则徒徇友朋私情，而转捐父母遗体，亦缪戾之极矣。盖其时轻生尚气，已成习

> 俗，故志节之士，好为苟难，务欲绝出流辈，以成卓特之行，而不自知其非也。然举世以此相尚，故国家缓急之际，尚有可恃以搘拄倾危。昔人以气节之盛，为世运之衰，而不知并气节而无之，其衰乃更甚也。①

东汉社会由于过于注重气节，不免导致流俗之士争名轻实，矫揉造作，虚让相尚，党同伐异，甚至杀身相报等过激之举，造成相当大的社会混乱局面，世风日下，导致封建政权统治不稳。有人把气节过盛视为世道衰微，有一定道理。然而赵翼则指出了问题的另一方面，即任何一个社会，如果没有气节，那么它衰败得会更加迅速，难以维持。赵翼比较了汉、唐、明三代士大夫与宦官势力的消长，从中认识中国古代政治的利弊，考察历史变化的脉络。他评论说：

> 东汉末，宦官之恶遍天下，然臣僚中尚有能秉正嫉邪，力与之为难者。杨秉为太尉时，宦官任人及子弟为官，布满天下，竞为贪淫，朝野嗟怨。秉与司空周景劾奏牧守以下，匈奴中郎将燕瑗、青州刺史羊亮、辽东太守孙諠等五十余人，或死或免，遂连及中常侍侯览、具瑗等，皆坐黜，天下肃然。秉又奏侯览弟参为益州刺史，暴虐一州，乃槛车征参诣廷尉，参惧自杀，秉并劾奏览。桓帝诏问公府，外职而劾奏近官，有何典故，秉以申屠嘉召许邓通事为对。帝不得已，乃免览官。李膺为司隶校尉，中常侍张让弟朔为

① 《廿二史札记》卷五"东汉尚名节"条，同前引书。

野王令，贪残无道，惧膺按问，逃还京师，匿让家，藏于合柱中。膺知状，率将吏破柱取朔，付洛阳狱，受辞毕，即杀之。韩演为司隶校尉，奏中常侍左悺罪，并及其兄太仆称，请托州郡，宾客放纵，侵犯吏民，悺、称皆自杀。阳球为司隶校尉，奏中常侍王甫、淳于登及子弟为守令者，奸猾纵恣，罪合灭族，太尉段颎阿附奸佞，宜并诛。乃收甫、颎等，及甫子永乐，少府萌，沛相吉，球自临考，五毒备至。萌曰："父子既当并诛，乞少宽楚毒，假借老父。"球曰："死不塞责，乃欲求假借耶！"萌乃大骂，球使窒萌口，捶扑交下，父子悉死杖下，颎亦自杀。球乃磔甫尸于城门，尽没入其财产，妻子皆徙比景。此廷臣之劾治宦官者也。杜密为太山太守，北海相，凡宦官子弟为令长有奸恶者，辄案捕之。刘祐为河东太守，属县令长率多中官子弟，祐黜其权强，平理怨结。中常侍侯霸用事于内，占天下良田美宅，祐悉没入之。蔡衍为冀州刺史，中常侍具瑗托其弟恭举茂才，衍收其赍书人按之。又劾奏河间相曹鼎赃罪，鼎乃中常侍曹腾之弟也。朱穆为冀州刺史，宦官赵忠葬父，僭用璠玙玉匣，穆闻之，下郡案验。吏畏穆，乃发墓剖棺，陈尸出之，而收其家属。山阳太守赵超，没入中常侍侯览财产。小黄门赵津及南阳大猾张汜等，恃中官势犯法，二郡太守刘瓆，成瑨考按其罪，虽经赦令，竟考杀之。王宏为弘农太守，郡中有事宦官买爵位者，虽两千石亦考杀之，凡数十人。陈翔为扬州刺史，劾奏豫章太首王永，吴郡太守徐参，在职贪秽，皆中官亲党也。

范康为太山太守，时张俭杀侯览母，按其宗党宾客，或有逃入太山界者，康皆收捕无遗脱。黄浮为东海相，有中常侍徐璜兄子宣为下邳令，肆贪暴，浮乃收宣及家属，无少长皆考之。掾吏固争，浮曰："宣国贼，今日杀之，明日坐死不恨。"即杀宣，暴其尸于市。荀昱为沛相，荀昙为广陵太守，志除宦官，其支党有在二郡者，纤罪必诛。史弼为平原相，当举孝廉，侯览遣诸生赍书请之，弼即捶杀赍书者。此外僚之劾治宦官者也。甚至朱震为州从事，奏济阴太守单匡赃罪，并连匡兄中常侍单超，遂收匡下廷尉。张俭为东部督邮，奏侯览及其母罪恶，览遮截其章不得上，俭遂破览家，籍没资财，具奏其罪状。此又小臣之劾奏宦官者也。盖其时宦官之为民害最烈，天下无不欲食其肉。而东汉士大夫以气节相尚，故各奋死与之搘拄，虽湛宗灭族，有不顾焉。至唐则仅有一刘蕡，对策恳切言之。明则刘瑾时仅有韩文、蒋钦等数人；魏忠贤时仅有杨涟、左光斗、魏大祐、缪昌期、李应昇、周顺昌等数人。其余干儿、义子，建生祠，颂九千岁者，且遍于缙绅。此亦可以观世变也。①

通过历史地考察和评价，对比出历代宦官权势不断膨胀，可以发现中国古代政治的某些规律。赵翼比较自觉地揭示历史发展趋势，在历史评论中都或多或少地触及到社会历史演变法则，这在中国古代乃是重要的理论成就。

---

① 《廿二史札记》卷五"汉末诸臣劾治宦官"条，同前引书。

钱大昕批驳宋明以来史学中出现的抛开历史事实而腾虚褒贬的论史风气，力图扭转论史空疏无用的学风。他认为“学问乃千秋事，订讹规过，非以訾毁前人，实以嘉惠后学。但议论须平允，词气须谦和，一事之失，无妨全体之善。不可效宋儒所云，一有差失，则余无足观耳”①。钱大昕在考史过程中对史书或史事作了大量褒贬，而且很尖锐。他评论《后汉书·皇后纪》说：“世讥范蔚宗创为《皇后纪》，非也。《晋书》称华峤作《汉后书》九十七卷，有《帝纪》十二卷，《皇后纪》二卷，峤以皇后配天作合，前史作《外戚传》以继末编，非其义也。故改《皇后纪》，次《帝纪》之下。然则皇后之纪，乃峤自出新意，蔚宗特因之不改耳。”②认为后人对史书设立《皇后纪》的褒贬与范晔无关。他批评《后汉书》记事书法缺乏严谨说：“按《齐武王传》：建武二年，立章为太原王，十一年，徙章为齐王，是章由齐王降封公，《纪》云太原王者，误也。齐、鲁二王降封，本《传》具不载，建武十九年，进齐、鲁公爵为王，《传》亦不书，皆史之疏也。”③又批评《后汉书》把东莱王刘基列为郑玄弟子之误说：“按《魏志》基卒于元帝景元二年，不言年寿若干，而基碑云年七十二，溯其生年，当在初平元年庚午。康成以建安五年庚辰卒，其时基仅十一岁，不得在弟子之列，恐范史误也。基治经常申郑而驳王肃，故蔚宗疑为康成弟子，要是私淑弟子，非亲受业者。”④此外，《后汉书·皇后纪上》：“亲属别事，各依列

① 《潜研堂文集》卷三五“答王西庄书”条，江苏古籍出版社 1997 年版。
② 《廿二史考异》卷一〇“后汉书一·皇后纪上”条，同前引书。
③ 《廿二史考异》卷一〇“后汉书一·光武帝纪下”条，同前引书。
④ 《廿二史考异》卷一一“后汉书二·郑康成传”条，同前引书。

传。其余无所见，则系之此纪。”章怀太子李贤注：“谓贾贵人、虞美人之类是也。”钱大昕批评说：“此言后妃亲属，如阴、马、邓、窦之伦，事迹昭著，别为列传。其无事可见者，附于此纪，不更立《外戚传》，若郭况、阎显、邓康之类是也。注似未达其旨。”又如：“梁贵人者，……与姊大贵人俱葬西陵，仪比敬园。”李贤注曰：“敬园，安帝祖母宋贵人之园也。”钱大昕批评说：

按注说非也。章帝葬敬陵，以窦皇后合葬，而梁太后别葬西陵。史称仪比敬园者，谓置令丞守卫如敬陵之制。《百官志》：“每陵园令各一人，掌守陵园，案行扫除。”故称敬陵曰敬园，犹西京之高园、文园也。若清河王庆之母宋贵人，别葬樊濯聚，和帝时，庆欲求作祠堂，恐有自同恭怀梁后之嫌，遂不敢言，安得有敬园之称？其后安帝嗣立，追尊祖母为敬隐皇后，距恭怀改葬，二十余年矣。《祭祀志》：“安帝建光元年，追尊祖母陵曰敬北陵，亦就陵寝祭，太常领如西陵。”此则敬北陵仪比西陵耳。章怀何不考其年代，而妄为之说乎？[①]

关于东汉历史人物的评价，钱大昕不赞成范晔《后汉书·王充传》“充少孤，乡里称孝”的论断，指责王充“自居于圣贤，而訾毁其亲，可谓有文无行，名教之罪人也。充而称孝，谁则非

① 《廿二史考异》卷一〇“后汉书一·皇后纪上”条，同前引书。

孝!"[1]这说明钱大昕在强调记载客观历史的同时,还主张应该对历史作出价值判断或道德评价。

王鸣盛考证历史的目的是要考察历代正史记载是否据事直书,把因各种原因造成的记事失实恢复真相。《十七史商榷》也议论史家书法,褒贬历代史迹和历史人物,但其褒贬是建立在真实的历史事实之上,议论是置于具体的历史环境之中,与不顾客观事实而驰骋议论性质完全不同。他批评《后汉书》之"《灵帝纪》末突书宦者杀何进,嫌无来历,宜言进谋诛宦官,谋泄,为所害。又并州牧董卓杀执金吾丁原,董卓自为司空,其下即书董卓废少帝为弘农王,而其上文未书明大将军何进召董卓入,则叙事无根,亦其失也"[2]。王鸣盛评价了范晔修史与班固撰史的不同旨趣,认为《后汉书》"班彪、固父子传论云:彪、固讥迁,以为是非颇谬于圣人,然其论议常排死节,否正直,而不叙杀身成仁之为美,则轻仁义、贱守节愈矣。此虽华峤之辞,而蔚宗取之,故蔚宗遂力矫班氏之失,如《党锢》、《独行》、《逸民》等传,正所以表死节,褒正直,而叙杀身成仁之为美也。而诸列传中,亦往往见重仁义、贵守节之意。盖读书者当自知之,并可以想见蔚宗之为人"[3]。班固是东汉朝廷的皇亲国戚,而范晔则是受排挤的失意官僚,二人的不同命运与处境决定了他们对社会上行侠仗义风气持有完全不同的态度。王鸣盛评价《后汉书》记载历史人物说:

---

① 《十驾斋养新录》卷六"王充"条,江苏古籍出版社 2000 年版。
② 《十七史商榷》卷三一"叙事无根"条,同前引书。
③ 《十七史商榷》卷三六"范矫班失"条,同前引书。

西汉张禹、孔光，东都胡广，皆以文学著，皆小人之无耻而享大福者。孟坚于张、孔直笔诋斥，尽丑描摹，洵不愧良史矣。而蔚宗于胡，乃别换一种笔墨，冷讥毒刺，寓于褒颂夸誉中，其党恶误国，反为藏过，读之辄为击节叹赏，亦不觉捧腹绝倒。夫质帝为梁冀所弑，时李固为太尉，与杜乔执议必欲立清河王蒜，冀以蒜年长有德，恐为后患，贪蠡吾侯童昏，欲立之。广与司空赵戒附会成之，是为桓帝。于是李固罢黜，卒死冀手，而广即代固为太尉，广之罪于是为大。桓帝立，乱政亟行，后虽诛冀，而宦官之权转盛，汉亡实兆于此。原广之心，非必欲乱汉也，特贪位惧祸耳。但鄙夫之误人国家，正为患得患失使然。当时广若能与李、杜同心立清河王，无桓则亦无灵矣。蔚宗作此《传》，全用美词，其前但叙顺帝欲立皇后，有宠者四人，莫知所建，欲探筹定选。广与尚书郭虔、史敞上疏谏，乃立梁贵人，则已明著广之党于梁氏矣。及叙至质帝崩之下，但云："代李固为太尉，录尚书事，以定策立桓帝，封育阳安乐乡侯。"夫倾固而夺其位，又以定策受封，党恶之罪显然矣。下叙冀诛，则云："广坐不卫宫，减死一等，夺爵土，免为庶人。"深恶其幸免，罪重而所坐轻也。其总叙云："共李固定策，大议不全。"大议不全，何谓也？至劣之行，以蕴藉出之。其下即云："在宫台三十余年，每逊位辞疾，及免退归里，未尝满岁，辄复升进。"鄙夫情状，曲曲道破。通读一遍，此《传》若有美无刺者而已，不啻铸鼎象之，燃犀照之；且各《传》中互见已多矣。肆而隐，微而彰，其范史之谓乎！[①]

王鸣盛极为赞赏范晔寓褒贬于叙事之中，这与他注重考证而慎言褒贬的态度相一致，表现出治史尊重客观事实的理性精神。这种历史评论表现为历史评价和客观考证的辩证统一，对中国古代史学的发展至关重要。王鸣盛评论东汉典制说：

> 尚书固为权要，而汉又别有中书。为尚书者，士人多，宦者少，中书则皆宦者也。以尚书与三公对言，三公权不及尚书；以尚书与中书对言，尚书又不及中书矣。《前汉·萧望之传》：望之以前将军领尚书事，而弘恭、石显则中书令、仆射也，望之卒为恭、显所杀矣。尚书、中书皆管机密，出纳王命，其职皆要，而官则微。《百官公卿表》篇首叙九卿，其于少府之属官有尚书及中书谒者，皆为属官，其品秩皆不高，而《表》中并无尚书、中书官也。望之官之尊在前将军，而其要则在尚书，故恭、显使张朋告其罪，必俟其假归洗沐方上之。要之，士人必不如宦人之尤亲密，故恭、显终能杀望之。万斯同《补东汉将相大臣年表》有尚书令、尚书，无中书，盖此官侍直宫禁，不在朝廷大臣之列。其后魏文帝黄初中，改秘书为中书，以刘放为监，孙资为令，各加给事中，遂掌机密，见《三国志·放传》，中书令之为宰相，始于此矣。《王肃传》注：明帝太和中，秘书丞薛夏以公事移兰

① 《十七史商榷》卷三六"刺广寓于褒颂"条，同前引书。

台,兰台自以台也,秘书署耳,谓夏为不得仪,当坐。夏报曰:“兰台为外台,秘书为内阁,台、阁一也,何不相移之有?”然则台阁之名,本在尚书也,而又属之中书矣。官不论贵贱,惟视其职之闲要,而闲要惟视时主之意向,其制无时不改,是以书之史籍,纷若乱丝,使人眩目。①

王鸣盛注意考察典章制度和历史事件的时代及其发展演变过程,认为不分古今笼统评论,很容易导致以今概古的错误。而上述历史评论可以揭示出历史发展演变的趋势,有助于人们认识社会历史发展规律。王鸣盛评论东汉的学风说:

班昭就东观藏书阁踵成《汉书》,《汉书》始出,多未能通者,同郡马融伏于阁下,从昭受读。案:观此可以见汉人读书之法,与后世不同。汉人读书必有师传,无师不能读,故千里步担寻师,既得师,贫无资用,或执厮养之役,从而听讲受业焉。及其既通,终身守师法不敢改,而终身所得力亦尽在此书矣,文章议论、功名事业皆从此出,其术则似约而实广,其功则初难而后易。即如伏生,当秦乱壁藏《尚书》,汉兴已求得其书,是时除挟书之律,文帝但当下诏济南,从伏生檄取其书,上之秘府足矣,何必特使人往受?不特此也,晁错此时已以文学为太常掌故,秩六百石,赫然为当代名臣,非如初就傅之童子,未通句读

① 《十七史商榷》卷三七“台阁”条,同前引书。

者。文帝欲使人往受，必妙选俊异如错方可使，若庸碌之人，仍不能往受。错至，伏生老不能正言，门徒各散，嗣子尚幼，无人代为讲授；然而简策具存，伏生略说大意，错似能领会，乃若有万不得已者，不避男女之嫌，而必使其女传言教错，此其故何也？汉人传经，其文字音读、章句训诂必有名师面授，方能成学，无师不能自读也。若如后世人读书，一介小夫，马医夏畦之子，略识租牛券中字，便可抗颜为师，而教弟子；为弟子者，即三家村中至顽钝小儿，一闻钦，恭敬也，明，光明也，文，文章也，思，意思也，便自谓了然矣，安用此仆仆不惮烦哉？然此犹曰传经不可苟也，至于班固以汉人记汉事，有何难解？马融又与班固同代之人，且融聪明特达，卓然有名，必伏于阁下从女子受读，而不敢自以己意读！《三国志·吴主五子传》：孙权之长子登既立为太子，权欲使读《汉书》，知近代事，以张昭有师法，重烦劳之，乃令昭之子休从昭受读，还以授登。可见孙权尚知读书之法，而宋明人不知也，动辄妄为大言，高自位置，蔑弃前人，而胸弛臆断。其实但可欺庸人耳，自有识者观之，曾不足以当一笑。后之学者，尚其戒之！[①]

这段文字抨击宋明学者史论的空疏，认为评价历史应当坚持求实学风，这样所得的结论才是正确的。王鸣盛非常注意把议论褒贬历史人物或历史事件放在具体历史环境中，建立在

① 《十七史商榷》卷三八“马融从昭受汉书”条，同前引书。

历史事实之上，这样容易对评价对象作出正确认识，避免片面评价。这表明王鸣盛在理论认识方面也取得了一定成就，对古代历史评价理论作出了贡献。

李慈铭是晚清著名学者，一生著述宏富，尤以读书札记最为著称。其所作札记，涉及经、史、子、集四部，皆读书有感而发，颇多创见。他研究历代正史，表明"予于各史，自谓于范书最留意"，对范晔《后汉书》用功最深。他说："范《书》可指驳者甚少，宋人若赵明诚、洪迈、王楙辈，间及数条。近得王西庄《十七史商榷》、洪氏《读书丛录》，考核加详。予偶有所见，注于范《书》中者，往往为二书所已有，深叹后人著书之难。今日无事，静阅诸纪、传，取诸条摘出之，皆二书所未及者。非好与昔贤为难，亦读范《书》者所不可少，思为蔚宗之功臣耳。"李慈铭在读史札记中对《后汉书》作了大量的评论，虽有苛刻之嫌，但大多属于中肯之论，具有学术价值。首先，他批评范晔记事书法，指出"范史于外国传殊不经意，盖蔚宗生在江右，不知西北事，故诸传多失考核。然叙致谨严，接续分明，自是良史"。既指出范晔记事缺乏充足事实的缺陷，又肯定了他叙事谨严的优点，评价比较客观。李慈铭论《后汉书》记事得法说："韩融与荀爽、郑玄同以高隐名，见申屠蟠等《传》，而融附见其父《韶传》，乃仅言其官终太仆，余无一事可纪。陈重、雷义之交谊，与张劭、范式并称，而《袁敞传》乃载雷、陈二人为人请托。此史家散文见意处。"肯定范晔记载人物，于本传扬善隐恶，而于他传直书其事的记事书法符合历代史家的修史传统。他又赞誉范晔史论的成就说：

读《后汉书》，蔚宗自论此书云："吾杂传论，皆有精意深旨，既有裁味，故约其词句。自《循吏》以下及《六夷》诸序论，笔势纵放，实天下之奇作，比方班氏，非但不愧。”余谓范氏此言，自诩非过。然其最佳者，如《郑康成传》论、《左雄、周举、黄琼传》论、《陈蕃传》论、《李膺传》论、《宦者传》序、《儒林传》论，兴高采烈，词深理精，以云奇文，实超千古。次则《曹褒传》论、《丁鸿传》论、《邓彪、张禹、胡广诸人传》论、《蔡邕传》论、《李固传》论、《张奂传》论、《孔融传》论、《樊英传》论、《张俭传》论、《卢植传》论、《窦武、何进传》论，皆抑扬反复，激烈悲壮，令人百读不厌。它若《李通传》论，则讥其陷父以侥幸；《桓荣传》论，则讥其为学以取荣；《臧洪传》论，则惜其徒死之无益；《郭林宗传》论，则疑其知人之过圣。凡兹卓识，多出恒裁。至于荀爽、荀彧，实非贞士，而慈明之论，既表其图董之志，文若之论，又褒其为汉之忠，此之立言，犹为过当。盖徇乎流俗之誉，未照其隐遁之情，要亦善善从长，义存匡世，慷慨奋发，可见其心。大抵蔚宗所著论，在崇经学，扶名教，进处士，振清议，闻之者兴起，读之者感慕，以视马、班，文章高古则胜之，其风励雅俗，哀感顽艳，固不及也。

通过对范晔史论内容与宗旨的评价，不仅认为他不愧有良史之才，而且得出他不会做出叛逆之事的结论。当然，李慈铭同时也批评范晔史法有回护之处，如“《马融传》论，虽贬其屈节梁氏，然颇存恕辞。盖季长大儒，不欲深斥，故别创议论，为留余地；而辞曲旨晦，其义未安。末后数语，尤为乖谬，全失史家惩劝之旨。蔚宗良史，其议论尤别白忠佞，无少隐贷，独于此传失之，足见作史者不可存私意，而文人自相回护，亦结习使然”。又批评其史法有矛盾之处，如对邓皇后的评价就是如此：

《和熹邓后纪》论有曰：“建、光之后，王柄有归，遂乃名贤戮辱，便蘖党进。故知持权引谤，所幸者非己”云云。是称邓后之德，直不亚马后，而安帝为不克负荷。乃《安帝纪》论则又曰：“孝安虽称尊享御，而权归邓氏，令自房帷，威不逮远，始失根统，归成陵敝，遂复计金受官，移民逃寇，既云哲妇，亦惟家之索”云云。则全归过于邓后。虽史家美恶不嫌彼此互见，然太相矛盾，未免轻重失伦。哲妇家索之语，用之母后，亦有未合。

批评范晔记事书法前后矛盾，使读史者无所适从。李慈铭还指出：“蔚宗作传，虽略依时代，而仍以类叙，故往往先后杂糅，自非史法。”通过上述批评，对范晔修史书法及其编纂学成就作出辩证评价，有助于世人加深对《后汉书》的研究和认识。另外，李慈铭评论《后汉书》记载的史事说：

大抵南朝自刘宋以后，不甚讲考据。范蔚宗《后汉书》足称良史，又承武子家法，最重郑学。而《后汉书》中有三事之失，关于学术不浅。郑君《传》不举其所注《周礼》而载其《孝经》，至历齐及唐，辩论不决，此一失也。《儒林传》序称《熹平石经》为古文、篆、隶

> 三体书法，致古今聚讼，此二失也。《卫宏传》言宏作《毛诗》序，致宋人以后集矢《小序》，此三失也。卫宏作序之说，后人虽为辨之，谓是宏别作一书，非指《小序》，然终无以关人之口。且汉人解经，亦尠有名《序》者。

从总体上考察了范晔《后汉书》的得失，在充分肯定其成就的基础上，也指出书中存在重大失误，并且结合时代特点作了评价。他评价东汉职官外重内轻的发展趋势，指出：

> 东汉尚书之权，重于三公。故自安、顺以后，大将军及三公秉政者，皆加录尚书事。始于章帝即位，以赵憙为太傅，并录尚书事。至安帝延光四年，北乡侯即位，司徒刘憙为太尉，参录尚书事。云参录者，盖其实阎后临朝，以后兄阎显为车骑将军，专政，必以显录尚书，故三公仅得参录。其后献帝建安元年，曹操以镇东将军初至洛阳，自领司隶校尉，即录尚书事，遂专汉政。讫于南北朝，凡篡祚移鼎者，无不先录尚书事，称为录公。

东汉以来职官制度中尚书权重，逐渐取代三公的决策权，成为影响当时朝政的重大事件。前述赵翼、钱大昕、王鸣盛等人都对此作过评价，李慈铭也捕捉到这个问题，并从东汉初年到南北朝这一长时段中加以考察，显示出历史评论的恢弘视野。他评价东汉历史人物，以蔡邕为例说：

> 顾亭林论蔡邕之颂胡广、黄琼，几于老、韩同传，即使幸成《汉书》，必为秽史。然此《颂》乃系熹平六年灵帝思感二人，图画于省内，诏邕为之《颂》，是其应制之作，非由于己，不得为讥。予按邕尝议以和、安、顺、桓四帝无功德，宜去其庙号，董卓从而奏行，此真小人无忌惮之尤。夫礼，祖有功而宗有德。然列朝既已加崇，岂得一旦臣子妄议斥革？况当卓之世，帝可废可杀，太后可弑，而先帝独不可滥膺一宗号乎！是其谄媚奸臣，削弱王室，无君之心，莫此为甚。汉法擅议宗庙者弃世，惜王子师不能以此正言诛之耳。其后唐末苏楷附朱全忠，请改昭宗谥号，至后唐时将正其罪，楷遂忧怖而死，是犹邕作之俑也。①

指出蔡邕之罪在彼而不在此，作出了知人论世的评价，比清初顾炎武更加深入，显示出在历史人物评价上的史识。长期以来，史学史研究者对于李慈铭的史学批评和历史评论缺乏系统的研究，从上述评价范晔《后汉书》的情况可以看出，他在史学批评和历史评论方面的成就比较显著，应当引起重视。

四　余　论

范晔《后汉书》纪、传和司马彪《续汉书》志以及刘昭、李贤注疏，在过去一千多年的流传中影响不断扩大，发挥了重要作用。随着历史的发展，《后汉书》的价值将会越来越突出。

---

① 以上所引，均见由云龙辑《越缦堂读书记·后汉书》，上海书店 2000 年版。

早在齐、梁时期，尽管两晋南朝诸家东汉史尚存，然而范晔《后汉书》独受各方面的好评。刘昭鉴于此书优于诸史，率先为之注补；萧统《文选》采其《皇后纪》论、《后汉二十八将传》论、《宦者传》论、《逸民传》论、《光武纪》赞等五首论赞，开后世文选之书必选史论之先河。这些都反映了《后汉书》广泛的社会影响。唐代刘知幾评价范晔《后汉书》说："至宋宣城太守范晔，乃广集学徒，穷览旧籍，删烦补略，作《后汉书》，凡十纪，十志、八十列传，合为百篇。会晔以罪被收，其十志亦未成而死。先是，晋东阳太守袁宏抄撮《汉氏后书》，依荀悦体，著《后汉纪》三十篇。世言汉中兴史者，唯范、袁二家而已。"[①]反映出唐代学者对范晔《后汉书》比较广泛的认同和赞誉。宋人陈振孙承认"蔚宗乃删取众书，为一家之作"[②]。叶适则指出："至后汉始有史官，东观著记，前后相承，范晔所以能述史于二百年之后，由有诸家旧书也。然东汉虽有著记，而当时风俗之质则不如前汉，而所载多溢词。又，胡广、蔡邕父子竟不能成书，故一代典章，终以放失。范晔类次齐整，用律精深，但见识有限，体致局弱，为可恨耳。"[③]充分肯定了范晔修史的史识与书法，同时也指出其局限，评价比较中肯。这些内容，本书正文部分已有详尽的阐述，这里就不再展开论述了。

清代学者研究范晔《后汉书》纪、传与司马彪《续汉书》志，不论是注疏、补遗，还是考证、刊误，抑或是批评、评论，都表明今传《后汉书》更加为世人所关注，受到学者的重视，对其价值

① 《史通·古今正史》，同前引书。
② 《直斋书录解题》卷四"后汉书"条，同前引书。
③ 《习学记言序目》卷二三"后汉书三·总论"条，同前引书。

与影响的认识更加明确。其中，赵翼对《后汉书》的研究和评论最为深刻，超过了历史上诸多学人对《后汉书》的研究和评论，最有代表性。他在《廿二史札记》中论及《后汉书》所记载的史事，大多关乎治乱兴衰的重大问题；而从史学的角度考察《后汉书》，涉及到该书的编次、疏漏和书法，作了多方面的评论。邵晋涵研究《后汉书》，揭示出其创新之功："范氏所增《文苑》、《列女》诸传，诸史相沿，莫能刊削。盖时风众势日趋于文，而闺门为风教所系，当备书于简策，故有创而不废也。"进而又评价了它的影响："《旧唐书·经籍志》又有范氏《后汉书论赞》五卷，殆以范氏文体高于六朝诸人，而爱其文辞者，遂摘取其论赞，别为一书欤！"这是赞誉范晔《后汉书》纪、传之史论对后世史学的影响。他还指出"司马彪《志》详述制度，较《史》、《汉》诸《志》为稍变其体，后来《晋》、《隋》诸《志》，实仿其例。"①揭示出司马彪《续汉书》志对后世史学的影响。李慈铭也肯定了范晔的成就，高度评价了《后汉书》在中国历史上的影响。他说：

自汉以后，蔚宗最为良史，删繁举要，多得其宜。其论赞剖别贤否，指陈得失，皆有特见，远过马、班、陈寿，余不足论矣。予尤爱者，其中如《儒林传》论、《左雄、周举、黄琼、黄琬传》论、《陈蕃传》论、《党锢传》序、《李膺、范滂传》论、《窦武、何进传》论，皆推明儒术气节之足以维持天下，反复唱叹，可歌可泣，令

① 以上所引，均见《南江文钞》卷三"后汉书提要"条，清嘉庆八年面水层轩刻本。

人百读不厌，真奇作也！其他佳制，固尚不乏，而数篇尤有关系。范《书》以外，惟欧阳《五代史》，欧、宋《新唐书》诸论赞，虽醇疵互见，文亦时病结轖，然究多名篇，可以玩味。①

清代学人的研究成果和评价意见，是对历代学者研究《后汉书》的一次全面总结和深化，给今人进一步发掘《后汉书》的史学价值奠定了扎实的基础。我们应该认真地继承这份史学遗产，用以丰富和发展当代的史学史研究，以至推进整个历史研究学科的繁荣，为我国的现代化建设服务。

① 《越缦堂读书记·后汉书》，同前引书。

范蔚宗年谱

张述祖

先生姓范氏，名晔，字蔚宗，籍宋顺阳郡顺阳县，今河南省之内乡县也①。高祖晷，字彦长，少游学清河，因家焉，官至晋雍州刺史，加左将军。二子广、雅（雅本亦作稚），雅少知名，辟大将军掾，早卒。子汪，字玄平，六岁过江，依外家新野庾氏，晚年，屏居吴郡，官至晋安北将军，徐、兖二州刺史，进爵武兴

① 《晋书》721（引者按：这个数字是原作者所称1936年上海中华书局刊行之《四部备要》洋装本的页码，下同）《范晷传》云："南阳顺阳人也"（《四部备要》洋装本），《宋书》509《范泰传》云："顺阳山阴人也"（《四部备要》洋装本），同书568《范晔传》止云："顺阳人"，三说不同。今按《宋书》361《州郡志》三称："顺阳太守，魏分南阳立，曰南乡。晋武帝更名。成帝咸康四年，复立南乡，后复旧。"顺阳郡下有顺阳县，自魏以来，郡或称南乡，然辖县如故，《晷传》谓"南阳顺阳"实为费解。方恺《新校晋书地理志》十三云："岂顺阳未立国时，县属南阳，不属南乡耶？未详。"后附吴羽寅曰："案《郡国志》，顺阳属南阳郡"（《二十五史补编》本）。予谓此或作传者本之范氏家传（范汪撰，见《隋唐》志），故沿用旧名也。《泰传》称"顺阳山阴人"，亦欠正确。《宋志》山阴属会稽郡，不属顺阳。李慈铭《宋书礼记》11a谓："山阴字有误"（北平图书馆印本），然不知误在何处。钱大昕《二十二史考异》10/14b云："似山阴当为无阴之误，而《州郡志》无阴属南阳，不属顺阳，未详"（广雅书局刊本）。今亦存疑。惟据《晷传》"南阳顺阳"之语，知顺阳确为县名；又据《宋志》，知县确属顺阳郡，故书以"宋顺阳郡顺阳县"也。又《南阳府志》5/89b（《人物》中）注云："晋置顺阳郡，所辖顺阳南乡析三县，太守丁穆殉苻坚之难，郡人范守为之立碑，今属内乡，故址在焉"（康熙甲戌年序刻本）。故范氏父子，《志》皆列入内乡县，今从之。

县侯，二子康、宁，宁字武子，官至晋豫章太守，以经术名于时，既免官，家于丹阳。子泰，字伯伦，即先生父也[①]，生先生时，年已四十四矣。

先生有兄三：昂早卒，暠官宜都太守，晏侍中光禄大夫；弟广渊，为宋世祖抚军谘议参军，领记室[②]；姐一，适左卫将军谢述；妹一，不知所归[③]。

先生幼出继从伯弘之，袭封武兴县五等侯[④]。

晋安帝隆安二年戊戌（西历三九八），先生生[⑤]。

先生为父泰庶出[⑥]。母如厕产之，额为砖所伤，故小字曰砖[⑦]。

祖父宁，太元中官豫章太守，免官后家居，勤经学，终年不辍，此时已六十[⑧]。

---

① 以上见《晋书》721《范暑传》，609《范汪传》，《范宁传》。

② 以上见《宋书》511《范泰传》。

③ 同上 570《范晔传》，471《谢景仁传》。

④ 同上 568 本传。

⑤ 同上 36《文帝纪》谓："二十二年……十二月乙未，太子詹事范晔谋反，及党与皆伏诛"，571 本传云："时年四十八"。上推之，则当生于晋安帝隆安二年。王鸣盛《十七史商榷》61/3b 以为隆安三年者误（广雅书局刊本）；钱大昕《疑年录》1/34a 所推是矣（小双寂庵刊本）。

⑥ 《宋书》568 本传云："嫡母随暠在官"，则必为庶出。

⑦ 同上。

⑧ 《晋书》610《宁传》云："江州刺史王凝之上言曰……太守臣宁……肆其奢浊，所为狼藉……诏……以此抵罪，子泰时天门太宰，弃官称诉……会赦免"。《宋书》509《泰传》谓："荆州刺史王忱，泰外弟也，请为天门太守……忱病卒，召泰为骠骑谘议参军迁中书侍郎。"又按万斯同《东晋方镇年表》9 称："太元十七年壬辰十月，荆州刺史王忱卒。"（《二十五史补编》本）则宁之抵罪，至迟当在太元十七年，且《晋书》75《武帝纪》言，太元十七年正月大赦，适与忱卒同岁，则宁之赦免，要在彼年也，故曰"此时家居"。

父泰官中书侍郎[1]。

当时史家，徐广年四十七[2]，裴松之二十七[3]，何承天二十九[4]，王韶之十九[5]。

日后与先生共事者，何尚之年十七[6]，庾炳之十一[7]，沈演之二岁[8]。

隆安三年己亥（三九九），二岁。

隆安四年庚子（四〇〇），三岁。

隆安五年辛丑（四〇一），四岁。

祖父宁卒，享年六十有三[9]。初宁以《春秋》三传，《左氏》有服、杜之注，《公羊》有何、严之训，释《穀梁》者，虽近十家，皆肤浅末学，不经师匠，辞理典据，既无可观，又引《左氏》《公羊》以解此传，文义违反，斯害也已，乃商略名例，敷陈疑滞，博示诸儒同异之说，成《春秋穀梁传集解》二十卷[10]。其义精审，为世所重[11]。

---

① 依上注所言，王忱卒至此已六、七年，泰似已迁中书侍郎矣。本传又曰："父忧去职"，则此时尚在职也。

② 《宋书》486 本传云："元嘉二年卒，时年七十四"。上推之。

③ 同上 535 本传云："（元嘉）二十八年卒，时年八十"。上推之。

④ 同上 538 本传云："（元嘉）二十四年……卒于家，时年七十八"。上推之。

⑤ 同上 512 本传云："（元嘉）十二年……卒，时年五十六"。上推之。

⑥ 同上 547 本传云："（大明）四年……薨于位，时年七十九"。上推之。

⑦ 同上 478 本传云："（元嘉）二十七年卒于家，时年六十三"。上推之。

⑧ 同上 530 本传云："（元嘉）二十六年……卒，时年五十三"。上推之。

⑨ 钱大昕《疑年录》1/28b 云："史不著其卒年，以《宋书·范泰传》父忧去职时约计之"。

⑩ 《春秋穀梁传注》序/3a（《四部备要》本）。

⑪ 《晋书》611 本传。

父泰以忧去职，袭阳遂乡侯[①]。

夏五月，孙恩寇吴国，内史袁山松（本亦作袁崧）死之[②]。山松少有才名，著《后汉书》百篇[③]。

元兴元年壬寅（四〇二），五岁。

元兴二年癸卯（四〇三），六岁。

时桓玄辅晋，使御史中丞祖台之，奏父泰居丧无礼，坐废徙丹徒[④]。

元兴三年甲辰（四〇四），七岁。

四月，国子博士司马休之，为冠军将军，荆州刺史[⑤]，除父泰长史，南郡太守，又除长沙相，散骑常侍，并不拜。入为黄门郎，御史中丞；参议殷祠[⑥]。

---

① 《宋书》509 本传。

② 《晋书》78《安帝纪》。

③ 同上 668 本传。

④ 见《宋书》509 本传。按《晋书》78《安帝纪》，元兴元年三月，玄自称侍中丞相录尚书事，二年夏，又自号相国楚王，十二月篡位，则泰之废徙，当在元兴二年篡位之前，姑从其极数。

⑤ 《晋书》334《司马休之传》："闻义军起，复还京师，大将军武陵王令曰，前龙骧将军休之……可监荆、益、梁、宁、秦、雍领州军事，令护南蛮校尉，荆州刺史……无几……出奔襄阳"，又 79《安帝纪》云："义熙元年三月，荆州刺史司马休之出奔"，万斯同《东晋方镇年表》11 谓："元兴三年四月，命休之为荆州刺史"，与本传"闻义军起"语相合。且泰入为御史中丞，亦在此年，可以万说佐证。严可均辑《全宋文》15/1a 范泰文序谓："义熙初，荆州刺史司马休之以为长史南郡太守"（光绪十九年王氏刊本），于时间史实皆未确。

⑥ 《宋书》141《礼三》云："义熙二年六月，白衣领尚书左仆射孔安国启云，元兴三年夏，应殷祠，昔年三月，皇舆旋轸，其年四月便应殷，而太常博士徐乾等议云，应用孟秋……御史中丞范泰议……遇时则殷，无取于限三十月也。"推核文意，则泰元兴三年已为御史中丞而参议殷祠矣。《通典》285 载其事于义熙三年（《万有文库》洋装本），似误。

义熙元年乙巳（四〇五），八岁。

义熙二年丙午（四〇六），九岁。

白衣领尚书左仆射孔安国，奏父泰元兴三年议殷祠事谬，诏泰白衣领职。旋出守东阳[①]。

义熙三年丁未（四〇七），十岁。

义熙四年戊申（四〇八），十一岁。

义熙五年己酉（四〇九），十二岁。

宋高祖第四子彭城王义康生[②]。

义熙六年庚戌（四一〇），十三岁。

二月，广州刺史卢循反，逼京师[③]。父泰时为东阳太守，预发千人，开仓给廪，宋高祖嘉之，进号振武将军[④]。

义熙七年辛亥（四一一），十四岁。

父泰迁侍中，寻转度支尚书[⑤]。

徐湛之生[⑥]。

义熙八年壬子（四一二），十五岁。

义熙九年癸丑（四一三），十六岁。

王韶之撰《晋安帝阳秋》，叙事讫此年[⑦]。

---

① 《宋书》141，出为东阳太守，不知何时，然必距白衣领职甚迩，故附之。

② 同上561本传云："（元嘉）二十八年……以被掩杀之，时年四十三"。上推之。

③ 《晋书》79《安帝纪》。

④ 《宋书》509本传。

⑤ 同上。

⑥ 同上578本传："劭入弑……见害，年四十四"。上推之。

⑦ 同上511本传。

义熙十年甲寅(四一四),十七岁。

州辟主簿,不就[①]。

义熙十一年乙卯(四一五),十八岁。

父泰为大司马左长史,右卫将军,加散骑常侍[②]。

东莞臧荣绪生。荣绪后括东西晋为一书,纪录志传百一十卷[③]。

义熙十二年丙辰(四一六),十九岁。

父泰为尚书常侍兼司空[④]。

鲁国人孔熙先生[⑤]。

徐广成《晋纪》四十六卷,表上之[⑥]。

义熙十三年丁巳(四一七),二十岁。

父泰随宋高祖大军至洛阳[⑦]。

---

① 同上 568 本传。

② 同上 509 本传云:"司徒道规无子,养太祖,及薨,以兄道怜第二子义庆为嗣。高祖以道规素爱太祖,又令居重,道规追封南郡公,应以先华容县公赐太祖。泰议曰……讳宜还本属。从之。转大司马左长史右卫将军加散骑常侍"。464《道规传》称义熙八年卒,而 31《文帝纪》又谓义熙十一年封帝为彭城县公,则知泰之议事,必在八年后十一年前,而其迁官,又似与封太祖为县公同时或稍前,故附此。

③ 《南齐书》288 本传云:"永明六年卒,年七十四"(《四部备要》洋装本)。上推之。

④ 《宋书》20《武帝纪中》,谓义熙十二年十月策曰:"……命使持节兼司空散骑常侍尚书阳遂乡侯泰,授宋公茅土。"又 471《袁湛传》谓:"义熙十二年……与兼司空散骑常侍尚书范泰,奉九命礼物,拜授高祖,高祖冲让。"

⑤ 同上 570《范晔传》云:"上……诘责前吏部尚书何尚之曰:'使孔熙先年将三十,作散骑侍郎,那不作贼?'"《南史》249《晔传》载此曰:"使孔熙先生三十"(《四部备要》洋装本)。二书所言微异,然其死时,必去三十无几,故附此。

⑥ 同上 486 本传。

⑦ 同上 21《武帝纪中》,谓高祖至洛阳在此年。

义熙十四年戊午（四一八），二十一岁。

六月，宋高祖晋号相国，辟先生为掾①。

父泰随宋高祖还彭城，共登城，以足疾特命乘舆。六月，泰与右仆射袁湛授宋公九锡②。

恭帝元熙元年己未（四一九），二十二岁。

父泰迁护军将军，旋以公事免③。

宋武帝永初元年庚申（四二〇），二十三岁。

为彭城王义康冠军参军，随府转右军参军④。

父泰为金紫光禄大夫，加散骑常侍⑤。

永初二年辛酉（四二一），二十四岁。

是年议建国学，以父泰领国子祭酒⑥。

永初三年壬戌（四二二），二十五岁。

废帝景平元年癸亥（四二三），二十六岁。

父泰加位特进⑦。

文帝元嘉元年甲子（四二四），二十七岁。

---

① 《宋书》568《晔传》云："高祖相国掾。"按19《武帝纪中》，诏命高祖为相国，在义熙十二年，然21《纪》又称，高祖十四年还彭城后，始受命。则先生为掾，亦当在此年。

② 依上注，则实授宋公九锡，在此年，非十二年。

③ 年月据万氏《东晋将相大臣年表》16（《二十五史补编》本）。

④ 《宋书》559《义康传》云："年十二，宋台除督豫、司、雍、并四州诸军事，冠军将军。"其十二岁，为武帝永初元年。传又云："时高祖自寿阳被征入辅"，而22《武帝纪》中称："（元熙）二年四月，征王入辅。"元熙二年，即永初元年，足证义康此年始为冠军将军。《义康传》又云："永初元年……进号右将军。"则晔之为冠军参军，与转右军参军，并此年事。

⑤ 同上509本传云："高祖受命，拜……"。

⑥ 同上。

⑦ 同上510本传。

入补尚书外兵郎[①]。

父泰致仕，解国子祭酒[②]。

何尚之为中书侍郎，迁临川内史[③]。

元嘉二年乙丑(四二五)，二十八岁。

父泰轻舟游东阳，任心行止，不关朝廷，有司奏劾之，太祖不问也[④]。

徐广卒，年七十四[⑤]。徐湛之除著作佐郎，员外散骑侍郎，并不就[⑥]。

元嘉三年丙寅(四二六)，二十九岁。

出为荆州别驾从事史，寻召为秘书丞[⑦]。

---

① 《宋书》559《义康传》云："永初元年……进号右将军，二年……将军如故，三年……将军如故，太祖即位……进号骠骑将军。"31《文帝纪》则称："元嘉元年……卫将军南徐州刺史彭城王义康，进号骠骑将军。"今检《南史·义康传》、《武帝纪》、《废帝纪》，及《宋书·义康传》，俱无进号卫将军之文，而仅一见于此，似难征信，且万氏《宋将相大臣年表》1载，废帝景平元年，卫将军为王弘，而非义康，是知《纪》文本有误矣。今认义康解右将军之时，即其拜骠骑将军之日，俱在元嘉元年。晔之入补尚书外兵郎，不知何时，然至迟必在此年义康解右将军之前，故附此。

② 同上 509 本传。

③ 同上 546 本传云："义真被废，入为中书侍郎。"按 29《少帝纪》，废在此年(即景平二年)。传又云："太祖即位，出为临川内史"。盖一年事。

④ 同上 510 本传。

⑤ 同上 486 本传。

⑥ 同上 577 本传。

⑦ 同上 568 本传。按 559《义康传》云："元嘉三年，改授都督荆、湘、雍、梁、益、南、北、秦八州诸军事，荆州刺史。"31《文帝纪》亦云："三年春正月……丁卯……骠骑将军南徐州刺史彭城王义康，改为荆州刺史。"晔之出为荆州别驾从事史，或在此年。568《晔传》称："晔屡经义康府佐，见待素厚，及宣城之授，意好乖离"，则谓其随义康而出，非尽无理(395《百官志》下，刺史官属有别驾从事史一人)。其转秘书丞时亦不悉，然传云："寻召为"，则必相距不远，姑附此。

长子蔼生[①]。

父泰进位侍中,左光禄大夫,国子祭酒,领江下王师,特进如故。上以泰先朝旧臣,恩礼甚重,以有脚疾,起居艰难,宴见之日,特听乘舆到坐[②]。

五月乙未,檀道济为征南大将军[③]。

元嘉四年丁卯(四二七),三十岁。

先生《狱中与诸甥侄书》云:"吾少懒学问,晚成人,年三十许,政始有向耳。自尔以来,转为心化。"[④]

太祖命谢灵运撰《晋书》,粗立条流,书竟不就[⑤]。

田园诗人陶潜卒,年六十三[⑥]。

元嘉五年戊辰(四二八),三十一岁。

秋八月壬戌,父泰卒[⑦],年七十四,追赠车骑将军,侍中特进,王师如故,谥曰宣侯。泰博览典籍,好为文章,奖掖后生,孜孜无倦;性好酒,不拘小节,通率任心,虽在公言,不异私室;然拙于为政。撰《古今善言》二十四篇及文集传于世。暮年事佛甚虔,于宅西立祇洹精舍[⑧],以高僧释慧义为主持[⑨]。

---

① 《宋书》571《晔传》云:"死时年二十"。上推之。

② 同上 510 本传。

③ 同上 32《文帝纪》。

④ 同上 571 本传。

⑤ 同上 556 本传云:"太祖登祚,诛徐羡之等,征为秘书监,再召不起,上使光禄大夫范泰与灵运书敦奖之,乃出就职。"按《文帝纪》诛羡之等在元嘉三年,而范泰卒于五年,则灵运之出整秘书,当在四年前后。

⑥ 同上 712 本传。

⑦ 同上 32《文帝纪》。

⑧ 同上 509,511 本传。

⑨ 严可均辑《全宋文》63/14b 有《释慧义答范泰书》,自称"祇洹寺释慧义"。

先生以忧去职[①]。

元嘉六年己巳(四二九),三十二岁。

正月癸丑,彭城王义康为司徒,录尚书事,领平北将军,徐州刺史[②]。徐湛之为太子洗马,转国子博士[③]。

裴松之注《三国志》成,表上之,上善之曰:"此为不朽矣。"[④]同年,北魏崔浩集诸文人撰成《国书》三十卷[⑤]。

元嘉七年庚午(四三〇),三十三岁。

为征南大将军檀道济司马,领新蔡太守[⑥]。

十一月壬辰,上命道济北伐魏[⑦]。

元嘉八年辛未(四三一),三十四岁。

道济率军北上[⑧],先生惮行,辞以脚疾,上不许,使由水道统载器仗部伍,乃行[⑨]。

元嘉九年壬申(四三二),三十五岁。

军还,命先生为司徒从事中郎。顷之,迁尚书吏部郎[⑩],

---

① 《宋书》568 本传。

② 同上 32《文帝纪》。

③ 同上 577 本传。

④ 同上 535 本传。

⑤ 《魏书》274《崔浩传》(《四部备要》洋装本)。

⑥ 《宋书》568 本传,按下文从道济北上,在七年十一月,则其为征南司马,至迟当在七年十一月之前,姑从其极数。

⑦ 同上 32《文帝纪》。

⑧ 同上 421《檀道济传》。

⑨ 同上 568 本传。

⑩ 同上。按 33《文帝纪》云:"八年春……二月……癸酉,征南大将军檀道济引军还。"又:"九年春三月……丁巳,征南大将军江州刺史檀道济进位司空。"则晔之为司徒从事中郎,或在同时。又其年冬,晔即出守宣城,故迁尚书吏部郎,亦当在此年。

三表诏答[①]。其年冬，彭城王太妃薨[②]，将葬，祖夕，僚故并集东府。先生弟广渊时为司徒祭酒，其日在值，先生与司徒左西属王深，宿广渊处，夜中酣饮，开北牖听挽歌为乐。义康大怒，左迁先生为宣城太守[③]。

先是"汉记残缺，至晋无成。泰始中，秘书丞司马彪始讨论众书，缀其所闻，起元光武，终于孝献……为纪志传凡八十篇，号曰《续汉书》。又散骑常侍华峤，删定《东观记》为《汉后书》，帝纪十二，皇后纪二，典十，列传七十，谱三，总九十七篇，其十典竟不成而卒。自斯已往，作者相继，为编年者四族，创纪传者五家。推其所长，华氏居最，而遭晋室东迁，三惟一存"[④]。及先生出守宣城，官清事约，乃"广集学徒，穷览旧籍，删烦补略，作《后汉书》"[⑤]。窥其志趣，盖欲上继班氏，追踪马迁，故《狱中书》云："详观古今著述及评论，殆少可意者，班氏最有高名……博瞻不可及之，整理未必愧也。"[⑥]

其书原定十纪十志八十列传，合为百篇[⑦]，盖取与班书相

---

① 《南齐书》257《谢朓传》云："宋元嘉中，范晔让吏部……三表诏答。"

② 《宋书》568及《南史》248《晔传》，俱以彭城王太妃薨，在元嘉元年。(《四部丛刊》景宋本及明南监本《宋书》同)然按传文，叙事已过元嘉九年，后忽出以元嘉元年事，似不可能。且其时义康尚未当权，何以怒而黜晔。今检《宋书》559《义康传》云："元嘉……九年……太妃薨。解侍中，辞班剑。"(《四部丛刊》景宋本及明南监本同)据本传言，"给班剑三十人"，在元嘉三年，元年安得辞乎？故知《晔传》误矣。今从《义康传》。此讹，前人如钱大昕、王鸣盛、赵翼、李慈铭、陈澧等，俱未言及，故特愿学者注意之也。

③ 《宋书》568本传。

④ 刘知幾《史通》12/10a《正史篇》(《四部备要》袖珍本)。

⑤ 同上。

⑥ 《宋书》571本传。

⑦ 《史通》12/10b《正史篇》。

应。《叙例》一卷①,详载笔削大法,其书别行,久已亡佚。其见于诸书征引者,仅一二条耳。

(一)《隋书·魏澹传》云:"范晔云:'《春秋》者,文既总略,好失事形,今之拟作,所以为短;纪传者,史、班之所变也,网罗一代,事义周悉,适之后学,此焉为优,故继而述之。'"②。

(二)《后汉书·光武纪》上章怀注云:"例曰:'多所诛杀曰屠。'"③

(三)《光武纪》上注又云:"臣贤案范晔《序例》云:'帝纪略依《春秋》,唯孛彗日食地震书,余悉备于志。'"④

(四)《安帝纪》注云:"《序例》曰:'凡瑞应自和帝以上,政事多美,近于有实,故书见于某处;自安帝以下,王道衰缺,容或虚饰,故书某处上言也。'"⑤

刘知幾曰:"魏收作例,全取蔚宗,贪天之功,以为己力。"⑥收《自序》曰:"其史三十五例"⑦,今皆不可见。上所举者,虽寥寥数则,想亦读者之所乐闻也。

此外,其书独创之处,尚有数端:

(一)《后纪》:马、班二史,虽纪高后,然皆名曰帝纪,其以后纪为称者,正史之中,首见于此。刘知幾尝非之曰:"案范

---

① 王先谦《后汉书集解》卷首/1a 云:"范《狱中书》云:'纪传例为举其大略',刘昭《补志序》云:'范叙例所论,备精与夺',章怀注《光武纪》、《安纪》,并曾引范叙例之文,自应别有传述。"(乙卯长沙王氏刊本)

② 《隋书》448(《四部备要》洋装本)。按此当是蔚宗《序例》之文。

③ 《后汉书》17(《四部备要》洋装本。)

④ 同上 26。

⑤ 同上 76。

⑥ 《史通》4/6a《序例篇》。

⑦ 《魏书》738《自叙》。

晔《汉书》，记后妃六宫，其实传也，而谓之纪……其未达纪传之情乎？”[1]自兹以降，学者如晁公武、陈振孙、洪迈、孔欧孟、章宗源等，辄拾刘氏唾余，以诋先生[2]。实则后妃立纪，前盖有之矣。《晋书》载华峤之著《汉后》也，以为皇后配天作合，前史作《外戚传》，以继末编，非其义也，故易为《皇后纪》，以次《帝纪》[3]；又《史记外戚世家索隐》曰：“《外戚》纪后妃也……王隐则谓之纪，而在列传之首。”[4]是则先生所为，乃因华、王之旧，非妄作矣。且其所以因之者，亦有说焉。义门何氏曰：“东京皇后，窦、邓、阎、梁、窦、何，临朝者六，其间殇帝、北方侯、冲帝、质帝，皆未尝亲政，邓后既立安帝，复临朝者十六年，遂终身称制。作《皇后纪》为得其实，虽然人所不必效，然范氏自合史家之变，未可议也。”[5]其说是矣。

（二）《党锢列传》：东京党锢之祸，绵亘二十余年，诸所蔓衍，皆天下善士，卒致朝野崩离，纪纲荡然，为害岂不巨哉！班书萧望之、刘向、周堪等传，专记西京党事，先生乃援其意，而成此篇焉。

（三）《宦者列传》：《史》《汉》有《佞幸传》，盖为宦者列传之所照仿也。先生《宦者传论》曰：“西京自外戚失祚，东都缘阉尹倾国。”[6]其影响之巨大既如此，传之宜也。

（四）《文苑传》：章实斋有言曰：“东京以还，文胜篇富，

---

① 《史通》2/14a《列传篇》。

② 见王先谦《后汉书集解》卷首/3b。

③ 《晋书》381《华峤传》。

④ 《史记》677（《四部备要》洋装本）。

⑤ 何焯《义门读书记·后汉书》1/10a（乾隆年原本，光绪庚辰重修）。

⑥ 《后汉书》970。

史臣不能概见于纪传，则汇次为《文苑》之篇。”①此盖先生传《文苑》之旨也；然又从而难之曰：“文人行业无多，但著官阶贯系，略如《文选》人名之注，试榜履历之书，本为丽藻篇名，转觉风华消索。则知一代文章之盛，史文不可得而尽也。”②平心论之，章氏此说亦未为允。况无论文章收入传中，史帙之繁冗何似，即能任其繁冗，先生亦必不为也。盖先生生当刘宋之世，非际汉季，其时文集风行，俨然已成大国，史册但记其人之行事已足，何必更耘他人之田，而废己业者乎？

（五）《方术传》：何义门氏曰：“方术立传，所以讥切时主，崇信小数，此史家之主文谲谏也；从马之《日者》《龟策》，及《汉书》之《眭宏两夏侯京翼李传》，变而通之。”③夫主文谲谏，岂尽书先生立方术之旨耶？近人刘咸炘云：“史所以书，一时之事，岂可以作一时之谏书。东汉谶纬学盛，经生多请术数，而民间机祥禁忌之俗亦多，巫祝形法方士神仙之说，后世所行者，皆自东汉而盛，故此传不得不立。”④其说允矣。

（六）《独行传》：独行者，盖谓绝激之行，为人所不能为者，非仅限于节义也，惠栋云：“汉选士有独行科，依其名为立传。”⑤刘咸炘曰：“按《独行》一传，沿用班书，《杨朱胡梅云传》，班《赞》目诸人为狂狷，此叙以狂狷发端，是其明证。”⑥

（七）《逸民传》：汉室经新莽之乱，士节尽矣，故东京一

---

① 章学诚《文史通义》1/7b《书教上》（民国十四年上海会文堂印本）。
② 同上。
③ 《义门读书记·后汉书》4/7b。
④ 刘咸炘《后汉书知意》68a（壬申年十二月刊本）。
⑤ 惠栋〈后汉书补注〉19/1a（嘉庆九年德裕堂刊本）。
⑥ 《后汉书知意》66b。

代，崇之惟恐不力，草上之风必偃，一时殆为风气。顾亭林氏氏曰："新莽居摄，颂德献符者，遍于天下，光武有见于此，故尊重节义，敦厉名实，所举用者，莫非经明行修之人，而风俗为之一变。至其末造，朝政昏浊，国事日非，而党锢之流，独行之辈，依仁蹈义，舍命不渝……三代以下风俗之美，无尚于东京者。"[①]此先生所以传《独行》、《逸民》也。

（八）《列女传》：何义门氏曰："《列女》之作，本于子政；断自中兴以后，上继刘书，又于本书为合。"[②]

（九）论赞。《史记》曰太史公，《汉书》曰赞，先生则名之曰论，实一物也，各附于篇末。《史记》马迁《自序》传后，又历写诸篇，各叙其意，班固变为诗体，号之曰述，先生又改之曰赞，亦一物也，而马、班则统为一篇，先生则散附论后，是其异也。刘知幾尝非之曰："夫每卷立论，其烦已多，而嗣论以赞，为黩弥甚……苟撰史若斯，难以议夫简要者矣。"[③]王先谦辨之曰："第范见刑时，书未大成，以赞继论，原未必范意如此。"[④]其说近是。先生《自叙》尚未及作，一待撰成，安知不与赞合为一篇，同于班氏者耶？

先生《后汉书·班固传论》曰："彪、固讥迁，以为是非颇谬于圣人，然其议论，常排死节，否正直，而不叙杀身成仁之为美，则轻仁义贱守节愈矣。"[⑤]王鸣盛氏云："此虽华峤之辞，而蔚宗取之，故蔚宗遂力矫班氏之失，如《党锢》《独行》《逸民》等

① 顾炎武《日知录》13/2a(明治甲申乐善堂缩本)。
② 《义门读书记·后汉书》4/9b。
③ 《史通》4/3a《论赞篇》。
④ 《后汉书集解》卷首/2a。
⑤ 《后汉书》605。

传，正所以表死节褒正直，而叙杀身成仁之为美也。而诸列传中，亦往往见重仁义贵守节之意，善读书者当自知之”；又曰：“李延寿为益二语云：‘于屈伸荣辱之际，未尝不致意焉’。此稍见蔚宗作史本趣。”①

刘知幾云，先生著书，广集学徒，然此辈学徒，今已无考。章怀注引《宋书·谢俨传》云：“范晔所撰十志，一皆托俨搜撰。”②《班固传赞》：“二班怀文，裁成帝坟。”注亦谓：“沈约《宋书》：‘初谢俨作此赞云：裁成典坟，以示范晔’，晔改为帝坟。”③谢俨者，殆亦先生所集之学徒欤？今《宋书·俨传》亡，其名仅一见于《王景文传》④，不关宏旨，故不能详考也。

是年，彭城王义康改领扬州刺史⑤。

元嘉十年癸酉（四三三），三十六岁。

孔熙先父默之，时为广州刺史，以赃货下廷尉，彭城王义康保持之，得免⑥。

长沙王义欣进号镇军将军⑦。

谢灵运弃市广州，年四十九⑧。

元嘉十一年甲戌（四三四），三十七岁。

元嘉十二年乙亥（四三五），三十八岁。

---

① 王鸣盛《十七史商榷》61/3b（广雅书局刻本）。

② 《后汉书》134 后纪注。

③ 同上 605。

④ 《宋书》679《王景文传》云：“十七日晚，得征南参军事谢俨口信，云臣使人略夺其婢。臣遣李武之问俨元由，答云，使人谬误。”

⑤ 同上 33《文帝纪》。

⑥ 同上 568《范晔传》；年月则依万氏《宋方镇年表》4（《二十五史补编》本）。

⑦ 同上 33《文帝纪》。

⑧ 同上 557 本传。

沈演之以司徒左司掾兼散骑常侍，巡行东诸郡水灾[①]。

何尚之迁侍中[②]。

元嘉十三年丙子（四三六），三十九岁。

檀道济诛[③]。何尚之出为丹阳尹[④]。

元嘉十四年丁丑（四三七），四十岁。

据本传云，先生守宣城数年，何时去职，则无明文，要之，必在十六年前。自九年初到郡，至是已五年，按之传文，似无大谬。任中，著《后汉书》外，余无所知，惟《宋书·杨运长传》谓："初为宣城郡吏，太守范晔解吏名。"[⑤]去郡后，迁长沙王义欣镇军长史，加宁朔将军[⑥]。

元嘉十五年戊寅（四三八），四十一岁。

元嘉十六己卯（四三九），四十二岁。

嫡母随兄暠在宜都太守任，亡，报之以疾。先生不时奔赴，及行，又携妓妾自随，为御史中丞刘损所奏，太祖爱其才，不罪也[⑦]。

彭城王义康进位大将军，领司徒，余如故[⑧]。

何承天除著作郎，撰国史[⑨]。

是年上命丹阳尹何尚之立玄学，太子率更令何承天立史

① 《宋书》529 本传。
② 同上 546 本传。
③ 同上 34《文帝纪》。
④ 同上 546 本传。
⑤ 同上 721《杨运长传》。
⑥ 同上 568 本传。
⑦ 同上。
⑧ 同上 34《文帝纪》。
⑨ 同上 536 本传。

学，司徒参军谢元立文学，处士雷次宗立儒学，称为四学[①]。江左风俗，于斯为美，后言政化，称元嘉焉[②]。

元嘉十七年庚辰（四四〇），四十三岁。

为始兴王濬后军长史，领下邳太守。十二月，濬由豫州刺史改为扬州，未亲政事，悉委之先生[③]。时沈约父璞为濬主簿，以先生性疏，太祖乃诏璞曰："神畿之政，既不易理，濬以弱年临州，万物皆属耳目。赏罚得失，特宜详审。范晔性疏，必多不问，卿腹心所寄，当密以在意，彼虽行事，其实委卿也。"[④]璞每有所怀，辄以密启，及至施行，必从中出，先生以为圣明留察故深，更恭慎从事。

十月戊辰，司徒彭城王义康，与上嫌隙既成，上诛前丹阳尹刘湛，改授义康江州刺史，出镇豫章[⑤]。时孔熙先为散骑常侍，以义康曾保持其父，乃密怀报效；徐湛之向为义康所爱，虽为舅甥，恩过子弟，与刘湛等颇相附协，及刘湛得罪，事连湛之，得免，迁太子詹事；先生甥谢综，官司徒主簿，亦为义康所

---

① 《宋书》731《雷次宗传》云："元嘉十五年，征次宗至京师，开馆于鸡笼山，聚徒教授，置生百余人……时国子学未立，上留心艺术，使丹阳尹何尚之立玄学，太子率更令何承天立史学，司徒参军谢元立文学，凡四学并建。"《通鉴》123/6a 本此，乃以立四学隶于元嘉十五年（丁巳涵芬楼印本），《南史》26《文帝纪》载玄史文三学，立于元嘉十六年，而以雷次宗居儒学馆事，属之十五年，《南史》得其实矣。《次宗传》文不当过泥。

② 《南史》26《文帝纪》。

③ 《宋书》568 本传。按 34《文帝纪》谓十七年十二月濬改为扬州，754《二凶传》亦云十七年。以《晔传》文推之，其为后军长史领下邳太守，似在濬迁扬州之先，而母丧又在十六年，故知其为后军长史领下邳太守，乃十六、十七年间事也，尤以十七年为可信，今以为断。

④ 以上并见《宋书》762 沈约《自叙》。

⑤ 同上 34《文帝纪》。

狎，至此，改为大将军记室参军，随镇豫章①。

沈演之为右卫将军②。庾炳之为尚书吏部郎，与演之俱参机密③。何尚之迁吏部尚书④。徐湛之为太子詹事⑤。

元嘉十八年辛巳（四四一），四十四岁。

庾炳之、徐湛之俱加侍中⑥。

沈约生⑦。约后以文名，然其论文大旨，多与先生暗合。《南齐书·陆厥传》云："厥与约书曰：'范詹事（即先生）自叙：性别宫商，识清浊，特能适轻重，济艰难。古今文人，多不全了斯处，纵有会此者，不必从根本中来。沈尚书亦云：自灵均以来，此秘未睹，或暗与理合，匪由思至。张蔡曹王，曾无先觉，潘陆颜谢，去之弥远。大旨钧使宫羽相变，低昂舛节，若前有浮声，则后须切响，一简之内，音韵尽殊，两句之中，轻重悉异。辞既美矣，理又善焉。但观历代众贤，似

---

① 《宋书》568《范晔传》。

② 同上 529 本传。

③ 同上 477 本传。言："义康出藩，湛伏诛，以炳之为尚书吏部郎。"则当在十七年。

④ 同上 546 本传。言："湛诛，迁吏部尚书"。万氏《宋将相大臣年表》4 谓，在十七年。

⑤ 同上 577 本传。言："迁中护军未拜，又迁太子詹事，寻加侍中。"《南史》128 本传云："再迁太子詹事，寻加侍中。"按此紧接刘湛之死。湛死于十七年，则湛之为太子詹事，亦当在十七、十八年之交。又本传明云未拜中护军，而万氏《宋将相大臣年表》4 于十七年，谓为中护军，于十八年至二十年，谓为中护军兼侍中，而无为太子詹事之文。较之本传，《万表》误矣。今据其年月，而易中护军为太子詹事，庶几近实矣。

⑥ 庾炳之见万氏《宋将相大臣年表》4；徐湛之见注⑤。

⑦ 《梁书》82 本传云："（天监）十二年卒官，时年七十三"（《四部备要》洋装本）。上推之。

不都暗此处，而云此秘未睹，近于诬乎！案范云：不从根本中来，尚书云：匪由思至，斯可谓揣情谬于玄黄，擿句差其音律也。范又云：时有会此者，尚书云：或暗与理合，则美咏清讴，有辞章调韵者，虽有差谬，亦有会合。'"[①]钟嵘《诗品》亦云："齐有王元长者，尝谓余云：'宫商与二仪俱生，自古词人不知之，惟颜宪子乃云律吕音调，而其实大谬；惟见范晔、谢庄颇识之耳。尝欲进知音论，未就。'王元长创其首，谢朓、沈约扬其波。"[②]

先生又长于书。《南齐书·王僧虔传》云："其论书曰：'……范晔与萧思话，同师羊欣，后小叛，既失故步，为复小有意耳。"[③]。先生亦自评曰："吾书虽小小有意，笔势不快。"[④]

先生亦擅音乐。自云："吾于音乐，听功不及自挥，但所精非雅声为可恨。然至于一绝处，亦复何异耶？其中体趣，言之不尽，弦外之意，虚响之音，不知所从而来，虽少许处，而旨态无极。亦尝以授人，士庶中未有一毫似者，此永不传矣。"[⑤]尤精琵琶，能为新声，上欲闻之，屡讽以微旨，先生伪若不晓，终不肯为上弹。上尝宴饮欢适，谓先生曰："我欲歌，卿可弹。"乃奉旨。上歌既毕，先生弦亦止[⑥]。

元嘉十九年壬午（四四二），四十五岁。

---

① 《南齐书》277《陆厥传》。
② 《诗品·总论》5(民国二十四年世界书局排印本)。
③ 《南齐书》190《王僧虔传》。
④ 《宋书》571本传。
⑤ 同上。
⑥ 同上568。

是年初，先生由后军长史迁左卫将军①，与右卫将军沈演之，对掌禁旅，同参机密②。而庾炳之、何尚之、徐湛之等，亦皆居要职，与先生日夕共事。

此诸人中，先生盖为卓出，故每恃才傲物，攻讪朝士③。尝撰《和香方》，其叙云："麝本多忌，过分必害；沈实易和，盈斤无伤。灵藿虚燥，詹唐黏湿；甘松苏合，安息郁金。棕多和罗之属，并被珍于外国，无取于中土。又枣膏昏钝，甲煎浅俗，非惟无助于馨烈，乃当弥增于尤疾也。"其中所言，悉比类朝士，麝本多忌，比庾炳之，灵藿虚燥，比何尚之，詹唐黏湿，比沈演之，枣膏昏钝，比羊玄保，甲煎浅俗，比徐湛之，甘松苏合，比慧琳道人，沈实易和，以自比④。是故同僚多不能容，而倾陷之谋作矣。

孔熙先兼奉圣亭侯⑤。

元嘉二十年癸未（四四三），四十六岁。

沈演之迁侍中，右卫将军如故⑥。

元嘉二十一年甲申（四四四），四十七岁。

---

① 《宋书》568 本传。按 541《刘道产传》云："弟道锡……元嘉十八年，为氐寇所攻，道锡保城退敌……初氐寇至……道锡募吏民守城，复租布二十年，及贼退……右卫将军沈演之，丹阳尹杨玄保，后军长史范晔，并谓宜随功劳裁量，不可全用本誓。"又 35《文帝纪》谓，氐平在元嘉十九年，与《道产传》文似合，则晔为后军长史，直至十九年矣。姑断于此。

② 同上 529《沈演之传》。

③ 同上 569 本传，徐湛之表中语。

④ 同上 571。

⑤ 同上 152《礼四》云："元嘉……十九年，又授孔隐之兄子熙先，谋逆又失爵。"

⑥ 同上 530 本传。

二月庚寅，诏曰："总司戎政，翼赞本朝，惟允之举，匪贤莫授。侍中领右卫将军演之，清业贞审，器思沈济；左卫将军晔，才应通敏，理怀清要；并美彰出内，诚亮在公，能克懋厥猷，树绩所莅，演之可中领军，晔可太子詹事。"[①]

时二人并为上所知，每被见多同，先生若先至，必待演之俱入，演之先至，尝独被引[②]。

二月，何尚之为中书令，五月，兼中护军[③]。徐湛之为丹阳尹[④]。

初，彭城王义康出镇豫章，久不得意。其党孔熙先、徐湛之、仲承祖、胡遵、许耀、法略等，及先生甥谢综，密谋奉义康起事。先生略闻孔熙先说此，乃上言曰："臣历观前史二汉故事，诸蕃王政以訞诅幸灾，便正大逆之罚；况义康奸心衅迹，彰著遐迩，而至今无恙，臣窃惑焉。且大梗常存，将重阶乱，骨肉之际，人所难言。臣受恩深重，故冒犯披露。"上不纳[⑤]。熙先素不为先生所重，故轻其小儿语，不以经意[⑥]。

元嘉二十二年乙酉（四四五），四十八岁。

七月，徐湛之为中书令[⑦]。

九月，孔熙先等欲起事，未成[⑧]。

---

① 《宋书》530《沈演之传》。
② 同上 568 本传。
③ 同上 35《文帝纪》，及万氏《宋将相大臣年表》5。
④ 万氏《宋将相大臣年表》5。
⑤ 《宋书》568 本传。
⑥ 同上 570。
⑦ 万氏《宋将相大臣年表》5。
⑧ 《宋书》569《范晔传》。

十一月，徐湛之上表，发其事，而言先生为首逆。诏曰："……晔素无行检，少负瑕衅，但以才艺可施，故收其所长，频加荣爵，遂参清显，而险利之性，有过谿壑，不识恩遇，犹怀怨愤。每存容养，冀能悛革，不谓同恶相济，狂悖至此。便可收掩，依法穷诘。"既收，上遣使问之曰："以卿粗有文翰，故相任擢，名爵期怀，于例非少，亦知卿意难厌满，正是无理怨望，驱扇朋党而已，云何乃有异谋？"先生仓卒对曰："今宗室磐石，蕃岳张踌，设使窃发侥幸，方镇便来讨伐，几何而不诛夷；且臣位任过重，一阶两级，自然必至，如何以灭族易此？古人云：'左手据天下之图，右手刎其喉，愚夫不为。'臣虽泥下，朝廷许其粗有所及，以理而察，臣不容有此。"又具陈本末曰："久欲上闻，逆谋未著，又冀其事消弭，故推迁至今。负国罪重，分甘诛戮。"其夜，上使何尚之视之，先生语尚之曰："外人传庾尚书(即炳之)见憎，计与之无恶。谋逆之事，闻孔熙先说此，轻其小儿，不以经意。今忽受责，方觉为罪。君方以道佐世，使天下无冤，弟就死之后，望君照此心也。"①

明日，仗送先生付廷尉。狱中与综及熙先异处，乃称疾求移考堂，欲近综等，许之。与综等果得隔壁，遥问综曰："始被收时，疑谁所告？"综云不知。先生曰："乃是徐童。"童，徐湛之小名仙童也。在狱为诗曰："祸福本无兆，性命归有极，必至定前期，谁能延一息。在生已可知，来缘恒无识，好丑共一丘，何足异枉直。岂论东陵上，宁辨首山侧！虽无嵇生琴，庶同夏侯色。寄言生存子，此路行复即。"②

---

① 《宋书》569《范晔传》。

② 同上 570。

先生与徐湛之书云:“当相讼地下。”又语人寄语何仆射(即尚之):“天下决无佛鬼,若有灵,自当相报。”①

入狱后二旬,诏弃市。先生子蔼、遥、及弟广渊,叔蒌②,皆诛;兄弟子父已亡者,徙广州。蔼子鲁连,吴兴昭公主外孙,请全性命,亦得远徙,世祖即位始还③。

自是以后,学者每以叛逆目先生,至清,始有辨其冤者。其中以王鸣盛之《十七史商榷》为最早④,次有陈澧之《申范》⑤,及傅维森之《缺斋遗稿》⑥,所论略同。兹仅摘其大意,列示于后:

(一)蔚宗壮即仕宋,于晋非有禾黍之感。

(二)其作《后汉书》,特表气节,心胸已可概见。

(三)文帝欲闻琵琶,而蔚宗不肯弹,其耿介如此。

此由其性情气度推之,必不反也。

(四)蔚宗入掌机密,为文帝所爱,君臣甚洽。

(五)义康以饮食小过,出蔚宗为宣城守,蔚宗怨之必甚。

此由其交谊言之,必不附义康反也。

(六)《宋书》本传言:熙先说蔚宗以国家不与婚姻。当

---

① 《宋书》570。

② 陈澧《申范》15a云:“叔蒌不知是蔚宗之子,抑蔚宗叔名蒌也?”(《古学汇刊》本)王鸣盛《十七史商榷》61/3b以为蔚宗之子。余按《宋书》571本传又云“叔父单布衣”,则蔚宗确有叔矣,且据范宁《穀梁传注序》,知其不止一子。陈、王似未详也。今解作叔名蒌。

③ 《宋书》571本传。

④ 《十七史商榷》61/3b—3a《范蔚宗以谋反诛》(广雅书局刊本)。

⑤ 《申范》一卷,见《古学汇刊》第二集第十八册(民国十二年国粹学报社印行)。

⑥ 《缺斋遗稿》2/2a《读宋书范蔚宗传书后》(壬戌北京印)。

日江左门户高于蔚宗而不得为婚者多矣。且其孙为吴兴昭公主外孙，是已联姻帝室矣。

（七）本传言：蔚宗与沈演之诏见，演之尝独被引，以此为怨。然此小事，虽褊心之人，亦未必遂怨，即小怨亦何至谋反？

此就本传所举之理由驳之，谓其必不反也。

（八）本传言：熙先欲弑帝迎义康立之。此真妄想，事之必不能成，下愚亦知，蔚宗岂肯共谋？

（九）本传言：衡阳王义季等出镇，上于武帐冈祖道，蔚宗等期以其日为乱。区区文士，欲作寿寂之、姜产之伎俩，是何言与？

此由其举事之性质言之，蔚宗必不为也。

（十）本传言：熙先说蔚宗，蔚宗终乃默然不答。

其不从显然，反谓其谋逆之意遂定。

（十一）本传言：蔚宗上言，义康奸衅已成，将成乱阶。反谓其欲探时旨。

（十二）本传所载，谋逆事皆熙先主持，而反以蔚宗为首。

（十三）《南史》言：檄文及《与徐湛之书》皆孔熙先所作。而《宋书》谓出蔚宗手。此由传文推知蔚宗之必为所诬无疑矣。

（十四）本传言：蔚宗尝叙《和香方》，一时朝贵，咸加讥讽。

（十五）徐湛之表言：蔚宗攻伐朝士。

（十六）蔚宗自言：其位任过重，一阶两级，自然必至。此蔚宗所以取诬之道也。

（十七）蔚宗语何尚之曰：外人传庾尚书见憎，计与之无恶。

（十八）《何尚之传》言：尚之察蔚宗意趣异常，白太祖宜出为广州。

(十九)《沈演之传》云:晔怀逆谋,演之觉其有异,言之太祖。

(二十)本传载:徐湛之初次上言,仅称蔚宗怨望讥谤,不言谋反,二次上言则有之。

此证蔚宗湛之,本无仇隙,而相诬者,乃庾、何、沈所使也。

(二十一)蔚宗性轻躁不谨,与妄人孔熙先往还。

(二十二)闻孔熙先谢综谋反,不以上闻,而言彭城王义康衅迹彰著,请正大逆之罚,宋文帝不纳。何尚之等遂诬害,以为贼首而诛之。

此当为蔚宗被陷之实情也。

三氏之辨,大都中情合理,然其非难沈约①,以为立意侮辱先生,则事属可疑。赵瓯北言,约书多取徐爰旧本而增删之者也,爰书之前,又有苏宝生之作,已及元嘉诸臣②。则先生传不出约手明矣,安可谓意存诋毁耶?且检《宋书》诸传,未见有一及先生之冤者,《臧质传》载柳元景檄曰:"孔范之变,显于逆辞"③,《谢景仁传》云:"综……与舅范晔谋反伏诛"④,《竟陵王传》云:"义康袭轨于后……祸成范谢"⑤,《谢庄传》云:"选曹枢要,历代斯重,人经此职,便成贵涂,已心外议,咸不自限,

① 傅氏云:"沈约作史,逊蔚宗远矣。文人之弊……苟有隙可乘,则诋毁诬谤排挤倾轧……约蹈此弊,固所不免。"王氏云:"为其传不极推崇,似犹有忌心。"陈氏则曰:"史官承何尚之等授意为之,沈休文仍之而不改也。"

② 赵翼《二十二史札记》108(世界书局印本)。

③ 《宋书》599《臧质传》。

④ 同上 471《谢景仁传》。

⑤ 同上 632《竟陵王诞传》。

故范晔、鲁爽，举兵灭门”[①]。诸如此类，皆以先生谋逆为实事。若谓此皆沈约所改，何其一无遗误，而于区区《晔传》，又何以忽而诋诬忽而雪冤耶[②]？约为无罪必矣。

进而言之，苏宝生作元嘉诸臣传，事在孝建之初[③]，其时何尚之父子，踞居要津，权倾朝廷，谓其嗾使宝生，曲笔《晔传》[④]，则今之传中，曷得有：“寄语何仆射……若有灵自当相报”之语？故详情如何，尚难定论。即其史实，读者可自得之也。

先生死时，《后汉书》诸志尚未脱稿。其《狱中书》云：“欲遍作诸志，《前书》所有者，悉令备；虽事不必多，且使见文得尽。又欲因事就卷内发论，以正一代得失，意复未果。”[⑤]其作志体例，大要如此。

章怀注引《宋书·谢俨传》曰：“范晔所撰十志，一皆托俨搜撰。垂毕，遇晔败，悉蜡以覆车。宋文帝令丹阳尹徐湛之，就俨寻求，已不复得。一代以为恨。其志皆阙。”[⑥]然《后汉书·皇后纪》云：“职僚品秩，事在《百官志》”[⑦]，《东平王苍传》云：“语在《礼乐舆服志》”[⑧]，《蔡邕传》云：“事在《五行天志》”[⑨]，是其志

---

① 《宋书》677《谢庄传》。

② 陈澧《申范》8b 云：“休文此言，可为蔚宗雪冤矣。”

③ 《宋书》719《徐爰传》。

④ 陈澧《申范》9b 云此。

⑤ 《宋书》571 本传。

⑥ 《后汉书》134。王鸣盛《十七史商榷》29/2a 称俨妒贤嫉能，不欲其流传，故毁之。其说似未尽然，见下自明。

⑦ 同上。

⑧ 同上 620。

⑨ 同上 797。

已有成者。《南齐书·百官志序》云:"蔚宗选簿梗概"[①],《檀超传》云:"立十志……《百官》依范晔"[②]。则齐时其志尚有存者;及刘昭注书时,已称"全阙"矣[③]。《俨传》所谓蜡以覆车者,似指先生尚未删定诸志而言也。今书所有,则为司马彪《续汉书志》,刘昭借以补之。

先生自许颇高。其《狱中书》云:"吾杂传论,皆有精意深旨,既有裁味,故约其词句。至于《循吏》以下,及《六夷》诸序论,笔势纵放,实天下之奇作。其中合者,往往不减《过秦论》,尝共比方班氏所作,非但不愧之而已……赞自是吾文之杰思,殆无一字空设,奇变不穷,同合异体,乃自不知所以称之,此书行,故应有赏音者。纪传例为举其大略耳,诸细意甚多。自古体大而思精,未有此也。"[④]当时学者,亦承认之。沈约云:"晔自叙并实"[⑤],刘昭云:"范晔《后汉》,良跨众氏"[⑥],刘知幾亦曰:"范晔之删《后汉》也,简而且周,疏而不漏,盖云备矣。"[⑦]又曰:"观其所取,颇有奇工。"[⑧]及宋,有翟公巽者,独谓其书语近词冗,事多注见,乃作《东汉通史》五十卷[⑨]。王鸣盛氏亦

① 《南齐书》103《百官志》。王鸣盛《十七史商榷》29/2b云:"蔚宗又别自作《选簿》,以述百官。"其言无稽。予按"选簿"即指《百官志》而言,乃史臣行文之便耳,非别有一书。

② 同上275《檀超传》。

③ 《后汉书》1120刘昭《补志序》。

④ 《宋书》571本传。

⑤ 同上。

⑥ 同注③。

⑦ 《史通》5/12b《补注篇》。

⑧ 同上8/9a《书事篇》。

⑨ 王应麟《困学纪闻》13/1a(明治壬午乐善堂缩本)。

讥其不自量矣[1]。爰迄于清，学者咸以《后书》论中，间有华峤之语，乃谓先生全袭华氏[2]。实则章怀注中所示，止于寥寥六条[3]，俱不关纪传正文。刘知幾尝曰："魏收作例，全取蔚宗，贪天之功，以为己力，异夫范依叔骏，班习子长。"[4]知幾尚不之病，下走更可屏息矣。

注其书者，梁有吴均[5]、刘昭[6]，皆已不传。惟唐章怀太子李贤等所注，今尚习用。清末，王先谦氏网罗众家，参以己意，勒成《集解》，都一百二十卷，学者称之。

《后汉书》外，先生遗著，有集十五卷，录一卷，《和(或作上)香方》一卷，《杂香膏方》一卷，俱见《隋志》，今亡；《百官阶次》一卷，见《旧唐志》，亦亡；(《唐志》又有《齐职仪》五十卷，题范晔撰，实为王珪之撰)今所存者，《双鹤诗序》一篇，见《艺文类聚》九十，《乐游应诏诗》一首，见《文选》卷二及钟嵘《诗品诗例》下。(《绿窗女史》中有《王昭君传》一卷，题晋范晔撰，又不见史志，故不录)

---

① 《十七史商榷》38/8a 云："史裁如范，千古能有几人，公巽何物，妄加讥贬重修！"而王先谦《后汉书集解》卷首/2b 则谓："王应麟叹曰：史裁如范"云云，误以西庄(按，即王鸣盛)之语出诸深宁(按，即王应麟)之口，未免疏忽太甚。

② 如黄奭《华峤汉后书序》曰："今范书论赞，微章怀之注，谁复知袭华书而有？"又姚之骃序亦云："微章怀之注，则掠美者胜矣。"(《汉学堂丛书》52 辑本卷首)

③ 见王氏《后汉书集解》卷首/3b。

④ 《史通》4/6a《序例篇》。

⑤ 《梁书》238《吴均传》云："注范晔《后汉书》九十卷。"

⑥ 同上 236《刘昭传》云："集注《后汉》一百八十卷。"今除所注《续汉志》外，余全亡。又《新唐志》有刘熙注百二十二卷，章宗源《隋书经籍志考证》1/4b 谓即昭书(《二十五史补编》本)。

附 范氏世系表

- 范暠
  - 广
  - —雅—汪
    - 康
      - 宏之④—(晔⑨)
      - 璩之⑤
        - 濛⑩—缜—胥—
          - 迪⑭—衷
          - 遹
        - 抗⑪—云—孝才
    - — 宁
      - 泰
        - —昂
        - —暠
        - —晏
        - —晔
          - 蔼—鲁连
          - 遥
        - —广渊
        - —女 适谢述⑫
        - —女⑬
      - —雍⑥
      - —凯⑦
      - —萎⑧
    - 女适王坦之③
  - 坚①—启
  - 女适孙姓②

(原载《史学年报》第三卷第二期。此据《史学史研究》1981 年第 2 期转载稿收入。)

---

① 《晋书》609《范汪传》目下注云:“汪叔坚。”又 611《坚传》谓“子启。”

② 同上 721《范暠传》云:“广……姐适孙氏。”

③ 同上 606《王忱传》:“尝造其舅范宁。”忱,坦之子。

④ 同上 729《范宏之传》:“汪之孙也,袭爵武兴侯。”按汪长子康袭封,则宏之必为康子矣。

⑤ 《梁书》229《范缜传》:“汪六世孙。祖璩之,中书郎,父濛……从弟云……子胥,字长才。”按璩之应与泰等同辈。以名例之,似应与宏之一脉,故得俱为康子,而幼于宏之。

⑥　范宁《穀梁传注序》杨士勋疏曰："案《晋书》……范宁……长子名泰，字伯伦；中子名雍，字仲伦；小子名凯，字季伦。"

⑦　同上。

⑧　见《宋书》571《范晔传》，又参见本书409页注②。

⑨　同上568云："出继从伯宏之。"

⑩　见注⑤。

⑪　《梁书》79《范云传》："汪六世孙也……父抗……子孝才。"以《范缜传》"从弟云"一语观之，则云父抗与缜父濛为兄弟矣。故亦系璩之下。（宏之无子）

⑫　《宋书》471《谢景仁传》："述……子综……与舅范晔谋反。"又见568《范晔传》。

⑬　同上570《范晔传》："妹及妓妾来别。"

⑭　《周书》250《范迪传》："祖缜……父胥……子裒，迪弟遹。"

《八家后汉书辑注》前言

周天游

魏晋南北朝时期，群雄竞立，纷争不已。令人眼花缭乱的政权更迭，却引来了史学的勃兴。为替一时当道的统治者提供治世的镜鉴，谋求正统的地位；为给播越的门阀士族炫耀高贵的门第，追忆逝去的荣华，私家修史，一时蔚为风尚。其中在《东观汉记》的基础上而撰写的"后汉书"，今可知者竟达十二家之多。除晋袁宏《后汉纪》和刘宋范晔《后汉书》流传至今外，尚有吴谢承《后汉书》一百三十卷、晋薛莹《后汉记》一百卷、晋司马彪《续汉书》八十三卷（八志凡三十卷附范晔书以传）、晋华峤《汉后书》九十七卷、晋谢沈《后汉书》一百二十二卷、晋张莹《后汉南记》五十五卷、晋袁山松《后汉书》一百卷、时代未详的刘义庆《后汉书》五十八卷[①]、梁萧子显《后汉书》一百卷（以上均纪传体）、晋张璠《后汉纪》三十卷（编年体）。在上述后十部书中，刘义庆、萧子显二书亡于隋或唐初。不仅唐刘知幾在《史通》中已无片言只字论及，甚而残文剩字，也无

---

① 疑此刘义庆即撰《世说新语》之刘宋临川王刘义庆。但两《唐志》均将其书列于司马彪书之后，华峤书之前，故又疑其为晋人。俟考。

从考见，故今且搁置不论。其余八书，一则遭西晋永嘉之乱等各次兵火之劫，多有损佚。唐初虽略有复出，终难成完帙。再则遇唐章怀太子李贤为范晔书作注，使之盛行于世。如六臣注《文选》，其引用范书已占十之七八，而诸家残书遂不复为世人所重。以至宋太宗淳化年间，在吴淑《进注事类赋状》里，谢承《书》、张璠《纪》、《续汉书》已均沦入遗逸书之列。而宋仁宗景祐元年，余靖奉诏校正《后汉书》，叙其原委，仅胪列谢承、薛莹、司马彪、华峤、谢沈、袁山松诸书卷帙之多寡，竟不能取证参稽，以定异同。总之，八家书至迟于两宋之际，已如逝水飘风，遗而不存，是确然无疑的事实①。所幸的是，我们今天仍能从《后汉书》注、《续汉志》注、《三国志》注、《世说新语》注、《文选》注等等文史之注中，以及《北堂书钞》、《艺文类聚》、《初学记》、《太平御览》种种类书中，略窥其斑豹，以为研史之助。

范晔《后汉书》集众家之长，博大精深，后来居上，历久不衰，确乎为治东汉史者之圭臬。然而八家后汉书佚文，亦不可废置。清康熙中姚之骃纂辑《后汉书补逸》时曾说道："夫他书可逸，惟史当补。近史文烦或可逸，古史文约尤当补。今试以

---

① 据余嘉锡《读已见书斋随笔》所考，清代盛传有谢承书五部秘藏于私人之手。即明季方以哲自史馆携往临清的内府藏本，傅山所藏明永乐间扬州刊本，莆田郑王臣所言闽中旧家藏本，章学诚、汪辉祖所言山阴王记善藏元大德间刊本，及青浦许宝善手录王氏本。今按：谢承书宋时吴淑、余靖已不得亲见。王应麟博学多闻，读谢书亦求助于《文选注》。可见宋时已无传本，元明间从何得而刊之？若确有刊本，为何既无人复付梓以广流布，而除得之传闻外，又无第二人亲见传本？倘或明永乐有刊本，而内府亦有珍藏，为何《永乐大典》中谢书引文无超出《御览》等唐宋类书者？而四库馆臣能从大典中辑出久佚的《旧五代史》和《续资治通鉴长编》，何以不能辑出颇为清人所重的谢承书？故清代传闻与其信其有，不如信其无。退一步言，充其量是几部早期辑本而已。

谢、华诸史与范校，其阙者半，其同者半。其阙者可以传一朝之文献，其同者且可以参其是非，校其优绌，于史学庶乎其小补也。”姚氏既不夸大其作用，又不无视其存在，如此对待八家书佚文，可谓允当。

然而八家书参差不齐，自有优劣之分，应该视其质量高下，佚文多寡，区别对待，各尽其用。

梁刘勰于《文心雕龙·史传》篇中曰：“至于后汉纪传，发源东观。袁、张所制，偏驳不伦；薛、谢之作，疏谬少信；若司马彪之详实，华峤之准当，则其冠也。”又刘知幾于《史通·古今正史》篇中，在简要叙述了《东观汉记》的撰述经过后，于八家书中仅仅介绍了司马彪、华峤二书，并说《后汉书》“作者相继，为编年者四族，创纪传者五家，推其所长，华氏居最”。可见自南北朝至唐初，推崇华、彪二书，是一时的公论。

华峤字叔骏，西晋平原高唐（今山东禹城西南）人。历事武、惠二帝，“博闻多识，属书典实，有良史之志”[①]，因而长期主持朝廷的撰述之事。华峤不满意《东观汉记》的芜杂，有意改作。自为台郎后，得以遍览宫省秘籍，于是整理史料，排比考校，上起光武，下迄孝献，述东汉一百九十五年历史，以为《汉后书》。惜十典未成而峤卒，复经其子华彻、华畅相继董理，始成完书。此作一经问世，即得到一致推重。中书监荀勖、令和峤、太常张华、侍中王济都认为华书“文质事核，有迁、固之规，实录之风”[②]。遂藏之秘府，与《史记》、《汉书》、《东观汉记》并行于天下。

---

① 见《晋书》本传。

② 同前。

范晔对华书十分欣赏，在撰作《后汉书》时，除取材《东观汉记》外，《汉后书》成为其主要的蓝本。以体例而论，华峤以为“皇后配天作合，前史作《外戚传》，以继末编，非其义也，故易为皇后纪，以次帝纪”[①]。而范晔亦沿用其例，遵而不改。又华峤行文“言辞简质，叙致温雅”[②]，其论尤为精绝，所以范晔往往全部或部分袭用之。今可考者，有李贤注所言之《肃宗章帝纪》论、《马武传》论、《冯衍传》论、《刘赵淳于江刘周赵传》序、《班彪传》论、《袁安传》论；章宗源《〈隋书·经籍志〉考证》所言之《王允传》论；阅袁宏《纪》所知之《丁鸿传》论、《皇甫嵩传》论、《襄楷传》论。而尚未注明的恐怕还有若干。姚之骃以为范书“微章怀注之，则掠美者胜矣”[③]，虽不免有些言过其实，但他指出“蔚宗其亦服膺斯编”[④]，却是一语中的。可以这样说，范晔的成功，也包含有华峤的许多心血在内。

从现存的华峤书佚文中，我们不但可以明了华书与范书的内在联系，而且对范书的材料亦小有补益。如冯衍的祖父，范书和《东观汉记》均作“冯野王”，唯华书作“冯立”，可聊备参考。又范书节略诸书，常有失之过简之弊。如陈愍王宠善射，范书仅作“宠善弩射，十发十中，中皆同处”，使人难以领略其奥妙。而华书则曰：“其秘法以天覆地载，参连为奇。又三微三小，三微为经，三小为纬，经纬相将，万胜之方，然要在机牙。其射至十发十中，皆同孔也。”读来令人豁然而悟。

---

① 见《晋书》本传。

② 见《史通·序传》篇。

③ 见姚辑华峤书自序。

④ 同前。

司马彪字绍统，高阳王睦之长子。因好色薄行，废而不得为嗣。于是司马彪不交人事，专精学问，博览众籍，撰述甚丰。除《续汉书》外，他尚注《庄子》，作《九州春秋》，又据《汲冢纪年》，条谯周《古史考》之误凡百二十二事，而名噪当世。姚之骃言："向使彪嗣高阳王，怀桐披衮，不过贵耀一时，岂能使千百年下传其著作若此哉？"①司马彪虽经挫折，却能翻然醒悟，因祸得福。事在人为，其性格品行确有过人之处。

司马彪八志"虽未尽善，而大较多实"②，至今仍为研讨秦汉典章制度的重要依据。所以与其说是彪志依范书而得以传世，不如说范书凭彪志而近于完备。但是司马彪未著《艺文志》，使一代典籍不能俱陈于史册，以供后人索骥，令人深感遗憾。不过《续汉书》纪传的佚文，数量之可观，仅次于谢承书。不但能印证范书之言而有征，且可以较多订补范书的不足。如和帝葬于顺陵，证之以袁宏《纪》，足以明范书作"慎陵"之误。《通鉴》即舍范书而从彪书、袁纪。再如张角心腹马元义之死，《续汉书》作"为山阳所捕得，锁送京师，车裂于市"，可补范书之阙。

然而入清以来，谢承书声誉日隆，竟一跃而为八家书之首。如姚之骃即曰："谢伟平之书，东汉第一良史也。"③王谟亦曰："余于诸别史中最爱谢伟平《后汉书》，记载赅博，远胜范蔚宗。"④这就不能不使人要探究其根由了。

---

① 见姚辑司马彪书自序。

② 见《史通·书志》篇。

③ 见姚之骃辑谢承书自序。

④ 见王谟《谢承后汉书钞》自序。

谢承字伟平,会稽山阴(今浙江绍兴)人。吴主孙权谢夫人之弟。曾拜五官郎中,稍迁长沙东部都尉、武陵太守。谢承书是继《东观汉记》之后的第一部私撰《后汉书》。仅据残圭断璧,已可知其著述颇具特色。就体例而论,《隋书·经籍志》言其无帝纪。但是《史通·自叙》篇曰:"始在总角,读班、谢两汉,便怪前书不应有《古今人表》,后书宜为更始立纪。"既然更始尚且要补立本纪,谢书岂能无帝纪?倘若谢书无帝纪,刘知幾又岂能默然不置一辞?可见隋志所言,乃指谢书帝纪于隋初曾散佚罢了。谢书不仅纪、志、传俱全,而且又有所创新。如阅《史通》可知,谢书有《舆服》、《百官》二志。前者源于《东观汉记》之《车服志》,后者则出自《汉书·百官公卿表》,然皆别立新目,并为《续汉书》所仿效。另据明陈禹谟本《书钞》,知谢书又有《兵志》及《风教传》,为当时史书所仅见。此二目虽不能遽作定论[①],然而从谢书佚文推断,范书传目中之《东夷列传》,毫无疑义本之于谢书[②]。而《独行》、《方术》、《逸民》、《列女》诸传也可能仿谢书而设,并非范晔所独创[③]。

此外,就内容而言,谢承于"忠义陷逸,搜罗最备,不以名位为限"[④],所以"姜诗、赵壹身止计吏,而谢书有传"[⑤]。因而

① 详见本辑注谢承书《风教传》注。

② 谢书有《东夷列传》,见《御览》卷三三。范书因而不改。

③ 洪饴孙《史目表》列谢书传目有《风教》、《循吏》、《酷吏》、《独行》、《宦者》、《儒林》、《文苑》、《方术》、《逸民》、《列女》、《东夷》等。汪文台辑本除《风教传》外皆同。虽皆据范书传目推演而成,然从佚文内容分析,亦不无道理。

④ 孙志祖《谢氏后汉书补佚》严元照序语。

⑤ 见《史通·杂说下》。

严元照认为“其所以发潜德之幽光者，蔚宗不及也”[①]。在这些忠义名卿通贤逸士中，尤以江南人物居多。而范书只列“南州高氏父子及陈重、雷义、程曾、唐檀数传，其何汤仅附见《桓荣传》。章怀太子注引谢书载汤事，亦綦详。外有羊茂、孔恂、严丰、宋度、湛重，邓通、项诵、刘陵，黄向、张冀十人爵里事迹，班班可考，乃其姓名，俱不挂范书”[②]。对此王谟不禁为之愤愤然，甚至指责刘知幾关于谢承“周悉江左”，“偏党吴越”之议，为“亦浅之乎测伟平矣”[③]。再则，谢书佚文数量之多，几占八家书佚文总数之半，而谢书佚文又半为范书所失载，这样就大大丰富了东汉史料宝藏。出于上述原因，清代学者推崇谢书，也就不足为怪。

但是，平心而论，谢书佚文之所以这样多，重要的原因正是“谢书尤悉江左，京洛事缺于三吴”之故[④]。除去那些具有地方特色的记述之外，“若其它事迹，与范书异者，亦未见定胜”[⑤]。因此，就全书总价值而言，谢书实不及范书。范晔出于全盘的考虑，对谢书大加删节，略有所取，无可厚非。而正由于范书失载，才使这批颇具地方特色的名士谱，被唐、宋类书从宣扬名教气节和保存轶闻逸事的角度出发，意外地保留了下来。而在东汉史料较为缺乏的情况下，这批佚文自然显得特别宝贵，尤其对探讨汉代的社会风俗和精神风貌来说，更不可不读。

---

① 见孙辑严序。

② 见王谟辑自序。

③ 同前。

④ 见《史通·烦省》篇。

⑤ 见孙辑严序。

至于薛莹、谢沈、张莹、袁山松、张璠五书，无论从写作质量上说，还是从佚文数量和史料价值上说，均不能望上述三书之项背。

袁山松，陈郡阳夏（今河南太康）人。东晋时为吴郡太守，因拒孙恩而死于乎沪渎。袁山松乃袁宏的从弟，先后同时，一著《后汉书》，一作《后汉纪》，不失为史林一段佳话。然而袁纪存而袁书亡，二者之优劣，于此大略可知。但是袁山松书中，志书较全，其中《郡国志》、《祭祀志》、《五行志》佚文，对《续志》多有订补。《艺文志》更为其书所独有，惜已全佚。而其他佚文，也时有可取。如明帝字子丽，应奉删《史记》、《汉书》、《汉记》为《汉事》，以及王充《论衡》由蔡邕传入中土的经过，微袁书几泯灭不为人知。

张璠，晋之令史，曾出为长吏，而具体事迹则无考。其所著《后汉纪》似未完之作，且流传不广，散亡亦早，所以余靖《表》中竟未能提及。四库馆臣曾将其佚文与袁宏纪有关记载相比较，以为都是袁纪为佳。不过袁宏也承认，张璠纪"言汉末之事差详"[①]，所以曾汲取其部分成果，使袁纪关于汉末的记述更加完备，甚至比范书还要详实。因而张璠对史学还是作出了一定的贡献的。

在八家书中，薛莹、谢沈、张莹三书的佚文最少。薛莹字道言，沛郡竹邑（今安徽宿州市北）人。初为吴秘府中书郎。孙皓在位时，又任左国史，参与修撰《吴书》。后降于晋，官至散骑常侍。史称其"涉学既博，文章尤妙"[②]。《后汉记》是他

① 袁宏《后汉纪》自序语。

② 见《吴志·薛综附传》。

的私撰之作。谢沈字行思，一作静思，会稽山阴人。晋康帝时，曾任著作郎，撰《晋书》三十余卷。其所撰《后汉书》本一百卷，又《录》二卷，《后汉书外传》二十卷，所以《隋志》旧注作一百二十二卷。张莹曾任江州从事，《晋书》无传，籍贯及生平事迹均无考。薛书所存主要是光武、明、章、安、桓、灵六帝纪之论。其褒贬抑扬，发自胸臆，直道而陈，切中要害。如他在肯定刘秀的中兴伟业后，又曰："古者师不内御，而光武命将，皆授以方略，使奉图而进，其有违失，无不折伤，意岂文史之过乎？不然，虽圣人其犹病诸？"难怪姚之骃赞曰："末段如神龙掉尾，使人不可捉摸，更佳。范论但叙光武符瑞，不及开创大略，失史体矣。"①而谢沈书则是《礼仪》、《祭祀》、《天文》、《五行》、《郡国》五志佚文，对《续汉志》略有补益。至于张莹记佚文，却与范书多同，唯"安帝见铜人"条为其所独载。

八家书沈沦千载，然其佚文，自唐以来，学者文人于考史著文中，仍屡有征引。至清代，朴学兴起，辑佚之风大盛。自姚之骃首开重辑诸家《后汉书》之端，于是孙志祖、王谟、章宗源、黄奭、汪文台、王仁俊诸人接踵而起，或订补，或重辑，或潜心于一书一志之发掘，或致力于竭泽而取，辑本迭出，蔚为大观。

姚之骃字鲁斯，钱唐（今浙江杭州）人。康熙辛丑进士，官至监察御史。其辑本名曰《后汉书补逸》（笔者用康熙中栢筠书屋刊本，又参之以蔡元培校徐友兰钞本，均藏北京图书馆）。所辑书以其目录为序，凡《东观汉记》八卷，谢承书四卷，薛莹、张璠、华峤、谢沈、袁山松诸书各一卷，《续汉书》四卷。总计八

---

① 见姚辑薛莹书《光武论》按语。

种二十一卷。使已湮之籍，一旦裒然传世，其筚路蓝缕之功不可没。但是此书缺点甚多，传世后屡遭抨击。概括起来，首先是姚氏藏书寂寥，并鲜獭祭之功，连《太平御览》都未曾取资，故阙漏甚多。其所用《书钞》又是明陈禹谟本，文多妄增误改，遗害后学。而姚氏又颇沿明儒旧习，读书不精，考辨乏力。以至误认《续汉志》为范晔所作，竟又从类书和史注中别辑志文，劳而无功，徒增笑柄。此外，如其不详谢承任武陵太守的出处，可见姚氏未曾读过吴志《谢夫人传》，也未曾认真读过《隋书·经籍志》旧注。而其不识"承父婴"即指谢承之父谢婴（一作煚），甚至曰："范书有承宫，《续汉书》载宫子名选，无承父婴。世本承姓，卫大夫承叔乘之后。抑或承父复姓，婴其名与？"[①]读来令人啼笑皆非。再则姚辑辑文皆不着出处，使人无从考索。且编目漫无条理，随手签记，颠倒错讹，触目可见。如误陈政为陈正叔，分宋度为宋度、宋叔平二人。然而当时正处辑佚草创阶段，手段不高明，在所难免。何况姚之骃并不以此作妄自矜夸，自谓"虽残缺失序，聊以见其大凡"，"尚俟博雅君子补其阙"[②]。其良苦用心，犹堪敬佩。

为了订补姚辑的不足，更出于对谢承书的推崇，于是孙志祖的《谢氏后汉书补佚》问世（笔者用民国二十年南京龙蟠里国学图书馆石印本）。孙志祖字颐谷，一作诒榖[③]，乾隆间仁和（今浙江杭州）人。曾官江南道监察御史。全书共五卷。前四卷仍姚辑之旧，然"凡姚氏所采者，一一注其出处，误者正

① 见姚辑谢承书《承父婴》条按语。

② 姚之骃《后汉书补逸》自序语。

③ 见《清史稿》本传。黄奭辑本用此字。

之，略者补之，复以范书参订同异”①。而第五卷则是孙氏之续辑。其征引精博，远胜姚辑，虽小有疏漏，绝非一般率尔操觚徒事渔猎类书者可比。孙辑流传甚稀，张之洞撰《书目答问》，也仅闻其书，未见传本。幸由柳诒徵先生按丁氏善本书室精钞本，于民国二十年刊印于世，才得以流布。

与孙辑几乎同时成书的，则是辑佚大家王谟的《谢承后汉书钞》（笔者用原刻本）。王谟自署汝上老人，乃江西金溪人，字仁圃，一字汝麋，乾隆进士。其辑《汉魏遗书钞》五百余种，而刊行的仅经部一百零八种，史部之书则不为人所知。《谢承后汉书钞》六卷，一函四册，清刻本，今藏南京图书馆。其标作《汉魏遗书钞》别史之一，则史部书未尝不刊行。本书初成，以未见姚辑而未果授梓。嘉庆年间始从坊间购得姚辑，发觉其所辑谢书人物较姚辑多百余人，始欣然刊印。此书虽较姚辑差详，且与孙辑可互相补益，但在征引广博和考辨精审上，均不逮孙辑。除谢书外，王谟于《汉唐地理书钞》（中华书局影嘉庆中金溪王氏刊本）中，又辑得袁山松书《郡国志》一卷，略有疎漏，而远胜他辑。

乾嘉之际，祖籍浙江会稽的宛平（今北京市）举子章宗源，于撰述《〈隋书·经籍志〉考证》的同时，曾以极大的精力从事于汉晋遗书的辑佚工作。据《孙氏祠堂书目》及黄奭所辑张璠纪序所言，他辑有华峤书和张璠纪各一卷。章氏死后，其书稿半毁于火，所余或寄交章学诚，或存孙星衍处，或归之于叶云素，而华、张二书辑本却下落不明。黄奭曾有《知足斋丛书》问世（笔者用原刻本），印数甚罕，今藏北京图书馆，而《中国丛书

---

① 孙辑汪辉祖序语。

综录》脱而未录。其中辑有张璠、谢沈、华峤、袁山松、薛莹五书各一卷，均无序跋，无出处，略有案语。而参之以黄奭订补姚辑而作的《黄氏逸书考》(笔者用民国二十三年朱长圻补刊本)，时有不同。如张璠纪佚文则脱伏皇后、灵帝、班超、周举、樊晔、侯览、成瑨、陈宠、王堂、范滂、荀靖、荀昱、荀昙、荀彝、朱儁、种劭、袁绍、曹操、刘表、孙坚、谯周、条支国诸目。计《御览》十一条，《类聚》一条，《文选注》二条，《世说注》一条，《三国志注》六条。而梁冀、朱穆、陈球、董卓、献帝诸目，又有脱遗。计《御览》七条，《续汉志注》一条。又如华峤书则脱献帝、伏后、贾复、王梁、马成、申屠刚、傅昌、陈宠、刘般、邓彪、薛苞、贾逵、庆鸿、班始、刘永国、周规、张楷、胡广、马融、桓麟、孔嵩、蔡孟喜、王甫、曹嵩、崔寔、赵岐、崔钧、哀牢夷、散骑、论班彪班固、孝义列传序、补遗诸目。计《御览》二十五条，《书钞》六条，范书本传注五条，《文选注》二条，《初学记》二条，袁宏纪四条。又明帝、马援、桓荣、乐松、江革、第五伦、韦彪、宋均、耿秉、桓典、班超、赵壹、杨震、崔骃、应瑒、灵帝诸目也均有脱漏。计《御览》十二条，《类聚》一条，《书钞》三条，范书本传注九条，《文选注》二条，《初学记》一条，《水经注》一条。唯刘宽目比《逸书考》多《书钞》一条。窃以为黄奭似亲见章辑，又深知其下落。其曾言章氏“凡《隋书·经籍志》所列目，积生平全力，以返其魂，竟十得八九，裒然大观”①。或此《知足斋丛书》本即源自于章辑，亦未可知。倘若事实果真如此，则章氏辑本绝非仅张、华二书。而之所以脱漏甚多，恐与书非定稿，又复有散亡有关。章氏于《〈隋书·经籍志〉考证》一书中，曾指明张

① 黄辑张璠纪自序语。

莹记佚文线索十五条，除《陈宠》条系张璠纪之文误入外，仅脱《书钞》二条，共十三字。足见其对诸家后汉书是颇费了一番心血的。精心之作，竟湮没无闻，良可叹惜。

黄奭字右原，甘泉（今江苏江都）人。道光年间辑得谢承书、薛莹记、华峤书、谢沈书、袁山松书、张璠纪各一卷，"视姚氏差详，终不赅备"①。初入《汉学堂丛书》（笔者用光绪中印本），后易名黄氏《逸书考》，黄恩绂曾预其役，出力甚勤。

而诸辑中最为精湛的当推汪文台《七家后汉书》（笔者用光绪八年镇江林氏刊本）。汪文台字南士，安徽黟县人。曾作《论语外传》、《十三经注疏校勘记识语》、《淮南子校语》、《脞稿》及《英吉利考略》等书，阮元亦"服其精博"②。汪氏尤留意于诸家《后汉书》，于旧藏姚辑本上，"随见条记，丹黄殆遍。后虑未尽，以属弟子汪学惇，学惇续有增益"③。共收录谢承书八卷，薛莹书一卷，司马彪书五卷，华峤书二卷，谢沈书一卷，袁山松书二卷，张璠纪一卷，末时失氏名《后汉书》一卷，共二十一卷。所辑人物据目录所见粗计，凡谢承书三百九十人，薛莹书七人，司马彪书二百七十四人，华峤书一百二十九人，谢沈书九人，袁山松书五十五人，张璠纪五十五人，失氏名书六人，共九百二十五人。而姚辑谢承书凡二百八十一人，薛莹书七人，司马彪书一百九十五人，华峤书九十人，谢沈书四人，袁山松书三十三人，张璠纪四十一人，共计六百五十一人。汪氏增益之数，约占姚辑之半。又按黄辑，凡谢承书四百一十三

① 汪辑崔国榜序语。

② 见《清史稿·汪文台传》。

③ 见汪辑崔国榜序。

人,薛莹书九人,华峤书一百一十六人,谢沈书十二人,袁山松书五十八人,张璠纪五十九人,共有六百六十七人。此辑虽比汪辑相应书人物稍多,而除去分目不同的因素,与汪辑大致相仿,各略有增损。而黄辑未辑《续汉书》佚文,不能不说是一大缺憾。此外仅就谢承书而言,孙辑与汪辑基本相同,而王辑则脱二十余人。总括起来,还是汪辑冠冕诸辑。而汪辑编目有序,出处周详,考辨精当,取辑广博,也较诸辑为胜,早有定论。当然汪氏僻居远县,难觅善本以资校助,脱漏衍讹,在所难免。汪氏死后,书稿售与他人,幸被汤球发现,手录以付其子锡蕃,才再次保存下来,然已有散失。

光绪八年赵撝叔、林粲英代为校勘印行,审核亦未精,复增舛讹。加上汪氏生前未能着手张莹记佚文的整理,因此其功未毕,尚有补辑之必要。

作为尾声,清末江苏吴县人王仁俊,曾于《玉函山房辑佚书补编》中(笔者用上海图书馆所藏稿本缩微卷),辑得华峤、谢承、袁山松三书各一卷,实则华书一条,谢书、袁书各三条。又于《经籍佚文》中(同上书),辑有司马彪书佚文一卷,计二条。其所据除《稽瑞》一书为他辑所失辑外,主要录自清杜文澜之《古谣谚》,对姚辑虽有所补,然而具体引文均被汪、黄、孙、王(谟)四辑从原始材料采录过。可见王仁俊见闻并不广,辑佚手段也不甚高明。

在先师陈直先生的指点下,六年来我主要从事东汉史籍的整理工作。为了使八家书佚文尽量无遗漏地汇集起来,也为了给史学工作者提供更完备和更可靠的数据,笔者不揣浅陋,在前人已取得的重大成果基础上,再作爬梳,重加整理,撰成本辑注,以就教于读者。其中不当之处,切望专家及同行们批评指正。

在本书的撰写过程中，曾得到西北大学张岂之、游钦赐、林剑鸣、戴南海、杨绳信诸位老师的关怀和帮助。南开大学的杨翼骧先生和来新夏先生，以及中国社会科学院历史所的吴树平同志，都曾为笔者解难释疑。又有北京图书馆的李致忠、薛殿玺及善本书室诸同志，上海图书馆的沈津同志，以及南京图书馆古籍部的同志，在图书借阅上提供了不少方便，而上海古籍出版社编辑部的同志对初稿提出过不少建设性的意见，在审阅全稿时，复多有补正，在此一并致以诚挚的谢意。

一九八五年四月于西安

主要参考文献

十三经注疏　中华书局 1980 年影印本
左传　杨伯峻注　中华书局 1981 年版
论语　杨伯峻译注　中华书局 1958 年版
孟子　杨伯峻译注　中华书局 1960 年版
韩非子　诸子集成本　中华书局 1954 年版
史记　[汉]司马迁撰　中华书局 1959 年版
汉书　[汉]班固撰　中华书局 1962 年版
白虎通义　[汉]班固撰　陈立疏证　中华书局 1994 年版
论衡　[汉]王充撰　诸子集成本　中华书局 1954 年版
申鉴　[汉]荀悦撰　诸子集成本　中华书局 1954 年版
东观汉记　[汉]刘珍等撰　吴树平校注　中州古籍出版社 1987 年版
三国志　[晋]陈寿撰　中华书局 1959 年版
续汉书志　[晋]司马彪撰　中华书局 1965 年版
后汉纪　[晋]袁宏撰　周天游校注　天津古籍出版社 1987 年版
后汉书纪传　[南朝宋]范晔撰　中华书局 1965 年版
抱朴子　[晋]葛洪撰　诸子集成本　中华书局 1954 年版
世说新语　[南朝宋]刘义庆撰　[南朝梁]刘孝标注　[清]王

先谦校订上海古籍出版社影印本 1982 年版
文选 [南朝梁]萧统编 [唐]李善注 中华书局 1977 年版
宋书 [南朝梁]沈约撰 中华书局 1974 年版
南齐书 [南朝梁]萧子显撰 中华书局 1972 年版
文心雕龙 [南朝梁]刘勰撰 周振甫译注 中华书局 1985 年版
弘明集 [南朝梁]僧佑撰 上海古籍出版社 1991 年版
全上古三代六朝文 [清]严可均校辑 中华书局 1958 年版
艺文类聚 [唐]欧阳询撰 中华书局 1965 年版
晋书 [唐]房玄龄等撰 中华书局 1974 年版
梁书 [唐]姚思廉撰 中华书局 1973 年版
陈书 [唐]姚思廉撰 中华书局 1972 年版
隋书 [唐]魏徵等撰 中华书局 1973 年版
南史 [唐]李延寿撰 中华书局 1975 年版
史通 [唐]刘知幾撰 [清]浦起龙通释 上海古籍出版社 1978 年版
通典 [唐]杜佑撰 中华书局 1988 年版
全唐文 [清]董诰编 中华书局 1983 年版
全唐诗 [清]彭定求等编 中华书局 1960 年版
广弘明集 [唐]道宣撰 上海古籍出版社 1991 年版
旧唐书 [五代] 刘昫等撰 中华书局 1975 年版
唐会要 [宋]王溥撰 中华书局 1955 年版
资治通鉴 [宋]司马光等撰 中华书局 1956 年版
稽古录 [宋]司马光撰 [美]王亦令集校 中国友谊出版公司 1987 年版
新唐书 [宋]欧阳修 宋祁撰 中华书局 1975 年版

王文公文集　[宋]王安石撰　上海人民出版社 1974 年版
郡斋读书志　[宋]晁公武撰　孙猛校证　上海古籍出版社 1990 年版
直斋书录解题　[宋]陈振孙撰　上海古籍出版社 1987 年版
习学记言序目　[宋]叶适撰　中华书局 1977 年版
通鉴纪事本末　[宋]袁枢撰　中华书局 1964 年版
容斋随笔　[宋]洪迈撰　上海古籍出版社 1978 年版
朱子语类　[宋]黎靖德编　中华书局 1986 年版
日知录　[清]顾炎武撰　黄汝成集释　上海扫叶山房 1924 年版
明史　[清]张廷玉等撰　中华书局 1974 年版
四库全书总目提要　[清]永瑢、纪昀等撰　中华书局 1965 年版
文史通义　[清]章学诚撰　中华书局 1961 年版
廿二史考异　[清]钱大昕撰　上海古籍出版社 2004 年版
潜研堂文集　[清]钱大昕撰　江苏古籍出版社 1997 年版
十驾斋养新录　[清]钱大昕撰　上海书店 1983 年版
廿二史札记　[清]赵翼撰　王树民校证　中华书局 1984 年版
十七史商榷　[清]王鸣盛撰　北京市中国书店 1987 年版
七家后汉书辑本　[清]汪文台辑　周天游校　河北人民出版社 1987 年版
越缦堂读书记　[清]李慈铭撰　上海书店 2000 年版

廿五史论纲　徐浩著　上海书店据世界书局 1947 年版影印 1989 年出版

二十四史提要　王健群著　黑龙江人民出版社 1979 年版
中国史学史论集(一)　吴泽主编　上海人民出版社 1980 年版
中国史学家传　张舜徽主编　辽宁人民出版社 1984 年版
中国史学家评传　陈清泉等主编　中州古籍出版社 1985 年版
魏晋南北朝史札记　周一良著　中华书局 1985 年版
八家后汉书辑注　周天游辑注　上海古籍出版社 1986 年版
《汉书》和《后汉书》　王锦贵著　人民出版社 1987 年版
中华人物志·史学家小传　瞿林东　杨牧之主编　中华书局 1988 年版
中国通史导论卷　白寿彝主编　上海人民出版社 1989 年版
魏晋南北朝史论集续编　周一良著　北京大学出版社 1991 年版
白寿彝史学论集　白寿彝著　北京师范大学出版社 1994 年版
魏晋史学及其他　逯耀东著　台北东大图书股份有限公司 1998 年版
中国史学史(第二册)　杜维运著　台北三民书局股份有限公司 1998 年版
中国史学史论集　白寿彝著　中华书局 1999 年版
中国史学史纲　瞿林东著　北京出版社 1999 年版　台北五南图书出版股份有限公司 2006 年繁体字版
中国史学史　金毓黻著　河北教育出版社 2000 年版
魏晋南北朝史　王仲荦著　上海人民出版社 2003 年版
范蔚宗年谱　张述祖　史学史研究 1981 年第 2 期　原载史

学年报第3卷第2期1940年出版
陈寿、袁宏和范晔　白寿彝　北京师范大学学报1964年第1期
论范晔之死　陈光崇　史学史资料1980年第1期
历史理论与史学理论　陈启能　1986年8月6日光明日报
史学理论与历史理论　瞿林东　史学理论1987年第1期
范晔籍贯考　龚剑锋　史学史研究1987年第1期
谈谈范晔的史论　施丁　学术月刊1988年第8期

索引

人名索引

K

L

Y

重要词语索引

E

F

G

H

M

N

W

X

后　记

1996年，南京大学卞孝萱教授写信给我，问我是否可以为匡亚明先生主编的“中国思想家评传丛书”撰写《范晔评传》一书。经再三考虑，我表示愿意承担这一撰述计划。这主要有以下几个原因：第一，范晔是中国史学上最有影响的史学家之一，很有必要对他的生平、思想与史学成就作一系统的评述。第二，范晔的史学成就尤其是他在史论方面的特点，历来有不同的评价；对于他的仕途的结局，也有不同的认识，这都是需要深入探讨的问题。第三，《中国思想家评传丛书》是一个巨大的学术工程，一个史学工作者有机会参与其事，是一份责任，也是一种荣幸。

1997年4月，我根据南京大学中国思想家研究中心寄来的《〈中国思想家评传丛书〉撰著档案》的要求，确定了撰写《范晔评传》的基本思路：在考察传主所处的时代及其家世、生平的基础上，揭示其撰述《后汉书》的历史条件和社会条件，爬梳、分析《后汉书》所反映出来的范晔的政治伦理思想、民族思想、历史思想、史学思想等方面的特点，对其作恰如其分的评价。叙述、评论，都以实事求是为宗旨，力求写得平实、可读。据此，我所设想的《范晔评传》应包括如下内容：时代与家世（政治、社会、史学、家世述略、家学）；生平（交游、仕途、著史、结局）；《后汉书》概说（宗旨、内容、结构、流传）；政治伦理思想；民族思想；历史思想；史学思想；后论（一部名著，两桩公案；千秋是非，怎样评说）。

关于《范晔评传》的撰写工作，我根据当时自己的实际情况，采取化整为零的方法，从1997年起，撰写了一些关于范晔《后汉书》的专论，并计划在不太长的时间内完成全书。但是，由于我在20世纪90年代后期，研究工作和教学工作愈益繁重，故此项计划未能按我的设想顺利进行，并一年年延误下来，使我时时感到不安和内疚。

这里，有两件事情是应当提到的：

第一件事情，是台湾文化大学定于1998年12月在台北举办"魏晋南北朝学术研讨会"，主事者来函邀我赴会。我欣然接受邀请，并提交了一份简要的论文提纲，题目是《〈后汉书〉与〈三国志〉及〈后汉纪〉之比较》。其要点如下：

一、范晔《后汉书》与《三国志》及《后汉纪》之比较的基础：《后汉书》记东汉末年史事与《三国志》记东汉、三国之际史事，颇多交叉且有所异同，是二书有比较之可能；《后汉书》与《后汉纪》，虽体裁不同而所记东汉一朝史事，不独在记述上而尤其在评论上亦有比较之可能。

二、《后汉书》与《三国志》在所记相同之史事上的歧异，固然由于作者所处时代不同，毕竟也还有是否坚持史家正法之原则的问题。于此，前贤已有论说，本文力求作深入一步的探索。

三、《后汉书》与《后汉纪》所记重大史事固无明显的歧异，然取舍间仍有不同，而在评论方面则有突出之异趣：前者重视历史形势的分析，后者强调“名教”观念的尺度。

四、关于史家所处之时代与史家之正法，魏晋南北朝时期史法的演变。

这份提纲所提出的问题是早先我在制订《范晔评传》撰述内容时没有想到的，而是我在研读和撰写有关范晔《后汉书》问题时所想到的，认为这是《范晔评传》不可或缺的内容之一。由于时间的冲突，台湾文化大学的这次研讨会，我未能成行，而这篇论文也未曾撰写出来。现在回想起来，不免有些遗憾。

第二件事情是，1999 年南京大学中国思想家研究中心要举办一次传统思想文化的学术研讨会，主其事者来信邀我赴会，我也非常希望参加这次研讨会，并向会议提交了论文提纲，以期以文会友，从同行那里获得教益。可惜的是，我因故未能赴会。后来，南京大学思想家研究中心把这次会议的论文和论文提纲编印成书，正式出版，此即《思想家》第 1 辑《杰出人物与中国思想史》(江苏教育出版社，2000 年 10 月)。我的论文提纲忝列其中，题目是《史学家与中国思想史》，其要点如下：

中国古代史学家有恢弘的思想空间，他们的思想成果是中国思想史上很重要的部分，在传统思想文化遗产中占有突出的地位。

一、先秦史书与“百家争鸣”。“百家争鸣”是中国思想史上光彩夺目的一页。在“百家争鸣”中，各家各派在不同程度上都受到了先秦时期史书的影响，或作为根据而阐说某一主题，或受其启迪而申述某一见解。这在诸子书中所见甚多。如《论语》引《尚书》3次，引《诗经》14次，引《左传》2次；《孟子》引《泰誓》1次，引《尚书》12次，引鲁之《春秋》1次，引孔子修订之《春秋》7次；而墨子曾读“百国春秋”。其他各家之书，也是如此，而以《吕氏春秋》最为突出；离开史书与历史，则《吕氏春秋》不复为《吕氏春秋》。要之，应充分注意到先秦史书对“百家争鸣”的积极影响。

二、历代史家的思想空间。中国史学源远流长，史家层出不穷，其思想空间包罗万象，所谓“前言往行，无不识也；天文地理，无不察也；人事之纪，无不达也”(《隋书·经籍志》史部大序)，是最简要的概括。举凡天人关系、古今关系、自然、社会、风俗、人情、民族、国家、解说人生、阐释道德等等，史学家们都有丰富的思想，甚至有许多独到的见解。如果把历代史家的这些思想成果系统地写成一部书，也是一部洋洋洒洒的中国史家思想史。

三、古代史学家与中国思想史。古代史学家的一些最重要的思想成果，丰富了中国思想史的内涵，这一点当受到应有的重视。举例说来，如司马迁“究天人之际,通古今之变”的思想,尤其是司马迁创纪传体史书体裁、贯彻以人为本的撰述宗旨的原则,在中国史学史、学术史上都有划时代意义;《汉书·艺文志》和《隋书·经籍志》的学术史思想;杜佑《通典》全书结构的逻辑思想和“以食货为之首”的思想,以及他在“中华”、“夷狄”问题上反映出来的朴素历史进化思想和重视地理环境对历史进程影响的思想,都达到了那个时代的高峰;司马光史论中透露出来的社会思想,刘知幾、郑樵、吴缜、章学诚的学术批评思想等,都是中国思想史遗产中的珍贵部分。这里,我还没有举出如同柳宗元、李贽、顾炎武、黄宗羲、王夫之等这些同史学有极密切关系的思想家为例;如果把他们也包括进来的话,分量之重当可想而知。

我之所以要提到这两件事情,是因为它们反映了我在思考和撰写《范晔评传》过程中的思想历程。尽管这两份提纲所包含的某些见解在我提交的这本《范晔评传》中未能得到相应的阐释和表述,但它们对范晔和《后汉书》的进一步研究或许可以作一点参考。

2000 年 1 月北京师范大学史学理论与史学史研究中心成立,并于当年 11 月被批准为教育部普通高等学校人文社会科学重点研究基地。我作为这个研究基地的负责人,不得不放弃或推迟我个人的一些研究与撰述计划。《范晔评传》一书的撰写也就再一次被延误下来。为了加快此书的撰写工作,2003 年秋,我约李珍博士参与本书的撰写。李珍博士承担了本书关于范晔的政治思想、民族思想、伦理思想三个部分的撰写。2004年春夏之交,《中国思想家评传丛书》这一工程已经临近最终结项的时刻,我只能放缓其他工作,加紧《范晔评传》的撰写。这年8月,《范晔评传》一书的主要部分已初具规模,预计不久即可完稿。但不巧的是,我于9月下旬突患眼疾,遵医嘱,暂不能读和写。为了不影响《中国思想家评传丛书》这一学术工程的进行,争取在2004年内完成《范晔评传》一书,我做了以下几件事:

第一,请北京大学哲学系徐龙飞博士续成本书“历史思想”一章中关于历史人物评价的后半部分;

第二,请北京师范大学史学研究所罗炳良博士撰写《清代学者关于范晔〈后汉书〉的研究》一文,作为本书的一个附录;

第三,请我的在读的博士研究生曹守亮同学、邱锋同学为我诵读《范晔评传》书稿,使我得以对书稿作适当的调整和修改,这项工作先后进行了两遍。

第四,请我的在读博士研究生吴凤霞同学和杜永梅同学对本书所征引的文献逐一核对,纠正了引证中的一些讹误。博士研究生马艳辉同学也校读了部分书稿。

以上这些事情本应都是我自己来做的,现在只好请他们帮助我来完成了。

关于本书的附录,我要作一点说明:清代学者关于范晔《后汉书》的研究具有总结性的意义和价值,是今人认识、评价和进一步研究范晔《后汉书》的重要参考,故予以介绍并置于附录之首。近人张述祖所撰《范蔚宗年谱》是考察范晔生平的一篇有价值的文献,在此之前,尚无专文对范晔生平作如此详细的考察;《年谱》对于范晔的仕途及其政治结局提出了自己的看法,本书并不苟同,但其作为一家之言,自可存而备考,故置于附录之次;至于《年谱》中可能存在这样那样的不足或讹误,今天的研究者可对其进行评论和纠正,这并不影响它作为范晔研究的开拓性价值。今人周天游教授撰有《八家后汉书辑注》,其"前言"论述了范晔《后汉书》与此前诸家后汉书的关系,对读者全面了解范晔《后汉书》颇多参考,经征得周天游教授的同意,故亦附录于此。这三个附录占了不小的篇幅,但它们作为清代以来关于范晔和《后汉书》研究在学术史资料方面的价值,附录于此是必要的。

这里,我要特别提到的是,今年年初,卞孝萱教授、蒋广学教授、胡阿祥教授拨冗审阅了本书书稿,指出书稿中存在的一些不妥与错误之处,并提出了富有建设性的修改意见。这对于本书的修改、定稿,具有重要的参考价值。我们对三位教授表示诚挚的谢意。

本书所论,包含着一些探索性的见解,未必一一允当,其他讹误也在所难免,凡此,我作为本书的定稿人应对此负责。我诚恳地期待着学术界朋友和读者的批评指正。

最后,我衷心感谢卞孝萱教授的提议,使我有机会参与这一有意义的学术工程;感谢南京大学中国思想家研究中心诸位同仁的耐心和关切以及给予我多方面的支持,感谢上面提到的各位年轻朋友对我的帮助。

瞿林东

2005年4月30日记于

北京师范大学史学理论

与史学史研究中心

图书在版编目(CIP)数据

范晔评传/瞿林东，李珍著. —南京：南京大学出版社，2006.7(2010.4 重印)
(中国思想家评传丛书/匡亚明主编)
ISBN 978-7-305-04699-5

Ⅰ.范… Ⅱ.①瞿…②李… Ⅲ.范晔(398～445)—评传 Ⅳ.K825.81

中国版本图书馆 CIP 数据核字(2006)第 021228 号

中国思想家评传丛书
范 晔 评 传
瞿林东 李 珍 著

南京大学出版社出版发行
社址：南京市汉口路 22 号 邮编：210093
电话：025-83596923 025-83592317 传真：025-83328362
网址：http://www.NjupCo.com
电子邮箱：Press@NjupCo.com
Sales@NjupCo.com(市场部)
南京爱德印刷有限公司
开本 850×1168 1/32 印张 15 字数 337 千
2006 年 7 月第 1 版 2010 年 4 月第 2 次印刷
印 数 3001—4000
ISBN 978-7-305-04699-5

定价：45.00 元